先辈丛书·回忆录卷

我的回忆

张明远 著

中共党史出版社

图书在版编目（CIP）数据

我的回忆 / 张明远著 . -- 北京：中共党史出版社，
2023.8

（先辈系列 . 回忆录卷）

ISBN 978-7-5098-6296-4

Ⅰ . ①我… Ⅱ . ①张… Ⅲ . ①张明远（1911-1996）
—回忆录 Ⅳ . ① K827=7

中国国家版本馆 CIP 数据核字（2023）第 067944 号

书　　名：我的回忆

作　　者：张明远

出版发行：**中共党史出版社**

责任编辑：崔立仁

责任校对：申宁

责任印制：段文超

社　　址：北京市海淀区芙蓉里南街 6 号院 1 号楼　　邮编：100080

网　　址：www.dscbs.com

经　　销：新华书店

印　　刷：北京中科印刷有限公司

开　　本：720mm×1000mm　1/16

字　　数：425 千字

印　　张：25.75

版　　次：2023 年 8 月第 1 版

印　　次：2023 年 8 月第 1 次印刷

书　　号：ISBN 978-7-5098-6296-4

定　　价：65.00 元

此书如有印装质量问题，请联系中共党史出版社读者服务部 电话：010-83072535

张明远（1906—1998）

自　序

这里记述了我90多年来的经历。这期间，我们的国家和人民经历了太多的苦难，我们的社会也经历了天翻地覆的巨大变革，如今展现在我眼前的是一个欣欣向荣的中国，我个人的命运也随着祖国的命运而沉浮。当我回顾这一切的时候，我时而心情激荡，时而陷入沉思，我究竟该给后人留下点什么呢？

很早以前，就有人鼓励我写写自己的经历，那时我不想写。在我离开工作岗位以后的这些年里，我用大部分时间和精力向党史部门提供历史资料，审阅他们编写的革命斗争史稿。为了颂扬生我养我，并为推翻反动统治、创建新中国而做出伟大贡献的父老乡亲，为了那些牺牲的战友和亲人，也为了那些受冤屈的同志和朋友平反昭雪，我提供线索，讲述史实，写文章，向有关部门呼吁求助。这时候，我仿佛又回到那腥风血雨、炮火连天的年代。在这个过程中，我发现一些党史材料或纪念馆所反映的资料不完全符合历史实际，甚至有一些历史事实在当时就被歪曲，存于档案，留给后人以谬误。我作为这些历史事件的亲历者或知情人，深感有责任予以澄清和纠正，于是萌动了撰写个人回忆录的念头。有一次，一波同志对我说，写回忆录不是你个人的事，而是写我们党和国家的一段历史，你是这段历史的当事人和见证人，有义务、有责任把它写出来，留给后人。

我真正着手写这个回忆录，是在1994年以后，这时候，各地征集党史资料的工作基本结束，我才有了较多的时间来整理个人的经历。这不仅仅是想通过我成长的过程，来表明一个普通农民的儿子为了人民的解放事业、为了追求共产主义理想而奋斗，奉献一生的赤诚之心，更多的是想通过回顾我的经历来表达我对养育我的冀东人民由衷的热爱，对我的导师及曾经和我共同战斗过的先烈们的敬仰和思念，也为了通过我所走过的曲折道路来总结历史的经验教训，同时，还想对一些历史问题进一步阐述我个人的意见。

总的想法是：把个人和家庭的活动置于当时社会历史的大背景下，又透过个人经历的回忆反映当时的社会情况。因此，关于童年和青少年时期的回忆，比较侧重于从个人及家庭的角度反映当时的社会背景和乡俗民情，以及辛亥革命前后国内社会大动荡，帝国主义列强对中国侵略、瓜分，五四运动等重大历史事件，对我童年和青少年时代的思想成长所产生的影响。关于我加入中国共产党以后的回顾，则比较侧重于反映当时革命斗争的形势及党的路线方针，个人只是党领导的革命活动的参与者和党的路线方针的执行者。在这样的大背景下，作为一名共产党员，我从大革命时期开始，历经土地革命、抗日战争、解放战争，以及新中国成立后经济恢复建设时期的火红年代与"文化大革命"的苦难岁月，直至改革开放。73 年的风风雨雨，历经坎坷，我坚信共产主义理想，并为之奋斗，为人民的解放事业和社会主义建设事业做了一些有益的工作。我个人与家庭的命运始终与我们国家、民族的命运连在一起，与革命斗争的成败密切相关，随着革命历程的挫折与辉煌，我个人也经历着失败的痛苦和胜利的喜悦。这里面的经验教训，回忆录中也有所反映。在这里，我引用 1987 年写的一首诗①，来表达我的心情。

> 征途奋蹄六三年，
> 廿五曲折展力艰②；
> 蚕老未僵丝难尽，
> 烛残犹燃泪不干。

在撰写这个回忆录时，我没有刻意追求文体的统一和文字的华丽，而是根据所涉及的内容，有叙有论，以表明历史真情为目的。

然而，这是一项十分艰难的工作，工作量大，又缺人手，又因年代久远，手边资料不多，加之我的年事已高，健康状况日下，亲自动笔写东西已很困难，只有依靠我的女儿帮助。我们写得很艰难，一段关于顺直省委的稿子，反复修改了五六遍，仍感到不够满意；抗美援朝的那段也改过四五遍……我终于明白，恐怕在我的有生之年很难完成了。关于未成稿的部分，除留有一些原始资料外，我把自己的亲身经历和个人的看法、观点都说清楚了，文字的组织工

---

① 这是我 81 岁生日时偶感而作。

② 指 1954 年后曾处逆境 25 年。

作就留给我的女儿去完成吧。

　　这个回忆录难免有错漏之处，谨供研究当代历史的人们参考，并希望我的战友和知情者给予指正。倘若这个回忆录能给后人以启迪和帮助，我将会感到非常欣慰。

张明远

1998 年 6 月于北京

目　录

第四章 白区十年（1928年1月—1937年12月）/ 87

第一章　童年与少年

（1906 年 11 月—1922 年 12 月）

我的童年和少年时代，正处于 20 世纪前期中国内忧外患、动荡不安的变革时期。帝国主义侵略、瓜分中国的浪潮不断，清王朝穷途末路，革命风云此起彼伏。1911 年，孙中山领导的辛亥革命推翻了清朝统治，几千年的封建帝制被"民主共和"所代替，"国会"取代了"朝廷"。但名义上是中华民国，实际上复辟与反复辟斗争不断，国会贿选，袁世凯贿选当大总统，不久便背叛革命"登基"称帝；各路军阀争战不休；苦难深重的中国人民处于水深火热之中。1919 年爆发的五四爱国运动，拉开了我国新民主主义革命的序幕。这一切对我的家乡产生了巨大的冲击，并在我幼小的心灵里埋下了一颗救国的种子。中国共产党诞生及国共合作的实现，引导我走上职业革命者的道路。如今，当我垂暮耄耋之年，往事仍历历在目。

故乡和家人

河北省玉田县，依山傍水，早有城郭，并有外八景和内八景的景观[①]，可算是地灵人杰之乡。清军进关以后，一条"大御道"从县城南关穿过，直通奉天（今沈阳）。这里距北京、天津都不过百余公里，距唐山 50 多公里，交通方便，受这些大中城市的影响，经济、政治、文化都比较发达。

我家所在的前独树村位于县城南 8 华里，是个较富裕的村庄，有近百户人家，张姓是大族，同宗的有 20 余家，还有同姓不同宗的 10 余家；另一个大族是胡姓。村民大都殷实憨厚，多为自耕农，只有少数人家土地比较多，在外埠兼有商号。

---

① 外八景是：麻峰种玉，灵洞清风，燕山叠翠，暖浦飞沙，无终丹灶，皇帝行宫，双泉映月，古刹晨钟。内八景有：有佛无庙，有庙无佛，石板铁字，银顶魁星，城隍出巡，龙王祝寿，一步两座庙，两步三座桥。

玉田旧县城

由于战乱和匪患，社会极不安定，地主富户们为了维护自己利益，把出租土地改为雇工经营；已出租的土地，则把实物租改为货币租，下交租（秋收后交租）改为上交租（上年冬交租），固定租改为活租（地租和佃权一年一变），以此加重对雇工的剥削。另一方面，官府的苛捐杂税和村里的许多负担，都是按村民各户的土地亩数平均摊派，由于地主富户们大量隐瞒土地（农民称之为"黑地"），把负担转嫁给农民，更加重了对农民的盘剥。至于地主恶霸仗势鱼肉乡里、巧取豪夺的其他事例，更是不胜枚举。1923年至1925年间的直皖战争和直奉战争中，官府和豪绅们借支应兵差（粮草车马夫役等）和军队过境之机，派粮派款，从中贪污，大发其财，而贫苦农民却不堪重负，两极分化日趋明显。仅辛亥革命后的七八年内，全村70多户普通农民中，半数以上经济下降，其中十多户沦为赤贫、乞丐或外逃谋生；在18户地主富农中，只有4户经济状况上升，7户下降，其余均破产。

村里的实权人物要算张金印一家。论成分他是个破落地主；论职位不过是个村副（副村长），只因他横行霸道，无人敢惹，把持着村中的实权，起着村长的作用。听老人们说，他家以前是个大户，开过武学（练武术的学校），但没有人中过武举人。张金印不务正业，很快便破家荡产。他结交官府差役，又仗着儿子在北山当土匪，横行乡里，作恶多端。他曾与村里一姓黄的合伙开了一个砖瓦窑，因不善经营而破产。他乘机夺取黄家的本钱，黄家为此同他打官司，黄家虽有理，结果却输了官司又赔钱。1927 年，玉田农民暴动失败后，他乘官军来搜捕之机，带其家人到我家抄家，抢东西、砍树，连茅厕的踏板都拆走了，其心之歹毒，可见一斑。

我没有见过我的祖父母和外祖父母，只听说外祖父家很穷。据母亲讲，我祖父以上三代都是"单传"，到了我父亲这辈，人丁才兴旺起来，共有三男三女六兄妹，父亲张希德排行第二。祖父是自耕农，有地 40 亩，后来分家的时候，父亲分得 11 亩。

我父亲没读过书，是一位不苟言笑的老实庄稼汉。他兢兢业业地终年劳作，除了侍弄自家的十多亩地之外，还向无劳力的孤寡亲戚租种四五亩地，和别人家伙养一头毛驴，丰年尚可自给，遇到天灾人祸时，就得买粮借债、典卖土地。有时到了年关，父亲到外边躲债，大年三十晚上才偷偷回家，就像歌剧《白毛女》中的杨白劳那样。他曾到关外谋生 8 年之久（中途只回来一次），在一家伙房当杂工，学会了杀猪、做饭，回来时成了农家的"多面手"。他特别喜欢种树，在紧挨我家的苇坑边和路旁栽了许多柳树、榆树和椿树；在院子里栽上樱桃、杏树、桃树、枣树和洋槐，不但有了烧柴，还可收获一些鲜果。

父母年轻时都参加过义和团，母亲参加了当时未婚女子的组织"红灯照"。她经常给我们讲述当年村里那些"二毛子"（天主教的中国神父）如何倚仗洋人欺压乡邻，洋兵（八国联军）如何糟害老百姓，以及义和团、"红灯照"如何打洋鬼子、杀"二毛子"、火烧天主教堂的故事，说到动情处，不免落泪叹息。记得小时候，我家里还保存着当年的刀剑、长矛，我和弟弟常用来打仗玩耍，父亲也不制止。

我的叔父在私塾读过一年书，结婚后生了一子三女，生活颇为艰难，在我 10 岁那年秋收时，因为不堪忍受地主的欺压，离家下了关东。那天，叔父下地回来，在路上捡了两根高粱穗，被地主家看青的（地主家雇来看守庄稼的人）看见，硬说他是偷的。地主串通村副张金印，命人将我叔父绑在关帝庙院内（当时已改为村女校，是全村人集会的地方）的老槐树上，召集全村乡亲，当众对叔父拷打逼供，并扬言，如不承认，就送官法办！

我叔父咬紧牙关不承认，但我父亲却不忍心看着弟弟挨打和送官法办，便代为说情。地主问："你们是要公了还是私了？"所谓"公了"，就是送官府；"私了"就是赔钱。尽管叔父坚持不认"罪"，父亲还是答应"私了"，赔了5块银元才把人放了。叔父受了不白之冤，在全村人面前丢了脸，气愤之下，到关外谋生去了。七八年以后，叔父从关外回来不久，得了眼疾，被江湖野医治瞎了双眼。从此郁闷痛苦，不到50岁就死了。他的儿子叫双九，十几岁就给一家富农当长工。抗战胜利后参加工作，在我们县政府当炊事员，两个堂姐也参加了革命工作。

在我的记忆里，父亲有着北方农民所具有的优点和缺点：勤劳、节俭、精于农务、善于持家，他正直善良，不善言谈，但也重男轻女、粗暴专横。

妹妹张兰田（张金芳）（2002 年）

在夫权社会，母亲像所有的妇女一样经常受丈夫的打骂，但她并不逆来顺受，所以他们总是在吵吵闹闹中度日。直到我参加革命后，特别是杨春霖①住到我家的那段时间，经常给他们讲男女平等和妇女解放的道理，父亲才有所改变。

母亲也和其他妇女一样，把自己的欢乐、痛苦和希望都寄托于神灵。在我家堂屋供奉着观音菩萨和"宅神"灶王爷的神像，每天早晚给它们烧香磕头；室外墙壁上还有个"土地爷"的神龛，每天要给它上香，非常虔诚。父亲不信神，但也不过问母亲的迷信行为。我和弟弟上学后，经常劝说母亲不要迷信。我参加革命离家之前，母亲已经不吃斋了，但听说我离家以后，她又虔诚地给佛爷上供，祈求神灵保佑我平安。

母亲喜欢唱小曲儿，每当她受了委屈，就唱一些凄婉哀伤的歌来抒发内心的情感。那时我们虽然不懂，但都很爱听。

重男轻女是中国几千年的陋习。母亲在生我之前曾生过两个女孩，都在三四岁上夭折了。父亲不但不体谅她的痛苦，反而因为没有生男孩而经常骂她，甚至打她。1906年11月我出生时，父亲已是35岁的中年人了。母亲怀孕期间，父亲对她不闻不问。她想，如果再生女孩，岂不是又要受气？伤心至极，曾投井自杀，后来又吃红矾（砒霜），幸被村里人及时发现、及时抢救，才幸免一死。母亲临产那天，父亲一早就到村里看人下棋去了。由于是难产，母亲九死一生，好不容易才生下我，幸喜母子平安。接生婆见是个男孩，风风火火地去找父亲报喜，此时他才有了笑容，急忙跑回家来。母亲给我取名为"锁住"，顾名思义，是想把我牢牢地锁在她的身边。两年以后有了弟弟金茂，再后来又生了两个妹妹，但只活了一个，就是金芳。

除了我们三兄妹外，我家还先后收养过姑妈、姨妈和舅父家的4个孩子，年龄和我差不多，只有一个表姐比我大5岁。家里本来就不富裕，六七个孩子生活和管教都相当费心。

父亲是一位严厉的家长，但能够收养这么多的孩子，足见其胸怀之宽大，心地之善良。在我的记忆中，他在生活上对子女相当严厉苛刻，他从来没抱过我，也不逗我玩笑。从我六七岁起，每逢农忙时，父亲就带我和弟弟一起到田里拔草、间苗、收割，还让我赶着毛驴往家里送柴草、粮食等。那头毛驴很调

① 杨春霖当时是中共河北省委常委、农民运动特派员。

皮，我一骑上去，它就尥蹶子把我摔下来。在父亲的指教下，我学会不少农活，也学会了驾驭那头小毛驴。

母亲爱所有的孩子，操持一大家人的吃穿用度，除了一年四季应时换季的衣服、鞋袜（那时都穿布袜子）的缝制，棉衣棉被的拆洗缝补等等之外，她还要照料两头猪、几只鸡；此外，她还忙里偷闲，抽空编草帽辫、做草帽，卖给下乡收购的商贩，用以补贴家用。平时，家中的生活很节俭，她心疼孩子，常常背着父亲给我们做些好吃的；当父亲打骂我们时，她总是护着，为此，她没少挨骂。

和我一起长大的小伙伴有几个命运十分悲惨，令我至今难忘。

我的一个堂姐很小就嫁到一户富农家，因她出身贫寒，受尽虐待。伯父气愤不过，邀集亲属到姐夫家去"打讼门"——砸锅摔碗，为二姐出气。经村人调解，其婆家稍有收敛。但随后却是更变本加厉的虐待。二姐不堪忍受，二十几岁便郁闷成疾而死。

再一个是我大舅家的一双儿女，因为家极贫，舅妈去世早，大舅把两个孩子连同仅有的财产—— 一个方桌和一个小木柜，一起寄放到我家，自己只身到宁古塔（今黑龙江省宁安市）去谋生。这个表姐不到12岁得伤寒病死了，母亲要给她做一个木匣子装殓，但父亲不肯，实在是没钱啊！只好用一条苇席卷了埋在村北头的乱葬岗子里。不几天，她的尸体被野狗刨出来，撕得七零八落，衣服的碎片被乌鸦叼到树上挂着，其状惨不忍睹！母亲听到村里人报信儿，赶去重新收殓表姐的残骸，哭得死去活来。她边哭边怨恨父亲太狠心，更可怜小表姐太命苦！回家后，又为这事大吵大闹了一场。父亲自知理亏，无言以对，只有埋头叹息。以后许多年，每当母亲想起小表姐不幸早逝又暴尸荒野的情景，还禁不住伤心落泪。表兄胡有权比我大两岁，为人憨厚，我们俩一起上学。但他不愿念书，七八岁就下地帮父亲干农活。父亲对他要求极严，稍有怠慢就要责骂。为此，母亲没少和父亲吵闹，说他亏待了她娘家的孩子。其实，父亲也是为了一家人的生活着急啊！我和表兄除了帮家里干活外，农忙时还给村里的地主做小工，中午管一顿饭，每天可得十来个铜钱（当时一枚银元值1200多铜钱）。炎暑天在地里干活，有时晕倒，支持不了一天，就一个钱也得不到。在拾粪捡柴的时候，我们常受地主家孩子的欺侮殴打。表兄在我家一直到18岁才离开，他先到外村的一个砖瓦窑当小工，后来又去唐山下煤窑当矿工。母亲得知后，说这是"吃阳间饭，干阴间活"，无论如何也不让他再干了。于是，他又回到砖窑。我参加革命后，他也积极参加农民运动，不久就介绍他入了党。

另外两个小伙伴是我姨妈家的孩子。姨夫早逝，家很穷，两间草房因年久失修而倒塌了，无力盖新房，只搭了个简易窝棚栖身。姨妈靠讨饭或走村串户卖点儿针线艰难度日，万般无奈，把女儿送给人家当童养媳。可怜她小小年纪，在婆家担负着沉重的劳动，一次铡麦秸时，不小心把4根手指铡掉，得破伤风死了，当时她只有七八岁。小表弟只有三四岁（比我小二三岁），送到我家抚养了两年。这期间，姨妈常来向我母亲诉说她讨饭时被狗咬人欺的委屈，两人相对而泣，我在一旁也跟着掉泪。

此外，我大姑的两个孩子，一个表兄八九岁就给地主家当了长工，小表弟只有四五岁，在我家寄养到七八岁，因我家实在无力抚养这么多的孩子，只好把他送到县城东边的大庙"行宫"去当了小和尚。临走那天，母亲伤心极了，他们走出很远，她还在村头张望，不停地流泪，久久不肯回家。

我的长辈和小伙伴们的悲惨遭遇，从不同的侧面反映了当时北方农民的苦难，他们在贫穷、破产、流浪和死亡线上挣扎。到了20世纪20年代，帝国主义入侵，连年军阀混战，农民的苦难更加深重。这一切，在我幼小的心灵里，留下深刻而痛苦的烙印，随着年龄的增长，逐渐产生对社会制度的不满。

自从我参加革命工作以后，父母亲始终给我们以最大的支持，甚至不惜变卖家里的土地，并献出他们最珍爱的儿子。我家多次被反动政府和村中恶霸抄家封门，父母妻女流离失所，最终破产。金茂跟我一起活动，参加了共产党，曾任共青团玉田县委书记。1930年玉田第二次农民暴动（黄林暴动）失败后，金茂被捕，押送到北平的国民党军事委员会，受尽敌人严刑拷打。他以革命的大无畏精神，独自承担责任，使同他一起被捕的8位同志（其中包括当时的中共玉田县委书记乔俊峰）获无罪释放，而他自己却于1931年夏英勇就义了！当时，我正被关押在北平第一监狱，父亲去看我时，我问起金茂的情况，他只说："你不要想他了！"直到我1932年冬出狱后，才知道他牺牲的消息。全面抗战初期，父亲去世时，我远在陕北。1940年抗战最艰苦的时候，由于汉奸恶霸的迫害，妹妹金芳和我的长女兰清（张敏）在家乡无法立足，双双到平西根据地参加了八路军，母亲更无人照料，在贫病交加中痛苦死去。他们为了中国人民的解放事业默默地奉献了所有的一切而无怨无悔。每当我想起他们，总是满怀敬意，深深地怀念。

春风到乡间

1911 年，辛亥革命的风潮冲击到玉田城乡，引起了巨大变革。

最震撼人心的事莫过于剪辫子，不知何故，当时革命党人把辫子看得那么重，称之为"猪尾巴"，必须剪掉。县城里成立了"剪辫子队"，分别把守各个城门口和交通要道，强行为过往行人剪辫子，所谓"留头不留发，留发不留头"。有些人怕将来"真龙天子"回来怪罪，有些人怕人家笑话，哭哭闹闹地不让剪。但辫子毕竟没有脑袋重要，最终还是剪掉了。他们把剪下来的辫子缝在帽子后边，外出时戴在头上，和没剪时一样。我父亲也戴过这样的假辫子。这不仅是一种形式，也是人们害怕复辟心理的反映。

另一件大事是反对妇女缠足，提倡"天足"和动员已缠足的妇女"放足"。不过，这件事不能像剪辫子那样雷厉风行，总不能把妇女的小脚都剁掉呀，所以宣传多而行动少。在我们家里，对妹妹金芳缠足的问题也发生了"斗争"。按照老传统，女孩子的脚大了，就不好找婆家。所以，一般在三四岁时就开始缠足，4 个脚趾被长长的裹脚布紧紧地缠在一起，生生地被折断，压缩在脚底，其痛苦可想而知。我和金茂都反对给她缠足，每当母亲给她缠上，我们兄弟俩就给她抖开，父亲也支持我们。经过一段反复"较量"，母亲只好让步，金芳终于免去了缠足之苦。

第三件事是废私塾立学堂，儿童免费入学，一些守旧的人称之为"立洋学堂，念洋书"，与之相伴随的是拆庙宇、打佛像。这些变革虽然不彻底，但对于打破千百年来的封建迷信传统观念和习俗，特别是在青少年的思想中，产生了极大的影响。而村里的地主富户，则利用这些社会变革巧立名目，加重对农民的盘剥。

我们村里有两座庙宇，一座是村东约 1 里远的大觉寺，由附近 5 个村子共同筹资修建；一座是村东头的关帝庙，由本村修建。

大觉寺的年头很久远了，它规模宏伟，有三层大殿，还有配殿。第一层是"四大金刚"，第二层是如来佛和十八罗汉，第三层是"满堂殿"，供奉着各路菩萨，也叫"全佛殿"或"满堂佛"。传说早年唐王李世民东征时，曾在此脱下铠甲休息，以后人们就称此庙为"挂甲寺"，原来的名称"大觉寺"反而被遗忘了。不知为什么，这座庙里没有和尚道士住持，只雇了几个穷人看守着，庙产（土地和公款等）由"会首"①前独树村派人管理。

当年，村里有一个"革新人物"名叫胡真，是个小地主，颇有些才气，为人幽默，对清政府心怀不满，曾因私刻县令的印章而坐牢，因此，村里人戏称他为"胡知县"。辛亥革命爆发后，他率先拥护，第二年就把大觉寺改成一所男校，让村中学童免费读书，我就是男校的第一批学生之一。起初，用木板把第三层大殿的佛像遮住，把殿堂做教室。后来学生多了，教室显得很狭窄，干脆把庙里的佛像全都打掉，扔到村外的大土坑里去了。

关帝庙的规模比大觉寺小得多，在办男校的第二年（1913年），胡真又动员村民把"关帝爷"推倒，抛入苇坑，用庙堂办了一所女校，将僧道办佛事居住的房间，改为村公所的办公处和教师用房。办女校是亘古以来没有过的新鲜事，女校教师更是个大问题。第一任教师原是胡家请来给自家女儿教书的先生，他迂腐古板，清规戒律甚多，教书也有许多"忌讳"，凡遇读音"犯忌"的字，必定回避，不准直读其音，以致闹出许多笑话。例如，"日"字要念成"太阳"；"加减乘除"要读作"添减乘除"；"逼迫"要念成"必迫"；等等。结果引起学生家长不满，说他误人子弟，不久就被解聘了。尽管如此，女孩子能像男孩子一样进学校念书，不能不说是一个巨大变革。

拆庙办学是辛亥革命给村里人带来的最直接、最有影响的新事物，其震动是很大的。以前，村里只有一个私塾，是一位落第秀才办的，收费很高，一般人家的子弟读不起。新学由胡真任校董，凡村中学童都可免费入学读书，自然很受欢迎。教师由村里聘请，所需经费由变卖庙产所得的一部分承担。

拆庙办学的另一个直接效果是破除迷信。世世代代被人们崇拜的"佛"被推倒、被打碎，抛入苇坑泥塘，这件事本身就是一个很好的反迷信教育。在拆庙办学的过程中，村里的大户人家和当权者乘机以极低的价格把庙产，如土地、树木、古董、家具、财宝等，以拍卖为名分购一空，所得资金的一部分用作办学基金，大部分被当权者以低息贷去（用铜板计息，铜板贬值后，等于无偿贷款），再以高利转贷给村民（以银元计息），从中牟取暴利。这些人乘打佛像之机，盗取庙宇中的铜佛铜器，乃至佛像腹内的宝物，如铜镜、珍珠、金链、元宝等，大发不义之财。

---

① 在兵匪为患的战乱年代，为了自卫，由数村建立的联防组织称为"会"，被推举主事的村庄称为"会首"，前独树村就是周围五个村庄联防的"会首"，当时在玉田农村，此类组织很普遍。

胡真虽任校董，却没有从中牟利，而是真心实意地办学，造福桑梓，其精神实可敬佩。然而，他的行为却遭到守旧的人们的反对，一把火烧了他家的场院。当邻里们忙着帮他救火时，他却在一旁观望，并劝阻说："别救，别救！火烧得多好看呀！"

求　学

男校的第一批学生是 1912 年秋季招收的，第二年改为春季招生。我是第一批学生中年龄最小的一个，当时还不满 6 周岁；而年龄最大的学生已经 20 多岁了，他们多为富家子弟，很顽皮。课程设置有国文、算数、修身等，与旧学私塾相比，进步多了。第一年的任课老师是从县城聘请的，教书认真，人也很和善。那时县里还没有教育局，只有一个劝学所。期末考试时，我交了头卷，成绩也不错，得了一把纱扇的奖励。正好县劝学所的人来视察，更增添光彩。为此，父母高兴得不得了，夸我有出息。第二年换了本村的张鸿钧老师，是个穷秀才，人称"相公"，他的妻子被称为"相公娘子"。此人好赌，对学生十分严厉，动辄打手板、罚站。有一次上课时，我的同桌大秃子（比我大七八岁）欺负我，我和他争了几句，老师闻声过来责备我们，大秃子反诬我先惹他。老师不分青红皂白，举起教鞭打了我一顿。我年幼不会申辩，只会哭，回家后也不敢对父母讲。第二天，我怕大秃子再整我，不敢去上学，又怕父母责怪，也不敢留在家里。无奈，便跑到庄稼地里去捉蚂蚱，玩了一天，直到放学时才回家，自以为这样就躲过去了。谁知，老师当晚就到家里来查问。父亲一听说我逃了一天学，立刻骂我不学好，揍了我一顿。母亲心疼我，上前劝解，反挨了父亲的骂："都是你惯坏了他！"我边哭边向母亲讲述了在学校受的委屈，她抱着我很伤心地哭了一场。我说，在学校受人欺负，不想去了。父亲哪里肯依？我还得硬着头皮去上学。

我在村小读了 4 年，换了几位老师，对我都很好，印象最深的是邵老师，他把我的名字"金锁"改为"金言"，想必是希望我今后能有好运气吧。毕业时我刚刚 10 岁，本应继续升学，但全县只在县城有一所高级小学，而且也读不起。我只好在家里帮助父亲干些农活，但 10 岁的孩子又能干得了什么呢？

邵老师对我非常同情和惋惜，便把我们几个功课较好而又无钱升学的同学组成一个补习班，增加一些较深的课程，如《孟子》、尺牍和应用文（契约文书）、珠算、地亩丈量、度量衡等实用知识。同时，他还让我们帮他辅导低年级的同学，使我们受到一些教学实践的训练。

1918 年，县里成立师范讲习所，是公费学校。邵老师多次来我家劝说我的父母让我去报考，结果我被录取了。开学前几天，我满怀着美好的理想和父母的期望，离开亲人，独自到县城去住读。这时，我还不满 12 周岁。

师范讲习所属县劝学所管辖，学制为两年，免收学费和伙食费，所长由劝学所所长李沛恒兼任，教务长刘越亭，校址设在孔子庙^①的对面。我们这期共有 50 多个学生，年龄参差不齐，年长的已近 40 岁，年幼的十二三岁，我是年龄最小的。我们来自不同的家庭，有着不同的经历，和这些年长的同学在一起，我学到不少社会知识，很快就成了一个"小大人儿"。

我们的课程有国文，包括古文（如《古文观止》等），应用文（如地契文书、账目、祭文等），算术，包括四则运算、乘方开方、勾股弦定理、面积和体积的计算等，还有历史、博物、伦理学，以及教授法、管理法、体育、图画、手工等。

学校对面有一所附属小学，是我们的实习场所。由于我以前在村小辅导过低年级的学生，现在实习讲课效果较好，受到老师表扬。

我们的伙食费每月 3 元，包给厨师，他从中克扣，伙食办得很差。为此，我们曾闹过几次。

在我读书的这几年，即 1912 年至 1920 年，正是中国社会最动荡的大变革年代。辛亥革命以后，复辟与反复辟的斗争、各帝国主义国家夺取在华利益之争及各路军阀势力的斗争此起彼伏，袁世凯复辟帝制，黎元洪、冯国璋、徐世昌、曹锟……所谓的"总统"像走马灯似的不断更换，反映了帝国主义和封建势力的权力和利益之消长。连年战祸使人民流离失所，苦难日益加深。所有这一切，都成为我们经常谈论的话题，也是培养我们爱国思想和民主思想的社会大课堂。第一次世界大战结束后，北洋军阀政府同日本签订丧权辱国的"二十一条"卖国条约，引发了 1919 年的五四爱国运动。这股革命风暴很快就冲击到玉田，同学们群起响应，走上街头参加集会游行，反对北洋军阀政府卖国求荣，要求废除"二十一条"卖国条约；支持北京学生的爱国行动；号召民

---

① 又称文庙，因庙内只有孔子和他的几位弟子的牌位而没有佛像，民间称其"有庙无佛"，是玉田城内的八景之一。

众抵制日货。我们与商会一起在县城挨家挨户检查商店，封存日货。这些活动一直延续到下半年，老师们一般不加干涉。对我来说，这是第一次参加群众性的反帝爱国活动，初步受到革命教育和锻炼。

1920 年秋，我毕业时未满 14 岁，因年龄太小而未能分配工作，父亲托人向劝学所的所长求情，也无济于事。在校时，我常听同学说，遵化县马兰峪①如何如何好，那里有皇帝陵（清东陵），还有许多做买卖的。既然不能工作，我便想去马兰峪看看，或许能找到点事情做。我对父母谎称去燕山口看望同学，当天就能回来。可是，到了燕山口小学，才知道马兰峪离那儿还有四五十里路，当天根本回不来，那同学留我住了一夜。第二天一大早就出发，不料走错了路，走到蓟县马伸桥去了。只得又懊恼地往回走。不一会儿，突然看到父亲迎面走来，我心里既惊讶又害怕。原来，家里见我一夜未归，很不放心，父亲是专程来找我的。他见到我自然很高兴，但表面上却是十分生气的样子，一边往回走，一边狠狠训了我一顿。

我在家里闲得无聊，十分苦恼，父母也很着急。几经商量，我同意到北京去找工作。

走 向 社 会

父亲托我的一位同族兄长张金荣（在北京一家洋行当账房先生）和二姑家的表姐夫王艾（在一家纸铺当账房先生）帮我在北京找工作。

1921 年过了正月十五，我便搭乘一位远房表叔的拉脚车（一种专门运送客人的带棚子的骡马车）出发了。这是我第一次出远门，内心交织着希望与不安，等待着我的究竟是什么呢？我们走了两天才到北京，先在前门外兴隆街王艾所在的纸铺（印刷和装订信封、信纸、账簿等）住下。这是一间隔为两层的房子，楼下做店铺，楼上住八九个工人，很拥挤。张金荣所在的那家洋行位于鲜鱼口抄手胡同，王艾把我带去，由张金荣介绍和担保，我在这里当了店员（伙计），从此开始了一种全新的生活。

这是一家批发商店，不零售，有六七个伙计。每天，天不亮就得起床，晚上 12 点以后才能睡觉，工作时间经常在 18 小时以上。除站柜台、售货和搬运

---

① 马兰峪是清东陵所在地，常有驻军守护。

沉重的货物外，还要伺候掌柜，为他铺床叠被、倒尿盆、装烟、倒茶、端洗脸水、打扫屋子、服侍吃饭等。我常与一个伙计一起去送货，没有车，两人抬一个大货筐，从鲜鱼口走到骡马市或牛街，足有十几里路。那个伙计比我大，个子也比我高，货筐总是往我这边溜，重量几乎全压在我身上。一天下来，累得全身像散了架似的。晚上，要等到服侍老板睡下以后才能休息。所幸老板没有打过我。这样干了半年多，我就因睡眠不足、劳累过度而病倒了，老板见我咳嗽发烧，病得不轻，又不愿花钱给我医治，叫来张金荣说："瞧他病成这样，先回去歇着吧，等病好了再回来。"张金荣只好把我送回纸铺暂住。我在小楼上迷迷糊糊躺了两天仍不见好，王艾把我扶上一辆回玉田的便车拉回家去。母亲一见我病成这样，赶紧扶我进屋，伤心地边哭边唠叨："这是咋的啦？好好的人，几天工夫，咋就病成这样啦！……"

经医生诊断，说我得的是伤寒，服药调养了十几天才慢慢好起来。

这次外出学徒，重病而归，真是得不偿失。但从另一方面说，我却看到了外面的世界，一个善恶交织、布满危机凶险，而又充满希望的、十分诱人的世界。

病愈后，一次去县城赶集，遇见同学李桂山，说他现在薛官屯小学教书，学生很多，忙不过来，问我是否愿意去帮忙，我高兴极了，满口答应。回到家，立即把这消息告诉父母亲，他们也跟着高兴。第二天就收拾简单的行装，兴冲冲地赶去上任。

薛官屯小学有 4 个年级 8 个班的学生，教学工作十分繁重。我去后，同李桂山各负责 4 个班级，同时在两个教室上课。那时，教师的待遇很低。我是副手，每月工资只有五六元，除去伙食，所剩无几。李桂山每月七八元，也不富裕。

班里的学生有的年龄较大，而我当时还不满 15 岁，个子比一些学生还矮。起初，学生家长见我年少，对我颇不以为意。但我教学认真，又有些经验，对那些调皮的大孩子要求很严，他们犯了规，我照样打他们的手板。一个学期下来，家长们反映很好，那些年龄比我大、个子比我高的学生在我面前也规矩多了。

经过一段时间，我发现与李桂山很不好相处，他比我年长十来岁，是县劝学所所长的侄子，有些仗势欺人。所以，我考虑在适当的时候离开这里。

历来，我们家乡的农民在难以为生的时候，大都去关外谋生，叫作闯关东。我想，既然薛官屯不好待，何不去关外闯闯？从此我随时留意合适的机会。第二学期开学后不久，有两个学生家长从关外回来，而且很快还要走。我听他们讲了许多关于那边的趣闻，更坚定了我下关东的决心。于是，我同他们商量，请他们走的时候把我带上。他们高兴地答应了，还说由他们负责路费。就这样，等学校一发了工资，我便和他们一起上路了。正好有一个人是去宁古塔的，我可以和他搭伴同行，去那里寻找二舅。

我们先到唐山找了一个小店住下，他们提议玩两天再走。我是头一回来唐山，当然很想玩玩儿。他们带我逛"小山"（类似北京的天桥），看"落子"（评戏），听大鼓，看杂技……玩儿得好不痛快！不料，乐极生悲，我只顾看热闹玩耍，不知何时被小偷偷去了我身上仅有的五元钱，心中懊悔不迭！他们得知我丢了钱，第二天竟抛下我走了。我身无分文，万般无奈，只得搭乘薛官屯一位熟人的脚车回家，到家后，由母亲付了车钱。

这次出走失败，令我十分沮丧，一进门也不理睬人，蒙头便睡。由于一路劳累，着急上火，所谓急火攻心，我又发烧了。母亲围着我团团转，急得直哭，不知怎样安慰我才好。父亲则一个劲儿地责骂我。原来，他并不知道我出走，现在忽见我被人送回来，又不说明情况，以为我出了什么大事，一肚子气恼向我发泄。我只不吭声，默默地忍受着他责骂。

过了两三天，我的热度退了一些，身上感到清爽些了，心气也平复了许多。但我仍然不愿起来见人，成天躲在屋子里。父亲始终闹不明白我究竟出了什么事，一天到晚唠唠叨叨。母亲抱怨他说："孩子病成这样，你就少说几句不行？"其实，这几天，父亲的气也出够了，便问我："你这几天到底去哪儿了？干什么去了？"我这才把如何想到关东找二舅、如何在唐山丢失路费和被人遗弃等向他们述说了一遍。原来在学生家长面前，我还硬撑着老师的面子，装作无所谓的样子，现在当着父母亲的面，再也忍不住心中的委屈，不禁痛哭失声，毕竟，我还是个15岁的孩子呀。母亲一边听着，一边流泪；父亲长长地叹口气，不再说什么。

我不想再回薛官屯，父母也不愿我离开家，就帮助父亲干农活。这时，村里传出一些闲话，说放着好好的老师不当，要在家种地，不知中了哪门子邪。我自己也很苦闷，整天埋头干活，很少与人说话。父母亲见我这样，怕我憋出病来，又怕我再次出走，也暗暗着急。他们私下商议：这样下去不是办法，不如趁早给他把婚事办了，也许能让他收收心？

我的二姑父在务农之余，常做些小买卖，走村串乡，结识了靳家铺村一位姓马的生意人，交往颇多。在我未满5岁时，经二姑夫撮合，父母为我与马家订下了婚约。按当时习俗，先讨来写着女方"生辰八字"的纸条，压在我家灶王爷的神龛下面，3天后取出来验看，她属龙，我属马，认为"命不相克"，这才订下婚约。如今，我还未满15岁，就要完婚，我怎能接受？但父母之命不能违抗，无论我怎样大哭大闹都无济于事。迎亲那天，我躲在隔壁的伯父家里不肯露面，只得让堂嫂代我去接新娘。新人进门了，我仍不肯出来拜堂。大家生拉硬拽地把我拖出来，按在地上拜了天地。我一肚子的怨恨，都迁怒于新娘，很长一段时间不理睬她。这样的包办婚姻，不但没有拴住我的心，反而让我更加郁闷惆怅，我的话更少了，常常一个人坐在屋后的苇塘边发呆，或是用低沉凄婉的箫声来抒发内心的哀怨和愁苦。出路究竟在哪儿呢？

父母深深为我担忧，经他们多次劝说，我同意再去北京工作。

1922年正月，仍由张金荣介绍，我到前门外大栅栏一个叫"内一品"的帽铺当店员。这家帽铺位于大栅栏西头的观音寺街，除掌柜和账房先生外，还有店员、杂工、厨师和推销员，总共七八个人。我早晚要侍候掌柜的生活，白天除了站柜台、接待顾客之外，闲时可以练习打算盘，每月除去伙食，可得一两元的零用钱。不料，仅仅半年左右，我又病倒了。不得已，再次到纸铺去休养。王艾给我请医抓药，过了两三天仍不见好，且痰中带血，疑为肺痨（肺结核），只得雇车把我送回家去。这次回来，父母都很痛心，父亲用小驴车把我拉到城里去求医，调养了好几个月才逐渐康复。养病期间，村中小学的老师因病请假，叫我给他代了两个多月的课，虽然没有收入，却与村里的乡亲们加深了相互了解，密切了关系，自己也觉得长大了许多。

第二章 投身革命

（1923 年 1 月—1926 年 9 月）

任 教

1923 年正月，我 17 岁了，刚过正月十五，得到县里的通知，派我到孟三庄小学去任教。过了正月二十，我就正式开始了教学工作。

孟三庄位于玉田南部，地势低洼，十年九涝，一般每年可收一季麦子，如无水涝，还能在秋季收获高粱、麻、玉米等。这是个比较穷困的村子，四五十户人家，只有二三户地主，多为中等户。学校有两个教室，却有四五班学生，共四五十人，其中一个教室是毕业后的补习班；另一个教室是复式班，分甲乙丙丁四个班级上课。原任教师王联堭是本村人，已在此任教两三年。我去后的第二个学期，他因父亲去世而辞职，我便担起了全部教学任务，直到 1924 年上学期，才又派了王绍武来给我当助手（他也是本村人，刚从玉田师范毕业）。

在这里教书期间，我结识了曾任玉田高小武术教师的轩永宽，他在北京给大户人家当过保镖，为人正直，我向他学习拳法和刀术、枪法等。我还认识了孟四庄的教师王胜和、孟昭芳，彼此很谈得来。村里人对教师很尊重，凡村中大事，都要请教师参与。逢年过节或哪家有红白喜事，各家都要请我去写对联、请柬，或信函等。有些学生家长常到我的住处来聊天，有的见我年轻，故意出难题考我，如对对子或算题等，都未能难倒我。这些交往使我和学生家长之间建立了良好的关系和相互信任，特别是每当学生参加县里会考拿回好成绩时，家长们更是敬重我。春节过后一开学，较富裕的学生家长都争相请我到家里去吃午饭，竟达半个多月之久。

课余时间，我喜欢读小说野史，如《封神演义》《春秋战国》《东周列国》《前汉演义》《三国演义》《隋唐演义》及《西游记》《聊斋》和《水浒传》《红楼梦》、各种公案等小说，既增加了知识，提高了文学修养，也培养了我对伸张正义、替天行道的英雄们的敬仰之情。我还喜欢吹箫、拉胡琴。晚上，与乡亲们聚在一起，吹拉弹唱，或京戏，或皮影戏，或"落子"，情感交融，十分惬意。在与乡亲们的交往中，我对农村的贫富矛盾、宗族关系等问题有了较多的了解，对我后来开展农民运动很有帮助。

我从小爱玩枪，到孟三庄以后，常带同学们出去打猎，这是一种既有趣又可增进师生感情的活动。那年夏天发大水，村子变成了孤岛，人们乘船或坐在木筏上捞鱼，十分有趣。一天，有条几十斤重的大黑鱼被冲到岸边浅滩附近，许多人企图抓住它，几次眼看就要抓住它了，但它的尾巴一甩，就把船掀翻了，无论如何也抓不住。一些人站在岸边看热闹，呐喊助威，好不热闹。我听说后，抓起枪，带几个学生跑过去，拨开人群，对着那家伙就是一枪。大鱼终于被拖上岸，大家七手八脚地杀了分给全村各户，自然也少不了有我一份。

1924 年下半年，孟四庄小学的王胜和要走，推荐我去接替他，孟昭芳也极力动员我去，于是，我告别了孟三庄的孩子和乡亲们，来到孟四庄小学。

孟四庄的民风与孟三庄迥然不同。这里官宦人家多，孟姓是大族，传说是孟子的后代，因此，并不看重教师，村里有什么大小事情，从不请我参与，更不像孟三庄的乡亲们那样来往做客。我和孟昭芳相处很好，后来介绍他加入共产党。遗憾的是，他于 1926 年就患肺病去世了。

孟四庄小学也是五个班，其中有一个补习班，共约百名学生，四个年级分别在两个教室上课。因孟昭芳患病，从 1925 年上半年起，由我一人任课。在全县会考中，学生的成绩都比较好，家长们对我的态度也因此而有所改变。

这两年来（1923—1925），北方军阀战争愈加频繁，特别是两次直奉战争[1]，冀东地区是张作霖的奉军必经之地。奉军纪律极坏，所过之处，奸淫抢掠，无恶不作，百姓苦不堪言。

记得 1924 年秋，一天我从城里回家途中正遇奉军经过，躲避不及，只得站在路边等待。

一个军人突然跑过来问我："干啥的？"

"我是学生，放学回家。"

---

[1]　直奉战争是直系军阀曹锟、吴佩孚与奉系军阀张作霖之间的战争。第一次直奉战争发生在 1922 年 4 月至 5 月，以奉军失败告终。第二次在 1924 年 9 月至 12 月，因冯玉祥部队倒戈而使曹、吴全军覆没，冯玉祥与张作霖共推段祺瑞为中华民国临时政府执政，俗称"段执政"。

他打量我老半天，又浑身上下摸了我一遍，没发现什么东西，骂道："呸！臭要饭的！把鞋脱下来！"

我只得把脚上的鞋脱给他，他穿上试试，还算满意，"滚吧！"

我赶紧跑开了。虽然丢了鞋，但我还是为自己庆幸，倘若把我抓了壮丁，岂不更糟？

除了兵患，还有匪祸。连年战乱的残兵败将，乃至一些恶霸地痞等，纠集部分破产农民，占山为匪，祸害百姓。

在这样兵荒马乱的年月，各村的有钱人以保护民众安全为借口，把青壮年组织起来成立"保卫团"，亦称"伙会"，是不脱产武装组织，凡有土地 40 亩之村民，必须买一支枪供"保卫团"使用，名为防匪安民，实际是保护地主大户利益。这种民间武装组织很快就在许多县建立起来。不久，又出现了一些脱产的民间武装组织——"民团"。一些村庄还建立了数村联防组织，称之为"会"，并选出"会首"，一村有事，数村支援。后来，在共产党领导的农民运动中，这些武装有一部分被农会掌握，成了革命的农民武装自卫队，为以后的抗日武装打下基础。

在此期间，常有去俄国当华工或在中俄边界做苦工的人回来，讲述一些俄国十月革命的故事，说"红党"是穷人的党，"白党"是有钱人的党，"红党"把俄国的皇帝推翻了，带领穷人翻了身，杀了许多"白党"，把他们的财产都分给了穷人。好些"白党"的人逃到咱们东北来了，这些"老毛子"过去欺负中国人，现在有的跟中国人讨饭吃、到处卖破烂儿……

一些在开滦煤矿做工的亲友们常讲述他们所受的苦难，"吃阳间饭，干阴间活，说不定哪天就被砸死！"也谈到 1922 年开滦五矿大罢工和其他斗争，说到工人团结一致，取得胜利时，说者眉飞色舞，听者大快其心。

当时，我不知道 1921 年已经诞生了中国共产党，并且在 1924 年实现了与国民党的合作，也不知道在李大钊、江浩①等人的直接领导下，在京津地区已经建立和发展了一些国民党和共产党的组织，只是从当时的报刊上捕捉到一些革命活动的信息，如二七大罢工和京、津等城市开展的国民运动等。但更多

① 江浩，字注源，常用名江著源、江竹源等。1880 年生，河北省玉田县刘家桥人。是早期革命活动家，曾追随孙中山参加同盟会和辛亥革命，是北洋政府议员。1920 年加入北京共产主义小组，1924 年任国民党中央候补监察委员、武汉政府军事裁判所所长等职。是中共天津地方委员会和国民党直隶省党部的创建者和负责人之一。1927 年国民党叛变后，江浩与国民党决裂，是南昌起义后成立的革命委员会委员。10 月赴苏联工作和学习。1930 年病逝于符拉迪沃斯托克。

的是军阀政府镇压"革命党""赤党"的消息。1924 年秋，冯玉祥的国民军控制了北方（除山西以外）的大部分地区以后，我感到形势有了变化。11 月围绕迎接孙中山北上、1925 年 3 月为悼念孙中山逝世，以及 5 月以纪念"五四"和"五七"为内容所举行的大规模群众活动，都表明当时北方共产党所领导的群众革命运动十分活跃，范围也很广泛。

我虽然不了解这些"革命党"是怎么回事，但从军阀政府对他们的深恶痛绝和血腥镇压，我联想到当年的义和团，因此断定他们是好人，是英雄，从内心对他们产生了好感，希望有一天自己能见到他们，或成为他们的朋友。但怎样才能找到他们呢？

尽管我当时有了小学教师这样稳定的职业，生活过得也比较充实，但我的内心却仍然充满矛盾。一方面，教师在农村比较受人尊重，尤其是我与农民的联系密切，课余闲暇，来聊家常询疑难（写信、对联、婚丧嫁娶等）的络绎不绝，冬季给农民办夜校，深受欢迎。因此对这个职业有了一定的感情。另一方面，在内战外辱日亟，国事日非，民生凋敝的形势下，我深感自己面对社会黑暗的无奈，虽救国有责却报效无门，但又不甘心为了生活而长此庸庸碌碌。面对家乡人民的深重苦难和外界如火如荼的革命运动，我将如何作为？有谁来给我指明方向？我又一次陷入苦闷彷徨。

导 师 引 路

正当我在人生旅途苦闷彷徨的时候，1925 年发生在上海的五卅惨案震惊中外，激起了中国人民新的觉醒和对帝国主义、军阀势力的更大仇恨！大批共产党人和进步学生深入工厂、农村，控诉帝国主义的血腥暴行，宣传反帝反封建的革命道理，唤起民众，扩大革命力量。

这年暑期，革命前辈江浩带领一批在京津的玉田籍进步青年回乡传播革命火种，为我指明了方向。从此我不再徘徊，毅然走上了革命之路。

大约在 1923 年，玉田县劝学所改为教育局，王锦堂任局长。为了提高小学教师的业务水平，从 1924 年起，每年暑期，由县教育局举办小学教师讲习班。届时，全县的小学教师集中在一起交流经验，切磋教学方法；教育局聘请一些京津地区的名人学者前来讲学，内容多与改进教学方法、提高教学质量有关。

1925年五卅惨案发生后，在共产党的领导下，京津等地爆发了大规模的群众集会、游行、罢工、罢课、罢市等，抗议帝国主义和军阀政府的暴行，声援"五卅"受难同胞，并开展募捐活动，声援上海工人的斗争；玉田各界也积极响应。暑假期间，江浩、叶善枝①等带领一批在京津读书或工作的玉田籍进步青年回到家乡。他们公开的活动是讲学，内容有平民教育、学制改革，并介绍一些国外教学经验、进步文学作品等。同时，江浩利用讲课之机，介绍了五卅惨案发生的经过，控诉帝国主义屠杀中国工人的罪行，介绍全国各地反帝反军阀斗争的情况，宣讲中国进行反帝反封建革命的必要性，以及孙中山提出的三民主义和联俄、联共、扶助农工的三大政策，等等。他号召我们投身到革命斗争中去，到广大农村去，唤醒民众，打倒帝国主义和军阀政府。他慷慨激昂的演讲深深地打动了我们的心，激发了我们的爱国热情。

课余，他们广泛接触教师，了解大家的思想情况及所关心的问题。我们向江浩介绍了成立小教联合会的筹备工作。

还是在去年的暑期讲习班期间，大家一致认为教师的工资太低，要求教育局增加工资。我与一些同学同事提出成立教师联合会和增加薪金的倡议，得到讲习班大多数人的响应，并推举我为发起人之一，建立了筹备组织，负责发展会员、草拟会章和增薪方案等，并定于下届暑期讲习班正式成立组织，通过增薪方案，提交教育当局，不达目的誓不罢休。江浩很支持我们的要求。在他的指导下，很快建立了玉田县小学教师联合会，并提出了增加工资的方案。由于增资关系到每个教师的切身利益，几乎全县的小学教师都参加了小学教师联合会。经过热烈讨论，一致决定以小教联合会的名义向县教育局提出增加教师工资的意见书，要求按三等九级把教师工资分别增加到8元、10元、12元。还要求撤换思想保守的教育局长王锦堂。王锦堂是江浩的同学，又是儿女亲家，江浩借此机会劝他辞职。到年底，迫于各方压力，王锦堂辞职了，由思想进步的王秀江担任新的教育局长（他不久即加入共产党）。增加工资和撤换教育局长两个斗争的胜利，是江浩在玉田活动的成果，也是玉田革命活动的第一步。

江浩通过这些活动物色了一批思想进步的教师，进一步向他们介绍国民党及三民主义的详情，并从中发展了一批国民党员，建立了国民党玉田县党部和

---

① 叶善枝，河北省玉田县鸦鸿桥人，大革命时期曾任中共北方区和顺直省委农民运动委员会委员、1927年以后任京东特委书记等职，解放战争初期叛变。

几个区分部。

1925 年夏，我还是个不满 19 岁的青年，虽然过去听人说过一些关于苏俄"红党"的事情，但毕竟不甚了了，很难把它同中国革命联系起来。现在我是第一次听到关于孙中山的革命学说和国共合作后国民党的各项革命主张。正在苦闷彷徨的我，有如拨云见日，豁然开朗，怀着满腔救国热情，第一批参加了国民党，并被推举为县党部的筹备委员和区分部负责人。和我同期加入国民党的还有孟昭芳、宗双明等，他们都是孟四庄的教师。县党部由萧质斋、李立元和冯伯岐负责，王佩青好像也是县党部的。

开学后在孟四庄一带成立了国民党区分部，负责玉田南部石臼窝一带的工作，由我担任执行委员（那时不叫书记），宋哲三和马桂武为委员，都没有脱产。我们的主要工作是在各村小学宣传革命思想，发展国民党组织，其中大部分是进步教师和学生，也有个别有文化的农民。记得我发展的王胜和、王景和等，都不错，王景和、孟昭芳后来经我介绍加入了共产党。根据叶善枝的指示，还要求我们在农村组织农民协会。我们曾经在孟四庄的农民中进行过反对帝国主义和打倒军阀的宣传，但因条件尚不成熟，没有建立起农会组织。

平时，我与萧质斋接触较多（我不知道他已在外地加入了共产党），他逐渐向我介绍一些有关共产主义和共产党的基本知识。随着认识的提高，我对国民党和三民主义学说产生了一些疑问。如国民革命胜利后会不会重蹈辛亥革命的覆辙，国民党首脑将来会不会变为新军阀，应如何防止这种局面出现，将来的前途如何？等等。我对这些问题极想得到回答，同时，对俄国革命也很感兴趣，想知道更多的情况。在工作之余，我经常给江浩写信，既汇报工作，也向他请教。他很快就托人给我捎来一些书刊，有布哈林的《共产主义 ABC》、罗亦农的《共产主义与共产党》等。在当时秘密环境下，得到这些书刊，我如获至宝，反复研读后茅塞顿开，消除了我对革命问题的许多疑团，眼界更开阔了，我的思想产生了一个飞跃，对共产主义和共产党有了初步认识，了解到中国革命是世界革命的一部分，国民党及其三民主义都不能救中国，只有共产党才能担负起领导和完成中国革命的重任。我渴望献身于中国革命事业，希望加入共产党。我把自己的思想认识与希望都写信告诉江浩，他给我以鼓励。通过书信交往，我们建立了深厚的友情，他成为我革命征途上的良师益友。这年冬天，听说国民党省党部准备办干部培训班，还要选派一些人去广州学习，我非常兴奋，立即报了名。萧质斋把我的情况和要求向省党部作了汇报。不久，省党部通知玉田选派代表参加明年 2 月在天津召开的国民党直隶省第一次代表大会，并叫我即去天津参加大会的筹备工作。这一消息使我振奋不已。

加入中国共产党

1925 年 11 月下旬，我请了几天假，匆匆赶赴天津法租界福利里 21 号，这是江浩的住处，也是中共天津地委和国民党直隶省党部的所在地[①]。江浩、叶善枝和于方舟[②]热情接待了我，并进行了诚挚的交谈。我急切地把自己心中的问题提出来，如国共两党的性质有什么不同，他们的关系如何，国共合作的必要性及其前途如何，中国革命之前景如何，等等，经过几次交谈后，对这些问题有了进一步的认识，也更坚定了我为共产主义事业献身的决心。

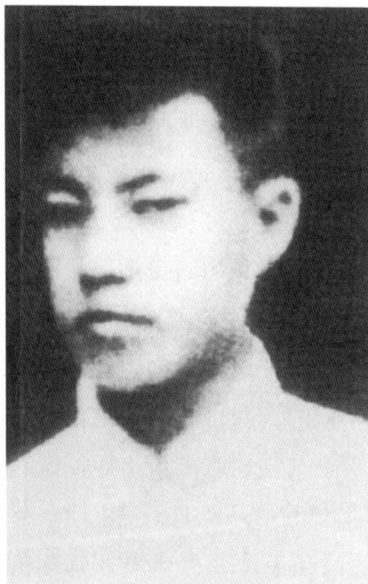

于方舟

江浩的谈话使我终生难忘，他没有说教，而是以自己的亲身经历说明他在 20 多年求索中，如何从一个旧民主主义革命者，经过多次碰壁，经过苦闷彷徨，经过许多曲折，甚至曾信仰无政府主义，直到俄国十月革命胜利以后，才懂得只有共产主义才能救中国的道理，成为一个为共产主义事业献身的战士。通过与他的交谈，我对他有了更深的了解、更加崇敬，也进一步认识到为共产主义奋斗是十分艰巨的任务。我向他表示了要为共产主义事业奋斗终生的决心，提出加入共产党的要求。他和叶善枝都表示愿意做我的介绍

① 1924 年夏，中共顺直省委和国民党直隶省党部的机关都在法租界普爱里 34 号（现 21 号），即现在的天津建党纪念馆。是年秋天，中共领导机关（江宅）迁至附近的福利里 21 号，另租英租界义庆里 40 号做国民党省党部，从此两党的领导机关分开。

② 于方舟，名兰渚，字方舟，1900 年生于河北省宁河县（今天津市宁河区）。在天津南开中学读书时，与周恩来一起进行革命活动，为天津市学生联合会执行部部长。1923 年加入中国共产党，1924 年与江浩一起组建中共天津地方委员会，并任书记；是国民党一大的候补执行委员、直隶省党部负责人。1927 年 8 月任中共顺直省委组织部长。10 月，在玉田暴动受挫后被捕，于年底英勇就义。

人。几天以后，中共天津地方委员会书记李季达找我谈话，告知我，党组织已批准我为中共正式党员，并对我提出希望和勉励。当时玉田没有中共党组织，我的组织关系在天津地方委员会。

这期间，我的主要任务是帮助江浩、于方舟筹备国民党直隶省代表大会。他们约我到当时国民党省党部所在地旧道尹公署①，一起商讨确定了玉田县参加省代会的代表人选：萧质斋、赵玉生、王佩青和我。

我在天津待了一个星期，回玉田之前，叶善枝告诉我，玉田还有两个共产党员——萧质斋和李立元。萧质斋原来在河南省六合沟煤矿教书，并在那里入党，最近才回到玉田，李立元是在北京大学读书时入党的，也是不久前才回玉田教书。这时候我才醒悟，原来国民党玉田县党部的主要负责人都是共产党啊！当时共产党是处于秘密状态，我虽然加入了共产党，却仍以国民党员的身份进行活动。

1926年春节前不久，我们在县教育局进行了一次国民党县党部活动，除了县党部和各区分部的人参加外，还有新任教育局长王秀江。我和他是初次见面，印象很好。我们正在教育局的会议室围着火炉侃谈，忽听院子里传来一个女人高声大气的说笑声。我很诧异：当时封建传统还很深，要求女人"笑不露齿""行不露足"，说话要"平声敛气"……是谁这样"放肆"？笑声未落，人已进了屋子。立元、质斋等人急忙站起来和她打招呼，她大大方方地与大家寒暄，像是同他们都很熟识的样子。我不认识她，呆呆地坐在那里看他们说笑，等他们落座。只见她留着齐眉、齐耳的短发，立眉大眼，厚唇大嘴，一副大大咧咧的派头，要不是那身女学生衣装，还真会以为她是个男子呢。乱过一阵，立元才想起介绍我和她认识。原来她就是虹桥的赵达，县里赫赫有名的老赵家的大小姐。她正在天津女师读书，还是天津女界的风云人物——国民党天津市党部的妇女委员和天津学联的委员哩！现在，她放寒假回家，听说我们在这里开会，便不请自来。她的出现，一下子使屋子里的气氛热烈起来，她滔滔不绝地讲起天津的学生运动和女权运动，讲声援上海五卅运动，讲军阀李景林屠杀工人抓捕学生的罪行，慷慨激昂，眉飞色舞，极富感召力。大家听得惊心动魄，情绪激昂，不断插话、提

① 1924—1925年，因冯玉祥部驻军顺直地区，天津革命形势很好，1925年12月，国民党在旧道尹公署公开挂牌，同时在这里挂牌的还有工会、学联、妇联等群众团体。次年3月，奉系军阀张作霖进驻天津，形势陡转，国共两党都转入地下活动，领导机关也随之转移。

问、响应。似乎，她成了会议的主角儿，原本打算议论的话题暂时被搁置一边。对于这样一位女性，我既敬佩她的热情、她的口才，又不习惯她如此"开放"。

大家的情绪总算平静下来，我这才报告了此次天津之行的经过，传达了省党部关于召开省代会的决定及玉田县代表人选的意见等。大家又议论了下一步的工作，直到午饭后才散去。

1926 年 2 月底 3 月初，我和萧质斋、赵玉生、王佩青 4 人到天津参加国民党省代会。大会于 3 月 10 日开幕，会期 3 天，由江浩、于方舟主持。会议期间，赵玉生和王佩青加入了共产党。省代会结束后，于方舟曾找我谈话，打算派我到中共北方区举办的党校学习。他们 3 人回玉田后，即于 1926 年 3 月成立了中共玉田支部，由萧质斋、李立元负责，以"玉芝"（取玉田支部的谐音）的名义与上级联系，并发展王秀江加入共产党。到了 5 月，奉系军队占领了玉田，革命形势恶化，劣绅李宝琛（县议会议员、县高小校长）向官府告密，致使他们遭监视、追捕，在玉田无法立足。天津党组织遂派萧质斋、王秀江到苏联学习，王佩青调天津工作，"玉芝"只剩下李立元一人，这个支部也就无形中解散了。

王秀江在苏期间，他因反对王明和米夫①，被诬为"托派嫌疑"遣送回国，并切断其组织关系。但他仍然继续为革命做了许多有益的工作。他一生从事教育事业，1947 年病逝于北平。其他的人后来都先后脱离了共产党。

就在省代会结束的 3 月 12 日，发生了日军炮舰轰击大沽口事件——日军为了支持奉军占领天津，向驻守大沽口的国民军冯玉祥部发起进攻。16 日，日军又联合美、英等八国向段祺瑞执政府提出撤除大沽口国防设施的无理要求，激起了京津各界群众无比愤怒。18 日，在中共北方区书记李大钊的领导下，北京数千群众在天安门集会抗议，会后举行游行示威，要求段祺瑞政府拒绝八国通牒。段政府公然令卫队开枪，致群众死伤 200 余人，制造了震惊中外的三一八惨案。反动政府的暴行激起群众的更大愤怒，连日举行集会，追悼死难同胞，抗议帝国主义和军阀政府的暴行。我们怀着满腔激愤参加了天津的爱国活动，经受了一次革命洗礼。

---

① 米夫，苏联人，曾任莫斯科中山大学教员、校长，后兼任共产国际东方部部长。1927 年曾奉派来华，王明是其翻译和随员。以后王明追随米夫步步高升，直到控制中共中央领导权。

三一八惨案后，中共北方区遭破坏，难以开展活动，党校也去不成了。于是，改派我去广州农民运动讲习所学习。我于 1926 年 4 月初离开天津，前往广州。从此，我走上了职业革命者的道路。

在广州农民运动讲习所

国共合作以后，在中共的帮助下，以国民党的名义在广州创办了黄埔军校和农民运动讲习所，中共北方区和国民党直隶省党部派了大批青年干部去学习，仅河北省这批去农讲所的就有 20 多人。

我们先在天津集中，然后分批出发。我们这组的领队是解学海[①]和张宗一[②]，他们的年龄比较大，革命知识也比较丰富，大家很尊敬他们。行前，党组织向我们交代了路线、纪律、注意事项等，说敌人的暗探无所不在，路上一定要提高警惕，倍加小心，不可随便与生人谈话，等等，这使我感到既兴奋又神秘。

4 月初，我们一行乘火车顺津浦线南下，到上海后，在一个小旅店住了三四天，因有纪律约束，未敢外出。然后乘轮船继续南下。这是一艘中国轮船，我们在最下层，即"统舱"的地板上坐卧，同行的都是下层社会的贫穷之人。船行在海上，受风浪冲击，摇摆颠簸得很厉害，加以统舱里人多，空气污浊，令人直想呕吐。一路上，大家没精打采，既不想说话，也不想动弹，偶尔到甲板上去透透气，也不敢与人交谈，就这样在海上漂泊了两三天。那日，船过港澳后，来到虎门。大家兴奋起来，忘记了连日晕船之苦，一齐拥上甲板，手扶栏杆，望着海岸。有人指着一处被云遮雾罩的建筑物大叫："看！虎门！"

"啊！这就是虎门呀？"

"虎门！你好！"……我们似乎又看到了当年林则徐销毁鸦片的滚滚浓烟，听到虎门炮台痛击英国舰船的隆隆炮声和水兵们与侵略者的拼杀声……一股热血涌上心头，激情满怀。在一片欢呼声中，突然有人高喊："打倒帝国主义！""打倒军阀！"

---

① 解学海，河北省无极县人，1925 年加入共产党，曾任中共北方区农民运动委员会驻冀南办事处主任、玉田中心县委书记等职。玉田暴动受挫后被捕，英勇牺牲。

② 张宗一，河北省文安县人，1931 年参加了罗章龙派别活动。

立时，甲板上一片响应，口号声不断。此时，我们才发现，原来许多互不相识、一路不曾搭话的年轻人，也都是去广州学习的，有的去黄埔军校，有的去农讲所，他们来自不同的省市，却负有共同的使命。我们一下子就变得亲密无间了，又是一阵欢呼，为新战友相会，也为新生活的开始。

自从上船之后，我们不仅吃尽了风浪颠簸之苦，还要受茶房（服务员）的气。这船虽是中国老板的，但却等级森严，茶房们对高等仓住的"上等华人"是一副奴颜婢膝的模样，而对我们这些统舱里的"下等华人"则是傲慢凶恶，给我们的伙食也极差。对此，大家虽然很气愤，但受纪律约束，一路上只能忍耐。船到虎门以后，大家觉得像到了家，再也不用害怕暗探奸细，更用不着忍气吞声了。于是，把茶房叫来，对他们进行了一番平等、民主的教育，叫他们不要看不起穷人、欺负穷人，并叫他们给大家改善伙食，改善服务。此时，他们再也没了那股傲气和凶恶相，只有唯唯诺诺了。这就算是我们初到广州的第一场斗争吧。

4月的广州，已是初夏，从北方出发时还穿着棉衣，到广州已换上了夏装。我们一行十几个人是先期到达的，被安置在一个公寓里住下，5月初开学后才搬到农讲所去。

广州农讲所设在旧番禺学宫，原来是广东省农民协会创办的，由彭湃和阮啸仙等同志主持，已办了五期，其学员主要来自广东省，也有少数广西和湖南的学员。随着革命形势的发展，从第六期开始，改由国民党中央农民运动委员会领导，毛泽东任所长，招收全国各地的学员。顺直省的22名学员是分别由中共北方区和国民党直隶省党部派出的，其中共产党员9人，共青团员1人[①]。

1924年实现国共合作以后，广州作为当时的革命中心和国民政府所在地，各派势力的斗争仍十分激烈。在我们到达广州之前，1926年3月20日发生了中山舰事件[②]。以国民党右派为主的各种反革命势力在蒋介石操纵支持下，对共产党造谣诬蔑、挑拨离间，破坏国共团结，气焰十分嚣张。另一方面，广大

[①] 9名中共党员是：解学海（无极县）、张金言（玉田县）、韩永禄（完县）、王紫树（文安县）、刘珠（高邑县）、张宗一（文安县）、阎怀聘（正定县）、石德山（北京）、马俊超（北京）；共青团员是萧荫棠（玉田县）；其他有：段汉章（顺义县）、阚家骅（天津）、谭雅谊（天津）、李景文（安次县）、王成奎（乐亭县）、马伯超（丰润县）、孙士林（唐山）、张风林（安新县）、王锦（乐亭县）、高波（蠡县）、孙洪儒（蠡县）、许世昌（深泽县）。

[②] 1926年3月20日，蒋介石制造的反共阴谋事件。

群众在共产党的领导和影响下，革命热情高涨，对反革命的各种破坏活动给予了有力的回击。当时，省港大罢工已坚持了近一年的时间，工人武装纠察队对香港实行严密封锁，沉重打击了英帝国主义。同时，革命军积极准备对旧军阀的最后决战——北伐。"五一"节，广州举行了十万人参加的大集会和示威游行，接着又举行了北伐誓师大会。我们就是在这种浓烈的革命气氛中来到广州的，并且立即投入了火热的斗争。

这期的学员有 300 多人，来自全国二十几个省，其中尚能记忆的有陕西的萧益寿、李波涛、霍世杰、乔国祯；河南的许某（即吴芝圃，原河南省委副书记），是党支部委员，同我在一个党小组过组织生活；湖南的王首道（当时叫王一芬）、谭金华；安徽的仇偶；云南的李为贵；还有一个叫赵同的，是当时学员中的活跃分子，记不得是哪个省的了。

所长是当时国民党中央宣传部代理部长毛泽东，教育长是萧楚女，教务部主任是陆忧，事务部主任的名字记不清了，任职期间因贪污被撤职。总队长赵自选，副总队长黄某，负责军事训练。总队下设相当于连的区队，有专职区队长。全所有一个中共党支部，彭公达为专职支部书记。毛泽东对军事工作十分重视，他说过，帝国主义侵略中国靠的是洋枪大炮，军阀统治也靠枪杆子，工农革命没有枪杆子就不能取得胜利。因此，农讲所虽然不是军校，但也进行军事训练。学员入校后，睡双层床，过严格的军事生活，除个人制式教练、以连营为单位的操练和日夜岗哨值勤、夜间紧急集合、夜行军演习外，结业前还进行了打靶和野外战斗演习。

由于学员都是参加革命不久的青年，需要进行以农民问题为中心的革命启蒙教育，毛泽东对课程作了精心安排，理论与实践相结合，主课与辅助课相结合，内容丰富，形式生动活泼。除了他亲自讲课外，还聘请了党内其他负责同志，如周恩来、林伯渠、萧楚女、彭湃、恽代英、阮啸仙、吴玉章、李立三、江浩等来任课或讲演。课程和教员的具体安排是：

毛泽东：中国农民问题、农村教育、中国社会各阶级的分析等；

萧楚女：帝国主义论、中国民族革命运动、社会问题与社会主义；

周恩来：军事运动与农民运动（因其工作太忙只讲了一次）；

彭湃和周其鉴：广东海丰与东江农民运动、高要等地农民运动；

恽代英：中国历史概要；

林伯渠、甘乃光、陈其瑗：三民主义（当时甘、陈均为国民党中央党部负责人）；

　　阮啸仙：广东农民运动概况；

　　罗绮园：广东农民协会代表大会决议；

　　彭述之：中国政治状况（彭当时为中共中央负责人之一，后与陈独秀一起被开除出党）；

　　陈启修（教授）：政治经济学概论；

　　李立三：中国职工运动（只讲了一次）；

　　张秋人：世界革命史；

　　于树德：合作社概论；

　　安体诚：统计学；

　　李一纯（女）：教唱革命歌曲；

　　革命宣传画：教师的姓名记不清了。

　　此外，还利用纪念会等机会，由党的负责人作专题报告。

　　在上述课程中，最受欢迎的是毛泽东、萧楚女、周恩来、彭湃、恽代英等所讲的课程。

　　毛泽东讲课的主要特点是从实际出发，运用革命理论和通俗易懂的语言，像谈家常一样阐述实际问题。例如，讲我国社会各阶级关系时，他用宝塔作比喻，把帝国主义比作塔顶，下面各层是军阀、官僚、地主、买办资产阶级、中等资产阶级等。塔的最下层是塔的基础，是工农大众和小资产阶级，由于他们最受压迫，所以最需要革命。无产阶级是革命最彻底、最先进的阶级，但人数少，必须联合农民和其他革命力量。农民占全国人口 80% 以上，是革命的主力军。中国革命问题主要是农民问题，只要我们唤起广大农民，使农民和工人及其他劳苦大众一起向压在他们身上的统治阶级进行斗争，塔的上层必然倒塌。他特别对农村的阶级关系作了详细的分析和讲解。在讲课过程中，他不断向学员提出问题，启发学员思考和回答问题，使我们对农民是中国革命主力军及共产党领导农民革命的重要意义等问题有了基本认识，确立了献身于农民革命运动的志愿与决心。

　　萧楚女是一位杰出的宣传教育家。他身患多种严重疾病（二期肺结核、"缠腰风"、高度近视等，并且腿有残疾，走路微跛），却以全部精力和满腔热情致力于教学工作，深受学员爱戴。他常把自己比作蜡烛，是给人们照亮用的。他说："我活一天，就要像蜡烛那样发一分光，为人民所用。"这样伟大的毫不利己、专门利人的共产主义人生观，使我们深受教育。他是我十分崇敬并在几十年来时常怀念的一位良师和学习的榜样。

他讲课生动活泼，富有感染力，特别是讲到辛亥革命、五四运动，以及当时的五卅惨案和沙基惨案等现实斗争时，更是慷慨激昂。他愤怒地揭露、声讨了6月23日英、法帝国主义者在广州沙面租界炮轰游行示威群众、屠杀中国人民的罪行；热情赞扬和高度评价了五卅运动中，上海、广州、香港及全国各地工人运动的伟大力量。听他讲课，如身临其境，激发起大家对帝国主义的满腔仇恨，认识到工人阶级和革命人民的伟大力量。

彭湃主要讲他在海陆丰领导农民运动的亲身经历，介绍广东农民遭受帝国主义、军阀、地主压迫剥削的苦难，同地主阶级进行减租斗争等情况，以及如何对农民进行阶级教育，打碎地主阶级用封建迷信、宗族权等对农民进行的精神统治等。他从不空泛抽象地阔谈理论，而是介绍他的亲身经历和切身体会，因而极受学员欢迎。他讲了许多生动感人的事例，有些至今记忆犹新，例如，他给我们讲了"卖猪仔"的事例：贫苦农民遭受苛捐杂税、重租、高利贷及其他种种残酷剥削，每年有大批破产农民被迫把自己卖给地主抵债。地主以低价买进，再以高价卖给外国来华招工的工头或人贩子，叫作"卖猪仔"。他们将这些农民像猪仔一样，运到澳洲和东南亚国家的资本家开办的农场、矿山做苦工、当奴隶。招工头买这些农民时，由几个彪形大汉挑选，叫来一个，就朝他猛击几拳，打不倒或敢于反抗的，就以较高的价格买去，身体差的则以低价买去。这些人在被运送途中和做工期间，遭受各种非人待遇，过着牛马不如的生活，一批批地惨死他乡。

他还介绍了自己从事农民运动的经验。起初，他身穿学生装，满口学生腔，找到一些农民，向他们宣传革命道理，人家听不懂，以为他是来收税的，都用疑惧的表情看着他。他拿着笔记本，问农民的生活情况，人家都避而不答或答非所问，很快都走开了。后来他吸取教训，换上农民装，学讲农民话，跟着挑粪下田的农民一路拉家常，问疾苦，逐渐和一些农民交上朋友，向他们宣传革命道理，并通过他们组织农民协会，进行减租斗争。他举了这样一个例子：有一个区，姓罗和姓苏的人很多，传说他们是唐朝罗成和苏定方的后代。据小说中讲，罗成是被苏定方害死的，两姓因此成为世仇。在地主的挑动下，多年来不断发生械斗，其范围有时波及周围数十村。每次械斗，地主都从中渔利，而贫苦农民却遭受极大的苦难。农民运动发展起来以后，他们从减租斗争中受到教育，认清了地主利用宗族关系进行掠夺和剥削的手段，认识到同姓的地主与农民不是一家，而两姓的农民都受地主的压迫剥削，消除了世仇，团结一致向地主、土豪、劣绅作斗争。

减租斗争胜利后，群众说，东江有两个"王"，一个是依靠帝国主义残害人民的军阀陈炯明，是帝国主义的走狗；另一个是彭湃，是使穷人不受苦难的带头人（陈与彭都是海丰县人）。在海陆丰一带的农民，凡认识彭湃的，都亲切地叫他湃哥或阿湃。有的群众要在庙里给彭湃塑像，他知道后，极力劝阻。有些陈炯明的党羽是彭湃的同学，骂彭湃说："你们说陈炯明是帝国主义的走狗，这总比你当穷小子们的走狗好。"他听后，讥讽地回答："我能为穷人当走狗，打倒帝国主义、封建军阀，使他们从穷困中解放出来，这样的走狗是无上光荣的。"

周恩来担任的军事运动课，也非常受欢迎，但因为他的工作实在太忙，只讲了一次就停了，大家都感到很遗憾。

恽代英讲的历史课，使我第一次知道，要用历史唯物主义的观点看待历史，特别是他对鸦片战争、太平天国、义和团农民革命斗争的论述，给我印象很深。

除课堂讲授外，还组织了一些课外学习和实践活动，结合所讲授的主要课程，阅读有关书刊，并对一些重要论著和问题进行分组讨论。如对毛泽东的《中国社会各阶级的分析》一文，曾结合当时各阶级代表人物的政治表现进行了认真讨论，使我对革命首先要分清敌、我、友的重要性，以及如何分清敌、我、友的问题有了初步领会。此外，还利用每星期一上午总理纪念日（当时纪念孙中山的一种形式）的时间，由毛泽东、萧楚女，或请校外的同志，如吴玉章、江浩、李求实等，给学员作时事政治报告或演讲。

临近结业时，还组织学员两次到农村参观，一次去曲江，一次去海陆丰。去海陆丰那次，毛泽东亲自带队，事先做了充分准备。学员们按军事编制，有的担任各种服务工作。我担任卫生员，带了一些常备药品，如仁丹、"十滴水"和外伤用品等。行前，领导作了战斗动员，然后乘船前往。船小，风浪大，颠簸得很厉害，不少学员晕船呕吐，我强忍着晕船之苦照顾大家。下船后，毛泽东亲切地问我："你叫什么名字呀？"

"我叫张金言。"

"是哪几个字？"

"金子的金，言语的言。"

"啊，金口玉言哪！"

他笑了，我也笑了。他又问："你学过医吗？"

"没学过。"他又问我的出身、职业，我说是小学教师，在家也种过地。他赞扬说："你卫生员当得不错嘛！"随后，他又去同其他学员交谈，给大家以鼓励。

在海陆丰，我们参加了一次全县农民自卫军和农会会员代表的万人大会（印象中是庆祝胜利大会），第一次看到了农民运动的雄壮场面。我们还参观访问了公平镇和几个乡村，受到群众和农会干部热烈欢迎、亲切接待。所到之处，都是一派革命景象。我们在农民家里看到，原来供奉观音菩萨的地方，现在挂上了彭湃的画像。问他们为什么，他们说："供了几辈子菩萨，日子越过越穷。湃哥领导我们斗地主、减租，才有了好光景。"这里农村和北方农村的情况形成鲜明的对照，使我坚定了一个信念：回去后一定以这里为榜样，把家乡的农民发动起来，摧毁封建制度，创造新世界！

此外，毛泽东还在学员中成立农民问题研究会，充分利用学员来自全国各地这一有利条件，亲自主持召集来自各省的学员开调查会。不能参加调查会的，都发给调查提纲。从阶级关系、宗教信仰，到风俗习惯、农民的地亩田产、地税负担、地主的剥削方式、农民反抗的情况、秘密社团，以及歌谣谚语等，都在调查之列，我庆幸自己在孟三庄、孟四庄教书时所了解的情况，这时都派上了用场。农民问题研究会的学员把这些材料和研讨情况，刊登在毛泽东主编的刊物《农民问题丛刊》上，他还亲自为我们的文章写了序言，阐述农民问题的重要性，批判党内在对待农民问题上"左"和右的错误思想，歌颂海陆丰农民革命的伟大功绩，号召革命同志深入农村，发动和组织农民起来向地主、军阀和帝国主义斗争。

毛泽东对学员的生活很关心，北方学员不习惯吃大米，他便叫食堂专门为我们做面食；发现管理事务的人贪污，便将其撤职查办，让学员自己管理伙食，设了伙食委员，轮流值日。食堂除自办的伙食外，还常常到外边的饭馆为大家订菜，以改善生活。

在党的组织生活方面，中共党员都编入党支部的各个小组，按小组进行活动。每周开一次小组会，主要内容是传达、讨论支委会的工作安排、决定，学习党的基本知识和党章，开展批评和自我批评，等等。

3月20日中山舰事件以后，国民党右派的反革命活动日益嚣张，他们动员各种反动报刊对共产党进行造谣诽谤，挑拨国共两党关系，进行分裂、破坏活动。蒋介石也利用这一时机，于1926年5月15日至21日在广州举行的国民党二届二中全会上，提出《整理党务案》，规定国民党各高级党部委员会的委员，共产党员不得占三分之一以上，并不得担任中央各部部长；国民党员不得加入共产党；其他党派加入国民党者，须报告其原来党籍；加入国民党的共产党员要把名单交给国民党；等等，但却只字不提右派的反共分裂破坏活动。显然，蒋介石这个提案的目的在于支持和发展右派，削弱左派，限制和打击共产党，为其篡夺革命领导权、发动反革命政变做准备。当时，在国民党担任中央委员并参加这次会议的一些中共党员，如毛泽东、谭平山、林伯渠、江浩等，都反对这一提案。但以陈独秀为代表的中共中央却对蒋介石所提出的《整理党务案》作了重大让步。

事后，毛泽东就这次会议向学员们作了报告，揭露国民党右派分裂、破坏国共团结的阴谋活动，说张静江是有名的江浙财阀的军师、智囊，是蒋介石的幕后出谋划策人；段锡朋这个人很坏，是国民党中央组织部部长。他指出，蒋介石能否把国民革命进行到底，要看他今后的实际行动，现在还不能定论。他还谈到，对于国民党右派的破坏活动，共产党本来应当采取联合国民党左派，争取中间派，坚决打击右派的政策，但中共中央却未能这样做。

为了使广大党员进一步了解中共中央对国民党二中全会的政策精神，中共广东区委召开了一次广州各机关、团体、学校党的活动分子会议，农讲所有十多人参加，我也去了。我们先来到毛泽东的住所，见到他和杨开慧，由杨开慧带我们进入会场。会议由毛泽东主持，中共广东区委负责人陈延年讲了话。他说：国民党二中全会没有对右派分子进行批判和制裁，却通过决议对我党加以各种限制。对此，他非常气愤。国民党中央委员中的左派，有许多人反对蒋介石的提案，主张给予右派严厉制裁，并要求中共给予支持。但我党中央没有采纳这些意见，而是为了照顾大局，联合蒋介石，维护同国民党的团结，争取北伐战争的胜利，对蒋介石的提案作了重大的让步。他个人认为，对蒋介石提案让步有些过头，对蒋介石过于迁就。蒋介石不是左派，对他的错误言行，该批评的就应当批评，对其权力应有所限制。我们害人之心不可有，防人之心不可无。根据中山舰事件后蒋介石的言行，我们应有所警惕。当然，中央既已决定，我们应当服从和执行。

陈延年的讲话虽然没有点名，但实际上是批评了陈独秀的右倾错误。毛泽东表示完全同意和支持陈延年的讲话。

听了他们的讲话，我们才知道我党中央内部、中央与下级之间，对一些重大问题有不同意见的争论，但还不理解争论的性质，多少感到有些诧异。后来才知道陈独秀犯了右倾机会主义错误，并且受到毛泽东、陈延年等许多同志的抵制。在毛泽东《湖南农民运动考察报告》一文中，更明确地对陈独秀的右倾机会主义错误进行了批评。

在农讲所的学习虽然只有四个月，但我在思想上的收获却是非常大的。我来学习之前，虽然入了党，但由于时间短，在革命的理论与实践方面，基本上还如一张白纸。经过这次学习，我受到以马克思列宁主义理论为指导、以农民运动为中心、理论与实践相结合的多方面的革命启蒙教育。在辩证唯物主义、科学社会主义、政治经济学等马列主义基本知识，中国革命的性质、任务、对象、动力和革命的基本方针政策等方面，都有了一些初步认识。虽然这仅仅是开始，但却使我对于一个共产党员应树立为实现共产主义伟大理想而献身的高尚品德和人生观，对于如何把革命理论与具体实践相结合等方面，有了遵循的方向、学习的榜样和鞭策自己的力量。

9月，学习结束了，我们怀着对讲习所各位导师恋恋不舍的心情和投入新的斗争的强烈渴望踏上了归程。根据组织的安排，我们一行数人先到香港，再换乘轮船北上。此时，持续了一年多的省港大罢工，使英帝国主义统治下的香港工厂停工，店铺关门，满街的垃圾杂草无人清理，香港变成了一座臭城、死城，显得十分荒凉破败。我们深深地为工人阶级的伟大力量所震撼，我默默地在心中发誓：今生今世，我将把自己融入这伟大的无产阶级革命洪流，去摧毁旧世界，创造新中华！

船行海上，恰逢中秋佳节，我们几个年轻人站在甲板上，仰望皓月当空，俯瞰碧海滔滔，我百感交集，想到中国革命的前景，犹如这一轮皓月，引人向往；而革命的道路却布满凶险，恰似这航船漂泊在汹涌的波涛之上，欲达彼岸，需要经过多少艰难困苦的拼搏啊！

望着明月，我想到了母亲。在这家家团圆的中秋之夜，母亲必定是倚门遥望，盼着儿子早归。妹妹曾来信说过，自从我不辞而别，家里的日子更难过了。弟弟最近去北京学徒，表兄胡有权也离开我家去自谋生路，全家五六口人的生计全靠年迈的父亲一人支撑。我只给家里写过一封信，无非是报平安，介绍一些广州的风情。这对母亲来说，已是极大的安慰，但也带给她许多的联想，她想象广州炎热似火，很为我担心，天天落泪。那时的乡邮五天一班，每到乡邮该来的日子，她必定早早倚门等待，听到乡邮员的铃声，便急不可待地催着妹妹去打听有没有我的信。我深深地为母亲爱子盼子归的心情所感动，但是，亲爱的母亲，你们哪里知道，儿子已将生命奉献给人类最壮丽、最伟大的事业，从今往后，怕是难以在身边孝敬你们了。

1986 年 5 月 3 日至 5 日，广州农讲所纪念馆组织了一次纪念广州农民运动讲习所 60 周年的大型活动，我满怀喜悦应邀前往参加。

这次盛会，有 25 名当年农讲所的学员前来参加，其中有中顾委常委王首道、中央军委纪检委副书记曹广化、内蒙古自治区政协副主席王建功等，有第一期的，也有第六期的，有农民，也有干部，有国民党的，也有共产党的，大家欢聚一堂，重温 60 年前一起在这里学习的情景。

参加广州农民运动讲习所 60 周年纪念大会（右一为王首道）（1986 年 5 月，广州）

这次活动得到中央、广东省、广州军区和广州市的大力支持。虽说参加活动的只有25位老学员，但因为大家都已年高体弱，每人至少还带了1名至2名，甚至更多的陪伴者，接待工作之艰巨可想而知。我们被安排在越秀宾馆，受到有关部门的盛情款待。在这里，我见到了不少熟人，其中有多年不见的玉田籍学员萧尊一（萧荫棠）及其夫人，他们现在上海海洋船舶打捞局。还认识了四川省政协的舒国藩（民主党派）夫妇和内蒙古政协的王建功等。

5月3日上午，纪念大会开幕，出席大会的各级领导有：中顾委委员刘田夫，广东省委书记林若，广州军区政委张仲先、副司令员张万年、副政委吴长芳、政治部副主任孙志诚，全国政协委员罗明，广东省人大主任区初，省政协副主席祁烽，省顾委委员陈越平，广州市委书记许士杰、副书记张汉青、副市长陈绮绮等。会上，省市负责人和群众代表讲了话，他们深情回顾了广州农讲所对中国革命的重大历史意义和对我国社会主义建设的现实意义，号召广大青年发扬革命精神，为祖国的四个现代化做出新的贡献。会后，全体与会者合影留念，然后我们兴致勃勃地参观了当年的宿舍和教室，重温在此受教的情景。下午，大家怀着激动的心情游览了东方乐园。

第二天上午参观第三届至第五届讲习所和广东区委的旧址，下午回来座谈。

第三天参观民间工艺馆和广州市容。5月6日，纪念活动顺利结束。

这次重回广州，我亲眼看到她发生的巨大变化，当年被帝国主义和封建军阀统治的旧广州早已无影无踪，如今她已成为一个美丽的城市，到处洋溢着改革开放的气息。抚今追昔，令我感慨万千！兴奋之余，挥笔成诗一首：

　　历史花甲一瞬间，
　　祖国旧貌换新颜。
　　导师言行显伟力，
　　弟子献身践誓言。
　　重聚忆旧更瞻前，
　　新的征途远而艰。
　　老骥奋蹄尽余力，
　　再展宏图依少年。

第三章　在农运中成长

（1926 年 9 月—1928 年 1 月）

1926 年 9 月下旬，当我们重新踏入天津这个熟悉的城市时，政局已和我们离开时大不相同。自从 3 月张作霖部队进关以后，一切革命活动都遭到残酷镇压，国共两党都被迫转入地下。但在南方，北伐战争取得节节胜利，北伐军所到之处，革命运动蓬勃发展。9 月，西北军冯玉祥部在五原誓师，响应北伐，使得北洋军阀及其政府疲于应付，败局已定。京津一带的革命力量重新活跃起来，积极准备迎接北伐军，推翻北洋军阀政府。

我们就是在这时回到了天津。中共北方区农民运动委员会负责人于方舟和叶善枝接待了我们，说当前北方的革命形势正向有利于革命的方向发展，欢迎我们学习归来，投入新的斗争。他们传达了 7 月召开的中共中央四届三次扩大会议关于农民运动决议案的精神。决议指出，现在农民已经起来参加国民革命战线，并且在中国民族解放运动中占着重要的地位。我们的党要想领导中国民族解放运动顺利进行，就必须取得农民的支持，取得对农民运动的领导权。决议对于农民运动中的经济、政治要求及农民组织、农民武装、农村联合战线、宣传口号与宣传方法、工作方法等，都作出了较具体的政策性规定。例如，农会组织不一定"太拘泥于农民协会之形式"，如果乡镇已有联庄会①等代表农民群众利益的组织，"不必一定强之改为农民协会形式"。又如，农民运动的口号是"全体农民反抗贪官污吏劣绅土豪，反抗军阀政府的苛税勒捐"，"在农民暴动中善于运用农村联合战线的策略，即联合农村其他群众如小商人、手工业者、知识者共同行动，团结佃农、雇农、自耕农与中小地主，攻击极反动的大地主，如成为劣绅土豪者"等。这些政策策略都是我们后来开展农民运动的有力武器。

---

① 联庄会原是为了防匪自卫、修建庙宇、防洪治水等，由几个村庄自发联合建立的松散组织，领导权一般由地主掌握。后来农会以这种形式组织号召农民进行革命活动。

玉 田 创 业

三四天后，北方区农民运动委员会任命我为京东特派员，到玉田县开展农民运动和建党工作，萧荫棠也和我一起回到玉田，但他不脱产，仍当小学教师。

这时候，国民党玉田县党部已不存在（以后未再恢复），几个共产党员分别调走，中共党支部也没有了，只剩一两个党员还留在县里。我的组织关系暂归天津地方委员会，通过于方舟、叶善枝与地委书记李季达联系，并由天津地委每月发给我们 15 元活动费（含生活费）。

尽管国共两党在玉田都没有了组织，但县里还有一些进步教师和原来的国民党员，我逐步与他们恢复联系，其中一些人后来加入了共产党。最早由我介绍入党的是宋哲三和张绪清，萧荫棠也由团员转为党员。

我们的工作主要是组织进步的小学教师编写通俗易懂的识字课本和宣传品，利用办夜校、平民学校或讲演等方式，揭露地主豪绅、军阀政府和帝国主义的罪恶，宣传南方农民运动的胜利，启发农民的阶级觉悟和革命热情，号召农民组织起来，打倒土豪劣绅，打倒军阀政府和帝国主义。

10 月，上级又派杨春霖为农民运动特派员来玉田工作。杨春霖是开滦煤矿工人运动的骨干，因领导了 1925 年的开滦五矿大罢工，受到反动当局的追捕，组织上便派他到玉田来工作，化名李震之。他虽然没有文化，但机警灵活，活动能力和表达能力都很强，大家都叫他"李大炮"。他宣传革命道理深入浅出，生动活泼，极富感召力，无论大人孩子都爱听。他住在我家，我的父母把他当成自己的孩子，又胜过自己的孩子，全家大小都很喜爱他。那时，常有开滦矿的工友来这儿开会，有时还住几天，各村的党员和农会骨干也常到家里来，父亲总是热情接待，把平时舍不得吃的仅有的一点细粮拿出来招待他们。当时，我家只有父亲和弟弟两个劳动力，经常接待那么多同志的食宿，增加了家庭的负担，特别是家中细粮很少，需要到市场上去买，没有钱，就卖地，到 1927 年 10 月暴动前，家里只剩七八亩地了，日子过得十分艰难。父亲明白我们是为劳苦大众的事情奔忙，从无怨言。我的妻子马玉珍也热情地给他们烧水、做饭、洗衣服，常常把一绳一绳的衣服，挂满院子。杨春霖鼓励她说："这也是为革命工作呀！"她听了非常高兴。我家没有可供大家换洗的衣服，总是打发妹妹金芳到虹桥赵达家里去拿（她是 1926 年冬回到玉田的），

第一位妻子马玉珍（1960 年）

当时金芳还很小（不到 10 岁），抱一大包衣服走二三里路，累得满头大汗。闲暇，父亲喜欢和杨春霖一边喝酒一边拉家常，更爱听他讲述穷人翻身求解放的道理和开滦矿工罢工的故事。他特别喜欢乡亲们成群结伙地来家里"议事"。或许，这使他回想起当年闹义和团的情景吧？每当此时，他就会忘掉生活中的一切烦恼，一反平时的沉默寡言，与大家一起高声议论，开怀大笑，甚至争论得面红耳赤。此时，我才惊奇地发现，父亲原来很健谈呢！杨春霖还常对家人讲男女平等、妇女解放的道理，说妇女要独立自主，不能"嫁汉嫁汉，穿衣吃饭"，依靠男人。母亲和马玉珍特别爱听他讲这些；父亲听了，也变得和气多了，不再打骂母亲。

玉田很快就有了 8 个党员（杨春霖、张金言、李立元、赵玉生、宋哲三、张绪清、张洪、萧荫棠），但尚不具备建立县委的条件。根据北方区的指示，成立了中共玉田特别支部，直接属于中共北方区领导。特别支部由我任书记，李立元为组织委员，杨春霖为宣传委员。后来又发展了一批党员[1]。

从此，在中共玉田特别支部的领导下，全县的农民运动轰轰烈烈开展起来，成为北方农民运动发展最快、规模最大的地区之一。

一、反"旗地变民"斗争

1926 年冬，随着北伐战争节节胜利和军阀势力连连败退，统治河北的奉系军阀政府为了筹集军费，加紧催征"旗地变民"捐[2]，限令农民如期交

---

[1] 这批中共党员是：县教育局长冯伯岐，珠树坞小学校长王济川，郭屯的教师乔俊峰，农民胡俊臣、蒲学华、王宗泉、朱德顺，玉田南部的教师关子文、方世珍、马桂武、王绪（即王景和）、侯乃庚。

[2] "旗地变民"捐，是军阀政府向农民勒索的一种捐税。"旗地"又称旗租地，是清朝贵族（俗称"旗人"）入关后用跑马占圈的方式将农民的土地霸为其领地，但仍由当地农民租种，每年向领主交租。以后年代久远，领主不断发生变化，有些改为由政府征租，农民也可以自由买卖或转租。辛亥革命后，这些土地统由政府征收地租。实际上，这些土地的所有权和使用权都是农民的。军阀政府为了筹集军费，强迫有"旗地"的农民以每亩 3—5 元，乃至十数元不等的代价换契立照，美其名为买"旗地"的所有权，即所谓"旗地变民地"。在冀东一带，这种"旗地"很多。

款领照换契。一面以逾期不交，加税罚款或没收土地由政府拍卖相威胁；一面以提成分红等办法奖励协助催征的官吏豪绅。玉田的"旗地"分布很不平衡，大部分在北部、中部一带，占各村耕地总面积的百分之十几至百分之七八十不等；绝大多数农民，甚至一部分地主、富农都有不同数量的"旗地"。当时估计，若全县收齐此款，至少有 50 万银元以上。此时正值农历年关，粮价低、银根紧，许多农民如交齐此款，就要破家荡产。这时，反抗"旗地变民"捐已成为广大农民的迫切要求。因此，我们抓住这一有利时机，号召农民团结起来，成立农民协会，齐心一致，抗交"旗地变民"捐。

经过一段时间的工作，很快就建立起农民协会。开始时，农民对"农民协会"的名称和组织感到生疏，有许多疑虑，认为"协"与"邪"同音，不好听，容易产生误解。经过商量，决定采用农民熟悉而易接受的传统民间组织"联庄会"的名称，后来逐步改称"农会"。农会设代表会议，是类似于常委会的机构，具有执行委员会的性质，由 9 人组成，有一个总代表（会长），起初由杨春霖担任，后来由郭庆云担任。

1926 年 12 月（农历十一月）中旬，在城东的蒙各庄小学召开 20 多个村的农民代表会议，我们介绍了南方农民联合起来进行斗争，取得胜利的情况，激发和提高大家斗争的决心和信心，讨论了抗税的办法，决定以互相串联、签名、按手印的办法扩大联庄会，发展会员。约定入会后，行动一致，一律不许擅自交款，如军阀政府因催征而传讯、捕人时，1 人被传讯或被捕，全体会员救援。会后，各村会员和积极分子连夜活动，十数日间，扩大到 50 余村（主要在城北、城东一带），签名入会的农民 2000 余人（一人代表一户）。长期受着苦难的玉田农民，初步组织起来了。

大革命时期玉田农民协会志愿书

年关迫近，军阀政府催征税款越来越紧，县公署派出衙役、警察到各村传讯办事人，限期交款，并以逾期不交即来捕人和拍卖土地相威胁。特别支部研究了这一情况，连夜召开第二次农民代表会议，决定利用农历腊月初八（1927年1月11日）县城的大集日，发动全体会员到县城请愿。会上，一些代表对集体请愿有顾虑，主张写呈文或派几个代表要求政府缓征。经过讨论，为了照顾有些农民怕见县官的心理，决定全体会员到县议会请愿，要求县议员替农民向政府交涉，并推举出指挥这次行动的负责人。

腊月初八是临近年关的集日，赶集的人特别多。上午11点左右，农民代表率领各路请愿的群众和临时参加者3000多人，齐集在县议会门前。当代表们进入县议会时，发现议员们已逃匿一空。我们当即鼓动群众，说县议员们是喝农民血、吃农民肉的土豪劣绅，是给军阀、贪官污吏们办事的。他们催交税款，从中分肥，决不会替咱农民办事，咱不能依靠他们，应该直接去县衙门找县官交涉！此时，群众义愤填膺，再也抑制不住积压多年的仇恨和愤怒，"打倒土豪劣绅！""打死县议员！"的呼喊夹杂着激愤的怒骂，犹如雷鸣，人群拥进县议会，搜查不到县议员，便将县议会的门窗和家具什物捣毁，将公文卷宗和议员们的衣服被褥等，堆集在院中，付之一炬！

当年的县衙门，现在是玉田县人民政府驻地（大门左边的小屋当年是拘留室，于方舟、杨春霖、张金茂等烈士曾被关押在这里）

此时群情鼎沸，欢声雷动，一个多小时后，我们又率领群众奔向县公署，沿街宣传鼓动，参加的人越来越多，到达县公署门前时，已近万人。激愤的群众集结在县公署的大门前，要求县长出来答话。

县长早已得悉消息，做好了准备。他派人出来，让农民派几个代表进去。大家怕上当，高喊："我们都是代表！"坚持要县长出来。在强大压力下，县长只得带几个随从缓缓走出大门，问大家有什么要求。杨春霖和我诉说了农民的苦难，他们无钱交纳"旗地变民"捐，要求缓征。县长态度蛮横，不仅拒不答应，反骂群众是"刁民"，并威吓说："旗地变民是三四方面军团部①的命令，谁也不能违抗！""谁敢违抗不交，按军法从事！"交涉约一小时毫无结果，群众越发激愤，叫骂声不绝于耳。县长忙威吓说："你们简直要造反啦！"他身旁的警察所长（县长的内弟）立即向空中鸣枪示警，企图驱散人群。不料枪声更激怒了群众，他们高呼"打倒贪官污吏！""活捉杀人的赃官！"等口号，冲进县衙大门。县长及其随从见势不妙，仓皇逃跑，群众呐喊着紧紧追赶。慌乱间，县长在翻墙逃跑时，被农会会员孙庆田手持木棒击中腿部，在随从的扶持下负伤逃脱，人们捣毁了县衙的门窗什物，以发泄心头之恨。

这就是后来官府所说的玉田"民变"。

1927年，《大公报》对玉田农民反抗"旗地变民"的报道

---

① 三四方面军团部，指当时统治北方政府的奉系军阀最高军事指挥机关。

这次行动，群众情绪高涨，斗志昂扬，认为干得痛快，总算出了一口气。但是，由于我们没有经验，时间又很仓促，对这次大规模行动计划不周密，加以农会组织不够健全，会员成分不纯，又有一部分是临时参加的无组织的群众，在相当程度上带有一些盲目性。当群众行动起来后，有些代表害怕、动摇，不敢出面，站在一旁观望。在群众火烧县议会、打跑县长、捣毁县衙门后，他们非常恐慌，感到闯下大祸，害怕自己的身家性命难保；有的说是被人利用，上了当，并在群众中散布这些言论。在他们影响下，一些人自动散去，有的人事后即退出联庄会。

为了保持和鼓舞群众斗志，反对恐慌失败情绪和自由行动，并防止个别坏人乘机抢劫捣乱，我们及时通知代表们将群众撤出县公署，集合在附近广场开大会。我在会上作了简短的鼓动宣传，指出："今天的行动干得对，干得好，取得了重大胜利，是组织起来齐心一致的结果。多少年来，老百姓受尽军阀、官吏、土豪劣绅的压迫，怕他们，今天，他们却怕老百姓了。但是斗争并未结束，需要更加团结，扩大组织。只要大家齐心，斗争到底，什么也不怕。"我还在会上批判了"闯下大祸"和企图退出联庄会等错误言论和恐慌动摇情绪。因时间已晚，遂宣布次日在城北麻山寺继续开全体会员大会，商讨下一步行动，不能来的派代表，并欢迎尚未入会的农民和没有建立农会的村庄派代表参加，然后散会。

会后，特别支部立即在城内召开扩大会议（有共产党员、国民党员和农民代表），对下一步行动和次日群众大会提出以下意见：

1. 将联庄会改为农民协会，和全国各地名称统一。

2. 已组织起来的各村农民内部必须更加团结，行动一致，撤换胆小怕事、工作不力的代表，乘势扩大农民协会，发展新会员，并规定土豪劣绅和地主不许入会。

3. 如官府下乡抓人骚扰，一家有事，全村支援，一村有事，村村支援。

4. 连夜起草全县农民的呼吁书和新闻稿，向京、津报纸投稿，申诉农民的苦难，揭露县官与当地劣绅们狼狈为奸，借"旗地变民"勒索农民、损公肥私等罪行，争取社会援助。

5. 派人到北京探听军阀政府的动静，以谋对策。

翌日的群众大会，到会农民代表和会员2000多人，有些是尚未入会的村庄派来的代表和一部分自动前来参加的农民。在举行大会之前，先召开了农民代表中的骨干分子会议，对上述意见进行了讨论和修改补充：

1. 认为老百姓对"农民协会"的名称感到生疏，叫不惯，"协"字易误解为"邪"字，坏人会说"农民协会"是"邪会"，"邪不能侵正，终究成不了气候"，不如就叫"农民会"好。因为农民会不能公开，原来联庄会的名义还可以保留，以应付官府，便于工作。

2. 农会会员必须保守会员和代表的秘密，如官府查问谁是代表或带头的，一律回答"不知"，或说人人都是代表。原来的代表不许怕事后退，对办事不力的代表，可由会员罢免，另行推举，但他们不许泄露秘密，不许有破坏行为，否则给以严厉制裁。

3. 建立转牌制度①，以便各村能迅速互相支援。

玉田"民变"发生后，军阀政府极为震惊，但他们有两种主张，一派主张严厉镇压，一派主张采取"怀柔"政策。此时北伐军已打到河北、山东一带，反动军阀疲于应付，深恐后方不稳，不敢贸然镇压，而采取了"怀柔"政策：以失职罪名撤换了县长；对"旗地变民"捐既未明令取消，也不敢再继续催征，实际上不了了之；县议员再不敢驻县，县议会从此无形解散。至此，反抗"旗地变民"斗争取得了重大胜利。

这次斗争，是玉田农民在共产党领导下组织起来，进行翻身解放斗争的一个重要历史标志。斗争胜利的消息，很快传遍全县和邻县，大大地启发了广大农民的觉悟，鼓舞了斗志。"腊月初八砸衙门"成为玉田穷人家喻户晓、人人乐道的话题，谈起来眉飞色舞，引以为荣。

二、建立中共玉田县委

反"旗地变民"斗争胜利后，党员增加到 30 多人，分布在十余村，建立了八个支部。特别支部已不适应工作的需要。1927 年 1 月中旬，特支派我到北京向中共北方区汇报工作，要求把党的特别支部改为县委，并提出由五人组成的县委成员名单。当时北方区机关设在东交民巷苏联驻华大使馆内。我到北京后的一个夜晚，由负责交通联络工作的周士昌领我到那里，北方区书记李大钊、组织部长陈乔年接见了我。在听取了我的汇报和关于成立县委的要

---

① 转牌制度，类似抗战时期根据地的鸡毛信，转牌是用木牌制成的一种信符，一村有事，立即向邻村发出转牌，邻村收到后，除立即采取行动外，并不停留地将转牌传给第三村，依次传递下去。在传递转牌时，一般附有文字通知，说明事由和应采取的行动，有时亦由传递人口头传达。

求，以及对我们提出的每个县委成员情况的介绍后，李大钊同志表扬了我们的工作，高度评价了反"旗地变民"斗争对于促进北方农民运动的发展、打击军阀统治，以及配合北伐战争所作出的贡献和产生的深远影响。他说，要认识中国是农业国，占全国人口80%、受着封建阶级压迫和剥削的农民，是革命的主力军，对革命的成败极其重要。要根据党中央对农民运动的方针，在抗捐抗税和农民迫切要求的其他各种斗争中，把广大农民组织起来，配合南方的北伐战争，争取更大的胜利。他代表中共北方区同意成立玉田县委，批准了我们所提的县委成员名单，指定我任县委书记，杨春霖任组织委员，李立元任宣传委员，其他委员有宋哲三和张洪。陈乔年说，北方区领导华北和满洲广大地区，直接领导县委有困难，在直隶省没有党的领导机关的情况下，玉田县委的工作，由北方区委托北方区农运委员会领导，重大问题同时直接向北方区报告。李大钊同志同意了这个意见。

县委成立后，除领导玉田的农运和建党工作外，并陆续开辟、发展了遵化、丰润西部、蓟县东部的工作。北方区农委还要我和杨春霖负责开展迁安县的工作。我们同该县西部鱼户寨的高继先（中共党员，在北京当医生，不时回县）、后韩庄（现属迁西县）的韩文华（中共党员，曾在黄埔军校学习）取得了联系，会同他们开展那里的工作。后来杨春霖一度被调到冀南工作，我因工作繁重，以后没有再去。

三、斗争向遵化扩展

遵化农民得悉玉田反"旗地变民"斗争取得胜利的消息，深为羡慕，传说玉田出了"能人"，希望去帮助他们开展斗争。1927年2月间，农会代表孙庆田向我们反映了这一情况，玉田县委当即决定由我和杨春霖去遵化开展工作。我们到遵化后，与该县比较进步的国民党员王麟阁、韩仰文等取得联系，了解当地情况，得到他们的掩护和帮助，先后认识了一些进步的小学教师，如卢各寨的兰小川、樊峰岚、张益祥，南岗小学的李明辉，小马坊的黄瑞阁，菜园村的刘宝英，杨官林的张荣轩等，同时通过孙庆田结识了城西郝各庄的王润清和塔寺的道士浩然，由他们物色了下营、塔寺、关山口、兴旺寨等村的一些农民积极分子，如兴旺寨的王品一，城子峪的萧林清、侯某等。我和杨春霖向他们宣传革命道理，介绍了玉田农民组织起来，成立农会、反抗"旗地变民"、火烧县议会、捣毁县衙门、打跑县官并取得胜利的经过，动员他们带头，按照玉田的办法联络农民，建立农民会，只要大家齐心，团结一致，斗争定能胜利。经过20多天的紧张工作，建立了以塔寺、兴旺寨、城子峪为中心的三个区农会组织，有50多个村庄成立了村农会，会员2000多人。同时，还争取了拥有"旗地"较多的城西黄土岗子的地主刘祝三参加反"旗地变民"斗争。按当时计划，用尽量拖延不交"旗地变民"税款的办法，争取时间扩大农会。

4月间，遵化县公署派人下乡催款，得知农民正在组织团体，酝酿反抗，便抓去村农会代表和会员数人。我们和农会代表研究这一情况后，决定立即发动群众到县城请愿示威。这次行动吸取了玉田的经验，事前的计划和组织都比较周密，估计到入城后官府可能实行武装镇压，决定参加行动的群众一律携带武器。在县公署捕人的第二天下午1点多，5000余群众手持各式武器，在城西的史家坨集合。向县城进发之前，进行了宣传鼓动，并宣布了几条纪律。群众情绪激昂，一致表示，宁可同贪官污吏、土豪劣绅们拼一死战，也决不能再忍受他们的宰割，以誓死的决心争取斗争胜利。群众队伍整齐雄壮，队前高举以红布制作的横幅大旗，上写"为取消旗地变民而斗争"。当先头队伍离城1里多路时，从城墙上发出一阵枪声。群众不但没有惊慌后退，反而更加激愤，在我们带领和鼓动下，高声呼喊，跑步前进。到达北门时，见城门紧闭，县长在城上指挥保安队巡逻警戒。手持武器的群众聚集在城下高呼："县长出来答话""取消旗地变民""惩办土豪劣绅""释放被捕的某某"等口号。县长被迫要群众说明来意，我们遂向他提出条件，并从城门缝投入请愿书。县长在城上开始威吓，继以欺骗挑拨、分化瓦解示威群众，我们均予以一一反驳，表示不达目的，誓不罢休。县长迫于压力，最后不得不答应缓征"旗地变民"捐，并当场释放捕去的人。我们列举了群众最痛恨的土豪劣绅卞芳舟、崔莛臣等人鱼肉乡里，借经办"旗地变民"之机敲诈勒索的罪状，要求政府严惩。县长答复进行调查，如果属实，再依法惩办。至此，我们认为斗争已经取得预期的胜利，为了显示群众力量，队伍在城下高呼口号，列队而归。这是继玉田农民斗争胜利后的又一次重大胜利。

两县反"旗地变民"斗争，为京东农民运动创造了良好的开端。

就在我们发动玉田农民反"旗地变民"斗争期间，张作霖军阀政府从1926年冬起，对京、津两地的革命人民举起了屠刀。

在天津英租界益庆里40号，有一处两个院子相通的宅院，国民党天津市党部就设在前边的院子，处于半公开状态。后门可通另一条街，街对面的另一个院子，住着江浩一家，楼上是共产党的机关，共青团地委也设在此，比较隐蔽。1926年11月，国民党天津市党部突然遭敌人搜查。当时，共青团组织部长江震寰（江浩之子，也是国民党市党部的常委）正准备在此召开会议，不幸被捕，与他同时被捕的还有一个共青团员和几个国民党人。江震寰之妻赵达听说出了事，立即通知其他同志迅速转移，并派一位仆人去市党部打探消息。结果那位仆人也被蹲守的密探抓走了。他们起初被关押在英国工部局，国共双方都在积极设法营救。但十多天后，营救工作尚无进展，他们便被引渡给军阀政府，这意味着他们再难有生还的希望！接着，在北京，中共北方区也遭破坏，李大钊同志也不幸被捕了！

大约是11月底或12月初，我到天津汇报工作，于方舟对我讲了组织遭破坏的情况，说根据形势的变化，地委决定停止公开活动，一些已公开身份的同志将去苏联学习，或是转到南方工作；现在城市工作很难开展，那就把工作重点向农村转移。玉田县的农民运动开展得不错，你们要继续努力呀！我很快也要回宁河乡下去了，到时候我再派人和你们联系。

此时，我的心情非常沉重，不知如何回答他才好。只听他又说：我还要给你一个任务，就是照顾赵达同志。震寰被捕以后，由于一些密探认识她，她目前的处境很危险，而且她的性格不适合搞秘密工作，她在天津也待不下去了。震寰被捕，对她的打击太大，为了营救震寰，她到处托人找关系。我们很担心她太单纯，怕她上当受骗，甚至暴露机密。本来，组织打算让她和江韵清、王秀江一起去苏联学习，但考虑到她已怀有三个多月的身孕，又为营救震寰的事而紧张劳累，她的身体也快要拖垮了，去苏联难以成行。现在组织决定让她回玉田老家去，你们要多帮助她，使她重新振作起来。她回去以后，主要是休养，顺利地把孩子生下来，抚养成人。同时可以利用她家的地位，适当地参加一些当地的工作，在经济方面给你们一些帮助。今后的斗争会更残酷、更困难，要让她学会适应在新形势下进行革命斗争。

接着，他简单介绍了赵达的情况：她1924年加入共青团，后来转为共产党员，是个热情能干的女同志。她原来住在英租界益庆里30号，震寰出事后，就搬到法租界福利里2号她的大伯父赵汝梅家去了。现在法国工部局很注意她，我已通知她尽快离开天津。

自从1926年年初我在玉田见过赵达一面后，再没见过她，想不到短短一年，她竟遭此不幸！

1927 年 4 月 18 日，江震寰等 15 人（其中有国共两党的党员，还有赵家的那位仆人）在狱中惨遭杀害。4 月 28 日，中共北方区书记李大钊同志在北京英勇就义！噩耗频传，令我们既震惊又万分悲痛！回想起革命前辈大钊同志接见我的情景，他的音容笑貌犹在眼前，如今却被敌人残酷杀害，怎不令我痛心！我暗下决心，不消灭反动军阀誓不罢休，这仇终有一天要报！

更令人愤怒的是，新军阀头子蒋介石于 1927 年 4 月 12 日公然叛变革命，同旧军阀南北呼应，也向共产党人和革命群众举起了屠刀！从此，革命形势急转直下，轰轰烈烈的大革命终被葬送！

赵达回乡后，各种传言很多。官府命虹桥镇的警官刘东阁密切监视她的行止，随时向县府报告，她的二伯父也宣布同她断绝关系，可见她承受着多么大的压力。有相当一段时间，刘警官每天都要到她家去几次，察看她在干什么。她表面上消极悲观，整日同地主家的小姐奶奶们混在一起，打牌、抽烟（鸦片）、看戏，做出一副丧失革命意志的样子，以欺骗麻痹官府和警察。她称刘警官为"刘大叔"，对他客客气气，每次到家里来，不是给他塞钱，就是给他带东西。刘警官也乐得捡便宜，乡里乡亲，睁一眼闭一眼，向县府报告说："她哪儿像个赤党分子呀？就算原来干过，现在八成儿也被吓坏了，不干了。"

但县府根本不相信赵达真的会"洗手不干"，甚至怀疑刘东阁徇私情，将他与城里的警官对换了，大约过了两三个月，刘东阁又调回虹桥担任旧职。

我因忙于发动反"旗地变民"斗争，没有马上和她联系，只是金芳常去她家取钱取物，可以了解一些她的情况。我直接与她联系，并在她家活动，是在 1927 年春夏以后了。

记得是一个初夏的傍晚，我去虹桥找赵达。这是一座青砖瓦房的大宅院，赵达的父辈兄弟三人，其父排行老三，住在东边一个院子，大伯父赵汝梅和二伯父赵汝励合住在西院，但赵汝梅常年住在天津，也很支持革命活动。此时，赵达的父亲已经去世，由其母掌家，住在东院大门旁的门道房里，凡到赵家来的人都要经过她的窗下，便于照应。那天，我就是在这间屋子见到赵达的。

落座、上茶后，女仆轻轻掩上房门，退下。这时，她再也忍不住心中的悲痛，任泪水流淌！我感到鼻子发酸，喉头发紧，不知该如何安慰她，两人就那么默默地坐了许久。她终于止住了哭泣，镇定了一下情绪，对我说："方舟已经交代了，以后我归你领导，利用家庭的便利条件作个联络点，组织的经费我也负担一部分。天津方面由鞠怀（唐山工人，曾为法国华工，当时是天津地委与唐山党组织的联络员，抗战时期叛变，被处决）负责和我联系。你放心，我不会辜负组织的期望和震寰遗愿的。"我们商定，今后，她平时不参加组织生活，只由我同她联系（后来派了一个农会会员与她联系）。她提出，东院人多且杂，活动不方便。西院大伯父家现在空着，她可以搬过去住，今后活动会方便些。我同意了。以后，她借口心情不好，要清静清静，就带着孩子住到西院去了。她的家人只当她因为震寰牺牲心境尚未平复，也不理会。

她利用家里的便利条件，买了油印机和油墨纸张等，印一些平民课本和传单等宣传品，同时在经费方面给天津和玉田的党组织以支持。5月，中共顺直省委（临时）成立以后，她家就成了一个联络站和县委机关。

赵达的母亲非常支持女儿的工作，她的大弟赵逵当时是共青团员，正在天津读书，与其姐关系密切，对我也很尊重。但后来在严酷的白色恐怖下，特别是在他结婚、掌家以后，就脱离了革命。

农民运动大发展

在反"旗地变民"斗争胜利之后，县委对农会经过短期整顿，很快又开展了新的斗争。

一、扩大抗捐税斗争

首先从斗争官盐店、取消盐专卖开始。玉田离芦台盐滩很近，长久以来，农民有贩卖食盐的传统。现在，军阀政府实行食盐专卖，官盐店以克扣斤两、掺土加水、抬高盐价等手段牟取暴利，深为农民所痛恨。在腊月初八砸衙门后的一个集日上，因官盐店的店员向院内盐堆上泼水，引起顾客与店员争吵，引来许多人围观。县委发现这个情况后，因势利导，在群众愤怒之下，发动大家一举将店内存盐分光。从此，官盐店被迫降低盐价，再不敢掺水土、克扣斤两了。同时，农民不顾军阀政府的禁令，直接到盐滩上运盐。

反动军阀政府为了筹集军款，设立了名目繁多的苛捐杂税，如屠宰税、牲畜税、斗秤捐、花果捐、鸡蛋捐、鸡鸭税、皮毛税、肠衣捐、烟叶税、警察捐、民团费等，这些税赋，一般都由地主官员们承包，层层加码，从中渔利，百姓早已怨声载道。县委和农会发动群众同包税人员多次进行斗争，致使无人再敢包税。官府只得直接派人下乡收税，农民不理睬他们，甚至把他们打跑。有些村庄的农会还规定，会员一律不交税，非会员农民可借农会力量自动抵制不交。当税收人员在集镇上向农民收税时，他们理直气壮并带讥讽地说："你们也不睁眼看看，我是农民会！我想交税，就怕你不敢要呢。"慑于农会威力，税收人员不敢再收，有的还当面道歉。但他们对没有加入农会、不敢反抗的农民和没有农会组织的村庄，仍照旧收税。

1927 年 1 月至 9 月间，在农会带领下，以各种方式进行不同规模的抗捐抗税斗争达数十次，先后被取消的捐税十余种，这更提高了农会的威信，促进了农会的发展。

二、清查会账

会账是由村摊派的各种负担的账目。清算会账包括清查贪污、清理公产及不合理的负担等公共账目。由于村中掌权的大多数是豪绅地主，负担摊派很不合理，群众迫切要求清查他们把持的公共账目。起初只是在矛盾比较尖锐的少数村庄自发地搞，县委和县农会及时研究了这一情况，加以引导，决定自 1927 年下半年开始，在土豪劣绅当权的村庄，由农会带领全村群众清查会账，查他们贪污的税款和为逃避负担而隐瞒的"黑地"，取消不合理的负担项目和摊派办法，实行累进的合理负担。通过清算斗争，把村政权掌握在农会手中（当时还不知道湖南农民提出"一切权力归农会"这个口号）。在没有土豪劣绅的村庄，则不搞清算，由农会掌管村政权后，和群众共同商量，实行合理负担。同时，由县农会委员郭沉等同志草拟了一个关于合理负担的暂行办法，经县农会通过后发布执行。暂行办法的主要规定是：

1. 取消按每户土地数平均负担的办法，改为按各户人口平均土地数累进负担。

2. 规定免征点和起征点，每人平均不足若干土地者免征。

3. 规定累进基数和等级，按每人平均土地多少分成等级，土地多的，逐级累进。

这项工作，到 1927 年下半年，在农会工作较好的村庄，不同程度地逐步开展起来。搞得好的，查出豪绅地主贪污和侵占的公款公产，取消了不应由农民负担的项目（如警察捐等），实行按土地多少的比例累进合理负担，撤换了原任村正、村副职务，由农会推举新的办事人。这些村政权实际已由农会掌握，成为团结教育农民、领导斗争和调解农民内部纠纷的机构。

这类村庄的农民，已不满足于抗捐税和笼统地喊打倒土豪劣绅，而是通过清算会账、清查"黑地"、减租等，把斗争重点转向争取掌握村政权，进而解决土地问题。农会把地主非法攫取的土地财产收回或没收后，将一部分赃款用以购置枪支弹药武装农民，将隐瞒的"黑地"、侵占的公产等，分给或以较低租额租给贫苦农民。这意味着农民运动已逐步由经济斗争向政治斗争发展。

这是一场非常激烈而复杂的阶级斗争。由于包括我在内的县委领导人当时都很幼稚，没有意识到这种夺取村政权斗争的重要意义，因此没能主动有意识地引导农运向这个方面发展，更没有像湖南农民运动那样明确提出"一切权力归农会"的号召，而只是对已经发展到这一步的村庄给以帮助，带有不同程度的自发性。而且一般号召较多，具体领导不够，比如，未能选择广大群众所痛恨的土豪劣绅作为清算斗争的对象，组织若干村庄联合行动，以突破一点、带动一片的方法推进斗争的发展与深入。因此，这些村的农会多是各自为战，有的村农会由于没有经验和得不到外界支援，斗不过凶狠狡诈的敌人，致使斗争停顿或失败，并影响到临近的其他村庄。

现在回想起来，农民创造的这些经验是很宝贵的，如清算斗争及合理负担办法，在后来的抗日战争和解放战争中都被采用并有所发展。

三、抗警捐、反警官

反抗警察捐和反对警察所长的斗争，是玉田农民又一次大规模的反官府斗争，它的矛头直指军阀政府的专政工具——警察。

警察的经费本来是由政府承担的，但玉田县驻各区的警察，却以"警察捐"为名强加于农民。在清查不合理负担时，群众强烈要求取消警察捐。

自反抗"旗地变民"斗争后，军阀政府派来以蛮横著称的司乃德为警察所长。他到任后，派遣亲信担任各区巡官，不时以各种借口派警察下乡寻衅，秘密调查农会活动，搜集干部名单，并造谣威吓群众说："农会就是'赤化党'，'赤化党'实行共产共妻。"扬言捉住"赤化分子"一律枪毙。县委根据农民的要求，于1927年7月间，通过县农会发动各村农民拖延不交警察捐，迫使驻各区的警察减员或撤走。如果他们到村里催交或捕人，即集合群众与之斗争。8月间，城东亮甲店区的巡官多次催交，未得逞，遂以抓赌为名，亲率警察到户部庄一带抓走农会会员 2 人。当时我和杨春霖正在附近村庄开会，闻讯立即带领各村农民进行武装拦截，抢回被捕的农民，并俘获警察 1 名，巡官乘马突围逃走。据被俘的警察供称，这次巡官下乡，是受警察所长的指使，是破坏农会、捕捉干部、催交警捐的开始和试探。当天，警察所长即派人来，要求放回警察，并以抗交警捐、截留人犯、扣押警察、私设公堂等罪名相威胁。我们一概置之不理，并决定先发制人，发动群众示威抗议。农会立即发出转牌，通知全体会员携带武器，次日到城东五里的行宫（一所大庙宇）集合。那天，先后到达的群众约 1 万人，大部分持有武器。这是玉田农民在正式建立农会后第一次大集会。会上，我们向群众宣布了这次斗争的目的和意义，要求一致行动。群众热烈拥护，一致表示坚决斗争到底。

群众正在向行宫集结时，县长派人来谈判，表示农民有什么条件，可以考虑，但必须解散已集结的人。我们提出以下条件：

1. 取消警察捐。因农民已向政府交纳许多捐税，不应再征警捐。

2. 严惩下乡扰民、擅捕农民的巡官，保证以后不得再发生类似事件。

3. 惩办警察所长，并令其亲自向农民赔礼道歉。

4. 群众是否解散，是群众自己的事，与政府无关。

条件提出后，县长又几次派人往返交涉，讨价还价，我们毫不让步。

当浩浩荡荡的群众队伍到达玉田县城东关时，县长慑于群众威力，不得不暂时答应我们的全部条件，警察所长司乃德也只得沿着长长的群众行列，点头哈腰地向群众赔礼道歉，样子十分狼狈。

这次斗争的胜利，再一次显示了农民团结的力量，粉碎了反动政府破坏农民运动的计划，打击了他们的威风，统治者再不敢轻举妄动。

四、农民运动大发展

经过这一阶段的斗争，玉田阶级力量的对比和斗争形势发生了不小的变化。

发展农会

在工作基础好的村庄，清算夺权以后，打倒了土豪劣绅，农会掌权的村庄日渐增多，农会发展迅速，威信越来越高。原来没有农会组织的村庄，农民再不顾豪绅地主的压制，纷纷要求农会派人帮助他们建立农会。由于县委直接发展村农会有困难，遂授权给基础较好的区、村农会，去发展邻区邻村的农会，并在雇农较多的村庄成立了雇农小组，准备在秋收农忙时进行增资斗争。

至 1927 年 10 月武装暴动前夕，玉田的农会已由 1 月间的 50 余村 2000 多会员，发展到 500 村左右，约占全县农村的 60%，会员约 6 万人（当时没有严格入会手续，主要采取造名册、画押按手印的办法，有的一户一人，有的全家青壮年农民都入会）。玉田县先后建立了县总会和区分会，召开村农会的代表会或干部会，推举县总会和区分会委员和会长。

遵化城西和南部邻近玉田的地方，有农会组织的村庄发展到约 200 个，会员约 2 万人。

在两县农民斗争胜利的影响下，邻近玉田的丰润西部、蓟县东部地区各有 30 余村建立了农会（这两县会员计算在玉田人数之内），蓟县部分村庄的农民也进行了反抗"旗地变民"的斗争，迁安西北部的部分村庄（现属迁西县）的农民运动也有些发展。

由于农运发展很快，我们的干部、党员数量少，又缺乏经验，许多工作跟不上，在农会组织大发展中，也出现一些问题，如农会组织还很不健全，一些坏人乘机混入农会，甚至掌握了村农会的领导权，造成农会组织和干部成分不纯，在抗捐抗税、清算会账等斗争中，有的消极畏缩，有的乘机贪污舞弊。

因此，县委对农会进行了组织整顿，主要是严格入会手续，纯洁会员成分，加强领导干部的选拔，加强纪律。如规定不许地主参加农会，对已经参加、表现又好的，可不退会（事实上有些在群众中有影响的开明人士，接受共产党的领导，积极参加斗争。有的在暴动失败后仍继续为革命工作），表现不好的，不再承认其为会员。新会员入会，须经老会员介绍，本人在会员名册上按手印画押。新成立的农会，须经县或区农会派人指导和审查。选举积极肯干的贫、雇、中农担任农会负责人，撤换消极、不敢领导斗争的负责人。

通过整顿，农会组织不纯的情况有所改善，各村的联络互助有所加强。但由于党的力量薄弱，领导成分不纯，有些规定和制度，贯彻执行不彻底，未能达到预期效果。玉田的斗争虽然发展较快，工作基础较好，但全县尚有 40% 左右的村庄没有开展工作或开展得很弱，那里的农民还没有组织起来，在豪绅地主统治强的玉田南部许家桥、窝洛沽、石臼窝一带，我们的工作还是空白。

减租、稳佃、反高利贷

这些问题在玉田的清查运动中已经接触到了，但作为专项斗争，是后来在遵化县提出的。由于当时县委对这个问题缺乏足够的认识，也没有经验，只是做了一些工作，成效不大。在后来的抗日战争和解放战争中，这个问题才得到彻底解决。

当时遵化农民迫切需要解决两个突出问题：一是杨官林一带农民的减租和稳定租佃权问题，二是北部山区有多股土匪盘踞，有的滥行烧杀抢掠，使农民惶惶不安，影响生产和生活。

杨官林的杨峨如，是遵化县最大的地主，拥有一万多亩土地，其庭院周围筑有高墙堡垒，雇专职团丁、打手看家护院。他的土地绝大部分出租给农民，附近几十个村庄都有他的佃户（除贫苦农民外，还有一些富裕中农和富农）。他利用农民无地、少地和劳力过剩，不仅于租约期满后（租期一至数年不等）增租夺佃和增加其他剥削，而且造成农民内部为租得土地而产生不和。因此减租和稳定租佃权，成为这些农民最迫切的要求。

县委通过各种关系开辟杨官林一带的工作，以后成立了一个区，派张润之负责，以发动减租斗争为主，发展农会。但由于县委对减租斗争的重要意义也认识不足，重视不够，加以该区的领导薄弱，对县委的减租决定执行不力，以致在武装暴动前未能发动起来。关于稳定租佃权问题，由于涉及农民内部的利益和团结问题，情况复杂，没有作为斗争的目标。

在反对高利贷方面也做了一些工作。重点是解决农民向城镇商店借款的问题。由于这种借款者较多，其利息又高于普通借贷，同时商店的资金多是豪绅地主或部分富农的投资和存款。因此，县委以农会名义，向商会提出交涉，不许商家投机倒把、重利盘剥，农民向商家借款，年息不得超过 2 分。商会害怕农会斗争，口头答应了，实际上仍是因人而异，一般月息自 2 分至 3 分不等；突出的高利贷（如按日计息或 10% 以上的月息）则被迫停止或不敢公开贷放了。因当时借贷关系比较复杂，农民相互间的零星借贷相当普遍，所以只做了一般号召，缺乏具体领导。

由于当时县委的工作重点放在玉田，各县运动的发展也不平衡。

遵化在反"旗地变民"斗争胜利后，由于当地领导干部少而弱，除与玉田东部接壤的一些村庄直接参加玉田农会活动外，其他地区工作发展的广度和深度都不如玉田。

毗连玉田的丰润、蓟县在玉田农运胜利的影响下，不少村庄派代表到玉田找县、区农会干部，要求派人去帮助、领导他们建立农会，有的到玉田境内的农会取经，自发地组织农会，对土豪劣绅进行清算斗争。蓟县的胡家楼、大小白山、团城一带的工作，就是这样搞起来的。丰润县石佛林的葛继真入党不久，受本村和附近各村的委托，怀着满腔热情到遵化城西去找我和杨春霖汇报工作，迫切地要求学习农运的理论和工作经验，以便开展丰润的工作。不幸，在回去的途中被捕，于玉田武装暴动失败后，在遵化英勇牺牲。这两个县的工作，都因开展的时间较晚，干部和领导力量跟不上，未能取得更大的发展。

五、争取土匪

冀东土匪的情况比较复杂，其中大部分是破产的贫苦农民，有些是战乱中的散兵游勇，因生活无着，占山为王当了土匪，但其头目中惯匪较多，有些地主恶霸和官僚豪绅，纠集地痞流氓，与土匪的头目相互勾结，甚至暗中控制，祸害百姓，称霸一方。1927年夏秋，有大小数十股土匪盘踞在遵化、蓟县、迁安三县北部山区的长城内外，其中最大的一股是迁安的"老耗子"朱某所部千余人，遵化有十余股2000余人，人数较多的有号称"占中央"的刘某一股六七百人，杨二所部四五百人，与遵化北山接壤的蓟县"座山雕"一股五六百人，玉田北山也有数十人。这些土匪大多数都有枪支弹药，还有少数懂得军事的旧军官，他们常常打着杀富济贫的旗号，烧杀抢掠、绑架勒索，骚扰百姓。虽然在一定程度上扰乱和动摇着地主阶级统治，但也危及贫苦农民的利益，对我们开展农运工作非常不利。在暴动前，我们除动员一些同土匪有关系的农会干部和会员（有些土匪是他们的亲属、邻居或土匪本人曾参加过农会）对土匪进行争取教育工作外，县委还决定由我和杨春霖直接去做争取他们的工作，并取得了较好的成绩。

反警捐斗争胜利后，我和杨春霖去遵化，得知北山土匪派人向有农会的村庄索要钱粮物资。经了解，其头领之一是杨二，主要副手的外号叫"红四海"，另一个姓刘，外号叫"占中央"。我们找了一个与北山有联系的农会会员上山去约他们到某村见面。杨二派来一个小头目，我们向他宣传农会的性质和宗旨，讲农民抗捐抗税、反抗豪绅地主的斗争，指出，你们当土匪不是长久之计，自古以来"杀富济贫"的几个有好结果？只有和农会联合起来，推翻反动政权，建立自己的政府，穷人才能当家作主。他不断点头称是，表示回去后一定向其首领禀报。

数日后，有人来约我们上山，见到杨二，他说过去只知杀富济贫，没想过以后如何。现在知道共产党为穷人打天下，表示愿意与我们合作，并建议我们与"占中央"联合。说罢，即带我们去见刘某。

杨春霖滔滔不绝地讲了矿工和农民的苦难与工农革命斗争等情况，他说，天下穷人是一家，过去虽然也有不少人起来反抗官府的压迫，却因为大家没有联合起来，像一盘散沙，结果一个个被消灭了。只有工农团结一致和反动派斗争，才能求得解放。接着，又教育他们不要滥行烧杀，要弃暗投明，走上正当的革命道路；能回家的尽量回家，回去后，农会不检举、不歧视他们。

他们听得兴奋不已，很是佩服。刘某表示愿意接受改编，随时听从农会的调遣，并承诺，保证不滥行烧杀绑抢，只抢富人，不扰害穷人，尽可能不到有农会的村庄活动，非去不可时，必先打招呼，不侵犯农会会员利益。最后约定，由遵化农会负责人王品一、萧林清定期同他们联系。暴动之前，我和杨春霖又去遵化北山争取过杨二。1938 年，杨二参加抗日暴动，以后在战斗中牺牲。

玉田北山的土匪只有百十人，一个头头叫朱彪，外号"独眼龙"，是个惯匪，还有一个孟某，是旧军人，人称孟连长。我通过一个农会负责人联系，约好在界山口北边一个村子与他们见面。商谈后，也同意不扰民，表示愿接受农会的领导，愿配合农会打土豪劣绅，希望收编他们，给以适当的名义和委任，并提供其武器和经费。双十节[①]之后，玉田暴动之前，他们派人来找我，说朱彪走了，以后由孟连长领队。暴动时他们没参加打玉田，成立农民军后，参加了打许庄子（吴殿三家）的行动。后来我在北平当记者时，还见过孟连长，他对我仍很热情。

一些贫苦农民在土匪中没有地位，分得的财物很少，在农会的争取说服下回了家，将武器交给或卖给农会。

党的发展与建设

随着玉田及其周围四县农民运动的发展，中共党组织也不断壮大，1927年五六月间，上级决定把玉田县委改为玉田中心县委，统一领导玉、遵、丰、蓟、迁 5 个县的农民运动。县委委员除原来的 4 人外（杨春霖调走），先后增

---

① 即 10 月 10 日，辛亥革命纪念日，又称双十节。

加了遵化的王麟阁、张润之和玉田的萧俊初。

当时，县委既没有建党工作经验，又没有脱产的专人做建党工作。在党支部和党员比较少的时候，由每个县委成员分别领导支部。后来党员人数和支部增多了，管理和教育问题日益突出，急需增加党建工作的干部。为了解决这个问题，县委选派了萧俊初、张洪、胡翰长、王麟阁、团员宋兰坡五人到武汉农民运动讲习所学习。他们于七八月间回来后，萧、张、王成为县委的脱产干部。7月以后，省农委陆续派来阎怀聘（正定县人，曾和我一起在广州农讲所学习）担任县委组织委员，派遵化的张润之和丰润的陈仲允分别负责遵化东南部和丰润西部的工作，后来这两个地区成立了党的区委，他们分别担任区委书记。八九月间，一度去冀南工作的杨春霖又调回玉田县委。这样，县委的领导力量有所加强。因为大家都听不懂阎怀聘的正定话，又无适当职业掩护，他到玉田不满一个月就回省委去了。10月初，省委又派解学海来玉田担任中心县委组织委员。接着成立京东特委，我调特委工作，解学海接任中心县委书记职务。

从1926年10月开始发动农民运动，到1927年10月武装暴动前夕，玉田县从中共特别支部成立时的8名党员，发展到200多名党员，30个支部。遵化县原来没有党员，发展到100多名党员，18个支部。丰润县西部、蓟县东部从无到有，分别发展党员各30名左右，支部各五六个。在玉田中心县委领导的地区，共约60个支部，党员400多名。这些党员差不多都是从历次斗争的积极分子中发展的，绝大多数是各级农会的干部。党员的成分，农民占80%以上，其他为小学教师和学生。

然而，党的工作跟不上形势发展。

首先是县委的领导很幼稚，思想、政治水平低。县委成员虽然大多数干劲很大，能密切联系群众，但在军阀统治的秘密工作环境下，思想非常闭塞。县委成立不久，中共北方区即遭到大破坏，农委归天津地委代管。当时天津地委的工作重点在城市，对农运工作的具体指导很少，许多党的文件和上级指

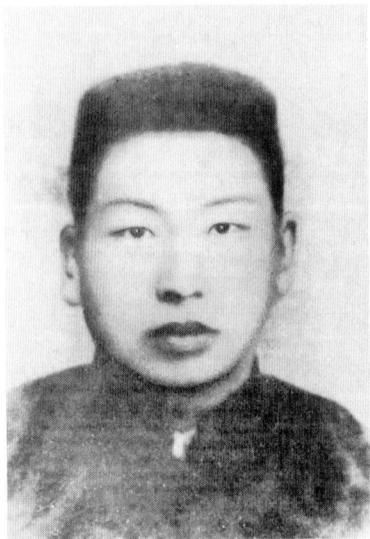

解学海

示都不能及时看到，只是由农委不定期地送来一些宣传材料。县委对国民党叛变后国共两党关系和革命形势的变化，以及南方农民运动的情况，都不了解。对党的方针政策，不仅知之甚少，或一知半解，甚至有些重要方针政策都无从得知。所以，县委的工作带有相当大的盲目性。

在工作方法上，集体领导与分工负责还不能很好地结合，不懂得如何从群众中来、到群众中去，及时总结经验，根据形势和工作的发展变化，提出新的任务和政策，不断推动运动前进，往往顾此失彼。当时县委的工作，主要是搞了农运，对建立和发展党的工作，一度不够重视，未能大胆吸收斗争中的积极分子入党。对农村知识分子（主要是小学教员）在革命中的作用，认识比较模糊，较多地注意对少数进步分子的争取、团结、教育工作，并吸收他们参加农会活动。对大多数中间状态的和少数落后分子，基本上没有做工作。原有的小学教师联合会，因县里政治形势恶化，于 1926 年 5 月以后无形瓦解，历年举办的小学教师暑期讲习班也停办了。县委未能利用这些合法组织，动员他们为争取切身利益进行斗争，引导他们走上革命道路。

这种状况到 1927 年五六月以后才逐渐好转。县委、区委和党支部都负责发展新党员，把斗争中积极勇敢的贫、雇、中农和表现好、具备党员条件的国民党员、小学教员吸收入党，特别注意了在农会工作基础好的村庄发展党员，建立支部。1927 年 7 月以后，党组织不仅在农会中有了较大发展，而且在个别村镇的民团团丁中，也秘密地发展了一些共产党员，建立了党的支部。此外，在青年农民和学生中，还建立和发展了共青团组织，团小组直接受党支部领导，未建立独立的团组织机构。

为了加强对党员的教育，除县委委员直接给所领导的支部上党课外，还通过知识分子党员，对农民党员进行有关共产主义和共产党的基本知识教育，讲中国共产党的性质、奋斗目标、组织原则、纪律、党员义务和权利等。教材主要是一些小册子，如《共产主义 ABC》、《共产主义与中国共产党》、中国共产党党章等，还油印了一本问答式的通俗易懂的党员课本。在暴动前，这方面的工作成绩比较显著。

对国民党也做了一些工作。自从中共玉田特别支部建立后，县里没有再恢复国民党的组织，而是由中共党员以国民党员身份同原来的国民党员联系，根据他们的表现，区别对待，培养、吸收进步的加入共产党。表现一般，但尚能进行一些革命工作的，则按国民党左派对待，帮助其进步，分配其参加农运和争取教师的工作。对于表现不好的，则不再联系。此外，在国民党叛变革命前，在尚不具备共产党员条件的进步小学教师中，也发展了少数国民党员，在农民中，则一律不发展国民党员。一般地说，在国民党叛变革命前，县委对国民党的积极作用发挥得不够。国民党叛变革命后，根据中央的通知，不再发展国民党员，并分别向国共两党党员说明，国民党已变成代表帝国主义、买办资产阶级、封建阶级利益，屠杀革命人民的反革命组织，要求参加国民党的共产党员一律退出国民党，愿意继续革命的国民党员，也要退出国民党，并警告那些坚持留在国民党内的人不要与人民为敌。此外，还安排了几个没有暴露中共党员身份的国民党员，继续留在国民党内，执行我党交给的任务。

其次，党组织的发展和思想教育跟不上形势的需要。从数量上看，党组织的发展虽然较快，但总的来看，党员还很少，党支部仅占有农会村庄的7%左右，党员占农会会员人数的5‰（玉田约占6‰），而且绝大部分是1927年下半年发展的。由于入党时间短，县委没有来得及对他们进行党的基本知识教育，他们对党的认识还很差。在知识分子党员中，有极少数人脱离现实斗争，不积极参加当地农会活动。他们原以为北伐战争即将打到北京，北洋军阀很快就要垮台，革命胜利在望。当国民党叛变、大肆屠杀共产党人，全国革命形势急剧逆转时，便消极、动摇、悲观恐惧，县委、区委的个别负责人要求退党或消极脱党，如县委的李立元听了中央八七会议的传达和省委关于玉田举行武装暴动的决定后，即以不能胜任县委的工作为由要求退党。张润之、王麟阁消极脱党，陈仲允因拒不执行县委的决议，违反组织纪律，被开除出党。

尽管县委的工作存在这样那样的缺点与不足，但总的来看，做了大量艰苦的组织动员工作，是有成绩的，为下一阶段的武装暴动打下了良好的基础。

农民武装暴动

一、暴动前的形势

1927年蒋介石、汪精卫相继叛变革命后，国民党已由各阶级的革命联盟变为大地主、大资产阶级反共反人民的工具，轰轰烈烈的大革命遭受失败。在中国革命的危急关头，中国共产党联合国民党左派，于8月1日发动了南昌起义，接着，中共中央在汉口召开了八七紧急会议，宣布与国民党彻底决裂，开展武装斗争，进行土地革命。从此，中国革命进入新的历史阶段。

当时全国总的形势处于革命低潮，在北方，由于北伐战争中途夭折，行将崩溃的北洋军阀统治又得以苟延残喘，腾出手来对付革命力量。

在这种形势下，中共中央北方局①根据八七会议精神，把工作重点转到农村，准备在玉田农民运动不断取得胜利的基础上，发动农民武装暴动，建立革命军队。但同时，因北伐战争中途夭折而缓过气来的奉系军阀政府，也在加紧策划着对玉田农民运动进行疯狂反扑和报复。

一场革命与反革命的较量即将在玉田展开，双方都在紧锣密鼓地做着准备。一方面，官府以"防匪自卫"为借口，加强反革命武装，除原有的警察和保安队（脱产的地主武装）外，又命令各区限期建立或扩大民团、购买枪支弹药，所需经费由各村按每户的土地亩数平均摊派（有的区、村按若干亩数以上的户平均负担），并加强了各村民团之间的联系。在暴动前夕，玉田城内武装警察、保安队共100多人，驻各区、镇的武装警察、民团各十数人至数十人不等。此外，以镇压"刁民"不力为借口，调走了非奉系的原任县长，派来嫡系县长，对农民运动采取高压政策。同时，官府派警察下乡秘密调查农会和共产党的活动情况，搜集各级干部名单，造谣诬蔑，威胁利诱，破坏农会及其活动。地主豪绅们有的极力阻止、破坏农会的成立，有的直接出面或指使他们的亲信拉拢收买地痞流氓，组织假农会。还有的乘机加强实力与农会对抗，如玉田南部许家桥的地主雇有大量家丁看家护院，其民团拥有步枪、机枪，称霸一方，使附近数村的农民慑于其威力，不敢接近我们。另一方面，农会积极扩大和整顿组织，并加紧建立自己的武装，准备随时对付敌人的突然进攻。

通过几次大规模斗争，县委和群众都认识到武装农民的重要性，所以建立农民武装的工作进展比较顺利，效果也较好。京东自古以来都是兵家争战之地，特别是近些年来军阀战争不断，流失在民间的武器枪支甚多。此外，各村豪绅地主过去以公款或按户摊派购置的枪支，大部分掌握在农民（民团团丁）手中，一些村庄在清算斗争中以退赔、罚款、借用等方式获得的，或用退赔款项购置的枪支弹药，也都被农会会员所掌握。这些都是建立农民武装的物

---

① 1927年9月初在北京成立中共中央北方局，领导顺直、山西、山东、满洲、陕西和内蒙古等地区的工作。

质条件。因此，县委决定，在自愿的原则下，将青壮年农会会员编成农民自卫队，并配备各种武器。在武装暴动前，四县农会比较普遍地组织起农民武装自卫队，武器以矛、刀、火枪为主，并有步枪、短枪300多支（玉田约300支，遵化数十支，其中一部分是土造步枪）。同时，在大多数有农会的村庄，不准地主豪绅成立民团，对于已有的民团，农会会员不负担民团费，迫使其自行瓦解，或争取教育，使他们同情农会或保持中立。这一工作在武装暴动前，收到较好的成效。

二、传达八七会议精神，确定暴动计划

王荷波

大革命失败后，南方的新军阀与北方的旧军阀合流，大批共产党人和革命群众惨遭血腥屠杀，革命形势急剧逆转。在这种形势下，玉田一带的党员、干部和革命群众，对敌人的血腥罪行极为愤慨，但又不明确该怎么办，迫切地盼望着党的指示。1927年9月下旬，中共中央北方局书记王荷波亲自来到玉田，传达中央八七会议精神和顺直省委关于在京东地区举行武装暴动、开展武装斗争的决定，为玉田农民运动的发展指出了新方向。

当时，上级派联络员和工作人员来玉田，都是先到虹桥的赵达家，再由她派人与我联系，这次王荷波来玉田，就住在她家里，县委扩大会议也是在她家召开的，以后又在她家开过几次会，每当这时，她总是在门外为我们望风（时常抱着孩子）达几小时，甚至十几小时。

王荷波听我介绍了这个地区的情况，并对下一步工作交换了意见。接着，在赵家西院召开县委扩大会议，除县委负责人外，主要的农会负责干部也来参加。由王荷波首先传达八七会议精神，宣讲了《告全体党员书》。接着指出，大革命之所以失败，除了由于帝国主义、封建阶级和买办资产阶级等反革命力量强大外，还由于我们党的力量弱。在北伐战争期间，特别是在武汉政府时期，以陈独秀为代表的党中央犯了右倾机会主义错误，并讲了陈独秀右倾

机会主义错误的主要内容和一些具体事例。他还说，国民党叛变后，已经变成帝国主义的走狗和买办资产阶级、封建阶级新军阀的代表，中国革命必须依靠共产党领导的革命力量，进行武装斗争，才能取得胜利。要求我们响应党中央的号召，配合南昌八一起义和南方的秋收暴动，积极开展农村武装斗争，并根据玉田的情况，提出"扩大革命力量，准备武装暴动"的任务。

参加会议的同志听了王荷波的传达和讲话，异常振奋，解开了思想上的许多疑团。大家进行了热烈的讨论，绝大多数同志开始认识到中国革命已经进入一个新的阶段，并明确了党在新阶段的历史任务，表示坚决拥护党中央决议，以实际行动响应党的号召，反击国民党的叛变，为死难烈士报仇。经过讨论，多数同志认为，玉田地区经过一年来的斗争，敌我力量的对比已经起了很大变化，敌人对这里的统治日益削弱和动摇，革命力量日益发展壮大，已经具备举行武装暴动的条件，对暴动的胜利充满信心。最后，会议拟定了武装暴动的计划，主要有以下几点：

1. 确定暴动的目的，在党内和农会干部中进行武装暴动的宣传动员。

2. 加紧党组织的发展工作，吸收斗争中的积极分子，特别是贫苦农民成分的农会干部入党。

3. 扩大和巩固农会组织，以玉田、遵化为中心，成立京东农民协会，统一对京东各县农会的领导。

4. 加紧组织和整顿武装自卫队，继续以清算、查"黑地"、退赃和罚款等方式夺取土豪劣绅手中的政权、土地和枪支武器。

5. 利用10月10日辛亥革命纪念日，在县城东关举行全县农会会员大会和武装示威，检阅革命力量，进一步动员群众，做好暴动准备。

6. 加强对土匪的争取工作，必要时加以委任和收编。

由于我们当时认识水平低和经验不足，准备时间又比较仓促，对于暴动的许多具体准备工作，如暴动纲领的制定、指挥机关的组建、武装力量的训练、暴动时间安排、暴动后的行动和措施等，考虑不周，没有做出周密计划。

现在回想起来，当时对形势的估计过于乐观，忽视了全国处于革命低潮的大背景，因而对暴动失败没有思想准备。从这个意义上讲，这次暴动带有一定的盲目性。

三、检阅武装力量，成立京东农民协会

按照预定计划，我们于 10 月 10 日，以纪念"国庆"和送原任县长王文楷离任为名，在县城东关召开了全县农会会员大会。

这天，到会群众以自卫队为主力，共 1 万多人，大部分手持各种武器。遵化、丰润和蓟县与玉田邻近的部分村庄，也有一些农会会员赶来。县城东关高搭讲台，彩旗飘扬，群众队伍整齐雄壮、斗志昂扬，气氛极为热烈。这是继抗警捐和反对警察所长的斗争胜利之后，规模最大的一次集会，也是农民武装自卫队成立后的第一次大检阅。

会上，县委和农会的主要负责人讲了话，总结了一年来的斗争成果，指出农民受的压迫剥削还很重，敌人还很猖狂，他们正在策划新的阴谋，我们必须加强团结，扩大农会组织和自卫武装，继续斗争，随时给敌人的新进攻以沉重打击。还指出，王文楷县长在任期间，没有积极与农会为敌，值得欢迎，希望新任的高县长也能如此。否则，农民不可侮，绝不怕敌人的任何破坏，一定要斗争到底，争取新的胜利。

大会结束后，群众高呼"打倒军阀""打倒贪官污吏""打倒土豪劣绅""取消一切苛捐杂税""取消警察民团""农民武装起来""耕地归民所有"等口号，绕城游行（因城门紧闭，未能入城），显示了农民的威力。

王荷波亲自参加和指导了这次大会，他看到如此整齐雄壮、斗志高昂的农民武装，非常高兴。在大会前后，他亲自视察了几个村支部和农会，对玉田的工作给了很高的评价。他在玉田住了一个星期左右，临走时，热情地鼓励我们说："在北洋军阀统治下，你们取得这样的成绩很不容易。这是同志们英勇斗争的结果。来到你们这里，感到很有点像海陆丰和湖南的景象。只要按照县委扩大会议的布置搞下去，相信你们的武装暴动一定会取得胜利！"他还指出，整个看来，这里的共产党员数量还很少，而且新党员多，不适应形势发展的要求，必须大力发展党组织，加强对党员和农民的思想教育，壮大革命力量。

王荷波在玉田期间，有一次，我们正在赵家西院开会，刘警官全副武装地来到赵家东院，问赵达："听说大姑娘有几个朋友来了，你大叔能见见吗？"

赵达见他全副武装，不似往常穿便衣，说话语气也有些严肃，即提高警惕地说："怎么不能呢，我的朋友都是大叔的子侄，您怎能不见见呢？"

他听后说："这很好。"说着，随赵达向西院走来。一进大门，她就大声招

呼："张大哥，别玩儿啦，快看谁来了？"话未落音，人已进屋。见她领来个警官，我着实吃惊不小。我们忙从摆满麻将牌的桌旁站起来，笑脸相迎。赵达若无其事地向我们介绍说："这是本区的区官刘大叔，听说你们在这儿打牌，过来看看。"

杨春霖当即问了好，让了座，我们都只笑着点了点头，看样子没什么大事，才放下心来，便和他天南地北侃起来。但没说几句话，刘东阁即起身说："你们忙吧，有空到我区里玩。"说着，和赵达一起走了。

送走了刘警官，赵达又回到西院，我们问她，刘警官来干什么？

她笑着说："还不是来查我！刘警官说：'只要在我管的这方圆 20 里地内，有你大叔在，就不会出什么事。'看来，这个人还不算坏吧？"

后来我们开会，有时在东院的"道房"，即赵达母亲的房里，有时在西院赵达的房里。她母亲很支持女儿的革命活动，我们开会，她就躺在炕上，也不回避。这样，即使有外人来撞见，只说是来看望老太太的亲朋，也不至于引起怀疑。家里唯一知道我们关系的是一个叫王贵有的，类似管家，又似她家的好友。当时赵母寡居，虽说在家主事，但孤儿寡母，外面收租讨债之类的事自己不便出面，都由王贵有帮忙。有时我们开会，他也在场，并不回避。赵达有些需要跑外的事情也请他去办。暴动失败，于方舟、杨春霖他们被捕后，赵达还通过他到县城打探消息、给被捕的同志送衣送钱，事实证明他是一位可靠的朋友。

王荷波走后，省委派特派员叶善枝来玉田加强对农民运动的领导。许多年后我才知道，王荷波回北平后没几天就被捕牺牲了。

10 月 14 日，叶善枝以省委名义在虹桥召开会议，成立了中共京东特委，叶任书记，杨春霖和我分别为组织委员和宣传委员。16 日，叶善枝以省农民协会的名义，在遵化的城子峪召开了玉田、遵化、丰润、蓟县 4 个县的农会代表会议，成立了京东农民协会，杨春霖当选为会长。会后，特委又召开干部会议，研究武装暴动的准备工作。

会议尚未结束，玉田来人报告说，警察所长亲自带着武装警察和马快[①]，以催交警捐为名，每日下乡骚扰、示威，已经抓去县、区农会干部七八人，扬言要把农会干部全部抓起来。

---

① 马快，骑马的捕快，旧时官府管缉捕的公差。

特委研究了这一情况，认为暴动的条件与时机已成熟，应尽快发动武装暴动。随即任命我为暴动总指挥，立即和解学海一起返回玉田进行部署，随时与叶善枝和在遵化开会的负责同志保持密切联系。

中共北方党领导的第一次农民武装暴动开始了！

四、攻占玉田城

我和解学海回县后，连夜召开县委紧急会议，并吸收一部分县农会委员参加，经过讨论，决定立即举行暴动。会后向各村发出转牌，要求全体农会会员和自卫队员携带武器，于10月18日分别在城东行宫和城西三里屯一带集合，并作出以下部署：

1. 提出下列口号作为暴动纲领：

打倒军阀及其政府，成立农民自己的政府；

农民武装起来，成立农民军；

取消警察、民团，收缴他们的枪支武器；

捉拿贪官污吏、土豪劣绅，没收他们的土地财产，分给穷苦农民；

取消一切苛捐杂税；

"旗地"无条件归民有。

2. 将配有步枪、短枪的自卫队集中起来，统一指挥，分东西两路攻打县城，主力配备在东路，并派少数同志先混入城里做内应。

3. 成立暴动指挥部，由我任总指挥，解学海为副总指挥。

4. 攻占县城后的措施：捉拿县长、警察所长和土豪劣绅等反革命分子；解除警察、保安队的武装；张贴标语、布告，宣布暴动纲领；成立农民政府，先由农会推举进步绅士王却三①为临时县长，以后进行民选；成立农民军等。

5. 暴动队伍入城后，必须严守纪律，听从指挥，公买公卖，严防坏人乘机烧杀抢掠、骚扰商民。

随后，县委派人到遵化向叶善枝等报告了上述决定和部署，要求他们赶回玉田来指导暴动，并发动遵化农民在当地配合行动。此时是10月18日凌晨。

---

① 王却三，河北省玉田县人，开明绅士，暴动失败后仍在我党领导下进行一些革命活动。

通知发出后仅一昼夜的时间，城东城西已集结了约两万人，其中持有枪支的自卫队员有200多人。在集结队伍的过程中，我们分别召开农会各级干部会，传达布置县委紧急会议的决定，并向群众进行宣传鼓动，说明这次行动的目的和要求，得到干部和群众热烈拥护。

城内敌人得到农民正在集结的消息，非常恐慌，县长高某派代表来和指挥部谈判，答应取消警捐，立即释放捕去的农会干部，保证以后再不下乡捕人。但要我们立即解散群众，不要"聚众闹事"。这些都被我们拒绝。

19日①上午11点左右，以配有步、短枪的自卫队为前锋，其他武装农民在后，分东西两路开始攻城。此时城门紧闭，早有警察、保安队在城墙上守卫。东路队伍用铁锤、斧头砸毁城门的锁链，门闩脱落，遂一拥而入。由于事先潜入城内的人已经说服保安队保持中立，东路队伍入城后进展比较顺利，很快收缴了保安队的武器。西路队伍受到城上警察抵抗，自卫队一面还击，一面喊话，叫他们放下武器，否则，打死一人，全家偿命。双方正在激战，从东门攻入的队伍已经冲了过来，警察局长司乃德仓皇从北门缒城逃跑，西门也被攻破。自卫队顺利占领了县公署、警察所、县议会和税务局等机关，解除了警察和保安队的全部武装，缴获长、短枪100多支。县长和城内的土豪劣绅等反革命分子纷纷逃匿。

入城后，指挥部立即宣布戒严，禁止城内外自由出入，并划分入城队伍的驻地，分派自卫队维持秩序、搜捕反革命分子。城内秩序良好，没有发生违反纪律的行为。

紧接着，指挥部在县公署附近的操场召开了群众大会，由解学海宣告攻城胜利及暴动的纲领：成立农民政府，在未举行选举前，由开明人士王却三担任临时县长，建立农民军，解散全部警察、民团，收缴其武器，没收土豪劣绅的土地财产，自即日起，"旗地"无条件归农民，并采取紧急措施，继续收缴各区警察、民团的枪支，查捕逃匿的反革命分子。大会持续到傍晚尚未结束，人们找来几盏大汽灯点燃，台上台下一片通明，群情更加热烈。我正在台上讲话时，不料几声枪响，打灭了汽灯，会场顿时混乱。此时已临近深夜，遂宣布散会，除部分自卫队担任警戒和搜查任务外，

---

① 关于攻城的日子，有文章说是10月18日，即农历九月二十三日，这天正是县城的大集日。但据我的记忆，攻城日不是集日。另外，从18日开始集结，经一昼夜方聚齐，其间又经过宣传动员及县长往返同我们谈判，所以不可能当日中午即攻城，而应在19日或20日，这两天都不是集日。

参加暴动的群众均按事先划分的驻地各自休息。我和解学海带领自卫队乘夜搜索反革命分子，击毙土豪尚广清，击伤大土豪吴殿三，吴乘夜黑逃脱。稍事平静时，我才发现自己的棉袍下襟被子弹打了一个洞，幸好未伤及身体。

五、郭屯整编

深夜，我们仍在搜捕反革命分子。杨春霖带领一些遵化农民自卫队员前来支援，叶善枝也一同到达。杨春霖说，他已动员了1000多名武装农民，随后就到。这给了我们极大的鼓舞。但万没想到，叶善枝被洪流般的革命气势所吓倒，他不问清情况，即当着群众面指责我们"胡闹""蛮干"，逼令我们立即退出县城，解散队伍。他还恐吓我们说："唐山、马兰峪都驻着大批奉军，很快就会来。你们天亮以前不走，到时候一个也跑不了！"我和杨春霖、解学海都不同意立即撤出县城、解散群众，认为敌军不会来得这样快，我们应在敌人到达之前，将新政府和农民军建立起来，捉住县长、警察所长和土豪劣绅等反革命分子，再撤不迟。如这样一事无成，匆忙放弃县城、解散队伍，更容易遭敌人镇压。但叶善枝一意孤行，以省委代表的身份硬逼我们退出县城。他的言行在部分群众和干部中造成思想混乱，有些群众自动离去。在这种情况下，我们只得向叶善枝提议，不能这样随便解散群众队伍，可以先将队伍撤至城北郭屯一带，向群众交代清楚下一步行动任务后，再有组织地分散行动。同时立即通知继续前来支援的遵化农民停止行进，已经来的，一起到郭屯集合。叶善枝勉强同意了这个意见。

我们于次日凌晨撤到郭屯后，立即要求叶善枝召开有县委参加的特委扩大会议，研究下一步行动计划。他在会上继续发表谬论，说什么"革命斗争此起彼伏"，"玉田暴动起来了，奉军明天就可能开来一两个旅镇压，必须赶快解散群众，干部潜伏起来，使敌人来了扑空"，说他要马上回天津"要求省委发动唐山开滦五矿大罢工支援你们，热河还有党领导的2000多骑兵，直隶南部有党领导的红枪会①，我回省委通知他们也起来暴动，响应你们。那时奉军又去镇压他们，你们再起来行动。这样就可以使奉军顾此失彼，到处扑空……"显然，这完全是骗人的鬼话。其实，叶善枝已被暴动吓坏了，他是以此为借

---

① 红枪会是民间秘密社团，领导权多被地主豪绅所掌握，也有少数杀富济贫者。

口，急于逃走。县委和指挥部的同志表示，发动各地暴动支援玉田，我们当然很高兴，但叫我们暂停活动、解散队伍、干部潜伏起来，是错误的，是对革命、对人民不负责任的表现。我们主张把有枪支的自卫队集中起来组成农民军，继续开展武装游击活动，没有枪支的群众暂时回家，就地配合农民军行动。此时叶善枝已无心和我们争论，对我们的意见不置可否，连夜回天津去了。

叶善枝走后，指挥部和县委分别召集干部和群众开会，说明撤出县城的原因和下一步斗争任务。宣布即日成立农民军，先设一个总队，各区成立大队；农民军的任务是迅速收缴各区警察、民团、土豪劣绅的枪支，壮大农民军，并以农民军为骨干，开展打倒土豪劣绅、没收其土地财产的斗争，规定了农民军的纪律，特别对收编的玉田北山土匪数十人进行了思想、纪律教育，如不许滥行烧杀、抢掠民财、奸淫妇女等。同时对前来支援的遵化农民作了说服解释，请他们回去在当地开展斗争。然后，将配有枪支的400多人的自卫队（包括以攻城缴获的枪支装备起来的）改编成农民军，并进行了初步军事训练。

至此，武装暴动胜利告一段落。

回到当年改编农民暴动队伍的郭屯与乡亲们亲切交谈（1987年10月）

开展农村武装斗争

一、建立京东人民革命军 [①]

郭屯整编后，县委和指挥部的同志做了分工：我和解学海率 200 余农民军在玉田城东北部活动，县委其他同志各带部分农民军到各区活动，杨春霖仍回遵化开展工作。

自从打玉田那天吴殿三被击伤逃匿后，其次子吴二秃子率民团 20 余人与农会为敌，扬言要为父报仇。我们第一仗就打吴殿三家——玉田城东北的许庄子。经过半天的战斗，攻入村庄，俘虏团丁数人，缴获一部分武器，吴二秃子率残余民团突围逃窜。我们当即召集附近各村群众大会，宣布吴殿三的罪状，没收其土地财产，由农会主持当场将粮食、衣物等分给贫苦农民。群众对吴家父子的罪行早已恨之入骨，争先恐后地检举、控诉，自动搜查其藏匿的财物、拆毁其房屋，要求我们务必将吴家父子捕获处决，以除后患。至于土地分配问题，由于没有经验，又没有找到为农民重视的地契文书，只提出由农会和群众商量解决。

这次胜利，给了群众很大的鼓舞，附近村庄的群众纷纷前来向我们控诉本村豪绅地主的罪行，要求我们前去惩处。有的农民还携枪来参军。接着，我们又到果各庄捉获了大劣绅王文父子，召集附近村庄群众斗争大会，没收其土地财产和枪支，交农会分配。会后，将王文暂交农民军看押，放回王文之子，限期交出隐藏的武器、浮财和地契文书等。同时，城西和城东南地区的农民军也缴了一部分警察、民团和地主的武器，壮大了队伍。

这期间，一些失散和自动回家的干部和战士陆续携枪归队，不数日，农民军由刚成立时的 400 余人，扩大到 500 余人，大部分集中在县城东北部活动。有些地主慑于农民军的威力，或以捐助慰劳为名，拿出部分财产给农会，或拉拢收买农会干部，要求对他们手下留情。绝大部分豪绅地主则是惊慌不安，并且大肆造谣，制造恐怖，暗中串联，积极准备伺机报复。

在农民军退出县城后的第三天，驻遵化马兰峪的奉军开来一个营，次日又

---

① 南昌起义后，中共领导的军队统一称为人民革命军。

从唐山开来一个团，很快恢复了城内的反动统治，并到各村进行"清剿"。县长、警察所长和城里的土豪劣绅们倚仗奉军撑腰，顿时气焰嚣张起来，借"清乡保卫"为名，大肆搜捕农会干部。乡下的地主劣绅也乘机反扑，被我们扣押的王文，也乘警戒不严而逃走了。他们告密、指认，抄家抢掠，吊打农民，敲诈勒索。会员及干部有的家被抄，有的被罚重款，有的被捕入狱，使大批农民破产，逃亡他乡。

当时，由于我们没有领导武装斗争的经验，加以刚组建的农民军政治军事素质都比较差，又缺乏纪律约束，部队很不稳定，每天都有离队、归队和入伍的农民。当敌军"清剿"和在各村捕人时，有些人离队，有的在敌军"进剿"中被俘，有的溃散或潜伏起来，部队减员很多，活动在城东北的主力武装在三五日内，由 300 多人减到 100 多人。

此时，杨春霖从遵化转来省委代表于方舟的通知，叫县委和指挥部率部队到遵化城北王爷陵集结，将有新的部署。我和解学海遂率 100 多农民军向遵化转移。省委究竟有什么指示？我心中充满疑惑。

到王爷陵后才知道，原来是叶善枝回天津汇报时，夸大暴动的胜利和他个人的功绩。省委根据他的报告，决定派组织部长于方舟带一批军事干部来加强领导，叶善枝也随之回到遵化，但他没有来王爷陵，而是隐藏在遵化南部的菜园村。

在王爷陵召开了干部会议，于方舟听我们的汇报后，才知道叶善枝向省委作了虚假报告。他认为，叶善枝犯了严重的右倾错误，给暴动造成重大损失，却向省委隐瞒错误，个人表功，是错上加错，表示要把这些情况如实报告省委。接着，他传达了省委指示：按照南昌八一暴动后革命军队的统一番号，将玉田农民军改称京东人民革命军，以玉田为中心开展京东各县的武装斗争，实行土地革命。但他没有具体讲土地革命的内容和有关政策，只是一般地提出没收土豪劣坤、大地主的土地，分给贫苦农民。

经过讨论，大家一致拥护省委的指示，认为由于叶善枝的错误领导和敌军的"清剿"，使革命暂时受到挫折，但我们的武装力量并未受到大的损失，只是有的同我们失去联系，有的溃散。只要我们尽快与分散在各地的农民军取得联系，动员失散、离队的人员归队，队伍就会很快壮大起来。这段斗争表明，如果没有武装力量，群众就不敢起来斗争。所以，重整和壮大革命武装是当前的主要任务。

刘自立

会议决定，以现有的农民军为骨干，建立京东人民革命军及其指挥机关。任命杨春霖为总司令，我为总指挥，于方舟带来的军事干部刘自立为参谋长，其他干部分别担任参谋和团、营长等职务。经过几天的整顿，队伍扩大到200余人，这是中国共产党在北方建立的第一支革命队伍。

会议还研究了人民革命军的行动计划，决定再次夺取玉田县城（此时进驻玉田的敌军已撤走），然后在各县、区开展土地革命。

在整编期间，我们做了一面绣着镰刀斧头和"土地革命"四个大字的红旗和许多红袖章，油印了一批宣传品。

二、鲁家峪战斗失利

经过几天的整顿，人民革命军于10月下旬从王爷陵向玉田进发，沿途打土豪劣绅，收缴反动武装，动员群众参军，壮大人民革命军。

首战攻克平安城子。队伍预先集结在农会工作较好的刘各庄一带，以突然袭击迅速占领该镇，毙伤警察数人，缴获了该镇警察和民团的全部武器计长短枪30余支，捣毁税局，没收其全部财物和该镇土豪劣绅的部分财产。这天是平安城的集日，各村来赶集的人很多，我们抓住时机召开群众大会，树起"土地革命"大旗，宣传土地革命的政策和人民革命军的宗旨，号召人民起来斗争，建立自己的政府，不再向反动政府交粮纳税，动员青年参加革命军，并将没收的财物当场分给群众。会后，群众奔走相告，到处宣传，一度低落的情绪又振奋起来，纷纷组织慰劳，报告情况，陆续有携枪或徒手的农民前来参军，部队很快扩大到300多人。

接着，向遵化、玉田、丰润三县交界的鲁家峪进军。这里地形复杂，有大小村庄十几个，农民和地主的矛盾很尖锐，农会基础较好。东峪村的恶霸地主刘玉黎拥有团丁20余人，刘家和村子周围都筑有堡垒，易守难攻。他们还与附近村庄的地主武装建立了联防，特别是和西面吴二秃子掌握的反动民团联系密切。

我军到达鲁家峪时，天已黄昏，因行军疲劳，大部分集中在一个四面环山的宿营地休息。我带少数队伍去东峪收缴刘玉黎的武装，但刘已有准备。我军因地形不熟，又在黑夜，战斗相持约一小时后，已有两人负伤，仍未能攻入村庄。遂撤出战斗，准备次日再战。

按照当时的情况，队伍应当立即转移。但由于缺乏军事经验，对敌情估计不足，轻敌麻痹，不但没有及时转移，而且当夜警戒疏忽。刘玉黎却与吴二秃子串通，谎称有小股土匪窜来鲁家峪，连夜通知附近各村民团前来"围剿"。一夜间调集数十村的民团1000多人（其中有些并不积极与农会对立，因通知说是打土匪才来的，不知是打我们），于拂晓前将鲁家峪团团围住。当我们发现敌情时，没有集中兵力迅速突围，而是分兵把守阻击敌人，战斗很被动。我们的队伍没有战斗经验，有的甚至还不会放枪，但是在战斗中表现非常英勇顽强，经过半天的战斗，敌人始从东、西、北三面攻入村内。此时，我们被迫分散突围。在我和赵铸①率少数人掩护下，鲁家峪村党支部书记李有泉带领着于方舟、杨春霖、解学海、刘自立等领导人率一部分战士从南面突出，另一部分从西面突出。大家突围后，天还未黑，我们已无法出村，只得分散隐藏在农民家或柴草垛里，待天黑以后才突围出来。在这次战斗中，由于敌我力量悬殊，我们又缺乏战斗经验，指挥失当，致遭重大损失，伤亡、被俘30多人，其中英勇牺牲的干部有：萧林清（中共党员，黄埔军校学生，当时任营长）、郭注（中共党员，玉田果各庄人，区农会干部，当时任连长）、郭其玉（玉田果各庄人，农会干部，为给我们送慰劳品和慰劳金当夜赶来的）等同志和战士10余人；负伤和被俘20多人（他们大部分被敌人勒索财物后取保放回，少数被判刑或关押一个时期后放回）。于方舟、杨春霖、解学海、刘自立、李有泉和县农会负责人王文选等同志突围后，又困又累，又不熟悉地形，走到丰润县沙流河镇附近时，与当地巡逻的民团遭遇，不幸被捕，后转到玉田关押。反动政府对他们施以各种酷刑，但他们大义凛然，坚贞不屈，同敌人进行了英勇斗争；在狱中，他们还争取、教育同牢的犯人和看守人员，并设法同外面的党组织取得联系。

我们获悉他们被捕的消息，悲愤交加，多方组织营救，并准备武装劫狱，赵达还托王贵有和虹桥的刘警官收买看守，打探消息，给狱中的同志送钱送

---

① 赵铸，山西人，黄埔军校学生，中共党员。抗战时为中共鲁西分局负责人。

物。由于敌人防守严密，营救未获成功。敌人也害怕久拖生变，于 1927 年 12 月 30 日深夜，把他们 4 人秘密处决了。在赴刑场的途中和临刑时，他们高唱国际歌，高呼"打倒帝国主义""打倒军阀""中国共产党万岁"等口号，慷慨就义。和他们同时被捕的李有泉和王文选被转到天津判刑关押。1930 年我们在天津三监相逢，又一起进行狱中斗争。

那段时间，我母亲天天向神灵祷告，祈求保佑我和春霖平安无事，小女儿也跪在院子里祈祷："老天爷呀！保佑我爸和二大爷（即春霖）平安吧！"父亲深为同志们的命运担忧，一天傍晚，全家人正在吃饭，突然传来春霖他们牺牲的噩耗，"啪"的一声，父亲手中的碗掉到地上摔碎了，他痛哭失声，好几天吃不下饭。

群众听到四烈士牺牲的噩耗，异常悲愤，发出"誓为死难烈士报仇"的誓言，并以各种方式悼念他们。杨春霖在玉田活动时间较长，为当地群众所熟悉，深受爱戴，因此人们对他的怀念尤为深切，有的全家抱头痛哭，有的深夜偷偷烧香遥祭，为他们的灵魂祈祷，还有人传说，殉难的同志是"星辰下界"，他们"归天"时，见巨星从东南向西北方向陨落，响声如雷，等等，以此寄托对烈士的哀思与对未来的希望。在烈士们革命精神鼓舞下，他们怀着满腔仇恨，不怕敌人的血腥镇压，掩护和帮助我们继续坚持战斗。

三、重整旗鼓坚持战斗

我和赵铸率残部从鲁家峪突围出来以后，连夜找到叶善枝（他当时借口与省委联系，没有随部队行动，一直隐藏在菜园村）汇报。此时，已得知方舟等同志被捕，一面设法组织营救，一面派人联络失散的干部战士。对下一步的行动，我们和叶善枝又发生了分歧。我们主张迅速找到失散的干部战士，重组队伍，对已被我们收编的玉田北山土匪武装进行整编，利用他们的战斗经验，以玉田北山为依靠，继续扩军和开展武装斗争。对遵化北山的土匪可继续加强联系，争取他们在当地配合行动，但对他们的希望不能过高。叶善枝却主张把重点放在收编遵化土匪方面，并以他们为主力，进攻玉田，扭转局势。他坚持派我和赵铸带着委任状去接洽收编。杨二和刘某虽然接受了委任，口头欢迎我们，同意留下赵铸帮助他们搞政治工作，答应支援玉田，但不肯离开遵化北山，还要我们给他发枪发饷、供应弹药作为支援的条件。赵铸在杨二那里工作了一段时间，收效不大，便撤了回来。

我们向叶善枝汇报了情况，他见借土匪力量反攻玉田无望，只得同意我的意见，自己却以特委设在玉田不便于领导其他各县的工作为借口，跑到唐山去了。

我率领干部战士 20 余人到玉田与遵化交界的杏树峪、黄家山一带，一面继续开展武装斗争，一面派人秘密召集失散的人民军战士归队，不数日，即有 30 多人携枪归来，他们和原有的 20 多名战士素质很好，单独编队，成为骨干。同时，对被收编的玉田北山土匪 50 余人加强了思想政治工作，他们都不是惯匪，比较容易接受我党的领导。我们启发他们的阶级觉悟，宣传革命道理和土地革命的政策，要求他们遵守纪律，不准滥行烧杀抢掠，并以我们队员的模范行动影响和感化他们。经过一个月左右，我们在玉田北山和遵化二道山以南地区，打垮了小马坊地主联防武装，镇压了几个土豪劣绅，没收其土地财产，分给农民。

我们的活动很快引起敌人注意，在一个月之内，马兰峪的驻军接连对我们进行了两次"围剿"。第一次以一个营的兵力进到平安城、龙虎峪、刘各庄、柴王店一带"搜剿"，未敢入山。1927 年年底，敌人又以一个团的兵力，配合玉田东北部和遵化南部的反动地主武装，乘我哨兵麻痹打瞌睡之际，突入我们的山中宿营地。在激烈战斗中，我军牺牲和负伤被俘 30 余人，我和赵铸、朱耀中（中共党员，黄埔军校学生）率十余人突围脱险，其余人员都失散了。后来敌人将我伤俘人员押送平安城全部杀害。

突围后，我分别派人到唐山、天津向叶善枝及省委报告情况，遣散了战友，然后带着赵铸和朱耀中乘夜潜到城北的徐屯，在我姨表舅家见到了父母和妹妹，亲人相见，恍如隔世，大家都十分激动。母亲见我们头发胡子老长，衣服上净是血迹，弹洞和被树枝划破之处露出棉花，她心疼极了，不住地流泪。我们顾不上畅叙别情，先叫表舅赶紧去虹桥找赵达，请她准备些衣服和钱，我们今晚就走！徐屯离虹桥 16 华里，表舅打发他儿子走后，便张罗着给我们做饭。此时我们才向家人诉说此次失败的经过。父亲和表姨大不断叹气，母亲在一旁伤心流泪。她满心舍不得我们离开，但她明白，留在此地更危险。见大家情绪低落，我安慰他们说：共产党垮不了！过不了多久，我们就会回来！

时间在焦急等待中很快过去，天快亮时，赵达亲自乘一辆马拉轿车来了。见了面，她激动地流着泪，和我们一一握手，顾不上多说，便催我们赶紧准备出发。令我吃惊的是，她在匆忙中竟然没忘带来一套理发用具！我们匆匆理发剃须，换下血衣，留下 4 支大枪（后被赵达取回，藏在她家），便与亲人告别。大家心里明白，此去不知何时才能再见，但都不愿明说，千言万语只在一声"珍重"之中！我和赵铸、朱耀中登上马车，放下车门帘，赵达坐在车把式身边，亲自护送。赵家在玉田一带颇有名气，不少官府的人都认得她，过关卡时，哨兵问："大姑奶奶这是上哪儿啊？"

"上唐山！"说着递上几个钱，哨兵也就不为难她。

就这样，我们顺利地冲出重围，到了唐山。

我们向叶善枝作了详细汇报后，很快接到省委的通知，要我们去省委面谈。于是，我和赵铸、朱耀中来到天津，向省委负责人彭述之作了详细汇报。彭认为，玉田暴动已经失败，省委原来关于开展武装斗争的计划已不能实现。失败的主要原因是叶善枝的右倾机会主义领导，第二次反攻玉田，又犯了单纯军事路线和军事投机的错误，决定给叶善枝以严重警告处分。他还指出，今后工作方针是转入秘密活动，把武器隐藏起来，迅速恢复组织，团结群众，总结经验教训，准备在条件成熟时，再发动武装暴动。

四、前仆后继，蓄锐待发

暴动失败和战友牺牲在我心中留下永难平复的伤痛，虽然正值隆冬季节，但为死难者复仇的情感冲动，搅得我热血沸腾！烈士们大无畏的革命精神，激励我化悲痛为力量，去继续战斗！刚满 21 岁的我，对于今后征途上将会遇到什么艰难险阻，都没有去想。

这次暴动及其以后的武装斗争历时近两个月，最后在敌人重兵"围剿"下失败了，军阀政府和豪绅地主又恢复了旧秩序，加强反动武装，对革命的农民进行疯狂报复和血腥镇压，恢复了过去已取消的苛捐杂税，夺走了清算斗争的胜利果实，他们处死、关押被捕的干部，酷刑逼索枪支，以赔偿、倒算、处罚、取赎、慰劳、送礼等种种方式勒索大量财物。其中最疯狂的是吴殿三父子和王文父子，其血腥报复遍及数十村，我党干部郭沅全家惨遭杀害，就是王文父子所为。在白色恐怖下，大批农会干部和积极分子被迫逃亡。同时，敌人还实行了"招抚"诱降政策，奉军公然张贴布告，并在玉田、遵化、丰润等地设招兵处，招降加委，以官职，奖赏等为诱饵，诱骗农会干部和积极分子携枪参军。我们有些干部和群众，在失去领导的情况下，幻想借军队来掩护自己，为死难烈士报仇，前去应募。遵化北山的土匪也大部被其收编。

这种情况令我既痛心又愤慨，尤其对于农会干部和会员参加旧军队，我认为是非常错误和危险的，想借旧军队报仇的想法很幼稚，是一厢情愿的空想，这样做只能是自投罗网，使军阀借机消灭农会。我向特委和省委提出了自己的意见，请求立即制止这种错误倾向。

敌人暂时的胜利，农民遭受的灾难，并没有吓倒广大农民群众，他们没有灰心丧气，反而更看清了敌人的残暴，加深了仇恨，提高了阶级觉悟和斗争的勇气，共产党和土地革命的旗帜，以及南方正在开展的苏维埃运动，使广大农民认识到，共产党是他们真正的朋友和引路人，他们在一片白色恐怖中，看到了希望。"为死者报仇！""农民会一定再起！""农民会终归是要胜利的！"成为当时农民共同的呼声和要求。他们以各种方式继续和敌人进行斗争。

郭屯的郭庆云，是县农会委员中斗争十分坚决，又有领导能力的骨干分子，他虽然没有加入共产党，但是暴动失败后，仍继续同反动地主进行顽强的斗争，最后被敌人杀害。

我家更是敌人打击的重点，处境非常危险。那时奉军和官府经常来村里抓人、抄家。我母亲带着妹妹躲到城北徐屯我的姨姥姥家，妻子马玉珍带女儿回娘家躲避，只留父亲和表兄守家，父母既为我担心，又为全家担心。我家在村东头，离大路较远，院子四周用高粱秸扎的篱笆与村外的一个大苇子坑隔开。父亲白天在村中东躲西藏，天黑才敢回家，整夜提心吊胆不敢入睡，稍有一点动静，就扒开篱笆，跳到大苇坑躲避，有时整夜不敢进家。入冬以后，干脆封了门，全家都躲到徐屯我姨姥姥家去住。我的姨表舅是个老实的庄稼人，一直留着辫子，但很支持革命。

一天，奉军来村里抓人，村中恶霸张金印、张金明兄弟带他们来到我家，奉军见我家门锁着，转了一圈找不到人，便走了。张家兄弟站在村头高喊："哎！别走啊！这儿还有一家呢！"但敌军没有回来。他们便趁火打劫，撬开我家门锁，抄走了家里所有的东西，连茅厕里的踏板都拆走了。

不久，在党组织的安排下，我父母和弟妹来到唐山，在老砖桥子附近找了一间半小屋住下。当时唐山市委书记傅茂公（彭真）很关心我的家人，有时还亲自到家里看望。半年以后，马玉珍和女儿也来了，一家六七口人，全靠弟弟在煤矿挖煤维持生计，生活非常困难。后来，母亲、妻子和妹妹为一家服装厂做手工活儿，挣些微薄工资，补助家用。弟弟金茂在煤矿做工，有一次因参加赵各庄罢工，与几个工友一起被捕，有的工友被处斩。敌人看他年纪小，押着他上刑场陪绑①，以为这样可以吓倒他。但反而激起他对反动派更大的仇恨，回来后继续进行革命工作。直到 1928 年夏，奉军退回东北，国民党宋哲元部驻守京东时，我的一家人才回到玉田，此时，家中已是门庭破败，杂草丛生，满目凄凉。父亲简单地重整了家园，卖了二亩地，给金茂买了一辆自行车。从此，人们常见一个小伙子骑着自行车走村串巷卖文具，那就是金茂——唐山市委的联络员。这时家里原有的耕地已经卖光，只剩下母亲从娘家带来的二亩地，加以父亲年老体衰，丧失劳力，生活更为艰难。

赵达和她的母亲一直暗中坚持革命活动。她们千方百计帮助遇难同志及其家属解决生活困难，给外逃的人筹办路费。这时县里有人（包括她的二伯父）向县府递呈子告密，说"虹桥赵达家窝藏赤匪"。于是，传闻风起，家人和亲友都为她担心，劝她去天津或北京躲避一阵。

但她不为所动，表示没有什么事情发生。一天晚上，刘警官问她："听说你要到外边去？"

"是有这个说法，但我不打算走。"

他高兴地说："对！你最好别走。你一走反而显得有事儿似的。放心吧，有你大叔的脑袋在，没事儿！"

不久，刘警官告诉她："县长把我叫去，说你们家窝藏赤匪，问我知不知道。我说没有这回事。县长就拿出两封信让我看，都是告你的。我看了，就说：'她们母女寡居，男孩子又很小，这是她二伯父想谋家产，故意陷害她，其实没有这个事，我敢拿脑袋担保的。'看来，你今后要多加小心！"

其实，就在这期间，赵达帮助我和赵铸等安全撤离玉田，并把我们的 4 支大枪藏在家里（后来由我们取走）。至于在经济方面的支持就更多了。

这时玉田等县的党组织，虽然一时处于混乱状态，但破坏不像农会那样

---

① 旧社会处决犯人时，为了逼供或逼降，把不够判死刑的犯人和被处斩的人一起绑赴刑场。

严重，而且，经过一年多的工作，玉田已经打下了很好的群众基础。敌人也不是铁板一块，奉军对其他县份征收军费，起价都在100两至200两以上，而对于玉田农民只敢征10两，可见他们对玉田农会仍心有余悸。在奉军撤走之后，地主劣绅十分恐慌，深恐农民起来复仇，纷纷躲进城镇，吴殿三全家干脆跑到北京去了，玉田官府也整日关闭城门，唯恐农民再来闹事。因此，只要我们恢复与各村的联系，相信重建农会不会很困难，党组织也会很快恢复起来。

我去天津汇报后，省委叫我回特委处理善后工作。此时特委只剩下我和叶善枝二人，市委决定增补乐亭县委书记徐国兴为特委委员（徐在苏联加入共产党），叶善枝仍为书记。

特委分析了各县的情况，认为东部（主要是乐亭）的党组织没有遭破坏，因此这里的任务是继续发展革命力量。西部玉田一带则应立即着手恢复组织。玉田的群众基础很好，在暴动中受损失的主要是北部的一些支部，而在南部，如鸦洪桥、窝洛沽等支部均未参加暴动，可以把这些支部作为恢复全县党组织的基础。1928年年初，我派人到鸦洪桥找到支部书记关子文，了解到仍有不少党员留在县里，其中包括中心县委委员宋哲三和萧兆琪。我非常高兴，当即与他们一起研究确定了新县委成员名单，即县委书记宋哲三。委员有张洪、萧兆琪，并报上级审批。同时，让关子文负责联系失散的党员及恢复组织的具体工作。

这期间，蔡和森[①]于1928年1月初主持改组了顺直省委，派吕职人为特派员到京东来恢复党组织，我即把鸦洪桥支部的几个人介绍给他。他召集了党员大会，传达了上级指示精神，重新提出县委名单，除原来的3个人外，又增加了关子文、方石贞，这就是后来的玉田县委。

1928年1月中旬，蔡和森来到唐山，召开京东党的活动分子会议，传达中央1927年11月会议[②]精神，批判了陈独秀和原省委书记彭述之的错误，总结玉田暴动的经验教训。参加这次会议的有十几个人，除特委委员外，还有各县来的负责同志。当时玉田暴动刚刚过去，牺牲了那么多同志，大家心情还没

---

①　蔡和森是1927年八七会议后的中共中央委员、北方局秘书长，同年12月北方局撤销后，任中央驻北方巡视员。

②　1927年11月9日至10日在上海召开的中共中央政治局临时扩大会议，这次会议由瞿秋白主持，会议所作的各项决议案中有严重的"左"倾盲动主义错误，如否认大革命失败后的革命形势已处于低潮，仍强调发动以城市为中心的总暴动，并制订了一系列"左"的政策。

有从悲愤中解脱出来。与会的同志对陈独秀错误路线给革命造成的损失表示极大愤慨，甚至有人提出，要求中央枪毙陈独秀（有文章说，会议要求枪毙彭述之，不是事实）。大家批评了彭述之主持省委工作不力，也批评了叶善枝右倾逃跑主义，认为他对玉田暴动失败负有主要责任。最后，与会者一致要求蔡和森如实向党中央反映这次会议的意见。

值得一提的是，蔡和森并不十分了解玉田暴动的情况，在很大程度上受了叶善枝虚假报告的影响，而叶善枝的报告中有许多不符合实际情况，其观点也是错误的。虽然于方舟后来发现并批评了叶善枝的错误，但他来不及回省委报告就牺牲了，以致叶善枝的虚假报告及其错误观点没有得到批判和纠正，影响了蔡和森对玉田农民运动的看法。这些错误观点反映在蔡和森给省委的报告中，一是说农民运动有两种，一种是群众性的，一种是土匪式的，暗示玉田农民运动是"土匪式"的。二是强调农会成分的纯洁性，否定玉田中心县委在农运工作中联合中农及中小地主，争取土匪武装（他们大部分是破产农民），孤立和打击罪大恶极的土豪劣绅的做法。蔡和森的这些观点显然不符合玉田的实际。[1]

会后，蔡和森找我谈话，说省委决定撤销京东特委，并调你去省委工作。他说，叶善枝在玉田暴动中犯了严重的右倾逃跑主义错误，对暴动失败负有主要责任，已不适合继续担任特委书记。杨春霖牺牲后，虽然补充了徐国兴为特委委员，但他实际并未到任，特委实际已不存在了。

1928 年 1 月下旬，我调到省委工作，这年春天，恢复了玉田县委，遵化也单独建立了县委，陆续恢复了一些支部，在群众中秘密地进行宣传组织工作，宣传土地革命和南方红军的胜利，激励他们继续斗争，抵制敌人的"招抚"诱降，说服大部分受骗参加敌军的干部和群众陆续逃出。

6 月以后，国民党军队进入冀东，奉系军阀退回东北。玉田党组织乘国民党统治立足未稳之际，发动群众以合法形式要求当地驻军枪毙了罪大恶极的吴殿三，使群众受到鼓舞，党的工作得到进一步恢复。

回想一年多的火与血的斗争实践，使我对中国革命发展的艰难历程明白了许多，对革命事务的观察、认识和处理也沉稳了许多。

---

[1] 唐山党史档案：《京东特委活动同志会对于农运决议案》，1928 年 1 月。

永恒的纪念

革命的火焰是扑不灭的，共产党领导的革命活动一直在冀东艰难地时起时伏地进行着。苦难深重的冀东人民，绝不甘心长期忍受帝国主义、封建主义、官僚资本主义压在他们身上的痛苦。1930 年夏，中共河北省委在玉田县黄林庄再次发动武装暴动，遭失败。① 抗日战争全面爆发后，1938 年，玉田、遵化、蓟县、丰润的人民又和冀东其他各县的人民一起，在共产党的领导下，拿起武器，举行了 20 多万人参加的抗日大暴动。他们在极残酷的条件下坚持敌后游击战争，创建、扩大和巩固了冀热辽革命根据地，终于取得了抗日战争的胜利。

1945 年日本投降后不久，当年领导池家屯一带农运的老共产党员张志全② 已成为冀东区贫农协会的主席。他建议修建革命烈士纪念碑，以缅怀在玉田武装暴动和抗日战争中牺牲的烈士们，并表示愿意捐献土地和资金，承办此项工程。冀东区党委和行署认为，修建烈士陵园是一件大事，不可草率，但抗战刚刚结束，百废待兴，国民党又在准备发动内战，形势十分严峻，政府尚无暇顾及此事，应暂缓办理。

张志全却说，这件事不用政府费心，由他自己出地，并捐一部分资金，不足的部分由村民捐助。区党委和行署研究后，同意了他的建议，并批准给予一部分经费，算是"民办官助"。区党委还让我为农民暴动纪念碑撰写碑文，我责无旁贷，怀着沉重的心情，含泪撰写了纪念碑的碑文。就这样，一座风格别致的烈士陵园至今屹立在丰润、玉田、遵化三县交界处的池家屯③，让子孙后代永志不忘革命先烈的功绩。

---

① 1930 年在"左"倾路线指导下，中共河北省委不顾实际情况，强行命令玉田全县的党团员举行暴动，当天即失败。中共党员刘铭阁当场牺牲，县委书记乔俊峰、县团委书记张金茂、唐山市团委书记丁了箴（即丁铿）等多人被捕，解往北平关押。张金茂承担了全部责任，使乔俊峰等八人无罪释放，自己却于 1931 年夏在北平英勇就义。丁了箴被判无期徒刑，后减刑。县委其他人被迫逃亡，玉田县党组织遭彻底破坏，直到 1933 年才逐渐恢复。

② 张治全是很早入党的党员，解放战争时期曾任冀东区农会主席。1947 年敌人进攻解放区时不幸被捕，受到严刑拷打，生命垂危之际获释，在被抬回家的途中牺牲。由于敌人造了许多谣言，致使群众一直认为他是叛徒，"文革"后落实政策。

③ 池家屯烈士陵园修了三座纪念碑，除了纪念玉田农民暴动和抗日烈士的两座外，还有一座记载着全村百姓为修建陵园捐助的钱粮明细名录，表示着全村乃至全冀东人民的一份心意。

丰润县池家屯烈士陵园的玉田农民暴动纪念碑（建于 1947 年）

纪念碑碑文如下：

池家屯烈士陵园玉田起义纪念碑碑文 [①]

民国十三四年间，冀东人民苦于军阀混战，暴敛横征，贪污土劣，更乘机压榨，人民迫于饥寒兼受五卅运动影响，遂滋长革命要求。十五年春，余受教于毛主席主办之农民运动讲习所。由广州返里，在中共北方区领导下，与杨春霖同志进行农民运动，发展党组织，组织农民会抗捐抗税，响应北伐，谋取人民之解放。先后组织玉田、遵化、丰润、蓟县、迁安等县农民会，领导反抗"旗地变民"，反对贪官污吏、土豪劣绅及取消苛捐杂税等斗争。当时以人民团结力量取得许多胜利。方期革命垂成，人民可以获得翻身解放，乃国民党

① 这个碑文在刻制时，原稿被人删除或改动了一些重要情节与词句，致使碑文内容与历史事实不符。这是张明远原撰写碑文，而对现存碑文所删减或增加的词句，以及不实之处，另见后边的说明。

竟背叛人民，举行"清党"。自十六年四月十二日以后，向革命人民大肆屠杀，其时为继续解放人民，响应八一南昌起义，县委根据上级指示，余与杨春霖等亦于同年十月间武装起义，攻占玉田县城，组织京东人民革命军，筹建玉田农民政府，宣布打倒帝国主义、军阀，打倒贪官污吏、土豪劣绅，没收其土地及"旗地"无条件归民有，取消一切苛捐杂税主张，旋即发动游击战争，攻占遵化之平安城等地，不幸鲁家峪一役，萧占栋、李桂森等光荣牺牲，杨春霖、于方舟、解学海、刘自立等同志被俘，余与其他同志突围，收拾所部，继续奋战。卒因孤军乏援，经验缺乏，及机会主义分子叶某等错误指导，在军阀"围剿"与土豪劣绅反动民团进攻下，遭受挫败。杨春霖等在玉田狱中备受酷刑，忠贞不屈，旋被军阀政府所杀。殉难时高呼打倒帝国主义、打倒军阀、打倒土劣、人民解放万岁、共产党万岁等口号，从容就义。杨为冀东人民最爱戴的领袖，殉难消息传出后，人民多痛哭失声，发出誓为杨等报仇的呼声。当时革命运动虽告失败，但他们的遗志已被我冀东人民所继承，经十余年奋斗与八年血战，已取得今日之胜利，他们的精神不死！革命的浩气长存！

张明远谨志

中华民国三十五年五月二十日立

1946年秋，纪念碑尚未全部落成时，内战即起，国民党占领了玉田、丰润一带，传闻纪念碑被毁。多年来由于种种原因，我一直没有去池家屯亲谒烈士纪念碑，以为它早已不存在了。

1982年，丰润县文化局的同志拟将纪念碑的照片及碑文在《文物》杂志上发表，将碑文抄送给我征求意见，此时，我方知纪念碑尚存。我惊异地发现，这个碑文与我当年所起草的原稿有重大出入。

1983年5月，我到池家屯向当地群众了解到，纪念碑未曾被毁过，而且保存完好。那么，碑文何以与原稿有重大出入呢？原来，张志全带回原稿之后，几经辗转，最后由一位乡村教师书写镌刻。在这过程中，删去或改动了原稿中一些重要情节和词句，致使碑文内容与历史实际不符，造成不良影响。纪念碑和碑文是历史见证的记载，流传久远，为后人了解和研究历史的依据。为纠正谬误，现将已镌刻的碑文和原稿中的相关史实与词句加以对照订正（错处以隶书表示，括号中为原文或注释，以黑体字表示）。

第一段：……十五年秋（春），由广州反（返）里，吸取广东经验（原文无此句），（在中共北方区领导下，）与杨春林（霖）同志进行农民运动，（发展党组织，）组织农民会……**响应北阀（伐）……领民反抗，旗地变民（领导反抗"旗地变民"）……**

第二段：**响应八一南昌起义**，（县委根据上级指示，）……余于（与）杨春林（霖）等……**组织冀（京）东人民革命军，（改称红军），成立冀东人民（筹建玉田农民）政府（后改称苏维埃政府）……打倒贪官污吏、土豪劣绅，（没收其土地）及"旗地"无条件归农民所有……**

说明：

1. 这两段都删去了中共北方区对玉田农民运动的领导，删去了在玉田建立发展党组织，使玉田农民运动成为自发行为，这违背了历史事实。

2. "北阀"与"北伐"。音虽同而意不同，前边加上"响应"二字，则是南辕北辙、大相径庭了。

3. "旗地变民"删去引号，前边加了逗号，虽是一"点"之差，却谬以千里。

4. 1927年10月玉田暴动时，在我国尚无"红军"和"苏维埃"之称，"人民革命军"是南昌起义后对革命队伍的统一称号。1927年12月广州起义后，才出现"红军"和"苏维埃"的称呼，此时玉田暴动已经失败了，所以根本不存在"后改称"的问题。

5. 玉田暴动攻占县城后，当天就撤出来了，只是在事前筹备建立农民政府，拟定了新县长人选王却三，但没有来得及成立农民政府，根本没有成立过"冀东人民政府"和"后改称苏维埃政府"。

玉田农民暴动的功过是非

1992年10月，中共河北省委、唐山市委和玉田县委三级党史部门及唐山市党史学会，联合在玉田县召开了有中央直属单位和6省区市近百名专家学者参加的"纪念玉田农民暴动65周年学术研讨会"。研讨会的主题是"探讨玉田农民运动在北方革命中的历史作用，总结经验，启迪后人"。唐山的同志要我讲一讲。时隔65年，我重新审视那场斗争，思绪万千，写了一个简单的发言稿。开会那天，正好是党的十四大开幕式，我因参加十四大而未能出席研讨会，只得让我的女儿代为宣读。题目是：《玉田农民暴动的功过是非》。全文如下：

我们说的玉田暴动，实际上还有遵化、蓟县和丰润县的部分村庄参加，因为以玉田为中心，故习惯称为玉田暴动。

我们研讨玉田暴动这一历史事件，对它进行历史的评价，依据什么原则呢？毛泽东同志在总结中国新民主主义革命的经验时概括地归纳为三条，这就是统一战线、武装斗争和党的建设这"三大法宝"。我想，这就是我们研究玉田暴动的原则。

下面谈三个问题：

一、玉田农民武装暴动的历史背景

玉田暴动发生在 1927 年秋冬，这不是偶然的，它是在第一次国内革命战争时期，共产党在这一地区农村开展农民运动的基础上发生的。

1. 玉田一带地处北京、天津、唐山三大城市之间，尽管在强大的反动军阀统治之下，但五四、五卅运动和国共合作在大城市形成的革命热潮，也影响和促进了这一带农村的革命运动。

当时，共产党还没有"统一战线"这种提法，但团结一切进步力量，建立反帝反封建的国民革命联合阵线，是共产党的总方针。根据这一方针，在中共北方区领导下，建立起玉田的国民党组织，以进步的小学教师为骨干，开展农村的国民革命运动。这表明，玉田的早期农民运动，一开始就在中国共产党的领导之下，是有广泛的群众基础的，为后来农民运动的大发展创造了良好的开端。

2. 玉田农民运动的大发展，是在 1926 年秋，玉田县重新建立中共组织之后。玉田党组织以南方农民运动为样板，结合当地实际，把玉田农民组织起来，在短短的一年里，带领玉田人民进行了从抗捐抗税到"砸衙门"、反警捐等多种形式、内容和不同规模的斗争。通过这些斗争，农民觉醒了，农会壮大了，农民运动迅速扩大到邻近各县，并开始夺取村政权，建立革命武装，地主阶级的统治受到削弱。共产党的组织也在这些斗争中不断壮大。暴动前不久，成立了领导 5 个县的中共玉田中心县委，成为这一地区的领导核心，在人民群众中享有很高的威望。这一切都为玉田暴动创造了条件，从政治上、思想上和组织上作了准备。

3. 1927 年春夏，以蒋介石、汪精卫为代表的国民党反动派相继叛变革命，血腥屠杀革命群众和共产党人。在中国革命的危急关头，党中央召开八七紧急会议，确定了进行土地革命战争的总路线，号召在广大农村开展武装斗争，夺取政权。这个会议为玉田农民运动指明了方向，把这一带的农民运动推上了武装斗争的新阶段。

4. 1927 年下半年，虽然全国革命形势恶化，但国民党势力尚未到达北方；北方的军阀政府经历北伐战争的打击后，喘息未定，无暇顾及农村的革命运动。对于玉田农民运动来说，这是个很好的"小气候"，使它得以继续发展和巩固，为武装暴动提供了有利时机。

这就是玉田武装暴动的历史背景。

二、玉田暴动是在共产党领导下进行的

中央八七紧急会议后不久，中共中央北方局书记王荷波到玉田传达八七会议精神，检阅农会和农民武装力量，号召玉田响应八一南昌起义和南方秋收暴动，举行武装暴动。根据中央精神和玉田的实际情况，顺直省委作出了发动玉田暴动的决定，并派特派员来布置任务。暴动发动后不久，省委又派组织部长于方舟率一批军事干部前来加强对暴动的领导。可见，无论北方局还是省委，对暴动都是十分重视的。暴动自始至终一直处于当地和上级党组织的领导之下。

王荷波在虹桥传达八七会议精神时的会场遗址

三、如何评价玉田暴动

玉田暴动过去65年了，对它的功过是非，自有后人评说。这次暴动是在反动军阀政府严密统治下发动的，它涉及4个县，有数万群众参加，在第二次攻城途中遭受重大挫折后，仍能坚持一个多月的武装斗争并取得一些战果，这是一件了不起的事情。玉田一带的人民至今怀念这次暴动中牺牲的先烈，传颂他们的事迹。

我认为，玉田暴动最大的功绩，是它使玉田一带的广大人民觉醒起来，认识到只有在中国共产党的领导下，拿起武器进行斗争，才能求得翻身解放。暴动失败后，在敌人血腥镇压的一片白色恐怖形势下，短短三个月就恢复了党组织，带领人民投入新的战斗。他们紧紧地团结在共产党的周围，紧握手中枪，和敌人进行殊死战斗，直至全国解放。

其次，这次暴动锻炼了玉田的党员干部和党组织，他们与群众生死与共，形成血肉关系，确立了党在群众中的威望，为以后长期的革命斗争打下良好的基础。

最后，在暴动过程中，争取团结各阶层的进步力量，共同进行反对军阀政府的斗争，颇有成效。如大部分玉田地主武装"民团"，经过共产党和农会做工作后，对农民运动采取中立态度，少数"民团"甚至变成农民自卫队。又如进步士绅王却三支持农民运动，暴动指挥部推荐他为农民政府的县长。这人后来又组织抗日武装，在对日本侵略者的战斗中牺牲。争取土匪的工作也有一定的成绩。所有这些都体现了当时建立国民革命联合阵线的思想。

尽管如此，这次玉田暴动最终还是失败了，这里的教训值得我们认真总结。

首先，北方局和顺直省委对当时的政治形势、敌我力量对比的变化缺乏明确的认识，玉田县委的思想和领导水平还很低。

从全国来看，国民党反动派叛变使革命局势急剧恶化，北方的军阀政府得以腾出手来镇压革命力量。在这种情况下，北方局和省委仍强调要发动城市工人罢工、军队兵变和农村暴动，要造成新的革命高潮。这是脱离实际的，以致玉田暴动发动后，处于孤立无援的境地，在强大的反动武装"围剿"下终遭失败。

其次，在国共合作的革命高潮时期，河北一些地方的党组织，工作侧重于争取上层人物及其武装，不重视建立农民组织和农民武装。他们常利用民间会道门（如红枪会）的名义进行活动，而这些会道门多为当地的上层人物或黑道势力所掌握，所以，形势一变，就有反复。

最后，把攻占县城作为暴动的主要目标，也是一个失误，而且攻占县城后，怎样巩固和扩大胜利，如何继续斗争，省委没有明确的指示。从这一点讲，可以说暴动有一定的盲目性。

总之，玉田暴动是共产党早期在玉田领导的一次大规模农民武装斗争，那时的党，无论在思想认识和斗争经验方面，都很不成熟。我作为暴动的总指挥，当时只有 21 岁，思想政治上是很幼稚的。现在回想起来，心情仍很不平静。我希望有更多的专家学者好好总结这段历史，把有益的东西留给后人，激励他们向革命先烈学习，搞好社会主义建设。

第四章 白区十年

（1928 年 1 月—1937 年 12 月）

大革命失败后，我们党内从中央到地方出现了一种对非工农出身的党员干部不信任的思想倾向。1927 年 11 月召开的临时中央政治局扩大会议的决议认为，中共在组织上的主要缺点就是"本党领导干部并非工人，甚至于非贫农，而是小资产阶级知识分子的代表"，认为"这种组织成分，就是武汉反动以前本党政策机会主义的策源地"，因此，提出对全党进行"改造"，"将工农分子的新骨干替换非无产阶级知识分子之干部"，"使党的核心建筑在工农的身上。"[①] 会后，中央决定撤销北方局，改组顺直省委，原北方局所管辖和联系的地区由顺直省委代管，并命蔡和森为中央驻北方巡视员，指导顺直省委的工作。

鉴于原省委组织部长于方舟和常委杨春霖都牺牲了，5 名委员只剩了 3 个。根据 11 月会议精神，1928 年年初，蔡和森主持对省委进行了改组，停止了原省委书记彭述之的职务，派工人干部王藻文任省委书记，同时决定撤销京东特委。我就是在这次改组后，调到省委任农民运动委员会书记的。

从此，我开始了长达十年的地下斗争，昔日轰轰烈烈、摇旗呐喊、勇猛冲锋的殊死拼搏，变成了今日的默默无闻、东躲西藏、举步维艰的巧妙周旋。但却是同样的充满艰险，同样的惊心动魄，甚至是更加残酷的斗争。

在顺直省委

一、改组后的省委

新的省委完全按照 11 月会议精神进行"改造"，提拔了大批工农出身的

---

① 中共中央党校党史教研室资料组编：《中国共产党历次会议集》（上），上海人民出版社 1982 年版，第 91—97 页。

干部到主要领导岗位，新省委成员是：书记王藻文（京绥铁路工人，后叛变，被省委处决），组织部长王仲一，宣传部长傅茂公（彭真），工人运动委员会书记王德振（一说为张树声），职工运动委员会书记张昆弟（铁总书记），农民运动委员会书记张金言（张明远），委员王廷弼（不久调走）、王宗泉（玉田农会会员）、杨风楼、王德振（开滦煤矿工人）、张树生（津浦铁路工人，1928 年 5 月以后到任，不久离开省委），军委张兆丰、张开运（后叛变）等，团委尹才一。此外，还有委员杨宗义（京绥铁路工人，不久自己要求离开省委）、杨继禄（京绥铁路工人，后叛变当了特务）、李德贵（京绥铁路工人，后叛变，被省委处决）、王子青（涿县负责人）、郝青玉、黄金荣（津浦铁路工人，候补委员，后叛变）等。

这次改组，省委书记和常委中的大部分都是工农干部，这些人大多数文化和政治素质不高，有的不能胜任领导工作，如王德振、王宗泉等，有的品质恶劣，动摇叛变，如王藻文、李德贵之流。省委自身组织不健康，是当时在严重的白色恐怖下难以正常发挥领导作用的重要原因之一。四五月间，王藻文、王仲一、张昆弟去莫斯科参加党的六大以后，傅茂公代理书记兼组织部长，主持省委的日常工作。以当时省委管辖范围之广、处境之险恶，这样薄弱的领导力量，必然会出现许多困难和问题。

尽管如此，省委仍尽其所能做了许多工作。1928 年上半年，主要是整顿、恢复和建立各地的党组织，理顺省委与各地党组织的关系，传达贯彻党中央八七会议精神。下半年，中央对省委又进行了两次大调整，并一度停止省委活动，但我们几个主要委员仍在继续坚持工作。

1928 年 4 月以前，省委的工作比较正规且较有生气，有定期开会的制度，逐步恢复建立了与一些地方党组织的联系。如重建了北平市委，建立了天津市委，调整了唐山市委；京东、保定、津南、直南等地区的党组织也得到恢复或加强；特别是省委与热察绥地区一直保持着联系，少数民族工作和争取西北军的工作从未间断。4 月以后，由于王藻文等去莫斯科参加党的六大，我经常到基层，很少在机关，负责工运的王德振体弱多病且能力较差，对工作抓不起来，只有傅茂公主持省委的日常工作。由于大革命失败后党内思想混乱，无组织无纪律现象滋生，以及叛徒告密和敌人搜捕破坏等，使得省委常常顾此失彼，苦于应付，难以正常发挥领导职能。有的人不顾这些事实，把当时的省委说得一无是处，是片面和有悖于历史事实的。

1928 年 6 月，国民党占领了顺直地区，迫使奉系军阀势力退回东北，从此，以蒋介石为代表的新军阀代替了旧军阀对北方地区的统治。

国民党初到北方，一面公开挂出各级党部的招牌标榜"革命"，借以欺骗人民；一面以"清党"为名公开镇压革命，宣布共产党为"非法"，取缔所有的进步组织，停止一切革命活动，到处搜捕共产党人和进步人士。与旧军阀不同的是，他们给白色恐怖披上了"民主法制"的外衣，对革命人民实行欺骗、分化瓦解、关押、屠杀并举的政策。

虽然国民党已经叛变革命，但他们仍打着"打倒军阀"的旗号，而北方人民对国民党的反革命本质还没有清楚的认识，对其抱有一些幻想，有些地方的共产党组织或共产党员，利用在国民党的合法地位继续从事革命活动。同时，国民党内部派系斗争激烈，也给我们提供了广泛深入开展工作的可乘之机。当时驻河北省的国民党军队主要是桂系和阎锡山的部队，他们忙于抢占地盘，无暇认真了解当地各派政治势力的状况。玉田党组织利用国民党李品仙部处决了大恶霸吴殿三，鼓舞了群众，在一定程度上缓解了旧军阀时期的白色恐怖气氛，中共党组织的活动也重新开展起来。

二、党内错误思想和不良倾向

当时党内出现的错误思想和不良倾向主要表现在以下几个方面：

首先是盲动主义倾向。军阀政府的残暴和国民党的叛变，使一些同志产生复仇情绪，急于同敌人大干一场。1927 年 11 月召开的临时中央政治局扩大会议助长了这种倾向。这次会议强调党的总策略是：发动和组织以城市工人暴动为中心的工农总暴动，夺取政权，造成一省数省的胜利局面[1]。并提出 1928 年工作重点是在农村发动农民暴动，在城市组织工人罢工[2]。

1928 年 4 月初，国民党蒋桂阎冯联合"北伐"逼近顺直地区时，省委的一些领导人错误地认为"几省暴动夺取政权的局面已经形成"，遂作出决定，要求立即发动工农在全省暴动，夺取政权，建立苏维埃政府[3]。尽管在六七月间已召开了党的六大，指出当前革命形势处于低潮，党的总任务不是进攻，不

---

[1] 《中央通告》第六号，1927 年 11 月 18 日，《中共中央重要会议文集》，第 95 页。
[2] 《京东活动分子会议决议案》，1928 年 1 月。
[3] 《奉国军阀战争中顺直省委的政治任务决议案》，1928 年 4 月 11 日。

是普遍地组织起义，而是争取群众，准备新的革命高潮到来①。然而，在省委的一些干部中，并未正确贯彻执行这一精神。直到9月，刘少奇到省委后，才改变了这种状况。

其次是在思想上、组织上与国民党划不清界限。顺直地区的国共两党在大革命时期有着很密切的联系，许多党员具有双重党籍。由于一些中共党员对国民党叛变后的反革命本质缺乏认识，对八七会议后中国共产党与国民党的关系不了解，以致没有与国民党从思想上、组织上彻底决裂。当国民党占领顺直地区后，他们没有按中央的要求退出国民党，而是继续留在国民党内，利用其合法身份从事革命活动。这实际上是帮助国民党粉饰其反革命面目，帮助其树立威信，起了欺骗人民的作用，是与我党的八七会议精神相违背的。如丰润、阜平等县的党组织都曾出现过这种错误。丰润县经省委派人去纠正了，但阜平却因其主要负责人投靠了国民党，假称无法与上级取得联系，在相当一段时间里被国民党控制而停止活动，有的中共党员只得"寄生"于国民党内进行一些合法斗争。

这种思想倾向在军事方面的表现是，一些人企图借助国民党军队为革命服务。记得我在京东巡视工作时，正值国民党杂牌军张汉辉部招兵。省委军事委员韩麟符等动员了一部分农民协会的人参加该部，还建议我去当个旅长，以期把这支军队改造为革命军队。我认为在目前敌强我弱、力量悬殊的形势下，"改造"敌军只是一厢情愿，这样做的结果只能是壮大敌人的力量。因此当即拒绝了他的建议，并劝说已报名的农民退出。由于这个问题不仅顺直省存在，其他地区也有，我回省委汇报时，提出自己的意见，得到省委的支持，并很快制止了这种做法。省委认为韩麟符犯了"军事投机"的错误，给其批评处分。

再次是经济主义倾向，主要发生在城市和工业区。在大革命高潮时期，许多活动是公开或半公开的，有相当一部分党团员和骨干分子在经济上均得到一定的补助②。大革命失败后，有的人被捕、牺牲，有的被开除或受到降薪处罚，生活发生困难。其中一些人或其眷属便要求中共党组织为他们解决就业和生活经费问题。为此，他们探寻党的机关，跟踪省委干部，一经发现，便来大吵大

---

① 《政治决议案》，1928年7月9日。

② 这些经费来源于社会捐助，当时的"顺直济难会"，是中共领导的群众组织，大约在1929年以后改称"革命互济会"，以募集社会资金，援救革命活动及营救被捕人士等为主要活动。其负责人先后有史文彬、朱锦堂（1928年1月改组后）、佘碧村、周佑南等。

闹，不达目的就不肯离去，有的人甚至扬言要去告密。记得天津二区有个叫李宝庭的，曾当过工会干部，多次来省委要钱，花光了又来要，并威胁说，如不给，就去喊巡捕来抓人。他后来被省委的郑丕烈处决了。另一个是省委的候补委员黄金荣，不但经常来要钱，还散播流言说："省委的钱不知都干什么去了，也不管下边人的死活！"企图煽动不明真相的人参加闹事。后来，他真的去告了密，险些造成重大损失。

那是在 7 月间的一天，张树生（常委）在其住所法租界泰安客栈二楼召开会议，参加的有杨继禄、郑丕烈和我。我到客栈时，他们已经都到了。张树生急急地说："刚才黄金荣来找我要钱，给少了还不干，说：'你们省委不叫我好，我也不叫你们好！'看来，这个人很危险。咱们的会快点结束，大家尽快转移！"

话音未了，就见一个黄色工会头头带着几个法国工部局的巡捕闯了进来。郑丕烈离门最近，见情况不妙，一步冲了出去，我们几个都被堵在屋里。那黄色工会的人对张树生说："你该了我的钱，还不快点给我！"

张树生镇静地回答："你是谁？谁欠你的钱啦？我不认识你！别来这儿要无赖！"

巡捕挨个看了我们一遍，喝问："谁叫张树生？"

张树生反问："什么事？"

巡捕上下打量他一下，说："你就是张树生？听说你欠了黄金荣的债不还，我们是来帮他收债的！"

"我不欠他什么债！"

"那你们跟我走一趟吧！"那个黄色工会的人也虚张声势地吼道："快点走啊！到工部局去！"原来，黄金荣和他们约好，要不到钱就抓人。

在去工部局的路上，我们几个悄悄串了一下口供。从当时的情况分析，敌人只冲着张树生一人而来，可见不一定认识其他人，所以大家装作互不相识，只由张树生一人出头应承。

果然，到了工部局，巡捕先审问张树生，说他是"共党头目"。他装作被诬陷很委屈的样子："先生，您别听他胡咧咧！他想讹我的钱，就诬陷我是共党头目，您看我像吗？！他也太黑心了！"说罢，站在那儿呼呼喘粗气。

巡捕没了主意，想了想，转身问我："你是干什么的？叫什么名字？"

"我叫张志平，教小学的。这不，刚从宝坻老家来天津，想找个事做，一进旅店就叫你们给抓来了！真是的！"我一肚子不满。

"你和他（指张）什么关系？"

"他是我的一个远房表兄。"

其他人也各自编了些假话，都说不认识张树生。再问那黄色工会的人，他也说不出什么名堂。巡捕大为恼火，抬手给了他一个耳光，骂道："妈的！跟老子玩儿什么花活！滚！都给我滚！"

这次我们之所以能幸免于难，除了敌人不认识我们，而且没有任何证据之外，还因为当时正值奉军撤退，国民党进驻天津之初，尚未建立起正常的统治秩序，也还没有和法国工部局建立联系，所以没有把我们引渡给"中国方"，而是就地处理了事。由这件事，我们证实了黄金荣已经叛变，当即向省委代书记傅茂公和其他同志报告，并立即采取紧急措施，切断一切与黄有关的联系，使省委免遭损失。

最后是极端民主化倾向。这主要是一些知识分子出身的党员和干部，对大革命失败后的革命低潮缺乏认识，仍留恋于大革命时期轰轰烈烈的革命气势，不了解、不体谅省委的艰难处境，片面地认为省委领导不得力、不民主，要求公开省委机关地址和省委成员名单，要求对省委进行民主选举，公开经费账目，等等。在当时严重白色恐怖的情况下，这些要求不但根本不可能实现，而且是极为危险而有害的。1928 年 10 月发生的"京东护党请愿团"①就是这种极端民主化倾向的反映。

有人说，1928 年年初蔡和森在唐山召开的京东党的活动分子会议助长了极端民主化的情绪，甚至认为后来发生的"京东护党请愿团"事件是这次会议的产物。这种说法不符合历史事实。事实是，1928 年年初，"京东护党请愿团"的主要成员有的在南方工作，有的在基层，他们都没有参加京东党的活动分子会议。因此说"京东党的活动分子会议导致'京东护党请愿团'的发生"，没有根据。

此外，正定的阎怀聘和杨继禄也对省委不满，发动部分党员另立"省委"，结果也受到处分。

还有一些从苏联回来的党员，当时被称为"托陈取消派"的，反映了右倾

---

① "京东护党请愿团"的两个主要成员都是 1928 年五六月以后从南方回来的党员，不了解北方革命斗争的情况，而以南方轰轰烈烈的革命形势与北方秘密工作相比，片面认为北方革命斗争"冷冷清清"，是省委"无能"、领导不力，因而对省委产生不满情绪，甚至认为省委一无是处，采取了过激行动。结果，他们受到上级党组织的批评。

思想情绪。

三、再次改组省委

1928 年 4 月间，王藻文等走后不久，刘少奇去满洲视察工作途经天津小住，傅茂公向他汇报了省委的情况，请他帮助解决。少奇表示，他此次只是路过天津，没有视察顺直省委工作的任务。但既然知道了省委的困难和问题，可以帮助做些工作。他大约住了四五天，分别找了一些干部谈话，听取意见，讲当前的形势和党的任务，对一些同志的错误认识进行了批评。由于少奇做了大量工作，使那些干部在不同程度上消除了对省委的误解与隔阂。少奇临走时表示，一定把顺直省委的情况向中央反映，以求得到更好的解决。

7 月，党中央组成中央处理顺直问题特派员机构，责成陈潭秋、刘少奇、韩连会（津浦铁路工人）处理顺直问题。7 月下旬，陈潭秋以中央常驻顺直巡视员身份来到天津，主持召开了省委扩大会议，对省委进行了改组①，成立临时省委，任命韩连会为书记，傅茂公仍负责组织部，我和王廷弼负责农运，张树生负责工运，增补张树生、杨继禄为常委。这段时间我正在京东视察工作，未接到通知，所以未能参加这次会议，也不知省委改组。我回来时，机关已搬家，找了好几天才找到。见到傅茂公，我说："机关搬家了，我不知道，回来时找不到了。"他开玩笑说："你不会怀疑组织对你有看法吧？"

这次改组，不但没有解决原来存在的问题，反而由于省委工作不力，矛盾进一步加深。发生"京东护党请愿团"的事以后，到 10 月下旬，陈潭秋、刘少奇、韩连会以中央特派员和中央委员的名义停止了省委的职权和京东党的一切活动，由陈、刘、韩三人组成的班子行使省委职权，代号"谭少连"。

临时省委很少开会，在我的记忆里，总共开过两三次会。韩连会虽然是省委书记，但省委的工作实际上是陈潭秋主持，韩连会一次也没有找我谈过工作。陈潭秋主持省委工作期间，主要侧重城市工作，而对农民运动不够重视，他从未让我汇报农运工作，也没有谈过他对此项工作的意见或指示，有时开常委会议也不通知我参加。在干部使用方面，受"唯成分论"的影响，很器重杨继禄、郑丕烈②等人，遇事找他们商量，而且当他不在时，省委的其他同志也

---

① 此时刘少奇没有来，他是 9 月才到省委的。

② 郑丕烈在省委改组后不久，调到省委任秘书，并联系热察绥特委的工作。他与杨继禄后来都叛变了。

得找他们商量。这种情况是很不正常的。有一些文件说，陈潭秋到省委以后，省委的工作有很大的进展，与历史事实不符。

11月中旬，中央指示，不同意停止省委职权的做法，恢复省委及京东特委的职权，陈、刘参加省委，以加强对省委的领导，并要求解散"京东护党请愿团"。至此，历时近四个月的改组暂时告一段落。

从10月开始传达党的六大精神，少奇分别找省委的同志谈话，纠正了前一段的盲动主义倾向，省委的工作有了新的起色。

12月，中央又派周恩来到天津，传达贯彻党的六大精神，再次对省委进行改组。遗憾的是，此时我正在保定巡视工作，不幸被捕，未能参加这次省委扩大会议。

在这里，我介绍一下我所知道的韩麟符被暗杀事件，从中可以看出当时省委在组织上存在的问题。

1928年前后，热河、察哈尔、绥远三省有中共党的特委，韩麟符是书记，委员有郑丕烈、卢东白。1928年下半年，郑丕烈调省委任秘书，仍兼任特委委员。因特委机关和省委在一起，与省委的关系较其他地区更为密切。

当时，无论根据八七会议精神（上半年），还是根据党的六大（9月以后）精神，群众工作都是重点工作。但韩麟符却把工作重点放在争取旧军队方面，而且侧重于争取上层人物。省委认为这是"单纯军事观点"，是搞"军事投机"，因此批评了他。但是，他不接受批评，依然我行我素。下半年，省委给予他留党察看的处分。有人说他被开除党籍了，我没有这个印象。记得他在受处分以后，还经常到省委机关来。如果开除党籍，一般不可能再与他联系。那时，他常以"蓬子"的笔名给大公报的《小公园》专栏写一些讽刺时弊的杂文。

卢东白负责热河的工作，常来省委汇报工作和领取经费。但后来发现他实际并不常去热河，而是在天津嫖娼玩乐，不时编造一些假情况向省委"汇报"来骗取信任和经费。可见他是个混入革命队伍里的坏分子。当他的丑恶行径被发现后，便公开投敌，当了军统特务。

郑丕烈是韩麟符介绍入党的，一起在热察绥特委工作，两人关系比较密切。郑丕烈调到省委任秘书以后，与韩麟符（常年在外地工作）之妻杨新华勾搭成奸。后来郑丕烈叛变，投靠了军统局，以暗杀韩麟符向敌人邀功。他与卢东白一起密谋策划，卢东白乘韩麟符回老家之际，化装成乞丐潜入韩麟符居住的村庄，将其杀害。第二天，卢东白即带杨新华返回北平，敌人为他们设宴庆功，并委以要职。

关于韩麟符的问题，一直争议颇多。我认为，尽管韩麟符犯了错误并受了党纪处分，但这是党内性质的问题。而他作为共产党人被国民党的特务分子杀害，这显然是政治谋杀，是敌我问题了。但长期以来，这起政治谋杀被蒙上了"情杀"的色彩，杨新华在这个事件中充当了极不光彩的角色。新中国成立以后，卢东白在关押期间，仍一口咬定是"情杀"，以逃避其政治罪责。但是只要实事求是地分析一下此案的全过程，就会明白，所谓的"情杀"是站不住脚的，应当还历史以本来面目，还韩麟符同志以清白。

四、传达中央指示，恢复整顿党组织

敌人的破坏和省委自身存在的诸多问题，造成省委与基层党组织的联系中断或时断时续，以致不能及时下达上级指示和了解下面的情况。因此，在1928年1月改组后，省委主要抓了两方面的工作，即传达落实党的八七会议精神和整顿恢复党组织。为此，省委向各地派出不少巡视员、联络员，我也是其中之一。

八七会议决议提出，国民党叛变革命后，中国共产党必须从政治上和组织上与国民党彻底决裂，我党的任务是建立革命武装，进行土地革命，消灭国民党反动派，夺取政权。决议要求具有双重党籍的共产党员必须退出国民党，并且今后不能再以国民党的名义从事革命活动；个别因工作需要而留在国民党内者，必须经过省级以上的组织批准。

当时顺直省的党组织除北平、天津、唐山等地有市委外，保定地区又分为保北、保南两个特委，京东、直南、邢台（顺德地区）、正定、张家口地区，以及热察绥地区都有特委，津南地区当时无特委。其中遭破坏较严重的是北平、京东和保定市的党组织，而不少基层组织未遭破坏，如山西省、保南地区（唐县的刘墨精负责）、正定（王廷弼和吴德静负责）、邢台（顺德）地区（隆平县委书记朱林森负责）、直南地区（省委委员、特委书记王子青负责）、津南、大名（刘大风为特委书记）、唐县，以及唐山、铁路系统等，工作基础较好，有些地区的负责人与省委保持着经常的联系，有些地区（京东和热察绥）与省委的关系相当密切，省委对这些地区的情况也比较了解。

恢复京东党组织

1928年2月，我刚调到省委工作不久，便回到玉田，着重恢复遭破坏较

大的北部地区的中共党支部。

我先到虹桥，然后到林南仓一带的几个村子，一般是住在要好的教师家里打听情况，逐步与郭屯的朱德顺及一些失散的党员和进步教师取得联系。经过几个月的腥风血雨，大家见面时都很激动，既为牺牲的同志和亲人悲痛，又为敌人的凶残和国民党的叛变而愤慨。因要接受新的任务，我这次只在县里住了几天，便又匆匆返回天津。

这年夏天，我再次回到玉田。先到大王庄进步人士王却三家，由他去县城通知赵达来此会面。她很快就赶来了。从她那里，我了解到玉田的国民党县党部（负责人是李静一和张乐堂）非常活跃，一些双重党籍的中共党员利用国民党的合法身份继续进行革命活动，有少数人公开到县里任职，如赵达任女子师范教师、李立元脱党后任县建设局局长等。我对她讲了国共分裂后的形势及共产党在新时期的任务和党中央的方针政策，她听后当即表示，过去不知道我们党的政策已经改变，以为国民党过来以后可以公开活动了，还挺高兴呢。现在知道了，那就得退出国民党，和那些人决裂，女校的教师也不当了。

我说，教师还可以继续当，但必须退出国民党。我还告诉她，新的中共县委已经建立起来了，以后可以与他们联系。赵达是个说干就干的人，从此以后，她真的放弃了县女校的工作，回到刘家桥的江震寰家，秘密联络其他同志。不久，在大家的努力下，玉田北部的几个支部逐步恢复起来。

遵化的工作基础很好，我第一次回玉田时，即联络了一些党员，帮助他们建立了县委，岳雨田为书记，委员有张志全、黄瑞阁、王品一和樊峰岚。我在丰润县找到苏乐尧了解县里党员的情况，让他与李荫轩一起把中共党组织恢复起来。因条件不成熟，这次没有建立县委。迁安县的中共党员很少，只有后韩庄的韩文华建立了一个党支部。

就在我往返于各县帮助恢复组织的时候，省委又派吕职人为特派员来恢复工作。他对县里的情况并不了解，也没有和我取得联系，就自己另搞一套，以致闹出笑话。

他在遵化找到县委书记岳雨田，但岳雨田不了解他，不敢贸然表态。于是他认为岳的"态度消极"，又找到已脱党的张润之，张根本不来参加他召集的会议。他还找了张汉卿，此人原来是国民党员，从未参加过共产党，也不支持遵化的群众革命运动，早在国民党叛变前就消极了。吕职人却把这样一个人当成共产党员，并组织了一个由脱党分子张润之为书记、根本不是共产党员的张汉卿为组织委员及普通党员孟宪周为宣传委员的"中共遵化县委"，省委没有批准。

吕职人在遵化和丰润都没有传达中共中央关于与国民党彻底决裂的指示，以致在相当一段时间内，丰润的中共党员仍留在国民党内，并以其合法地位进行革命活动。直到 7 月以后，北京协和医院的党员高继先向我反映了这一情况，我才派他回丰润找到李荫轩传达中央决定，纠正了错误。此时，国民党丰润县党部正准备利用"清党"重新登记的机会清除他们呢。

东部几个县的中共党组织由于公开活动不多，没有遭受损失，只是与省委中断了联系。我于 1928 年上半年去和他们恢复了联系。乐亭是李大钊同志的故乡，早在 1924 年就有了党的组织。我到省委时，乐亭县委书记是徐国兴（后改名张荣），他一度调京东特委工作，但还未到任，特委就撤销了。我到乐亭即与他和一个村支部书记岳泽普（县委委员）取得联系，此人年纪较大，曾去过苏联，家境较好，给了我 100 元大洋做党的活动经费，这在当时真是雪中送炭。滦县没有县委，只有两个党支部，一个在滦县师范，支部书记王大中（付希和）是个学生，另一个支部在滦县中学，由校长董维新负责。我去与他们取得联系，打算组建县委，并拟任命黄埔军校毕业的刘润仓（秦之？）为书记。但未与他联系上，此次也就未建立起县委。不久，省委又派徐凌汉（徐步云，省委干事）为巡视员，分管乐亭、滦县一带的工作，我便把组建滦县县委的工作交给他。后来由他主持建立了滦（县）乐（亭）联合县委。

恢复北京党组织

1927 年 11 月，北京的中共党组织因市委书记李渤海叛变而遭到严重破坏。1928 年春节刚过，清华大学汤某到省委来，谈到北京的党组织虽然破坏了，但还有不少党员，希望省委派人去帮他们整顿恢复组织。汤某介绍了一些党员和党支部负责人。省委把整顿恢复北京党组织的任务交给了我。

此时正值寒假，燕大的支书张省三回家未归，我与党员章进见了面，这是一位很能干的年轻人。他把我安排在学生宿舍住下，便开始介绍情况。燕大支部未遭破坏，与他有联系的还有清华支部书记朱理治、学生党员萧秉石、农业大学金力子（梓？）、中国大学的张清和朝阳大学的两个党员。他说金力子曾是市委成员，颇有工作能力。我按照他提供的地址与这些人取得了联系，并帮助农业大学恢复了党组织。在清华，我见到了朱理治，他主张以清华为中心单独建立市委，并自我推荐要当市委的负责人。我表示，这不符合组织原则，要按省委的意见办。

接着，我去西郊八宝山村找到石德山，他是我在广州农民运动讲习所的同学，此时是西郊党支部书记。我了解到，农村的党组织基本上没受破坏，便在此召集了一次党的会议，传达中央精神，介绍玉田暴动的情况，号召农民组织起来，坚持斗争。我还找到了前市委负责人李希逸和丰台机车车辆厂党支部负责人杨宝昆，李希逸曾是省委委员，后来调到北京市委工作。他对我态度冷淡，以后便失去联系，听说他后来去了台湾。杨宝昆是二七罢工的领袖之一，是个很好的同志。

经过几天的串联，我基本摸清了北京一些党支部和党员的情况，代表省委在中国大学召开了一个中共党的活动分子会议，各校都有党员参加。我传达了党中央八七会议精神和省委指示，介绍了玉田农民运动和武装暴动的情况，控诉了敌人疯狂报复与镇压革命人民的罪行，号召大家不要被暂时的挫折吓倒，要继续坚持斗争，推翻国民党统治。与会同志听了中央的决定，都很受鼓舞。会议还酝酿并提出了新的市委成员名单，拟由金力子任书记，委员有章进等。这个名单由我带回省委审批，在未批准之前，先由一个临时机构负责北京市的工作。

我在北京住了半个多月，回省委后，把拟定的市委名单交给王仲一审批。后来省委派张兆尼任市委书记，其他的委员都批准了。这个市委不久又遭破坏，张兆尼、金力子、杨宝昆都被捕牺牲了。

视察津南

津南地区的负责人是刘格平。大约在 4 月间，我去那里视察工作。早就听说这一带的沧州、盐山、南皮、献县等地农民运动比较活跃，正好利用这次机会去看看。可是刘格平告诉我，他与这几个县没有联系，暂时去不了。结果我只去了献县，见到了献县的县委书记刘清廉和一个叫聂献嘉的党员，聂是燕京大学的学生，当时正在家，他父亲是县里基督教堂的牧师。由于刘格平不同意我去别的县，很快就回省委了，此行的收获不理想。

保定及保北地区党组织的恢复与建立

保定地区建党较早，1926 年我在广州农讲所学习时，保定地区的学员就有完县的韩永禄（当时已是中共党员）、容城县的高朴（学习期间由我和无极县的党员解学海介绍入党）、博野县的孙洪儒、安新县的张凤林，另外还有深泽县的许庆昌等。参加黄埔军校第四期的中共党员有完县的裴树藩、裴树凯两兄弟和杨恒南，安新县的辛朴田。

1927年以前，保定没有市委，八七会议之前，有中共地方委员会，负责人是涿县的张廷瑞、武述文（1926年牺牲）。在我去保定之前已有"保北十县"的说法，印象中1928年上半年已有保北特委（或中心县委），负责保定市和清苑、望都、唐县、完县、满城、安次等县的工作。特委负责人是刘墨精（唐县人），一直与省委保持着联系。当时唐县是这个地区的一个农运中心。10月前后，保北特委书记原为刘秀峰（即刘法常），后来是裘树凯。

10月间，省委决定重组保定市和保北地区党的领导班子，这项任务交给了我。

行前，少奇找我谈话，交代了此行的任务：传达党的六大精神，帮助当地整顿组织。党的六大认为，大革命失败后，革命处于低潮，新的革命高潮还没有到来。在这种形势下，党组织的中心工作不应是发动群众暴动，而应是根据农民群众受压迫最深、要求最迫切的问题和日常需求，领导他们进行斗争，积蓄力量，为新的革命高潮到来做准备。这一精神与1927年11月会议的精神有很大的不同，纠正了前一段对形势过高的估计和"左"倾盲动主义错误。

少奇给保北特委写了一封信，内容主要是对当前形势的估计和党的中心任务，他要求各地尽快恢复党组织，建立起党的领导机关和领导地位；要求建立保定市委，重建保北特委等。这封信实际上批评和纠正了前一段的工作中的"左"倾偏差，确定了今后的指导方针。信是用米汤写的，看不到字迹，用碘酒涂抹后即可显影，这是当时秘密工作常用的密写方式。

正好此时裘树凯来省委汇报工作，省委决定将他留下。10月底或11月初，我带着少奇的指示信，和裘树凯一道出发（他回去交代工作），一路上，他向我介绍了当地的情况。

我们先到完县，在县委书记韩永禄家住了几天，该县党员较多，工作较好，其中大恩村的刘元土工作很积极，寨子村是刘秀峰的家乡，党支部相当不错。我曾考虑重组特委后，由韩永禄或刘元土担任书记，并向省委汇报了这一想法。

保定市内主要有三个学校有党组织，即育德中学、二师和六中。到保定后，裘树凯带我找到育德中学的党团支部书记魏十篇，就去交代工作，准备到省委上任。

我给魏十篇看了少奇的指示信，一起研究了保定的情况，并根据省委关于建立保定市委的要求，拟了一个市委成员名单。

保定的党组织遭到严重破坏，但仍有不少党员。市内党的工作基础较好的是河北第二师范和育德中学。早年江浩在育德中学任教时就建立了中共党组织，现在的党团支部书记魏十篇是个很好的同志。保定二师的党员较多，支部书记原来是李庆林，现在是侯薪（侯喜全），党员有葛永胜、张承恩等。保定六中支部的党员较少，负责人是于澄波。关于市委的人选，我们认为，李庆林太活跃，容易暴露，不适合担任市委书记，拟由侯薪来担任，魏十篇与于澄波为市委委员。

离开保定，我便到满城、清苑、望都等县传达贯彻省委指示，帮助他们恢复了党组织。我在各县接触的党员，尚能记忆的有：满城县党的工作由一个叫程惠英的女同志负责，她是杨恒南的妻子，在满城西南一个村当小学教师，满城只有几个党员，没有建立党支部。望都县的工作由齐贤庄一个姓陈的同志负责，有党支部，工作开展得不错，我曾向省委提议他担任特委委员。清苑县臧村镇小学校长李经文（济武）是小学党支部书记，并负责清苑县一带的工作。

经过一个多月的调查，我对保定市及保北地区党组织的情况有了基本的了解，并拟定了新的特委名单，即特委书记韩永禄，委员刘元士、李经文。在省委未批准之前，暂由侯薪和韩永禄分别负责市委和特委的工作。11月，我带着市委和特委的名单回省委汇报。为了安全，行前将一个装有省委文件和少奇指示信（已显影）的柳条箱存放在我寄宿的公寓里。

五、保定被捕

省委很快就批准了我们拟定的保定市委和保北特委成员名单，1928年12月上旬，我又回到保定。火车到达保定时，已经掌灯了，我找了一家不起眼儿的小店安顿下来之后，回原来住的公寓取回寄存的柳条箱，准备明天去二师找侯薪传达省委的批示。

夜里十点多钟，我正准备就寝，忽听人声嘈杂：

"开门！开门！""查店了！查店了！"

一伙持枪警察冲进来，闯入各个客房，警察的斥骂声和受惊旅客的呼喊声混成一片。我还没来得及处理手提箱里的文件，他们已破门而入。

"这是什么？"一个班长模样的警察抖动着从小箱中翻出的少奇写的那封已经显影的信！

"不知道。"

"混蛋！放在你箱子里的东西，你不知道？"

"那不是我的，是我的一个同学叫我带给他朋友的。"我一边支应着，一边想着对策。

"同学？哪的同学？他朋友在哪儿？"他满脸狐疑地上下打量着我，吼道。

没等我答话，他又叫嚷："少给我来这套！我不管你同学不同学，东西在你这儿查出来，就是你的！跟我们走一趟吧！"

就这样，我被"人赃俱获"，押送到保定警备司令部，关押在军法处的拘留所里。

第二天审问时，我仍一口咬定那箱子不是我的，说我是北大的学生，叫石俭，这次是回完县老家（因前些日子在完县住过，情况较熟悉，故说了完县）。临走时，一个同学叫我把这箱子带给他在保定的老乡。我没看过里面装的什么，人家的箱子，我咋好打开呢？

他又问："你的同学叫什么名字？"我随便编了一个名字告诉他。

他一边听着我的申辩，一边打量我，停了一会儿，他点头道："哦！你说的也有道理。不过，既然东西在你身上，我也不能就这么放了你呀！我看你那个同学也不是等闲之人，要不怎么会把这么重要的东西给你带？这层关系，你总脱不掉吧？"

我只得应付说："他们叫我参加过一次会，后来再没去了。"说罢，我装作真的什么都不懂的样子看着他。

他没再问什么，想了想，说："今天就到这儿吧，你回去再想想，想起什么，就来找我！"

在回拘留所的路上，押送我的警察问我："你知道为什么抓你吗？"

我照审问时的口供说了一遍。他听我说是完县人，不觉亲热起来："你也是完县的？咱们是老乡哩！"沉默了一会儿，他又说："你一到保定就出事，你想过没有，是不是有人知道你来这儿？"

我停下惊讶地望着他，不知如何回答。

他接着说："咱们是老乡，我看你也不像是坏人。跟你说吧，听督察处的人说，有个共党要员昨晚来保定。不承想，没抓着那个大头儿，怎么把你给抓来了！我看你也不像什么大头儿呀！不过兄弟，既然你身上带着东西，也只好认倒霉吧！唉！"他是真心同情我。而我听了他的话，那份震惊自不必说了。

我来保定的消息，敌人怎么知道的？一定是省委内部出了叛徒！是谁呢？

我心中有了底，知道他们并不把我当"要员"，以后两次审问仍无什么结果。

保定警司的司令周志成不了解共产党，也不十分反对共产党（此人新中国成立后任过河北省副省长）。一天晚上，他把我叫到他家里，很客气地对我说："今晚找你来，不是过堂，咱们随便聊聊。"说罢，盯着我看我有何反应。见我并不害怕，便又问："你是共产党吗？"

"不是。"

"你既然不是共产党，何以能带那么重要的信件呢？"他面带微笑，那眼神似乎在说："小伙子，别在我面前耍滑头！我什么人没见过？"

我又说一遍："只参加过一次会，别的就什么都不知道了。"

他问道："听说共产党杀人放火，共产共妻，是这样吗？"

我明白，他是在设圈套引我上当，如果我反驳他，就是为共产党辩护，等于承认自己是共产党；如果默认他对共产党的诬蔑，岂不丧失了一个共产党员的立场？沉默片刻，我决定反驳他。

"我说过了，我不是共产党。但我有几个同学可能是，这我说不准。我从他们那儿听到过一些共产党的事。据我所知，你刚才所说的杀人放火、共产共妻之类，纯系谣言。据我的朋友说，孙中山先生都主张联俄联共，可见共产党也是革命的。不然，孙先生为什么会和它联合呢？"

他举手制止我继续说下去，以长者的口气说道："好了，好了！这我知道。不过，你们年轻人不要听信共产党的宣传，当今是国民党统一中国，蒋主席领导革命！"

谈话就这样结束了，他再没有提审我。

在保定警司关了五六天，便将我转到北平审理。

一个副官持枪押着我上了去北平的火车，途中，我企图跳车逃跑，但那副官看管很严，寸步不离，而且像是知道我的心思似的，一再警告我："你别想跑！你跑不了的！""老老实实给我待着，不然没你的好儿！""放聪明点儿，别自找麻烦！"他还不时拍拍身上的枪，表示他不是开玩笑。我只得放弃逃跑的念头，被押解到北平，交给当时的河北省卫戍司令部军法处。

河北省卫戍司令部坐落在王府井附近帅府园胡同路北的一个大院里，军法处没有拘留所，只在司令部后院有一个禁闭室，平时用来关押犯错误的官兵。这是一排打通了的西厢房，用矮木栅栏隔成六七段。所以被禁闭的人之间，以及他们与看守之间都可以随便交谈。据一位副官讲，军法处的处长叫张仿，是河北省南宫县人，与卫戍司令商震是保定军校的同学，信佛，人称"张善人"，对共产党不甚反对，也不支持。商震觉得军人杀人害命太多，想做些善事以补过。所以请了这位"善人"来当军法处长，其用意显然是想少杀人的意思。

我在这里受审两次，都是张仿亲自过堂。

第一次简单地问了姓名、住址、职业及为何带那封信等等，我仍照在保定的口供说了一遍，就被送回禁闭室。

第二次，他开口就问："你看过国民政府惩处反革命条例吗？"

"没有。"

"你不承认你是共产党是不行的！仅凭你带的这些共产党的书信，就可以送你到法院去判刑！"说罢，他拿起桌上的一本册子，翻了翻，说："这条例上明文规定，'凡宣传与三民主义不相容之主义者，判一年以上，十年以下有期徒刑；仅仅参加反革命组织者，判一年以下有期徒刑或监禁。'你和你的同学显然都是共产党，你若不是共产党，他怎么能让你带那么重要的信呢？"

到了这一步，我似乎已无法再抵赖，但又不死心，便答道："我的确不是共产党。他是不是，我不知道。不过，他倒是给我讲过共产党的事，叫我多和他联系，但确实没叫我参加什么组织……"他打断我的话，说："好啦，就算我相信你的话，但你有证据在我们手上，总不能'无罪释放'吧？"

我不再说什么，一副任凭他处置的态度。"看你这么年轻，我就不送你上法院了。就按参加'反革命组织'这一条，判你八个月的监禁吧！"说罢，挥一下手，我又被带回禁闭室。

不几天，又转来两个保定二师的学生——张承恩和葛永胜，他们都是共产党员，因为在街上散传单时被捕，没有暴露身份，只说传单是刚捡到的，没向别人宣传。所以他们被判四个月的监禁。还有两个唐山纱厂的工人，记得其中的一个好像叫刘玉书，另一个叫王玉露的，解放前曾在冀东区党委工作。他们因组织罢工而被捕，转来北平。得知他俩都是党员，我告诉他们在过堂时该说什么，不该说什么。但是，他们只在这儿待了三四天就转到法院去了，听说判了几年刑。其他"犯人"，除了一个贩毒分子不几天就转送法院外，都是因违纪而被禁闭的宪兵。

我们这些人，由宪兵队的宪兵看守。第一任班长很坏，不久就调换了，新来的班长对我们比较宽和，平时，我们常聊天。一个看守是完县人，我就和他攀老乡，时间长了，我对他有了一定的了解以后，便托他给我的"家属"寄信。这封从邮局寄出的信，其实是写给党组织的，说我"因病在北平住院"，暗示我被捕转押在平。不几天，省委领导的革命济难会很快就派人来"探监"，给我送过两次钱和几本公开发行的书，这对我来说，真是极大的鼓舞。后来我得知他叫韩复川，经常来和我联系，告诉我一些关于营救工作的进展情况。

在与看守们的交往中，我们相机对他们进行革命教育，讲共产党的性质和使命，讲国民党的反动罪恶等。通过这些宣传，有的看守开始同情我们，有两个还表示要加入共产党干革命，其中就有那个完县人，他不久就由我介绍入党了。那个班长虽然表现也不错，但我始终不敢与他深谈。

在关押期间，我常练习画大公鸡、牡丹花等，引得看守们一片喝彩，有的人还请我画了拿回家去。一个副官闻讯后也来向我索画。这样一来，看守们对我更加友好，看管也自然放松了，有时还可以请他们帮我带些书刊进来。

结束这段被监禁的生活时，已是 1929 年的秋天了。

六、路遇叛徒

我从卫戍司令部的拘留所出来时，虽说不上蓬头垢面，可是头发胡子都老长的了，何况我还穿着去年隆冬被捕时的那件棉袍呢。如今虽是 9 月，但天气还很暖，无论如何都要换换装了。我先到崇文门附近的天有店，这是玉田的一个党员赵玉生开的旅店，是我们的联络处之一。安顿了住处，便奔前门大街理发、洗澡、买衣服。回来的路上，遇到省委委员杨继禄。与党组织失去联系半年多了，正要寻找呢，猛然见到一个同志，真是喜出望外！他见到我，也吃了一惊，瞬即兴奋不已。我和他热烈握手，急切地打听省委和其他同志们的情况。他告诉我，他还在省委工作，现在是来北平出差，过几天就回天津。

"哎？你现在干吗呢？"他突然问我。

"我去年在保定被捕了，今天刚放出来，这不，刚去换了身衣服，半年多没洗换，脏死了！对了，我还没顾上和组织联系呢，遇到你真是太好啦！我就住在天有店，离这儿不远，咱们到我那儿好好聊聊吧！"我兴奋又急切，一口气说完。

"走！"他亲热地搭着我的肩，我们边走边谈，我向他讲了被捕的经过和被关押的情况。由于太兴奋、太激动，我一点也没有注意他的表情。

很快就到了天有店，我正要领他上楼，他说："你先上去，我解个手就来！"

不一会儿，他来到我的房间。我想知道的事情太多了！这几个月，我就像是离开娘的孩子，现在好不容易见到亲人，有多少心里话要说！

正谈得兴浓，突然闯进几个便衣特务，拉了我就走。此时再看杨继禄，他竟然像没事人似的在那里冷笑！我恍然大悟，原来他是叛徒！刚才他不是去"解手"，而是去叫特务！唉！我真恨自己，怎么这样粗心！

在押解的路上，我迅速考虑着对策。我知道，杨继禄虽然举报了我的真实姓名和在省委时的职务，但对我的历史和在保定的身份并不了解。因此我决心坚持以前的口供，反咬他是诬告。

我被带到北平警备司令部。警司位于西安门大街路北（现在是北医一院住院部），司令是张荫梧的儿子，就是他审讯我。

"你叫什么名字？在共产党顺直省委里负什么责任？要从实讲，免得皮肉受苦！"

"我叫石俭，是北大学生，不是什么共产党的负责人！"

"你不要赖了，赖也赖不掉！你的同党杨先生已然指认你是共产党省委负责人张金言，与共产党头目李大钊都在一起干过！"

"你看我像你说的人吗？不错，李大钊是北大的教授，我是北大的学生，入学才不过一年，可是他已经死了两年多了！我这么年轻，见都没见过他，怎么会是他的同事？还是什么省委负责人？"

他听了我的话，沉吟片刻，又问："你是怎么认识杨先生的？"

我顺着他的目光，见杨继禄正得意地站在我的右后方笑呢！我很随便地看了他一眼，答道："在天津的一个老乡家见过他，不知道他是干什么的。"

"你要说实话！"

"我说的句句是实话。司令，你不要听他胡说八道，其实他也不认识我，他是为了向你们邀功请赏，抬高我的身价，故意说我是重要人物。这是对我的故意陷害！你们看我这样子，像是共产党的要员吗？"

敌人怎肯相信我的话？便对我严刑拷打。但我一口咬定原来的口供，死不承认真实姓名和身份。这样僵持了一段时间以后，只好叫人把我送到警司的拘留所关押。

警司有一个很大的后院，拘留所就设在后院的一排西厢房里。

这时，我给卫戍司令部的那个进步看守（完县人）写了一封信，请这边的看守交给他。信中说，我被关在这里，请他通过内部关系设法帮我出去。过了两天，他就来看我了，说他已给卫司的"张善人"写了信，说明我在出狱当天又遭人诬陷，再次被捕，请"张善人"予以解救云云。

我很快就发现这里已经关押了一些同志，其中有革命济难会负责人佘碧村，湖南人，也是因杨继禄告密而被捕的，北大学生张又清①，还有一个青年团的小段。张又清告诉我，在别的房间里还有赵铸（即参加过玉田暴动者），也是市委的干部。还说他们在狱中成立了党的秘密支部，通过佘碧村的爱人周佑南（也是革命济难会的负责人之一）来探监之机，与市委一直保持着联系，正在设法营救我们。我当即表示也要参加秘密支部，很快被批准。

后来听说我的那封信转到了警司军法处。不久，我被转到北平高等法院看守所（在绒线胡同北边，现已拆除）。当时，卫司的商震与警司的张荫梧之子有矛盾，估计警司得知我的情况后，不好直接与卫司交涉，只好通过法院处理。

法院调阅了我在警司的案卷，经过审讯，认为没有新的"罪行"，就把我放了，这个过程前后经过一个多月。我出狱后，经过周佑南与市委接上关系，由胡锡奎谈话后介绍到河北省委分配工作。

在法院看守所关押期间，我结识了一位裁缝，他家住在东单苏州胡同，是普通犯人。当他得知我是因共产党的案子进来的，便主动和我接近，常在一起聊天。从中，我了解到他思想进步，对共产党的主张颇为赞赏。经过多次交谈后，他提出要加入共产党。我表示可以介绍他和党组织联系。不久，他出狱了，我把他介绍给市委的同志。我出来以后还曾去看过他，这是个不错的同志。

关在这里的还有传奇人物"燕子李三"（也有称"吕三"的）。因看守不是很严，我们可以在走廊里聊天。他和我们关在一起一个多月，常向大家讲述自己的故事。传说他是涿县人，家颇富有，喜武功，后为大盗，专在城镇作案，飞檐走壁，杀富济贫，结识了不少江湖好汉，成为名噪一时的"神偷"。他曾

---

① 张又清，化名张学静，陕西府谷人，早期中共党员，被捕前是中共北平市委书记，关押期间是党的秘密支部书记，抗战期间任太岳区党委书记时牺牲。

多次被捕入狱，但据说他"没有脚后跟骨"，可以脱下任何脚镣，每每逃脱。徐世昌时代，他有一次偷国务总理梁士诒的家，发现盗出的竟是对他毫无价值的机密文件。此时，梁家的护卫发现了他，紧追不舍。他急中生智，将文件向空中抛撒，乘护卫们捡拾文件之机，逃之夭夭。此事曾在京城传为笑谈。还有一次偷一个大官家，在翻墙逃跑时被人砍去三四个脚趾。以后，他的行动就没那么灵活了。

我曾问他：你想过没有，像你这样杀富济贫的英雄好汉自古有之，小者像你这样单枪匹马地干，大者如水泊梁山、李闯王那样大队人马，攻城陷镇，杀官开仓，敢与朝廷争高下，甚至自己当了皇帝，干出一番大事业，何等威风！但到头来却是贪官污吏杀不尽，穷人苦难没有头。这是为什么？像你这样英雄一世，杀得几家富，救得几家贫？你救得了穷人一时，能救得了他们一辈子吗？能帮助他们拔掉穷根吗？

"是啊！"他长长地叹口气，目光中充满哀愁与迷茫，"能干多少是多少吧！"

有时，他来了兴致，就会顶我一句："你们共产党不也是像我一样吗？"

我赶紧叫他小声些，笑着说："我可不是共产党哟！"又乘机对他说："这可不一样！共产党不光杀富济贫，还要把天下的穷人组织起来，去夺军阀们的枪，夺官府的大印，彻底推翻旧政权，消灭人剥削人的制度！"

开始，他并不全明白我说的道理，但日子久了，经过多次交谈，他的思想起了变化，承认共产党的主张确实比他高明，但又担心会像李自成一样"成不了气候"。对他这样江湖义气思想极为严重的人，我不能奢望他一下子就成为共产主义者，只希望他出去以后，能靠近党就不错了。所以我也不勉强他接受我的看法。

后来听说他终被官府杀害，头被挂在前门城楼上示众，许多老百姓为之祭奠，至今还怀念着他。

我在警司和法院总共关了不到三个月，出来时已是 1929 年初冬了。

纵观 1928 年前后的顺直省委，在中共北方区和北方局相继遭破坏后，勇敢地挑起了领导顺直地区，乃至华北数省革命斗争的重担，在干部短缺、经费不足、缺乏斗争经验的情况下，克服党内种种矛盾和组织上的频频改组等困难，面对强大而凶残的敌人和卑鄙无耻的叛徒，从不退缩，坚定不移地排除万难，冒着极大的危险坚持领导这一地区的斗争。它派出大批巡视员、联络员，在革命大转折的紧要关头，深入城市乡村，整顿与恢复基层党组织，传达贯彻党中央精神，教育广大党员和革命群众，鼓舞革命斗志，继续坚持斗争，并在斗争中求生存，求发展。顺直省委的不懈努力和长期艰苦的斗争，为以后的华北抗日战争积蓄了力量，培养了干部，锻炼了群众。当然也应看到，由于当时中国共产党及其领导人都很年轻，在路线和方针政策上存在着这样那样的问题和错误。因此，在回顾和总结这段历史的时候，应当排除"左"的或右的思想影响，实事求是地估价这一时期顺直省委的功与过。

狱 中 斗 争

一、天津被捕

在警司关押期间，我通过革命济难会的周佑南和北平市委取得了联系，一起关押的北平市委书记张又清也给了我几个党员的地址，记得有北大的支部书记韩蔚生、民国大学的孙荫沂（陕北府谷人）等。所以我出狱后很快就找到了党组织。

我先通过北大的韩蔚生找到东城区委，与一个叫杜润生（外号叫"杜麻子"）的取得了联系。又通过周佑南找到了市委组织部长胡锡奎。张又清被捕后，由萧明接任市委书记。我和胡锡奎取得联系后不久，萧即调走，由胡接任。

胡锡奎把我介绍到省委时，已是 1930 年 1 月。当时省委仍在天津，张慕陶（即张金刃）为书记。省委直接领导着天津的三个区，我被分配到海河下游小刘庄一带的一区任区委书记，主要在该区的四个大纱厂——裕大（日资）、宝成（日资）、裕元（民资）、北泽（民资）开展工作。

一区区委前任书记周铁英（女）不久前被捕了，我是去接替她的工作。区委组织委员是孟广元（河南人，后在任江苏省委负责人时被捕牺牲），北洋纱厂的荆伟为宣传委员，刘仁负责青年工作。我在一区只工作了三个多月，到 4 月底就被捕了。

我到一区后，裕大纱厂支部书记俞思荣（河北宝坻人）给我找了一个已离厂的工人高子林的"工本"（相当于现在的工作证），我就顶用他的名字进了纱厂，在粗纱车间和打包车间干活。裕大纱厂有千余工人，一个党支部，30 多个党员。宝成纱厂没有党支部，有几个党员参加裕大支部的活动。当时裕大的工作搞得比较活跃，该厂有赤、黄两个工会，双方的会员经常发生矛盾和争执。揭露黄色工会的各种丑恶勾当，使其会员脱离它而加入赤色工会，是党支部的一项重要工作。

除四个大纱厂外，还有一个洋车工人工会党支部，有三四个党员。海员工会没有党员。我去后，在海员工会发展了几个党员，但未能建立起支部。我还常到码头去当临时工人，干一些杂活、累活（较轻的工作由固定工干），向工人们进行一些宣传，建立了一个工会小组。

这一时期，正是李立三"左"倾路线控制党中央的时期。1930年3月，聂荣臻来天津传达中央指示，中心意思是说，全国革命高潮即将到来，中央要求全国各大城市举行总同盟罢工、罢课，农村举行暴动，搞武装斗争，军队组织兵变，迎接全国革命高潮的到来。当时省委认为河北省没有条件发动总罢工，主要工作仍是开展日常斗争，发展赤色工会，反对黄色工会。但可以搞"飞行集会"，三五人至十多人集会活动，散传单、讲演等等。

根据这些精神，省委在"三一八"和"四一二"纪念日，组织了一些人上街游行，砸了大公报的一个门市部。按照省委的规定，党团员必须参加这类活动，连一些隐藏在敌人内部的同志也不能例外。例如，在阎锡山部任职的张友渔也参加了"飞行集会"，幸未被敌人发现。李予昂是敌天津市公安局司法科科长，因执行省委决定上街散传单，被特务队长李汉元发现而被捕。被捕的还有阚家骅和杜远。这些活动很少有群众参加，很脱离群众。

频繁的"飞行集会"引起了反动当局的严重关注，他们估计到"五一"节将至，届时共产党必将有更大规模的行动，提前加强警戒，四处巡逻，并在全市进行大搜捕。但我们却毫无警惕，仍紧张地准备着"五一"大游行和"飞行集会"，印了大批传单，准备在游行时散发。

我原来住在小刘庄，因经常有人在此活动，引起了敌人的注意，便搬到裕大纱厂北边的一个工房区住。我不知道，这里曾有几个人被捕过，也是敌人注意的地方。

4月20日前后的一天，省委交通员武竞天给我送来许多宣传品。当时我不在家，晚上回去时，见灶坑里塞满了一大捆红红绿绿的传单，觉得这样不安全，得找个地方藏起来，但却找不到合适的地方。我只好把一部分传单塞到锅底下的灶膛里，还有一部分没有藏好。突然，几个警察闯了进来，见到那些未藏好的传单，不由分说，就把我和传单一起带走了。

原来，他们是巡逻的警察，有意在各可疑的地方查看，不期发现了我。他们带着我继续巡逻，奔小刘庄而去。走到我原来的住处时，又停下来敲门。我心想，这个地方早已不是联络点了，你们发现不了什么！谁知却有人开了门。我一看是乔国桢①，不禁暗暗叫苦，他怎么会在这儿呢？警察们不问缘由，把他也拉出来带走了。路上，我悄悄问他为何到这里来，"难道你不知道这里已被敌人注意了吗？"他说："我不知道呀！怪不得这里没人呢。我正在睡觉，听见敲门，还以为是你们回来了呢！"

就这样，我们被带到区警察所讯问。我一口咬定那些宣传品不是我的，是我同屋那个人的。其实，根本就没有什么"同屋人"。他们又问我："那人是干什么的？叫什么？"我说他曾在纱厂做工，现在待业。又问我认不认识乔，我说不认识。

他们把我俩送到特务队关押、审问，我还是上边的口供，说自己是裕大的工人，叫高子林。特务们见问不出名堂，就把我的手绑在凳子上，用竹板打，我仍不改口。

他们又问乔国桢："你叫什么？"

"高子香。"

"哪几个字？"

"我不识字，哪晓得是哪几个字？我是从乡下来找我哥的，他说给我找活干，我正等他，你们就把我抓来了。"他也挨了打，但也没说什么。

我们在这里关了两三天，便被送到天津高等法院，关在第三监狱②候审。从此，我们在国民党的监狱里开辟了一个特殊的战场，进行了一场殊死斗争。

二、战斗在天津三监

天津高等法院全称是河北省高等法院第三分院，其所属的监狱叫河北省第三监狱，即人们常说的天津三监。

来到三监后，我发现许多被捕的同志都在这里，其中有傅茂公、武竞天、李运昌等。

法院设有两个刑事法庭，审讯时都不用刑，但在量刑时略有不同，第一刑

---

① 乔国桢，陕西人，1926年曾在广州农民运动讲习所学习，后在中共顺直省委、河北省委工作，抗战期间在新疆被捕牺牲。

② 这是河北省第三监狱，因在天津，又称天津三监。河北第一监狱和第二监狱均在北平，保定还有一个监狱。

事庭判刑较宽，第二刑事庭判刑较重。

审讯时，我仍按原来的口供。根据国民党政府的《反革命惩治条例》中"宣传与三民主义不相容之主义者，判一年以上，十年以下徒刑"，大约在 6 月间，我被判了 3 年监禁。乔国桢因没有证据，作为嫌疑犯判了 11 个月。

许多同志都是按这个条例判的刑，傅茂公、李光汉、武竞天都判了 9 年，杜远、阚家骅和因在唐山策动兵变而被捕的彭德判了 3 年。

傅茂公等是一年前被捕入狱的。1929 年 5 月，由于原省委书记王藻文和省委交通员陈涤云先后叛变，致使顺直省委遭到大破坏，傅茂公、卢福坦（狱中名韩振明）、金城（狱中名金珍）、詹大权、叶毓文等省、市委负责人及 20 多名党员被捕。我们这次被捕，是省委执行立三路线的结果。由于个别人受不住敌人的酷刑，供出了党组织和一些同志，造成省委和天津党组织的又一次大破坏，使数十人被捕，其中包括薄一波、刘仁（张福民）、武竞天（刘仁斋）、刘文蔚（赵云生）、刘慎之（刘振×）、高克林（王子和）、刘汉生（王少卿）、张孟旭（张志良）等同志。

与薄一波一起回忆顺直省委（1994 年 3 月 12 日）

反虐待争生存

狱中斗争最早是由傅茂公发起并领导的。在我们入狱之前（1930 年春），政治犯和普通犯关在一起，监狱对犯人采取许多刑罚和残酷手段进行迫害、虐待和勒索，如克扣囚粮，只给犯人吃两餐"三合米"（发霉的小米、谷子、沙子的混合物）饭、一小片薄薄的咸菜和只有几片菜叶的汤。仅能容纳四五人的囚室挤着七八个犯人，床铺容不下，只能睡在地上。凡判 3 年以上徒刑的人，都要戴上沉重的脚镣。因囚室卫生条件极差，生病的人很多，几乎每天都有人不堪虐待而死去，其中与王文祥同时被捕的李辉、程秉义就是这样在入狱后不久牺牲的。不仅如此，每个囚室几乎都有一个"铺头"，这是一些惯匪或因凶杀罪而待处决的死刑犯或重刑犯，他们在监狱当局庇护下，肆意打骂和勒索其他犯人，并与狱方共享勒索来的财物。共青团干部左镇南因为没钱，受尽铺头的欺侮，不许他睡在床上，强令他昼夜坐卧在马桶旁。在他患重病无力反抗时，铺头把点燃的蜡烛放在他的脑门上取乐，滚烫的蜡油不断流在他脸上，疼痛难忍，就这样被活活折磨死了！

傅茂公抓住这一事件，经过秘密串联，以政治犯为中心，发动了揭露敌人罪恶、反虐待、争生存的斗争。他们还通过各种关系，在狱外党组织的支持下，向新闻界披露监狱的黑暗，引起社会各界对政治犯的同情和对监狱当局的谴责。国民党当局为了防止事态扩大，被迫处决了这个铺头，第一次狱中斗争获得胜利。

此后，敌人为了防止政治犯煽动更大的"骚乱"，修了一座新监，把政治犯与普通犯人隔离开集中关押，但生活待遇并无改善。

然而敌人没有料到，政治犯集中在一起，使我们更便于有组织地进行斗争。不久，建立了狱中的秘密党支部，傅茂公为支部书记，其他负责人有郭宗鉴、詹大权、叶毓文、卢福坦（韩振明）等。

两次绝食斗争获重大胜利

1930年"五一"节前后，大批被捕的同志被送到三监，对狱中的斗争更加有利，党支部更加活跃。我就是这时来到三监（新监）的。监内有一个圆形大厅，是看守值班和囚徒放风的场所，大厅以十字状连接四条甬道（称"号甬"），其中有囚室若干。

当时，国民党内部派系矛盾尖锐化，爆发了蒋、冯、阎大战。天津是阎锡山的后方，他为了保证战争胜利，稳定后方，加强了对敌对力量的镇压与防范。所以在政治犯中不仅有共产党人，还有一部分反阎的"军事犯"、搞封建复辟的"龙虎军"和几个黄色工会头目等，共200多人。

党支部认为，虽然政治犯的政见不同，但反虐待，反对"杀人不见血""软刀子杀人"的政策，是政治犯的共同要求。因此，党支部决定举行一次全体政治犯的斗争，提出的口号是"反对监狱虐待，改善生活待遇""我们有生存的权利"等。经过各监房的秘密串联和准备后，于5月30日正式向狱方提出八项书面要求：

1. 改善伙食，吃大米白面，增加蔬菜。

2. 除去脚镣等刑具。

3. 白天开放监房门。

4. 改善医疗卫生条件和病人的生活待遇，增加西医、西药（当时只有一名中医）。

5. 准许购买和阅读公开发行的书报刊物。

6. 增加家属探视次数，延长会见时间（原来一月一次增为一周一次；每次由不超过 30 分钟延长为至少一小时），遇特殊情况，准许随时会见。

7. 延长放风和运动时间。

8. 发给被褥及日用必需品。

如果狱方不答应这些要求，我们就举行绝食，并对绝食斗争做了充分准备。

党支部要求参加绝食的政治犯行动一致，不能单独复食；只按支部提的要求进行斗争，不能提过高过"左"的口号和要求；不能有超出规定的乱喊乱叫或砸门毁物等过激行动；不许向狱方泄露政治犯内部情况和斗争计划等。

同时，党支部把绝食计划报告省委，要求与省委保持密切联系。联系的方式是由省委指定通信处，约定隐语密写后，通过同情我们的看守寄出，或利用选定的亲属或伪装亲属探监传递情况。

其次，发动社会力量支援监狱中的绝食斗争，以第三者的名义，直接给报馆发稿，报道绝食情况，以全体政治犯的名义发呼吁书（当时《大公报》有共产党的同情者，《庸报》有一位记者是中共党员）。

最后，为了绝食斗争能坚持下去，党支部叫大家事先准备了盐和咸菜，并告诉大家，只要静卧，多喝盐开水，就能维持体力减少消耗。

正在绝食斗争的准备工作紧张进行时，和我同监房的魏振华（1929 年省委大破坏时被捕，判刑 9 年）因不堪狱中折磨而不幸病逝。在他生病期间，我们曾和狱方多次交涉，请求对他进行保外就医，均遭狱方拖延。如今他不幸病逝，大家非常震惊和悲愤。党支部抓住这一事件，一方面向狱方提出抗议，要求允许政治犯为魏振华举行追悼会，并迅速答复我们的八项要求。同时，抓住这一事件向全体政治犯进行宣传，说明魏振华的命运也就是我们将要遇到的命运，如果不起来反抗敌人的虐杀政策，在我们面前也只有死路一条。

狱方拒不答复我们的要求。党支部立即决定绝食一餐，以示对魏振华的哀悼和对狱方的抗议。但狱方没有让步，于是在 7 月 2 日，第一次绝食斗争开始了。

这是一场十分紧张激烈的生死搏斗，绝食坚持了五天。

第一天送来早饭（每日两餐）时，大家都不吃，对看守们说："魏振华死了，我们很难过，吃不下去。如果不改善待遇，我们都会像魏振华那样被折磨死的！""我们都是无罪的，被无理关押在这里。就是判了刑的人，既然没判死罪，也该有生存的权利。如果不答应我们的要求，我们宁可绝食而死！"大家要求看守把这些要求转告监狱当局。监狱当局说："你们不吃，活该！"同时，把他们认为的首要分子和动摇分子十多人关到单人囚室，和大家隔离开来，把已判刑的傅茂公、叶毓文、李运昌（李学初）、李光汉（王文祥）等 20 多人转到天津陆军监狱，妄图用分隔的办法把我们各个击破。同时，敌人加强了警力，并向天津军警当局报告说，三监的政治犯企图暴动，要求派兵来镇压。晚饭时，狱方态度仍很蛮横，说："你们要吃大米白面，简直是癞蛤蟆想吃天鹅肉！"这天，支部负责人均被分散隔离，预先指定的候补负责人和各号甬负责人通过上厕所、打开水等机会交换意见，告诉各监房负责人，我们已按预定计划把绝食情况告诉了省委和家属，并已向报馆发出新闻稿和呼吁书，很快就会得到外面党组织和社会舆论的支援。要求他们做好本监房的工作，坚定信心，保持镇定，按原计划坚持斗争。

当时，蒋、冯、阎战争正打得激烈，阎锡山对他的后方治安非常担心，一再责成天津军警当局要确保安定。军警当局根据监狱的报告和要求，于第二天上午派兵进驻三监，在新监周围布满岗哨，新监内每个号甬都有四五个士兵荷枪实弹往返巡逻，杀气腾腾如临大敌。军警当局还在狱中成立了临时军法处，准备在我们稍有"越轨"行为时，就以"扰乱后方罪"处决几个"为首分子"，妄图以血腥镇压破坏绝食斗争。他们首先提审郭宗鉴，问他为什么绝食，让他劝大家复食，并威胁说，现在前方战争吃紧，不要扰乱后方，否则即以军法处治。郭宗鉴依法据理揭露和控诉监狱的种种黑暗，说明我们的要求合情合理合法，我们不吃饭，不知犯了哪条法？这些义正词严的回答使军法处的人无隙可乘，只得把他送回单人牢房。新监的全体政治犯一面遵守斗争纪律，静坐抗议，高呼口号"反对监狱压迫""改善生活待遇"，一面向士兵们说明我们无辜被捕，有的被无理判刑，在这里受着非人待遇，我们绝食只是要求得到合理待遇，等等。经过宣传，士兵们开始同情我们，说他们受骗了，以为这里要"炸狱"呢。有的士兵当即下了刺刀，退出子弹。不久，号甬的巡逻兵就撤走了。当天下午，前来镇压的军警官员感到监狱夸大和谎报了情况，实行镇压的理由不足。他们害怕承担屠杀政治犯、欺骗社会舆论的责任，决定撤走。我们团结战斗，行动一致，利用敌人的矛盾，集中打击监狱的弱点，取得了第一回合的胜利。

绝食的第3天，监狱方面开始动摇。他们看到硬的不行，就改换软的诱骗手法。早餐送来大米粥，诱劝大家说："你们先吃饭，其他事情好商量。"对被关在单人牢房的人则说："别的犯人都吃饭了，你们不吃太傻了，不要再受别人的利用……"在这种情况下，个别较幼稚的人和十几个被隔离的军事犯上了当，开始复食。但绝大多数仍坚持绝食，并正告敌人：不答复我们的要求，决不复食！敌人欺骗拉拢分化瓦解的伎俩又遭失败。面对这种形势，我们的信心更足了。大家暗地里互相鼓励，坚持到底就是胜利！

这时，省委已获得我们绝食的消息，于7月4日发出紧急通知，要求各级党组织动员广大群众援助狱中斗争，并组织家属到监狱要求探视自己的亲人。狱方不让见，家属们就质问：为什么不让见？他们的亲人是否已被杀害了？以多种方式同狱方进行说理斗争，给狱方施加压力。这天，有的报纸登出了三监政治犯绝食的消息，更给敌人增加了很大的压力。这一切都使斗争形势朝着有利于我们的方面发展。

第4天，一些新闻记者来到三监要求访问新监的政治犯。监狱方面虽一百个不愿意，但却不敢得罪记者，被迫同记者一同到新监采访了部分政治犯。我们抓住这一机会，向记者们说明绝食的原因，揭露和控诉了魏振华惨死及我们在狱中所受的种种非人待遇和迫害。控诉时，同志们声泪俱下，义愤填膺，记者们听后很受感动，监狱负责人则灰溜溜地一言不发。

第5天，报纸上发表了记者的新闻报道，引起社会各界重视。天津公安局长曾延毅（阎锡山的亲信）怕事态扩大影响治安，于下午带着随从人员和一些记者来到新监，召集全体政治犯进行谈判。他虚伪地讲了一些同情我们、批评监狱方面的话，劝我们先吃饭，要求的条件可以慢慢商量。我们不等他说完，就展开控诉，愤怒地揭发狱中黑暗和政治犯受到非人待遇，强调我们有生存的权利，如不改善生活条件，就无法活下去。曾延毅听了我们的控诉后，伪善地表示："你们的要求是合理的，除看报问题因上级规定不准许，我不能答复外，其他各项，我认为都可以办，我这就叫监狱去办理。"他又恫吓说："阎司令在前方很关心这件事，你们要先吃饭。如再继续闹下去，影响社会治安，对你们很不利，那时我也就无能为力了。"并表示愿拿出 200 元钱，一半给我们买些营养品，一半给转到陆军监狱的人。但我们既未被他的假仁假义所迷惑，也未因他的恫吓而退却。我们表示可以复食，但必须先把分散出去的政治犯都送回三监。曾延毅说："他们既然已送到陆军监狱，就不必回来了，他们在那里也会得到同样的待遇。"我们又提出派代表到陆军监狱看望他们，如果他们同意，就复食，否则，我们决不复食。经过一番争执，最后曾延毅被迫同意派车把我们的代表送到陆军监狱去看望傅茂公等同志。经与傅茂公等同志研究认为，我们的要求已基本实现，如坚持把他们转回三监作为复食条件，对我们不一定有利，所以应当结束绝食，准备新的战斗。

就这样，经过 5 天的生死搏斗，绝食斗争胜利结束了。当天晚上，监狱就给送来热汤面，郭宗鉴等被隔离的同志也回到新监。战友们重新团聚，宛如久别重逢，互相慰问。复食的第一餐，同志们心情特别激动，深感胜利来之不易。同时也认识到，敌人虽然答应了我们的要求，但能否实现，还要靠大家团结战斗，决不能轻信敌人的诺言。第二天，曾延毅派人送来鸡蛋、白糖、奶粉等食品。大家把这些食品优先照顾有病和体弱的同志，剩下的才平均分配。有些数量少、不能按人均分配的食品，分到各监自行调剂。在女监牢房有两位女同志——周铁忠（又名王文兰[①]）和方王氏[②]，我们派徐彬如（张其光）给她们送去一部分食品。为了揭露曾延毅的伪善本质，党支部组织大家进行了讨论，认清了这次胜利是由于我们团结一致、不怕牺牲坚决斗争和狱外各界人士的支援而获得的。同时，也和阎锡山正在打仗，害怕后方不稳，以及敌人派系间的斗争等因素分不开。曾延毅的行动决不是发"善心"，而是为了维护其统治集团的利益，维护他自己的官位。至于他拿出的钱，不过是从老百姓身上榨取的一部分而已。

经过这次绝食斗争，狱中生活得到极大的改善。每餐吃细粮，增加了蔬菜，除掉了沉重的脚镣，白天不锁不关监房门，大家可以到院子里活动，可以互相"串门"交谈、开会，家属探望次数增多，时间延长，对书刊的检查放

---

① 周铁忠，中共党员，乔国桢之妻，早年加入北伐军，参加过南昌起义和海陆丰暴动，在天津从事工运工作时被捕。

② 方王氏，原名不详，是顺直省委组织部长李友才之妻，入狱时身边带着一个不满周岁的小孩。

宽，可以通过表现较好的看守秘密买来报纸，甚至可以看到马克思、恩格斯、列宁的著作和其他进步书刊、革命文艺作品等。这次斗争的胜利，大大鼓舞了同志们的斗志，认识到敌人的监狱同样是战场，只有敢于斗争和善于斗争，才能打破敌人慢性虐杀的政策，争取生存条件。

由于党支部成员傅茂公、叶毓文和卢福坦都被转到陆军监狱去了，三监又组成了新的党支部，由薄一波任支部书记，委员有乔国桢、金城、郭宗鉴和我。党支部及时总结了经验，分析和估计了斗争胜利后的形势和今后的主要任务。支部认为，这次绝食斗争胜利的主要经验有三条：一是对斗争做了比较符合实际的估计和充分的酝酿，抓住了有利时机，集中攻击监狱的弱点。二是政治犯内部团结，行动一致，斗争坚决，有十多位刑期将满、将要出狱的同志，不顾个人安危，与大家共同战斗，同时争取团结了反阎派系的军事犯与我们共同行动。三是得到省委和社会各方面的有力支援。但是也清楚看到，敌人决不会甘心失败，随时都可能进行反扑，如对已答应而尚未实现的条件拖延不办，甚至取消已实现的条件，或将政治犯再次分散关押，等等。因此，必须保持高度警惕，随时准备回击敌人的反扑。今后的任务，一是加强团结，保持旺盛的革命斗志，做好表现较差者的工作；二是巩固胜利成果，争取全部实现八项要求；三是利用胜利后的有利环境加强学习，除政治理论学习外，文化水平低的同志还要学习文化。

敌人很快就开始反扑了。他们成立了临时自新院[①]，将尚未判刑和判刑较轻的，或刑期已满、将满的20余人，包括我和乔国桢、徐彬如等，以及陆军监狱的十多人先后转到公安局和自新院，薄一波也于9月被送到自新院。

在频繁调动政治犯的同时，9月初调换了典狱长，并给他以惩治政治犯的权力。他一上任，就积极策划和寻找机会，准备对我们发动突然袭击。9月16日，共产党员张宗信因患肺病得不到有效治疗而惨死，激起我们极大的愤慨。当日即推出代表向狱方交涉，提出派代表向张宗信遗体吊唁，尽快实现狱方许诺的改善医疗卫生条件等要求。狱方不但置之不理，反而指责我们"得寸进尺""无理取闹"。随即宣布取消我们已取得的各项待遇，并把各监房的代表分

---

① 临时自新院成立于1930年7月，打入市政府当科长的共产党员张友渔任该院副院长，以合法身份对关在这里的政治犯做了不少营救和保护工作。自新院的生活待遇较好，可以自由活动和学习，图书室有书刊报纸，可以自由阅读。这里没有看守和管理人员，只有几个警察轮流站岗。这里也建立了秘密支部，负责人是薄一波、李运昌、刘天章，领导大家学习和开展合法斗争。后来，因阎锡山在战争中失利，东北军将要进关，党组织利用这一时机，通过张友渔积极营救，将这里的政治犯全部释放，临时自新院也随之撤销。

别关入单人牢房。9月17日早晨，各监房门不再开锁，不许自由出入，重新给判重刑的同志戴上脚镣，早餐又恢复了恶劣的饭食。

对敌人的突然袭击，我们早有准备。党支部立即秘密通知各监房负责人，动员全体政治犯从18日起，进行第二次绝食，回击敌人的反扑。这次提出的口号是"反对监狱虐待""恢复被取消的生活待遇""保障我们的生存权利""不恢复上次绝食后的待遇决不复食"。同时将狱中情况密报省委，请求支援，并直接向报馆投新闻稿和呼吁书。我和乔国桢等人正好在这天回到三监。此时薄一波已被转到自新院，郭宗鉴因被敌人视为首要分子，不便工作，且患肺病，常住病监，故不再任支部委员。为领导狱中斗争，监狱党支部再次做了调整，由我任书记，乔国桢、金城、刘慎之、陈佩英为委员。

绝食的消息第3天就见报了，省委也组织部分家属来探视。监狱当局没料到绝食消息这么快就会传扬出去，迫于社会舆论的压力，不得不在绝食的第4天重新打开了监房门锁。看守告诉我们说："你们又胜利啦！"被隔离的同志也送回新监，从此又恢复了上次绝食后的各项待遇。

把监狱变学校

第二次绝食胜利后，狱中的形势更加对我们有利。敌人经过两次失败，虽不甘心，却再也不敢轻举妄动。他们一边等待上司策划新的进攻，一边暂时对我们采取守势，以期麻痹我们。于是，党支部组织同志们利用争取到的有利条件学习军事、政治和文化。

两次绝食斗争胜利，使我们的生活得到改善，在新监范围内的活动也更自由了。伙食方面，由我们制订食谱交给看守去办理，冬天各房有了火炉（以前没有，监房常结冰，许多人生病），还给衣服单薄的人发了棉衣、被褥。病监的条件也有了改善，家属或亲友可到病监探视，自由交谈，无人监视。郭宗鉴住病监时，他的同学唐明照、张希贤等就常来看他。这样，他们可以随时把了解到的情况向省委汇报，并把省委指示和社会动向传达到狱中来，使我们的斗争能及时得到省委的领导和社会的帮助。

为了不暴露党支部的组织及其活动，又能有组织有领导地进行斗争和管理好我们的生活，建立了全体政治犯代表会议，公开叫"号甬委员会"，由各监房推举号甬代表1人至2人组成。代表会议内设党组（当时称党团），党支部的各项决定，通过党组贯彻执行。为了应付狱方，不给他们以借口，如监狱查问，就说这是我们自己管理生活、维持监房秩序的组织。这个组织对于领导斗争、组织学习、管理生活、团结非党群众等，发挥了积极作用。在这一段生活中，除个别人外，大家深感团结战斗、友爱互助之情，真是亲如手足，胜似手足，同甘苦，同享革命大家庭的温暖。

党支部还积极对看守进行争取教育，使其中的一些人逐渐对我们产生同情，有的向我们诉苦、发牢骚，甚至透露监狱内部情况，个别的还为我们传递信件、报纸。

在新监附近有一个可容纳20多人的图书室，虽没有什么可看的书，但我们可以自带书刊来此学习，也可以在这里组织文化课和外文课。我们通过各种方式自购或由外面送来很多革命书刊，由专人管理，组织阅读。根据文化程度、政治水平和个人志愿，分别编成政治、理论、文化、外文等班组，一人可以参加两个组。理论学习主要学马列著作，如《共产党宣言》《哥达纲领批判》《国家与革命》《无产阶级革命和叛徒考茨基》《社会民主党在民主革命中的两个策略》《共产主义运动中的"左派"幼稚病》《帝国主义论》等，还有日本河上肇著的《经济学大纲》，根据个人阅读能力和爱好，进行阅读。文化水平低的，主要是听课和阅读通俗易懂的书刊。政治学习注意结合实际，学习中国革命的性质、任务与当时的国际国内形势等。此外，每逢革命纪念日，都组织纪念活动。1930年冬，为了悼念死难烈士，在新监的圆厅开了一次庄严肃穆的追悼会，会场上陈列着自制的花圈，圆厅和各号甬挂满挽联，主持人介绍了著名烈士的光辉业绩，号召大家学习先烈们的英勇牺牲精神，踏着他们的血迹前进。

我们还出过两期秘密刊物（手抄数份传阅），以后考虑到在狱中不适宜办刊物而停止了。

针对国民党实行的"反省""自首"政策，进行了革命气节教育，明确指出敌人这一政策是妄图从思想上"征服"被捕的共产党人和革命志士，使之丧失革命意识，叛变革命，甚至给敌人当特务，这比判监禁和直接屠杀的政策对革命危害更大。每个共产党员、革命战士，为了党和革命利益，誓死保持革命气节，决不能按敌人的需要写什么"反省""自首"之类的东西。

在理论、文化学习之余，我们还组织了军事训练。由懂军事的同志当教练，以秫秸、麻秆当武器，练习队形和刺杀等基本动作，并在院内搞演习，同时也讲授一些军事理论课。此外还开展各种文娱活动，在元旦、春节，演出自编的反映革命斗争的话剧、双簧、相声等，用彩纸装点成戏装，演唱京戏，我也积极参加这些活动。看守们怀着好奇之心观看我们的各种文体活动和军事操练，不明白我们这"死到临头"的人怎么还如此乐观，有的人甚至怀疑起来：这些人真的是"乱党"吗？

通过学习和锻炼，绝大多数同志的思想、政治、理论、文化水平都有了不同程度的提高。特别在坚定革命意志、旺盛革命斗志、树立必胜的革命信心和坚强的组织观念方面，表现得尤为明显。这些同志有的后来牺牲在狱中。如郭宗鉴，在被转到北平陆军监狱后，因受恶劣待遇，又失去和组织及亲友的联系，身患肺病得不到有效治疗，不幸牺牲。张省三在转到北平第一监狱后，进行绝食斗争失败，惨遭敌人摧残而牺牲。还有不少同志在服刑期满后，因拒绝发表"反共"声明的出狱条件，被送到反省院长期关押[1]，如刘文蔚、刘慎之、赵源、彭德、刘尚之、祝子杰、杜远等同志。后来，赵源牺牲在北平军人反省院。祝子杰从第一监狱转送到济南反省院后，终日叫骂、反抗，反省院当局对他束手无策，又送回第一监狱，后在第一监狱惨遭杀害。

一些在被捕前同共产党有联系的群众，进步也很明显，有的在狱中加入了党、团。还有与我们毫无联系、只因"共党嫌疑"被捕入狱的普通群众，在我们的影响教育下，也有了不同程度的进步。例如有一个京戏琴师是在工人自己组织的票房（学京戏的场所）被捕的，他一向不问政治。敌人问他是不是C.P（共产党），他回答说："我知道，'西皮'是三眼一板，'二黄'是板起板落。"敌人骂他捣乱，将他打了一顿，关入三监。经过一段狱中生活，他开始认清了共产党与国民党谁好谁坏，出狱后还帮助我们做了一些工作。还有一个小偷，在火车上偷了省委李友才的柳条箱，内有宣传品，下车时被检查出来，因而被捕，判刑一年。在狱中，他受到教育，出狱后也给我们做了一些工作。

由于狱内外环境不同，在第二次绝食斗争之前，党员不能过正常的组织生活。起初，党支部对党员是保密的，只能由支部委员分别与各监房的党员骨干单线联系。第二次绝食斗争胜利后，随着狱中环境的改善，建立了党的小组和组织生活制度。经支部审查，首先把被捕后在狱中表现好的同志编入党小组，过组织生活。然后逐渐把表现较差、经过帮助有好转的，或被捕后犯有错误，

---

① 国民党政府在九一八事变后，为了欺骗人民，曾于1932年对政治犯实行"大赦"，减刑三分之一。但不久又规定"政治犯服刑期满，出狱后有危害民国之虞的送反省院反省"（大意）。实际上等于无期徒刑。

但不属于叛变自首性质，对错误亦有所认识，狱中表现尚好的，也编入了党小组。支委会、党小组、小组长联席会议等制度都相应建立起来。共青团也编了小组，由党支部的青年委员刘慎之负责领导青年团的工作，从此，党团员开始了严格的组织生活。狱中党支部发展了几个新党员，其中有杜远，有几个团员在狱中转为党员，如彭德、刘尚之等。支部还培养了几个积极分子，在他们出狱后，支部向省委介绍了他们的情况。

为了加深党员对党的认识，增强党的组织观念，由傅茂公、乔国桢等同志上党课，讲党的性质、纲领、任务、组织原则、党的纪律、党员的权利与义务、批评与自我批评等。傅茂公等人是在1931年新年前后从陆军监狱转回三监的。由于他是敌人注意的首要人物，为了利于秘密工作，他没有再担任支部书记，但实际上，他仍是支部的领导核心，同志们都很尊重他，支部的重要问题都要征求他的意见。

同时，党支部还结合当时的实际情况对党团员进行思想教育，克服"左"的和右的思想倾向。"左"的倾向表现为盲目扩大斗争范围和采取不恰当的斗争方式。少数同志不满足于政治犯的绝食斗争，主张发动普通犯人也进行绝食，甚至提出举行狱中暴动或逃跑。当时三监除了政治犯外，经常在押的普通犯有1000多人，其中已判刑的绝大多数在监狱的工厂做工。在政治犯绝食斗争影响下，他们对我们很羡慕和钦佩。有些人逐渐不安于现状，通过给我们送饭送水的犯人，秘密建立了和我们的联系，请我们出主意想办法，帮助他们改善生活待遇。党支部积极支持他们，并把鼓励和指导普通犯的斗争列为支部的一项重要工作，指定专人和他们联系。但考虑到普通犯的情况很复杂，不宜提出太高的要求，只要求他们从一些容易做到的事情入手，如反对随意打骂、处罚犯人，改善生活和劳动条件等，并告诉他们如何找带头人和组织犯人，以及各种斗争方法，可以罢工，但不要搞绝食。在我们的鼓励和指导下，他们同管理人员吵闹，故意违反"狱规"，不服"管教"，消极怠工等事件逐渐增多，个别车间曾发生短时间停工事件，使监狱当局惶惶不安。

利用审判过程中通过辩护和上诉等合法形式进行斗争，也可争取到一些胜利，这也是向社会宣传的一种形式。但是，有的同志利用去法院受审的机会，沿途在囚车内呼喊口号，散发手写传单。这种方法不仅效果不好，而且一旦搜出传单，就会加刑。一次在张孟旭身上搜出传单，加判四年徒刑（原判八年）。张对加刑不服，后来上诉到最高法院，撤销了这个判决。经过这件事，支部认为这种做法实际意义不大，不宜继续进行。

党支部密切关注狱外斗争形势和党内情况。在党的六届三中全会以后，支部及时组织大家学习党中央关于反对李立三"左"倾错误的文件，提高了对李立三"左"倾错误的认识。四中全会后，罗章龙搞分裂，组织"中央非常委员会"，顺直省委也有人跟着成立了"第二省委"，使省委和天津的党组织陷于分裂、混乱的状态。"第二省委"还通知三监党支部归它领导。针对这种情况，狱中支部立即召开支委扩大会议，吸收党小组长和部分党员参加。大家一致表示不承认"第二省委"，认为它是违反党的组织原则，分裂党、危害革命的，并要求立即解散"第二省委"。同时，还向他们提出："三监的同志正在死亡线上同敌人进行生死搏斗，你们却把矛头对着领导我们的党中央和省委，应该感到惭愧和痛心。"劝他们赶快悬崖勒马，改正错误。会议根据这些意见做出决议，报告省委，请省委将我们的意见转告非法的"第二省委"。这个报告是密写的，由高克林（王子和）出狱时带出去。省委同意并转发了我们的报告，并给我们以鼓励。

总之，这段狱中斗争进行得有声有色，十分活跃，同志们也经受了特殊的锻炼。但是，这种胜利后的良好局面毕竟是暂时的，敌人正在积极策划新的反攻。由于我们对敌人放松警惕，对他们将采取什么手段来对付我们估计不足，以致后来的斗争比较被动。

坚持斗争

敌人经过精心策划，1931年5月18日，突然大批分散转移政治犯，使我们丧失战斗力。我和金城、张省三、武竞天、赵源、赵文彬、阚家骃（张玉）、祝子杰、杜远、彭德、刘尚之、陈云祥、李泽、孟庆章、阎怀聘共15人转到北平第一监狱，傅茂公、田士勋（田星云）、刘秀峰（李子芳）、赵奎昌（李子明）、刘文蔚、刘慎之、张炳文、张凤歧等15人转到北平第二监狱。另有一部分转到济南反省院。转移的这天，监狱当局要我们立即收拾东西，即刻出发。党支部委员中，除陈佩英、乔国桢已于不久前出狱外，其他委员都被转移。事出突然，支部已来不及开会了，只分别向留下的韩义、刘仁交代，要他们转告郭宗鉴负责组建新支委会（郭在病监，我们来不及去看他），并将我们的情况迅速报告省委，请省委和我们保持密切联系。还约定我们被转移后，如监狱取消现有待遇，即举行绝食斗争，我们也将这样做。

此后，三监的政治犯只剩下四五十人，监狱立即取消了绝食胜利得来的待遇。三监的同志当即宣布发动第三次绝食，以示对监狱当局的反抗。很快就得到社会舆论的声援，经过 4 天绝食，迫使监狱当局又一次让步，恢复了被取消的各项待遇。从此，三监新监的政治犯只出不进，逐步减少，新入狱的政治犯不再送入新监，且严格隔离。

九一八事变后，全国人民要求抗日，新监的政治犯提出要求释放，由郭宗鉴起草了一份意见书，大意是：民本无罪，只因政治关系入狱，现国将危亡，救国人人有责，请以政治关系，将民等释放。

监狱当局拒绝了这一要求。1932 年 3 月 6 日，三监当局借口上级削减经费，又一次取消了政治犯争得的待遇，并将刑期将满的裴树凯（杨恒安）、孙仁卫、周黎扬、张大中、鞠少亭等转到济南反省院。面对这一情况，新监仅存的 20 多人举行了第四次绝食斗争，经 4 天的对抗，在外界舆论支持下，又一次取得胜利。以后，郭宗鉴被转到北平陆军监狱，在狱中牺牲。其他刑满的，经合法斗争陆续出狱。这次绝食斗争胜利所得到的待遇，一直维持到 1936 年同志们全部出狱。

1982 年，当年的铁窗战友在天津第三监狱旧址重聚

三、在北平一监

我们利用在天津北站候车的时间，由傅茂公召开支委紧急会议，研究了目前情况和以后的对策，认为这次突然袭击，敌人是经过周密计划的，而我们仓促应战，十分不利。如果以后对我们的待遇与天津三监差不多，到新地方后，要先熟悉情况，加强内部团结，尽快打通与外边党组织的联系。如果待遇恶劣，就进行绝食，争取实现与三监同等的待遇。估计到这次绝食困难大，可能时间长，斗争将比过去更加残酷，要求大家紧密团结，坚决斗争，争取胜利。会后立即向大家传达并作了动员。

北平第一监狱号称"模范监狱"，与天津三监果然不同。一进监狱，就令我们逐一办理各项入狱手续，扣留每人自带的食品、书籍、衣物等，只发给一身囚衣，便被关入单人牢房。从此，我们之间就完全断绝了联系，更不要说与狱外的联系了。晚饭是窝头和菜汤。我们向看守提出质问，并要求见监狱负责人，看守根本不理睬。于是，按预定计划，各自为战，开始了绝食斗争。转到第二监的人，也同样进行了绝食。

绝食开始时，敌人不理睬我们，或说我们的要求违反上级的规定，他们无权答应。3天以后，派医生来检查身体，用担架把我抬到病监的单人牢房。接着送来糖水、牛奶、鸡蛋等诱骗劝食。说某某已复食，他叫告诉你们不要再坚持了。遭到拒绝后，竟采用灌肠的办法，从肛门灌牛奶。灌后，我即排泄出去，以示反抗。监狱的一个科长在诱劝彭德进食无效后，竟叫看守撬开彭的嘴，强灌牛奶冲鸡蛋，彭德愤怒地向科长喷去，弄脏了科长的新绸衫，气得他无可奈何。对于这种惨无人道的摧残，我们多次提出抗议，要求不住单人监房，发给纸笔，允许给家属写信，允许我们15人会面，否则不复食。但监狱当局始终有恃无恐，毫不让步，拒绝我们的任何要求。

这次绝食是在敌人严密隔离封锁下进行的，孤立作战，既得不到狱内同志的支援，更得不到狱外党组织和社会援救。在绝食5天以后，在敌人的强制和诱骗下，有的人陆续复食。在这种情况下，考虑到绝食既不能给敌造成威慑，又不能给社会造成影响，已无意义，所以，我坚持了8天后，决定复食。以后得知，彭德、武竞天、祝子杰等也各自坚持了8天。

这次绝食失败，使我更加体验到这个"模范监狱"是一座杀人不见血的活地狱。我认真反思这次斗争失败的教训：条件变了，斗争方式也必须改变。我开始注意寻找敌人的漏洞。

这座监狱的建筑比天津三监好，室内还有暖气设备，在折磨和"改造"犯人方面也有一套比三监更毒辣、更残忍的软刀子杀人的手段。直接管犯人的马科长外号叫"马阎王"，为对付我们而费尽了心机。在绝食失败后，对我们的隔离封锁更加严密了。为防范我们买通看守，不但严格挑选看守人员，而且经常更换，还规定不准看守和犯人交谈，每天必须向看守长汇报犯人的言行。我们大小便都在室内，洗澡则轮流到病监的单人浴盆去洗，每天两次放风也是单独行动，互相见不着面。看守们每天都要搜查监房，不许有纸笔，给外边写信须经批准，并在看守的监视下写，发信和来信都受到严格检查，经常被扣留。不许家属接见，寄来的钱不许个人保存。看病须叫医生到监房或看守值班室，不许和医生谈与病情无关的话。从监狱图书馆借书也受到限制，须经看守长审查。其实这里能看到的都是些没有什么价值的书，而且少得可怜。伙食也很差，每天两顿窝窝头。由于营养不良，不少人患肠胃病和其他慢性病。更毒辣的是对犯人进行精神折磨，在日常生活中（如看病、写信、买书、借书、买东西等）多方刁难、刺激，妄图使犯人精神陷于愤怒、烦躁、忧郁、悲观甚至失常的状态。常常借口触犯"狱规"而给犯人关禁闭和其他处罚。禁闭室低矮黑暗潮湿，不通风，仅容一人屈腿而坐，不能站卧，马桶无盖，臭气熏天，有时还给戴上手铐。每关一次，身体备受摧残。敌人妄图用这些办法使我们与世隔绝，变成有耳无从听、有眼无可视、有口无从语的聋哑盲人，即使不死，出狱后也会成为身心俱残、对社会无用之人。我在一监被关一年半，说的话几乎没有在三监一天说的多。九一八事变的消息，我是在 7 个月以后才知道的。那是一个普通犯经过我的监房时，乘看守不注意，由门上小孔投入一个小纸卷，告诉了我这个消息。我在狱中被折磨得体弱多病，出狱数年后才恢复健康。其他同志的情况虽各有不同，但所受的摧残是一样的。在这样严酷的环境中关了一年多，狱方对我们不审问，不理睬，同志们又无法联系交流，一个 20 多岁的年轻人，怎能忍受这样的折磨？武竞天是个急性子，开始时，他叫喊、砸门，但都无济于事。后来也只好变得沉默不语了。如何战胜这与世隔绝造成的孤独、焦躁和失望情绪，顺利度过刑期，而且保持坚定的革命斗志，是我们面临的一个新课题。

世上本无路，路是人开的。再严密的封锁，总会有漏洞。在严密隔离、孤立无援的艰难条件下，我们千方百计开辟新路，同敌人进行不屈不挠的斗争。

首先必须打破敌人对我们的隔离封锁。我利用写家信之机，乘看守不注意，截留了一个小铅笔头，用拼音字符编了一套"密电码"，写在香烟纸上，又以敲暖气管子的办法，互通情报。最先和我以这种方式建立联系的是武竞天。武竞天和我分别关在走廊的两头，我发现他每天放风时必从我门前经过。于是，一到放风时，我便站在门口，从门上的小洞（送饭和监视用的）看他。他很快也发现了我。由于看守很严，无法说话，只有"眉目传情"。那天，我示意他注意脚下，并将写有密码的小纸团抛出，他迅速蹲下，佯装提鞋，拾走了纸团。从此，我们不但可以通消息，而且可敲暖气管"开会"——商讨斗争对策和斗争方式。敌人不久就发现了这一秘密，当我们敲击时，他们也乱敲，我们只得放弃了这种联络方式。很快，武竞天发现了一个漏洞：牢房里的电灯是两个监室共用的，装在墙洞里，用玻璃封着，如果打破墙洞的玻璃，两人就可以对话了。他高兴得不得了，说干就干，乘看守不注意，取下玻璃，并示意对方也照此办理。原来，隔壁关的是普通犯张庆①，他是平谷县的穷苦农民，后来当了土匪，成了一个头目，杀富济贫，外号"草上飞"，他被判无期徒刑，后"大赦"改为有期徒刑，在监狱的工厂里做排字工已有许多年了，他和看守很熟，行动比政治犯自由些。从此，武竞天经常偷偷和他聊天，讲述革命道理，他说："你杀富济贫，是英雄。自古以来，多少英雄豪杰，杀富济贫，干出一番轰轰烈烈的事业，但到头来都成不了气候，穷人照样穷，恶人照样恶，这是为什么？"他向张庆讲阶级压迫，讲共产党的主张，讲杀富济贫救不了穷人，只有跟着共产党推翻反动统治阶级，穷人才能真正翻身。经过一段时间的工作，张庆觉悟了，他成了我和竞天的"联络员"，乘去工厂上下班之机，为我们传递纸条，有时让看守给我们买一些书报。后来，我和竞天介绍他入了党，出狱后成了我党的干部。1932年11月，我出狱时，张庆介绍了一个常到外面采购、搬运副食品的普通犯人，通过他，我和狱中的竞天还保持了半年的联系，给他送些钱和书籍，告诉他外边的消息等。武竞天另一边隔壁关的是清华大学学生关世俊（反帝大同盟盟员），我出狱后通过他介绍的关系，找到了清华大学党支部，与省委接上了组织关系，并使竞天一度和省委建立了联系。后因张庆出狱和省委遭破坏，才又失去了联系。

直接传递信息的方式毕竟太冒险了，我们还采用更为隐蔽的联络方式。后

---

① 张庆后来参加革命并加入了共产党，抗战时曾任中共迁西县委委员。

来发现洗澡是个好机会，虽然我们都是单独洗澡，但浴室和澡盆却是公共的。于是，我们有时把事先写好的小纸条贴在澡盆底部，有时在浴室墙壁上刻画记号，以此互通消息。敌人始终没有发现这个秘密。北平解放后，武竞天曾回到一监，当年的一个老看守还在那里工作。竞天问他："你还记得我吗？"看守连连点头："记得，记得！那会儿我也是身不由己，您多原谅，多原谅！"竞天笑道："过去的事都不提它了，现在你要好好看管这里的犯人，他们都是人民的罪人，可不能马虎哟！"说着，他指着当年在浴室墙壁上刻画的各种符号说："你看，这都是我们秘密联络用的。"那人惊得目瞪口呆，半天才说："你们共产党就是了不起，要不咋能打败国民党呢？"

此外，我们还利用可以借到的书籍订暗号，写密信。然而，由于敌人防范十分严密，我们只联系上两三个人，而且始终没有与狱外的党组织取得联系。

把大部分时间用于学习，是排除孤寂、克服狂躁和失望情绪的最好办法。虽然敌人有许多限制，但仍可以买通看守和利用敌人的无知，买到一些进步书籍，有时用黄色或封建迷信书籍的封皮包装，把一些进步书籍带入监内。我在一监一年多，阅读了一些社会科学和自然科学的书，如百科全书等，收益不小。

就这样，我们把敌人的监狱变成战场，变成学校，最终粉碎了敌人使我们丧失斗志、脱离革命的企图，自己也从这段特殊战斗中经受了锻炼和考验。

1932 年，国民党政府要召开国民大会，搞了一次"大赦"，对政治犯减刑三分之一，我便于 11 月刑满出狱。

寻找党组织

从监狱出来以后，失去了组织关系。由于有了杨继禄叛变的教训，我不敢贸然去天有店，只好暂时住在好友王秀江那里。他在女一中教书，同时在民国大学（鲍家街）兼课，单身住在劈柴胡同的一个公寓里，我正好与他同住。

王秀江去苏联以后，因为反对王明而被打成"托派嫌疑"，遣送回国，并切断其组织关系。我和他彼此都很了解，依然是很好的朋友。我在天津三监和北平一监关押期间，他曾以亲属的名义与我联系，并给我寄过钱。另外，作为一个早期党员，他仍和叶善枝、吕职人等不少人保持着联系。我希望能通过他找到一些同志，进而找到党组织。

另一个线索是在一监时武竞天介绍的，他通过隔壁的清华大学学生关世俊，得知清华大学反帝大同盟负责人是高承志，又经张庆把这个情况转告了我。出狱后，我即到清华去联系，但是没找到高承志，又不敢贸然和别人联系，只好悻悻而归。

在三年监狱生活中，除了日夜记挂着党组织外，最让我思念的就是父母亲和弟妹们。他们现在怎么样了？既然在北平一时找不到党组织，就先回家去看看亲人，那里一定还有过去的老关系，说不定可以得到一点关于党组织的消息呢？于是，我回到了久别的家乡。

家乡的情况令我痛心：1930年夏，玉田党组织负责人叶善枝在立三路线指导下，发动了第二次武装暴动（即黄林暴动），结果当天就失败了，还牺牲了一个党员。由于参加暴动的大多数是党团员，这次暴动失败，使玉田党组织彻底破坏，县委也垮掉了，党的许多领导人和党团员逃往他乡。我回去的时候，事情虽然已过去两年，但党组织仍未恢复。

在这次暴动中，我弟弟金茂被捕后押送到北平，于1931年英勇牺牲。这件事，我也是这次回家才知道的。记得我在北平一监时，父亲曾来探过监。我问到金茂怎样，他只说："你不要想他了！"当时并未理解此话的含义。现在我才明白，父亲是怕我难过，故意隐瞒了弟弟牺牲的消息。弟弟牺牲后不久，弟媳生了一个小孩，由于接生时抓破了头皮，几天后得破伤风死了。夫死子亡，弟媳再也经不住这样的打击，在我家待不下去，只好回了娘家。这个弟媳，我虽然只见过一两次，但对她的不幸十分同情，一直记挂着她的命运。后来听说她已改嫁，才算稍稍安心。1987年我回老家时，特意到她家里去看望她，得知她的日子过得很好，我非常欣慰，并通过县里有关部门为她补办了烈属证，对她的生活给予照顾。直到1983年，我才从丁子箴（时任共青团唐山市委书记，现名丁铿）那里了解到关于金茂被捕和牺牲的一些情况。暴动失败后，金茂（时任共青团玉田县委书记）到唐山向丁子箴汇报，然后两人去省委报告。不料在路上一起被捕，关押在玉田县看守所（就是现在县政府大门西边传达室小屋），不久，连同其他"同案犯"8人（其中有县委书记乔俊峰）一起押送北平。因有地主张凯之子当场指认，证实张金茂是"匪首"张金言之弟，又是此次暴动的策动人，自然是逃不脱的。在国民党军事委员会北平分会关押期间，敌人对他严刑拷打、刑讯逼供。他大义凛然，毫不动摇，对敌人说，全部责任都由他一人承担，与别人无关。在一审时，他和丁子箴都判了死刑。后经丁母的活动和金茂为之开脱，终审只判金茂一人死刑，丁改判无期徒刑（后"大赦"减为有期徒刑），其他 8 人全部无罪释放。

我回到家，看到家里境况比我离开时更加困难。金茂被捕后，官府又来抄过一次家，此时已无东西可抄，以后三天两头来家寻衅，追查我的下落。父母年迈，妹妹和我的两个女儿都未成年，家里一个壮劳力都没有。加上村中地主恶霸的迫害，境况十分凄惨。

此时，母亲和妻子玉珍都叫我留下，说："别在外边瞎跑了，还是回来教书吧。"但是，我怎能待在家里呢？就对母亲说："在家里很危险，敌人很快就会发现的。再说，我还有好多事情要做呢。"我在家里只住了三四天，便匆匆返回北平。临走前对马玉珍说："我这一走，恐怕回不来了，你就不要等我了！"

既然一时找不到党组织，我只得先找个职业，边工作，边寻找，总不能光靠秀江生活呀。

一天，在报上见到北平晨报招聘访员的启事，我便以"张之平"的名字写信去应聘。过了两三天，接到报社通知，叫我去面谈。报社在宣外大街路东的一个院子里，社长陈博生亲自与我面谈。他简单地问了我的情况，又问为什么来应聘，我说自己是大学生，爱好新闻工作，而且家境贫困，读书之外兼做报社访员，既可补充学习经费之不足，又可得到锻炼。他当即同意录用我，并让我马上开始工作。后来得知，此次应聘者有数十人，但被录取的只有我和一个叫贺逸文的大学生，也是兼职访员。我们的月薪是 28 元。有了合法的身份和生活保障，我就可以在工作之余，继续寻找党组织了。

北平晨报社社长陈博生是北洋政府时代保守派"研究系"的知名人物，经理兼总编林仲易是中间人物（新中国成立以后是第一届政协委员）。当时常接触的记者有张朴野、江肇基等，都是比较进步的。

我到晨报不几天，就发生了"榆关事件"[①] 及其后的长城抗战，我对战局的变化和群众的抗日活动都作了报道。记得在日军进攻热河时，热河省督军、省主席汤玉麟一枪未发，便放弃了承德，率部逃到滦平附近的一个镇子上，我赶去采访。当时和我同去的还有路透社的英国记者。见到汤玉麟后，我问：

---

① 1933 年 1 月 1 日，日本军队进犯山海关，中国军队奋起抵抗。因山海关又称榆关，故称这一事件为"榆关事件"，长城抗战从此开始。

"现在战况如何？"

答："正打着呢！兵力太少，守不住啊！这不，我到后方来安顿一下再回去。"

那个英国记者汉语不好，对我们的谈话听不太懂。我便把汤玉麟的身份和谈话内容慢慢说给他听，同时写了一篇稿子发回晨报。

第二天，我回到报社，向主编和经理汇报了采访的情况，不料却受到批评。原来，那位英国记者抢先作了报道，我的稿子只好登了个"摘要"。他们怪我不该向别人透露采访内容，使人家抢了"头条新闻"，而自己白辛苦。从这件事，我懂得了新闻界争夺"独家新闻"的厉害。

我从王秀江那儿打听到江韵清（江浩的长女）没有叛变，她住在护国寺，也是一个交际很广的人，我从她那儿得知不少消息。原来，省委的张宗一、吕职人都在北平，韩麟符已经被人暗杀了，郑丕烈虽不在北平，但他的妻子就住在江韵清家附近，而且郑丕烈还曾向江打听过我的下落。从谈话中，我感到她除了与这些人有联系外，对组织的情况并不了解。后来，王秀江告诉我，郑丕烈又向江韵清打听我，并说想见见我，愿意给我介绍工作。我问，郑丕烈现在怎么样？在干什么？他说，郑丕烈和卢东白暗杀了韩麟符以后，投靠国民党当了特务，现在在铁路当缉察。他还向我讲了郑丕烈伙同卢东白、杨新华暗杀韩麟符的经过。我听了以后，对郑丕烈既痛恨又反感，说不定他也是想拿我去请功呢，所以根本不想去找他了，并嘱咐王秀江，千万别在郑丕烈面前提起我。

张宗一是我在广州农民运动讲习所的同学，现在一所学校教书。和他见面后，他说他参加了"第二省委"，说现在党内很乱，要我"打破传统观念"，也参加他们的组织。我断然拒绝了，立即告辞，从此与他断绝了联系。通过张宗一，我找到吕职人，有了张宗一的教训，我更加谨慎了。从他的言谈中，我感到他对"第二省委"的态度不明朗，同他们的成员联系密切，就没敢和他深谈。当我问及党组织的情况时，他吞吞吐吐。我断定他已和组织失去联系，便匆匆告辞。值得一提的是，这次在吕职人家，认识了孟宪宗（钟玉铎），并得知他在京东工作。以后我才知道，他就是蓟县党组织的负责人。

第三条线索是宋兰坡（路拓）。我在玉田得知他在北平某中学教书，便去找他。原来，他也没有找到党组织，只参加了党的外围组织"教育工作者联合会"。他介绍我认识了教联的负责人"老马"，接触过两次，他向我介绍了当时的政治形势和党的政策等，给我的印象较好。我也向他介绍了自己的简单情况，请他帮助寻找组织。

直到 1933 年 1 月，我终于找到了清华大学反帝大同盟支部负责人高承志，通过他找到省委组织部长胡大海（即樊滴潭，1933 年 10 月叛变），才算找到了党组织。他把我编到西单的一个支部，支书是个朝鲜人，大家都叫他"老魏"，后来才知道他就是省委组织部长李铁夫，并得知省委已从天津迁到北平来了。

刚到西单支部时，老魏对我的情况一无所知，以为我是新党员。经过一段相处，他发现我不像新党员，才进一步了解我的情况。听了我的介绍以后，颇感惊讶，说："从你的情况看，你不该在这个支部，等我向省委汇报后，再作决定。"

不久，我被调到省委宣传部工作，宣传部长本姓赵，人称"老罗"。我到宣传部后，成立了一个宣传委员会，书记是李百余（即李兆瑞、李乐光），委员有吴砚农、刘岱峰和我。我们的任务是筹办一份公开发行的报纸，名称未定，先筹款。同时我仍在北平晨报干着记者工作。

在我恢复组织关系后不久，为了纪念一·二八抗战，由党的外围组织发起，在天桥举行一次群众集会。事前敌人就已得到消息，派了不少便衣特务在会场内外活动。我以晨报记者的身份到会场采访，很容易就发现了这些特务，便主动上前打招呼："今天这里集会，你们看会不会出事？"一个特务上下打量我一遍，问："你是干什么的？"我说是记者，来采访的，"到时候还请你们多关照点！"说着，我向他们出示了记者证，他们对我也无可奈何，示意让我离开他们。

会场上很快就聚集起百余人，有人散发传单，有人呼口号，都是反对不抵抗政策、要求抗日等内容。我在人群里转来转去，寻找着采访对象，记录着会场的活动。突然，一些特务冲进人群，一边驱散群众，一边抓捕喊口号的人。我也和几个年轻人一起被特务抓进天桥派出所。当审问我时，我出示了记者证，抗议他们滥抓无辜；同时申明，已和他们的人打过招呼，允许我进来采访的。有个特务听后，忙点头哈腰道歉，说："实在对不起，误会了，误会了！"回到报社，我赶写了一篇报道，揭露特务破坏群众集会的行径。但在发表时，却被主编作了大量删减，已是面目全非了。当时我刚恢复组织关系不久，在党内无职务，只以晨报访员的身份在老樊（滴潭）的领导下工作。我从警察局出来后，即向老樊报告了这件事，而且因事先给报社打了招呼，所以组织关系没有中断。

1933年四五月间，一位英国著名的讽刺剧作家去日本路过北平，我和几个记者赶到火车站，跑到车厢里去采访。我不懂英语，片片段段地听了一些谈话，赶紧编了一篇报道，居然发表了！这又使我明白了新闻界弄虚作假的一面，有许多新闻大概都是这样编出来的吧？以后，我学乖了，采访外国人时，就带上我的朋友唐永健，他是清华大学学生，英语不错。

自从我找到工作以后，便搬出王秀江家，在宣外老墙根儿租了一间民房住下。不久，马玉珍得知我在北平找到工作，即携二女儿来京（当时三四岁，在她6岁时生病死了）。

宣传部长老罗到我家来，觉得这里环境偏僻，马玉珍又是农村妇女，便于掩护，遂决定把我家作为省委的一个联络点，专门负责与外地来京的同志联络。从此，常有同志出入我家，或过路歇脚，或在此开会。每当这时，我总是把马玉珍支开，她对此颇有怨言。

1933年夏的一天，从安徽来了一位女同志，在我家住了一晚，第二天就走了。不料马玉珍却为此事和我大吵大闹。自从暴动失败后，我屡遭通缉，全家人也遭村中恶霸和反动政府的迫害，流离失所，终日在提心吊胆中度日。弟弟金茂牺牲后，家里的日子更难过了。马玉珍不理解这些，常把怨气向父母发泄。我偶尔回家时，她便和我吵闹。我上次回家时曾对她说："像我这种人，今后不知是死是活，就算活着，也不能守在家里过日子。你以后只当没我这个人，自己另找出路吧，也免得耽误了你的青春。"然而，当她得知我在北平找到工作时，立即带孩子找来了，多次叫我别再干了，回家和她好好过日子。她以为这样就可以使我"收心"。她对来家里的同志们十分冷淡，却也不好说什么。这次来了女同志，还住在家里，她便借题发挥，口不择言，大叫大嚷道："你们这么干，有什么好儿？你弟弟都给人家枪毙了，你还不收手！现在你还交些不三不四的朋友，还把什么烂女人往家里领！"我一边劝，一边叫她小点声。她反而越发来劲儿，闹得更凶。在当时的白色恐怖下，我这个联络点发生这种情况，对组织是非常危险的，我只好暂时离开，让她自己冷静下来。

房东听到我们吵架，越听越不对劲儿，便起了疑心。第二天我从报社回来时，发现胡同口有几个陌生人，似便衣特务。我没敢回家，直接奔到老罗那里向他报告了这一紧急情况，说我家不能做联络点了，请他马上采取措施。接着，我谈了事情的经过、我与马玉珍的婚姻状况，以及她对革命工作的态度等。老罗听后，批评我说，这些情况你早该向组织讲清楚，现在险些出大事！

他命我立即搬家，晨报也别再去了，免得连累其他人。

我走后不久，托在北平的表亲把马玉珍母女接到他们那里暂住，得便时送她们回老家去了。从那时起，在我的心中，已与她决裂，此后再没有和她联系。

这时是 1933 年 7 月。

在京东特委

我们筹款办报的工作进展很困难，迟迟未能筹集到资金。马玉珍的事发生后不几天，李乐光对我说，因为没筹到经费，报办不成了。现在京东缺人，你愿不愿意去京东特委工作？

京东是我长期工作过的地方，人熟、地熟、情况熟，我当然愿意去。

他告诉我，京东特委书记郭涤生，人称"郭黑子"，现正在北平，你先和他见见面吧。

我们约定在天有店见面，郭涤生还带来一个人，他只介绍说，这是蓟县党的负责人孟新周，要我以后与他联系。接着，便向我谈起京东的情况。

特委机关在迁安境内的兴城（今迁西县）附近，目前只有郭涤生和李葆华两人，李负责组织，让我去负责宣传工作。按地区分，郭负责迁安一带；李负责东部各县和丰润一带；我负责西部的遵化、蓟县、玉田三县。

迁、遵、蓟三县原有一个联合县委，书记李子光。由于李子光反对"左"倾路线，被打成右派，撤去书记职务，罚到迁西金场峪淘金去了。此后，三县分开。目前迁安、遵化已有县委。原迁安县委书记韩东征也因反对"左"倾路线而被撤职，现任书记是樊顺。遵化县委书记骆凤庭，委员有宋诚和单福荣。蓟县和玉田还没有建立县委，并说玉田的党组织自从 1930 年黄林暴动失败后，全部破坏，至今没有恢复，要我去重新组建县委。老郭没有介绍反帝大同盟的情况，所以我去特委后，一直不知有这个组织。

他最后说，特委与省委的联系由张钦益负责，并告知，我的组织关系已从宣传委员会转到省委。

正当我准备出发时，在街上遇到三河县人老孟。1927 年，他是玉田北部黄花山的一个土匪小头目，就是前面提到的那个"孟连长"，比较进步，曾被我们收编，暴动失败后再未见过他。这次相逢，他很高兴，拉着我到大栅栏他弟弟家，热情招待，问我现在哪里，在干什么？我谎称在大公报当记者，马上要去京东采访。他一听，更加高兴，说："正好我也要回三河老家，咱们一块儿走吧！"我不好再推，只得约定了出发的时间，说好在长途汽车站碰头。谁知，当我来到汽车站时，见他又带了四五个人，说这些都是他的老乡，一起回家的，并向他们介绍说我是他的"一个朋友"，再不多说什么，这使我放心许多。

为了不使他们怀疑，我不敢说去玉田，正好李乐光是乐亭人，他托我给家里带了一包东西，于是便买了去乐亭的车票。在车上，遇到李大钊的女儿李星华，我们搭伴儿在昌黎下车，转乘马车到乐亭。在李乐光家只住了一夜，第二天便去昌黎采访其县长。

根据《塘沽协定》①，冀东被划为"特区"，日本对冀东实行"亡国灭种"②的统治。

我问那县长：冀东划为"特区"以后，人民的生活有何变化？

他说：日本人在城里开了许多烟馆（即鸦片烟馆）和妓院，世风日下呀！

问：过去滦县、乐亭一带不少人在关外有买卖，现在怎么样？

他摇摇头说：难哪！现在关里关外交通断绝，哪还能到关外去做买卖呀，不少人都快破产了。

又问：日本"指导官"来了没有？

答：还没来，但很快就会来了。

我根据采访和在当地了解的情况，写了一篇通讯稿发给大公报，其中除了介绍一些日本统治冀东的现状外，还介绍了各界人士反日情绪高涨，但又受到政府压制的情况。这篇通讯很快就登出来了。

两三天后，我回到思念已久的故乡玉田，但没敢回家。考虑到赵达没有暴露，又有家庭做掩护，和她交往的各色人物也多，估计我去找她，不会引起别人的怀疑。可是，当我到虹桥时，赵母说她已搬到刘家桥（江震寰家）去了。

我突然到来，令赵达既意外又激动。原来，自从黄林暴动失败后，玉田的党员死的死，逃的逃，留在县里的也都隐藏潜伏起来，她已与党失去联系三年

---

① 1933 年 5 月 31 日，国民党政府与日军冈村宁次在塘沽签订的协定，规定中国军队撤至延庆、昌平高丽营、顺义、宝坻林亭口镇、宁河芦台所连之线以西以南地区，并划上述地区以北以东至长城沿线地区为非武装区。

② 即以鸦片、妓院来腐蚀中国人民的意志，派日本"指导官"驻各县对人民实行奴化教育，把大量破产的青年农民送到东北或日本去当劳工，等等，以达到灭亡中国的目的。

了！如今，她日夜牵挂的党组织突然派人来找她，她怎能不激动！刘家桥离县城24华里，而且不在交通线上，比虹桥更为隐蔽。此后，我就以刘家桥为主要联络点，展开工作。

赵达告诉我，黄林暴动失败后，县委书记乔俊峰被捕了，原来和她一个支部的陈麟武（陈狄）也不知逃往何方，叶善枝也不来了。她的大弟弟赵逵和她翻了脸，说："你再和共产党来往，我就不客气！"所以，她脱离了家庭，独自在刘家桥抚养遗孤，不知今后怎么办，非常苦闷。"现在你回来了，这下可好了！你看，孩子已经长大了，可以让他姥姥带着，让我出去工作吧……"

我得知宋兰坡已从北平回到玉田，便去找他，要他出来主持玉田的工作，通过他又找到几个党员，我向他们传达了省委指示，说明当前的工作中心是进行武装斗争，准备夺取政权。[1] 从当时的情况看，玉田没有条件建立县委，只成立了工委，宋兰坡为书记，张绪清、黄照明等为委员。

8月间，我先后到遵化、蓟县，遵化已有县委，我和县委的同志见了面。蓟县负责人孟新周在县民众教育馆当馆长，他介绍了蓟县的情况后，我们一起研究确定了县委人选，由他任书记，张筱蓬（张源）任组织委员，孟仰洲（即孟宪宗、钟玉铎）为宣传委员。建立县委后，我提出是否可以安排赵达到县里工作，孟新周表示县里正缺妇女干部，很欢迎她到蓟县来。

此时，我想到，赵达作为单身女人来蓟县，必定引起人们的注意。再说，江震寰牺牲虽然已过去6年，但人们未必会忘记这个轰动一时的案件，这对她也是很不利的。通过多年的共同工作，我对赵达有了较深的了解。她热情、大胆、泼辣，对革命事业矢志不移。想到自己的妻子马玉珍不但不能帮助我的工作，反而险些被她所害。我想，自己既然走上革命道路，必须要有一个志同道合的伴侣。可是在秘密工作条件下，无法办理离婚手续——敌人正千方百计地要抓我呢，我怎能自己送上门去？再说，不知道赵达怎么想，她心里的创伤平复了吗？能冲出"一女不嫁二夫"的传统束缚吗？想到这些，我心中充满矛盾。

9月，我回到刘家桥接赵达。听说可以出去工作，她兴奋极了。我提出以"夫妻"的名义为掩护进行工作，她欣然同意，当即让保姆带孩子回虹桥，自

---

① 1931年1月，中共六届四中全会确定了以王明为代表的"左"倾路线，在九一八事变以后，仍号召全党同下层小资产阶级结成抗日反蒋统一战线，发动抗日反蒋的武装斗争。

己收拾东西和我一起来到蓟县。不料，到蓟县当天，我们刚住进一个旅店，就遇到查店。我们的行李很简单，就是一只柳条箱，里面装有一些文件和书籍，万一查出来，后果不堪设想。我看一眼赵达，见她像没事人儿似的，心中不免担心。

"干什么的？"

"我是来城里教书的，这是我太太。"

"箱子里是什么？"

"没什么，就是随身用的东西呗。"

"打开！"

我正犹豫，赵达已抢先打开了箱子，一件件抖搂着放在上层的衣服，故意把她的内衣内裤举得老高，嘴里叨咕着："这有什么好看的，不就是女人用的东西嘛，真是的！……"

哨兵不耐烦了："得得，走吧，走吧！"他挥挥手，又去查别的房间。一场灾难就这样有惊无险地过去了，我俩都长长地舒了一口气，畅怀大笑！我由衷地佩服她那临危不惧、冷静沉着的本事，不由得说："你真行啊！今天要不是你，恐怕要出大事呢！"

她不无得意地笑道："这算什么！震寰被捕后，工部局的人在我家守候好几天，我在他们的眼皮底下把震寰箱子里的进步书刊偷偷转移了，他们竟一点也没发现。"她突然不说话了，刚才还在脸上的笑容也骤然消失。她一定是想起了震寰，我无从安慰她，只有等待她自己恢复平静。

赵达自从回乡以后，这么多年来，表面上混迹于地主大户家的奶奶太太和公子哥儿们之间，打牌抽烟（吸鸦片）逛戏院，不但骗过了官府的耳目，也使一些不了解内情的人，包括自己的一些同志，都认为她堕落了、不革命了。现在脱离她的家庭，还其本来面目，自然一切都要改变，首先就是戒毒。人人都说戒毒难，可是，在我的印象里，赵达说戒就戒掉了。这件事，我始终不明白，究竟是她根本没有毒瘾呢，还是她的意志特别坚强呢？

不几天，县委在县城西北角一个偏僻处给我租了一间房子，房东太太是位寡居的妇女，她女儿张静溪正在上中学，是个活泼的姑娘。

原打算让赵达到太平庄织袜厂工作，但那里的负责人认为，赵达名声在外，在那儿不合适。无奈，她又回到玉田，我则往返于玉、遵、蓟三县活动。令我欣慰的是，不久，我们真的成了夫妻。

我在蓟县跑了一些地方，了解当地党支部的情况后，9月间在盘山天成寺召开了第一次县委会，孟新周、张源都到了，但宣传委员孟仰洲没有来。我们讨论了当前抗日斗争形势和发展党组织的问题。因我不知道有反帝大同盟这个组织，没有讨论这方面的问题。

12月，县委遭破坏，孟仰洲被捕后供出了几乎所有的党、团员和反帝大同盟的负责人，使蓟县的党组织完全被破坏，只有个别未暴露的党员，如王培川，幸免被捕。

在特委期间，参加过几次会议。记得有一次会议是在乐亭县杨各庄小学开的，在迁安开过两次会，研究的中心问题是如何开展武装斗争，准备暴动，夺取警察的枪支。

当时，长城抗战还没有完全结束，冀东各县的群众抗日热情很高，除自发地支援守军抗敌外，还有一些小规模的武装活动，有些是中共党团员搞的，有些是群众自发搞起来的。然而，由于当时党中央没有把团结抗日当作中心工作，而仍以蒋介石国民党为主要敌人，特别是《塘沽协定》签订以后，冀东实际上变成日本殖民地的情况下，民族矛盾已是主要矛盾，但省委和特委对这种形势都没有足够的认识，以致特委没有主动领导这些抗日武装和群众抗日活动，仍然把推翻国民党统治、夺取政权当作中心工作来抓。

在这种思想指导下，10月召开的一次特委会上，布置在迁安举行武装暴动，夺取某镇警察的武器，然后开展游击斗争，并命李运昌负责此项工作。这次会上，我向特委介绍了孙彩的情况。孙彩是遵化人，曾在旧军队干过，不久前，他曾到玉田找我，表示要加入共产党。后来我从遵化县委书记骆凤庭那里了解到，他组织了一支抗日武装，希望参加共产党领导的抗日活动。我把他的情况介绍给特委，但没有得到重视。1938年，他参加了我党领导的抗日大暴动。

在诸多的抗日活动中，玉田反对石友三部队的斗争可算是较大的一件事。

石友三部原是西北军的部队，在玉田城里驻有千余人。冀东"自治"后，改编为"保安队"。他们在各村设招兵处，招兵买马，向群众强派粮饷，并勾结土匪，到处绑票谋财，成为一大祸害。地主豪绅为了保护自家生命财产的安全，招集本县民团，并联络邻县民团，企图消灭石友三部。双方剑拔弩张，火拼有一触即发之势。如何对待这场斗争？特委在10月的一次会议上，研究过这个问题。

我认为，石友三的"保安队"是日伪武装，反对石友三的斗争具有反日的性质，因此我党应主动争取对民团的领导权，把以贫苦农民为骨干的民团变成抗日武装，消灭石友三部。同时还要对其他各地的民团进行分化瓦解和争取工作，扩大抗日武装力量，开展游击活动。玉田县委的部分同志有不同的看法，认为民团和石友三部的斗争是反动派内部的斗争，如同军阀战争一样是反革命战争。因此，我们应当反对。具体做法是号召民众拒交民团费，从而达到破坏地主武装、削弱反动势力的目的。两种意见都汇报到特委。经过讨论，特委否定了后一种意见，但同时又认为，当前斗争应以抗捐抗税为主要方式，借以削弱地主阶级的力量。而对于如何领导抗日武装斗争，没有明确的认识和措施[①]。这次会后，我即到下边布置工作，不料在从遵化到玉田的路上，遭敌人暗枪击伤。

1933 年 12 月，我骑一辆自行车从遵化返回玉田，行至两县交界的界口村附近时，忽听身后有人喊："张先生！张先生！等一等！"我回头见一陌生人正骑车追来，他一手扶车把，一手插在棉袍里似在掏东西的样子。我很警觉，没敢稍停，反而加速向前冲去，身后的人还在不停地喊。突然，我感到右腿一软，同时听到一声枪响。"不好！"我一边想着，一边更加用力蹬车快跑，一直冲出三四里地之后，回头不见了那人，才停下来察看伤势，只见右腿棉裤被打了个洞，鲜血顺裤腿往外淌。我撩起裤腿一看，腿肚子受伤了，好在没伤及骨头。我用手帕包扎好伤口，继续赶路。回到刘家桥，赵达见我受伤，又急又气，一边给我清洗伤口，重新包扎，一边说："也不知伤着骨头没有？乡下什么药都没有，万一化脓就麻烦了！不如我陪你到北平好好检查一下，在那儿治好伤再回来吧？"我觉得她说的有道理，正好可以利用这个机会向省委反映一下京东的情况和自己对当前一些问题的想法。说走就走。我们先到唐山找到李立元，他退党后还是同情革命的，当时在开滦中学当校长。他见我受伤也很吃惊，给我换了药，并帮我们买了火车票，送我们上车后，才告别而去。后来听说这次暗杀是恶霸吴二秃子干的。

这段时间，我家的经济状况已濒临绝境，但我却无暇顾及。不久前，唐山党史部门给我看了一个 1933 年京东特委给省委的报告，其中有一段专门说到关于我的家庭困难情况及特委给省委的建议，现摘录于下：

① 唐山党史档案：京东特委给省委的报告，1933 年 12 月 17 日。

特委老张的家庭，因过去暴动时，曾被军阀没收一部分财产，以后又因他弟弟被捕营救（二十年①被军阀枪决了）和老张几次入狱时营救与接济，现在完全破产，他家有妇孺七口，没有一个能生产的人，现已到了绝粮的境地，他家庭是对我们很帮忙的，过去对我们尽过很大的力，现在还很好。老张参加工作，不能对他的家庭负责，你和互济会能否对他家庭有些补助？如可以，请即交来，以便转给他家（前省委曾决定叫他家庭建立一个社会关系，以后因省委发生问题遂搁下了）。

这个报告我以前没见过，它体现了京东特委在那样困难的情况下对我家庭的关心，令我深受感动。但是，由于我不久即离开特委，而且特委一度遭破坏，所以实际上我家并未得到组织上的补助，而是靠亲友接济。

我和赵达到北平，在王秀江家安顿下来后，给特委写信，报告了我遭暗杀和来北平疗伤的情况，并很快与省委宣传部长老魏取得了联系，向他报告了特委和自己的情况，表示待伤好后即回去。

过了几天，老魏告诉我，省委认为在京东认识我的人太多，目标大，不好开展工作。"你别回特委了，还是留在省委吧，正好我们要办一个报纸，你先养伤，以后就由你负责办报的事！"

我问："特委那边怎么办？"

他说："你先安心治伤吧，那边由我们负责通知。"

我很快就接到李葆华的回信，他催我快点儿回去。我又写信把省委要我留下的决定告诉他。可是，他始终没有接到省委的正式通知。我以后才知道，当时省委已将此事通知了特委书记郭涤生，但他还没来得及告诉李葆华，自己就被捕了。

本来，省委与特委的联系人是省委秘书长张某某，后因张表现不好，省委认为他不可靠，便与他断绝了联系。可是他自己并不知道，仍以秘书长名义到京东活动。李葆华问他关于我的情况时，张当然不知道。这样一来，很长一段时间，李葆华一直误认为我是擅自留在北平，自由脱党了。这个误会，对我后来的工作安排影响不小。直到1945年日本投降后，我在张家口见到李葆华时，他才对我说："过去对你误会了，现在已查清楚，当时确实是省委决定让你留下的。"

---

① 此处是指民国二十年，即1931年。

艰难岁月

决定留京工作以后，就作长期打算，我们在东城宋碾胡同租了一间家庭公寓安顿下来，此时是 1934 年 1 月。

我回北平办报，仍属宣传部领导。不久，省委迁至天津，我的组织关系便由省委宣传部转到北平市委。市委书记叫王学明，人称"小王"，我通过教育工作者联合会与市委联系。

1934 年春，我们搬到西城的顺城街，房东是两兄弟，住里院的正房，我们住在二门外一间隔成两小间的屋子，东跨院住着一位有名的教授。随后，我妹妹金芳来北平求学。但当时我们家境十分困难，我的收入很少，赵达离家出走后与家庭断绝了一切联系，根本无力供她读书，求职也无结果。所以，7 月初，在赵达生了女儿以后，金芳就回老家了。她回去后，宋兰坡（路拓）设法给她找了一张初中毕业文凭，求县督学王建勋找了小学教师的工作，先后在杨庄子、李家桥、郭屯等村小学教书，家里的情况才有所好转。王建勋乘机骗我母亲，以金芳做他的儿媳为条件，可免除对我的追缉。金芳不为所动。后来又传过话来，说如果不说出我的下落，就要金芳去当县长杨尚志的小老婆。金芳依然不理睬。为了安全，她每晚都要更换住处。杨尚志见诱骗不成，一天夜里，派人到郭屯抢人，结果错把学校对面校董的小老婆抢去了。那几年，经济破产加上政治迫害，父母年老，儿女年幼，金芳既要教书养家，还要参加党的秘密工作。抗战开始后不久，我父亲病故了，汉奸特务仍不断找家里的麻烦，金芳的处境也更困难，她几次向当时玉田党组织负责人要求离家参加工作，均未获同意。后来在县里实在待不下去了，1940 年 3 月，在宋兰坡和田砚农的帮助下，金芳和兰清（我的长女）一起经芦台转道北平、保定、高碑店到了平西根据地。此后，家里只剩母亲和马玉珍母子，生活更艰难。而且敌人又来抄家，并经常到家里来拷打我母亲，查问金芳和兰清的去向，母亲的眼睛被打瞎了，最后在贫病交加中死去。这些情况，我都是后来才知道的。

不久，我们把赵达的儿子小胜接来，托江浩的朋友熊希龄帮助，送进香山慈幼院读书。后来得知，当时熊先生还把李大钊的一个儿子也送到慈幼院，并和小胜编在一个"家"里。以后，每当我们去看望小胜时，也把大钊的孩子一块儿接出来玩一天，再送回去。

　　根据省委的要求，由我负责筹办的那个报纸定名为《教育日报》，由省委负责人之一、教育工作者联合会负责人岳一峰和我一同筹集经费，主要由教育界的人担任股东，其中有张苏（共产党员）和王秀江、赵玉生等一批进步教师。岳一峰为主董事（董事长），我为社长兼总编，副总编是丰润县委负责人苏乐尧，经理由一个姓秦的遵化人担任，他在政治上比较落后，因是一位大股东推荐的，不好拒绝。报社设在西城石驸马大街（今新文化街），旁边是张友渔办的世界日报社。虽然我认识张友渔，且知道他是中共党员，但因秘密工作的纪律，我们装着不认识。张苏也是如此，虽然知道对方是党员，彼此心照不宣，在没有经过上级同意的情况下，不发生横的联系。

　　经过一段准备，1934年5月初，《教育日报》创刊了。它一开始就以左翼面目出现，重点反映中学情况，也反映时事，抨击社会时弊，每天由我写社论和小评论。同时，也给《北平晨报》《世界日报》《大公报》等投稿，反映长城抗战、《塘沽协定》签订后的局势、冀东"自治"及国民党撤出该地区后的情况，如学校不许挂中国国旗，名为"非武装区"，实为殖民地，日本派顾问"指导"当地政府官员，实行毒化政策，到处开妓院、烟馆，抓劳工，等等。不久，《教育日报》即引起当局的注意，接连受到两次警告和停刊一天的处罚，同时处处受限制、刁难，加上经费不足，处境十分困难。组织了解到这些情况后，认为此报倾向性太明显，于这年11月停刊。这个报纸从创刊到停刊，前后只有半年左右。这段时间我与北平市委书记王学明保持着联系，但不久市委遭破坏，我也和组织失去了联系。

　　这一时期，日本侵华战争不断扩大，民族矛盾日趋尖锐，人民要求抗日的呼声日益高涨。但是，蒋介石却一面对日本侵略者步步退让，一面调集重兵一次又一次"围剿"中央苏区。而中共中央在王明错误路线把持下，仍以反蒋斗争为工作重心，在苏区进行反"围剿"，在白区组织罢工、暴动和兵变，北方党组织不断遭到破坏。1934年，第五次反"围剿"失败，党中央被迫放弃中央苏区，并开始了艰苦的长征。1935年7月，国民党政府同日本签订了卖国的《何梅协定》，更加引起全国人民的不满。我党中央在遵义会议纠正了王明"左"倾路线的错误，同年8月发表《八一宣言》，号召全国人民团结起来停止内战，一致抗日。此后，党的工作重心转到抗日斗争中来。

　　《教育日报》停刊后，我既要为养家糊口、谋求职业而奔波，又要到处探听党组织的消息，我们的生活更加困难，连房租都交不起了，只得又回到王秀

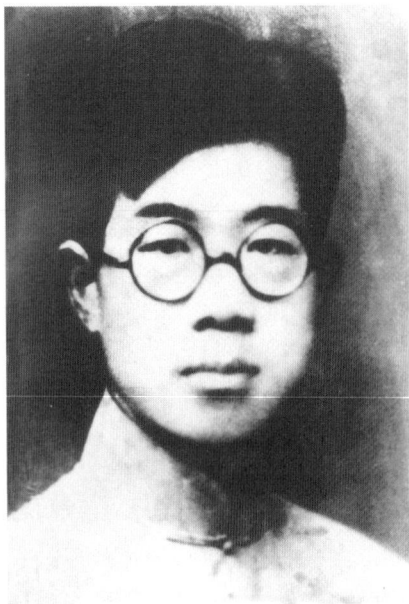

1934 年在北平当记者

江家去住。这时，北平《小实报》的一个记者（我在晨报时认识的）约我与他共同办一个通讯社，由他负责筹集经费。经过紧张的筹备，很快办起了光明通讯社。我们每天向各个报社发稿，内容主要是关于当时社会新闻或揭露时弊等，赵达也抽空帮我抄写稿件。后来，我发现那个合伙人原来是个政治流氓。他原以为与我合作有利可图，不料我除了一支笔，可说是一无所有。1935 年春节过后，他拉了一个军人来当老板。我们见了一面，他提出由他派人接管通讯社，并要改名称。我不同意，与他争论起来，他便强占了房子，并把我赶走，通讯社也停业了。

当时王秀江在民国大学教书，为了帮助我解决生活困难，他叫我去给他代课，每周两三次，勉强维持一家三口的生活。不久，经王秀江介绍，到位于和平门的中华中学代两个班的课，每月可得 10 元左右的薪俸，总算可以维持生活了。这个工作一直维持到 1936 年夏天我被捕前。

这期间，我还经常参加一些社会活动，如宋庆龄创办的反帝大同盟、教育工作者联盟、学联和抗日民族先锋等团体的活动，以及一二·九学生运动等，我都以记者的身份去参加，并加以报道。在参加李大钊安葬活动时，当时因李大钊的长子李葆华不能出面，由大钊的侄子李海涛代子打幡，我就是这时候认识李海涛的。我希望通过这些活动来寻找党组织，但谈何容易啊！

机会终于来了。在一二·九运动前后，我遇到在光明通讯社时认识的刘清树，他是民国大学的学生，也是《大众日报》的外勤记者。我知道这个报纸的倾向是中间偏左的，问他可否介绍我到那里去工作，于是他把我介绍到大众日报社，报社在绒线胡同路南的一座小楼上，社长叫王效禹，山东人。他得知我是个老记者，以及我报道的思想倾向时，非常高兴，让我当了总编。到大众日报社后，才知道这只是一个掩护性的职业，没有工资。我和刘清树参加党领导的华北民众救亡会的工作，常在一起议论时事，对问题的看法颇为相近。工作之余，还和几个合得来的人一起筹办青年记者联合会，以联系进步记者。有一天，他问我知不知道共产党，并说要给我介绍一位朋友，可以介绍我加入共产党。我不知他的底细，未敢贸然应承，只含糊说，听说过一些共产党的事，但不甚了解，很愿意会会那位朋友。过了几天，我们按约定的地点会面了，原来他的朋友是娄有锦，我们早在1928年在顺直省委时就认识了，后来又在天津三监一起坐牢，想不到这次在这种情况下重逢，真是喜出望外！我向他谈了这几年的情况，说明现在失去组织关系的原因。他告诉我，他现在叫李景春，在北平一个区委负责，并表示一定向上级反映我的情况。这时我才知道，刘清树不仅是中共党员，还是支部书记，以后我就参加他这个支部，由他负责和市委的联系。

经过这几年的风风雨雨，特别是添了孩子以后，赵达已经不再像刚离家来京时那样浪漫，当主妇的平淡烦琐，找不到党组织的苦恼，都使得她情绪烦躁，时有抱怨。我很理解她的心情，便托王秀江帮她找一份工作。1936年春节后，我们把孩子寄养在西单附近的一个人家，她便到长辛店的铁路扶轮小学去教书，星期六晚上回来，星期日晚上回去。这样一来，我倒觉得轻松了许多。

1936年春，在纪念"四一二"的群众游行中，刘清树被捕了。和他关在一起的一个学生模样的人对他说："我是学生，很快就会放出去，你有什么事，我出去可以帮你办。"刘清树便叫他给我带了一张纸条，说他被捕了，关在公安局。不料这人是个特务，当即根据地址（西城达智营）带人来我家搜查，没搜出什么，就把我抓走，送到公安局拘留所关押。

这次被捕，除了刘清树的字条外，没有任何证据。在审问时，我只说我与刘是报社的同事，他带字条给我，不过是为了让报社知道他的去向而已。敌人见问不出什么，也无可奈何，这样关了四五天，正好市长秦德纯（西北军的）和公安局长来拘留所视察。我曾采访过秦市长，见他们来，便向他打招呼。市长见了我，惊讶地问："你怎么在这儿？"我说，因同事被捕而受牵连。市长听后，问公安局长："这是怎么回事？"局长也说不清楚。我又讲了因刘清树让人带信而被抓的情况，市长对公安局长说："他确是记者，我认识他，你处理一下吧！"这个局长是留苏归来的，思想不很反动，他没再问什么，下午就把我放了。

我被捕时，赵达正在长辛店。周末回来，只见桌上一盘削好皮的荸荠已经干枯，也不知我的去向。她又去看孩子，那保姆说，前几天孩子发高烧送医院了。问她送哪个医院，她也说不清楚。赵达急坏了，跑了几家医院都没结果，心想，

艰难岁月中的赵达母女（1935年夏于北平）

就是死了，也要看看孩子埋在哪儿呀！正在伤心时，我突然回来了。

赵达见了我，满腹委屈地痛哭失声，我好不容易才让她平静下来，告诉她我被捕的情况和孩子的病情。她急不可待地拉着我奔协和医院看孩子。孩子果然病得不轻，猩红热并发急性腮腺炎、败血症和肺炎，虽然做了手术换了血，但仍在危险期！我极力安慰赵达，叫她放心回长辛店上班，这里有咱们的一位同志是医生，他会尽力救孩子的……

由于刘清树被捕，我和他的联系也就中断了，因此，又一次与组织失去联系，筹办青年记者联合会的工作也因此而中断。

还是在刘清树被捕之前，曾介绍我认识了进步人士、中国大学（在二龙路）教授何寒威，商定由何教授出面，我们参加，共同筹办一个刊物。刘被捕后，我继续与何寒威联系。五六月间，一次我去他家商量办刊之事，不料，一进门就被几个特务扭住了。原来，他已被捕，特务们在他家"蹲坑"，来一个，抓一个，我又一次被捕了。先送到公安局简单讯问后，就转到位于铁狮子胡同的华北"绥靖"公署（宋哲元部）看守所关押。这次被捕，用的名字是张之平。刘清树和何寒威也关在这里，放风时见过他们。审问时，我说他是教授，和我约了稿子，我是去谈如何写稿的。此时，赵达仍在长辛店教书，女儿重病住在协和医院。知我被捕后，她曾去铁狮子胡同探望过我一次，我嘱其找王秀江等朋友设法营救。一个多月后，秀江在东城南小街找到开杂货铺的玉田朋友，把我保释出来。而刘、何二人则被送到军人反省院。我出狱后得知市委又遭破坏，人事全非，一时很难找到党组织，但我仍不放过任何线索。

还是在1933年，我曾同刘仁有过联系，后来他去了归绥（今呼和浩特），我们曾通过信，这次出狱后又给他去信，却无回音。我又到清华大学找艾光增，问有无刘仁的消息，他说只听说刘出国了，没有消息。解放后才知那时刘仁去了苏联。我又到北大三院找艾光增的老乡白家驹，这是 1928 年我在警司关押时，同监的张又清介绍的关系。他那里也没有党组织的消息，但却打听到乔国桢已经出狱，现正在西山养病，我急忙去西山疗养院看他。原来，他也正在寻找党组织。他在三监时得了很重的肺结核，现在一边疗养一边找党，全靠朋友帮助维持生活。他打算在找到党组织或病情好转后，去陕北苏区，并叫我也去。

我又到北平一监去看望武竞天，但狱方却说："没这个人！"我不知他出什么事了，为什么没在监狱？寻不到组织已很焦急，竞天又下落不明，更增加我的不安！我就这样到处寻找，到处碰壁，再加上出狱后不能再去中华中学教书了，断了生活来源，赵达又因说话不慎引起学校怀疑而被解聘，这真是屋漏偏逢连阴雨，祸不单行！

经过这一阶段长期地下斗争的严格锻炼，我的思想逐渐成熟起来，参加革命初期那种简单幼稚、浮躁和个人英雄主义思想作风得到克服。但是，由于这些年我党中央较长时间被"左"倾错误路线所控制，加以和党组织的关系时断时续，难以全面正确地掌握党的方针政策，在工作范围和工作方式上多是个人活动（记者），没有经受像在玉田那样大规模的群众活动的锻炼，所以还不能说在思想上政治上很成熟。

由于我在短短的半年内连续两次被捕，在北平已很难开展工作，一时又找不到党组织，我和赵达商量，决定离开北平，另谋出路。我试探着说："中央红军已经到达陕北，要不，咱们去陕北吧？"

她一听就高兴起来，说："对呀！那里有党中央，有红军，咱们一定能和组织联系上，可以轰轰烈烈地干，再不用受这样的窝囊气了。"

我把去陕北的意图告诉了王秀江，他很赞成，并说，正好他有一位朋友在榆林女师当校长，现在来北平招聘教师，"你们何不先到那里，再做下一步打算？"我觉得这个办法可行，榆林离陕北苏区不远，以前我在顺直省委时就知道那里有党组织，到那里可以见机行事，或许能与当地党组织取得联系也未可知。

一天，我去中国大学打探消息，正走着，武竞天突然出现在我面前。这真是踏破铁鞋无觅处，得来全不费工夫！我们都特别高兴！原来，他因"大赦"减刑三分之一，刚刑满出狱，也正为寻找党组织着急呢。他对我说，这几年平津党组织连续遭破坏，老人儿都找不到了，不如干脆到陕北苏区去。他在西安有同乡和同学，所以想先去西安，估计从那里去陕北苏区比较容易。我听后更加高兴，对他说："我们也正想去陕北呢，现在榆林女师来北平招教员，我正要去应聘。榆林原来就有党组织，能和他们取得联系最好不过。如果不能，就去苏区。"他很赞成我的打算。于是我们相约，无论谁先找到组织，都互通消息。我们又一起去香山看望乔国桢，告诉他我们的打算，也约好今后互通消息。从此以后，竞天几乎每天都到我家来，直到我们离开北平。

在去陕北之前，为了带不带小胜一起走的问题，我和赵达犹豫再三。小胜是江震寰的遗孤，此时已经9岁了。带他一起去陕北，自然没有什么不便。但考虑到去陕北前途未卜，万一发生意外，我将会遗憾终生。我和赵达再三商量，决定把他留下比较妥当。香山慈幼院是由熊希龄先生资助的一所慈善学校，条件很好，孩子寄养在这里，生活学习都有保障，而且还可得到他几位姑妈和舅舅的照料（当时赵达的三弟赵通和堂弟赵迪都在北平），想必不会有什么问题。

行前，我们一家和武竞天一起，最后一次把小胜和大钊的孩子接出来在香山玩了一天。看着两个孩子在林间草丛中欢快地玩耍，我们的心情却倍感沉重，不知道下次何时再见到他们？还会有这下一次吗？

8月下旬，我携妻带女踏上了去榆林的漫漫之路，等待着我们的将是什么呢？

在榆林女师

我们一家乘火车到太原后，换乘"驾窝子"①经文水、离石，北上至碛口以北的丛罗峪过黄河到蝎蜊峪，再经米脂、镇川堡到达榆林。

榆林是陕北与绥远省（今内蒙古之一部）交界的重镇，当时的建制为"府"，城北边，古长城蜿蜒东去，在这里设"镇北台"，是通往内蒙古的重要交通关隘。

在北平时，我曾从张又清和韩蔚生那里了解到榆林建党很早，以为到榆林以后，可以很快和党组织接上关系。但到此以后，经过一段观察和了解，却出我的意料，这里的党组织早已遭破坏，不但没有见到党的任何活动，连一些进步的群众性活动也没有。我们必须在这里开辟新的阵地，重新建立党的组织，开展革命活动，打破反动派统治下万马齐喑的局面。

---

① "驾窝子"是山区特有的一种交通工具，其状似轿或篷车，但只有一匹牲口驮载，在驮子上绑两条长木，上面搭板，罩以席棚，里面可坐可卧，可乘2—3人，适于带家眷的人乘坐。

一、榆林女师

我到榆林女师时，共有四个班：高级师范一个班（高师班），简易师范三个班——26班、27班、28班。1937年暑假，简26班学生毕业后，又招了个29班，仍是三个班。高师班毕业后，就没有再招生。

起初我给四个班的学生讲教学方法课，高师班毕业后，我担任了27班的班主任，一边教学，一边了解情况，通过与学生、教师的广泛接触，很快同他们建立了良好的关系。

当时统治榆林的政治势力主要有三派，一是地方实力派——当地驻军八十六师，师长高双成，其政治部门由蒋介石的势力掌握着。他反对共产党，又怕蒋介石"消灭异己"，同蒋貌合神离。二是国民党党部，包括其特务机关"复兴社""CC社"等，属蒋介石的嫡系势力。在教育界主要是"CC"的势力控制着。三是榆林的政府机关专员公署，是国民党政权的代表，其内部也有派系间的斗争。以上各派之间，主要是地方势力与"中央系"的斗争，但其反共立场又是一致的。

榆林有三所中等学校：女子师范、榆林中学和职业中学。三个学校的校长都是国民党员，女师校长李楷（号正斋）思想反动，教务主任孙浴之（原名孙荫沂）曾是中共党员，不知何时脱党，是李楷的得力助手。职业中学的校长高崇（号宗山）最反动，那里的工作一直未能很好地展开。榆林中学校长徐绍林比较中立。

七七事变前，各校对学生的进步活动防范很严，极力压制。所以，我只能利用课堂结合教学，向学生进行抗日救国宣传，如控诉日本帝国主义者侵占我东北三省和华北地区的罪行，揭露国民党的不抵抗政策和"攘外必先安内"的反共政策及其与日本签订《塘沽协定》与《何梅协定》等卖国条约的罪行，宣扬全国人民的抗日斗争、共产党团结抗日的主张和"国难当头，匹夫有责"的道理。虽然不能讲得太露骨，但通过这些宣传，团结了一些进步青年，他们常在课余来到我的宿舍，要我给他们讲更多的革命道理。不知谁搞来一台收音机，我们常常聚在一起收听广播、了解时局，有时也讨论一些问题。细心的同学将重要新闻记录下来，赵达也兴致勃勃地在一旁一边帮他们削铅笔，一边不时插几句话。这些都为以后在榆林开展群众性的抗日活动和建立与发展党组织创造了条件。

我到榆林后不久，又有两个党员相继从北平来到榆林。1936年11月，唐奉都（即唐永健）一家三口来到榆林，他在职业中学任教，并在榆林中学兼课。我和他在北平时就相识，知道他是党员。据他说，在来榆林之前，也与党组织失去联系。阎方昕是 1937 年年初来的，在榆林中学当教师，同时在女师兼课。他是在北平学生运动中受迫害，党组织要他来的，由于榆林没有党组织，无法接关系。我们很快取得联系，一致认为，虽然榆林没有党组织，但我们还是应当过组织生活和开展工作。1937 年春节过后，我们成立了党的临时支部，由我任支部书记，从此各校学生中的革命活动在临时支部的领导下逐渐开展起来。

赵达是带着极大的希望和幻想来到榆林的，对榆林的现状毫无思想准备，原以为到榆林很快就能找到党组织，能到游击队去，轰轰烈烈地干革命。没想到情况和她想象的完全不同。她觉得跟我来到这个远离家乡千山万水的偏远小城，四面荒无人烟，人们的思想、习惯似乎还处于原始时代，哪有什么革命可言。特别是后来为了争取当地上层人士，我经常让她参加一些应酬，或参加学校组织的演出，她更是想不通。记得有几次是八十六师师长高双成请客（一次是庆贺该师参谋长荣升为副师长；有两次是分别宴请前来做统战工作的周小舟和刘澜涛；还有一次是迎接新来的将领邓宝珊），叫我去作陪。但我既不会喝酒，也不善应酬，只好让赵达陪我一起去。由于当时没有对她讲清情况，她对此很不理解，认为似乎又回到过去那种纸醉金迷的生活，感到非常屈辱和气愤。她开始发脾气、和我吵闹，"难道我就真的忘了仇和恨，忘了为什么丢了孩子、离开妈妈？"我无法向她解释，心情越来越沉重。

与妻子赵达、女儿晓霁在榆林（1937 年）

唐永健和阎方昕的到来，使赵达的心情好了许多，毕竟都是从北平来的，总有些共同语言，而且与唐永健夫妇本来就很熟，我们两家的女儿又是同岁，更添了不少情趣。阎方昕是个未毕业的大学生，为人活泼，多才多艺，和赵达很对脾气。因他没成家，课余时常到我家来玩，放假期间食堂停伙，他干脆在我们家吃饭。

榆林虽然偏僻落后，但这里的思想文化相对来说还比较发达，不少从平津学成回来的进步知识分子把新文化新思想传播到这里；陕西党的领导人李子洲、刘志丹和高岗等，都曾在这里工作或学习过。现在的军政当局对文教界也颇为重视，每年春秋两季，都要举办当地党政军首脑和各校教师参加的郊游活动，借以联络感情。

榆林城外不远就是残断的古长城，再往北是毛乌素沙漠，沙丘几乎与城墙平，城北十余里有红石峡，因两岸山石呈红色而得名。峡谷虽深不过数百米，长千米左右，但潺潺榆溪河自北而南穿石而去，鬼斧神工铸成绝壁峭崖，地势险要，气势雄伟，故又称为"雄石峡"。历代兵家在此屯兵筑塞，明代修复的七百里长城横贯峡谷而过，并在红石山最高处建"镇北台"。和平时期，在长城关口附近设有集市，汉蒙两族贸易交往不断。自古佛、道两教的信徒在红石峡的峭壁上凿窟建庙数十处，错落有致，统称之为红山寺，每逢庙会，善男信女们络绎不绝。这里还有各朝文人雅士、社会名流和镇边将领们的摩崖题刻，既有"龙盘虎踞""雄石封关""岩壑金汤"之类的赞誉之词，更有"蒙汉一家""力挽狂澜""还我河山"等呼唤民族团结、号召抗日的豪言壮语。因此红石峡是郊游的首选之处。届时榆林各界人士自备餐饮，携家带口，或骑马，或乘车，兴致勃勃畅游名胜古迹，可算是当时最隆重而有趣的活动。

七七事变后，榆林的抗日救国运动发展较快，由小范围隐蔽的活动，转为大规模公开的群众运动。

这年暑期，国民党的主要头头和三个学校的校长、教务主任等都到江西庐山受训去了，对学生的防范有所放松，我们抓住这一大好时机，组织学生宣传队、歌咏队、话剧团等，在校内外进行抗日宣传，并以陶行知办学的合法形式，用"工学团"的名义，到郊区农村去开展宣传活动。记得，我为剧团编写了《沪战一角》和《血泪仇》两个剧本，和同学们一起演出。高双成有一个秦腔戏班，听说学校的师生演戏，觉得很新鲜，就请我们到他的戏院去演出。除了抗日题材的剧目外，我们也排练了一些旧戏穿插其间，以吸引观众。师生们动员赵达也来参加演出，她对师生们自娱自乐的宣传演出还可以接受，出乎我意料的是，她对在戏院登台却特别反感，竟至和我大闹。此外，我们还组织学生把每天收听到的战况新闻编写成快报，向群众散发。这些活动都收到良好的效果。当时，榆林当局迫于抗日形势，建立了由各界代表组成的榆林各界抗敌后援会，高双成挂名任主任委员，我被推举为宣传委员，实际工作都由三校的教职员来做，主要是宣传抗日、开展募捐活动等。我们利用这个合法组织和高双成主办的《陕北日报》，公开宣传抗日斗争和我党的团结抗日政策，我也在报上发表过一些文章。但是，在开学以后，去庐山受训的反动头目回来，加强了对抗敌救援会的控制，我们只得退出。不久，这个组织就名存实亡了。

在女师和榆林中学还有妇女抗日救国会、青年抗日救国会和民族解放先锋队等群众团体，我们通过这些团体团结爱国青年，揭露国民党假抗日真反共的虚伪面目，同他们破坏团结的阴谋作斗争。通过这些抗日活动，学生中涌现了一批积极分子。

二、临时党组织

通过开展各种形式的抗日活动，我们在积极分子和进步学生中发展了一批共产党员，现尚能记忆的有：女师的宋兴华、高振亚、马淑明、董芳兰等，榆林中学的有王国寅、张学德等，总共有10人左右。在发展这些党员时，都向他们说明，由于现在与上级党组织失去联系，所发展的党员无法经上级党组织审批，因此他们的党籍是临时的，将来还需要经过上级组织的重新审查批准，才能算正式入党。1938年，他们到延安以后，都经过重新审查，确认为正式党员。随着党员人数增加，我们决定将临时党支部改为临时党委①，仍由我任书记，我和唐、阎三人各自负责一个学校，分别建立党支部，各支部间不发生横的关系。

同时，我们不放过一切机会，争取与上级党组织联系。

我到榆林不久，便接到武竞天的信，说他已到达延安，向党组织汇报了

---

① 关于在榆林的临时党组织，我在1989年9月15日写给刘澜涛同志办公室的材料中说是"临时工委"。因其他自述材料中都说是"临时党委"，故这里仍采用"临时党委"的说法。

我的情况，并转达了组织的意见：在榆林等待，上级派人来时，再与我联系。1937年春，中央派周小舟来榆林，我得知后，即去找他谈了我们的情况，请他帮助我们去延安。如暂时不能走，也请他帮助与组织接上关系。周小舟说，他此次来榆林的任务是争取八十六师师长高双成合作抗日的，不与地方党组织联系。但他答应向上级反映我们的情况和要求，并说："既然你们已经在这里站住脚，开展了工作，就不要放弃这个阵地。"

这期间，我从报纸上看到薄一波在太原组织牺盟会的消息，立即给他写信，谈了我们的情况，请他帮助与组织联系。他将我的信转给了中共中央北方局代理书记彭真（当时北方局已迁至太原，书记刘少奇去了延安）。不久，接到彭真的信，叫我们在榆林坚持工作，等待上级来人。后来我到延安向中央组织部汇报时，才知道彭真和武竞天、周小舟等同志都把我们的情况向中央组织部作过汇报，但因榆林没有地方党组织，中央组织部又无人来榆林，所以始终没能与我们取得联系。

暑假期间，中央派刘澜涛来榆林做统战工作，我又向他汇报了情况，他也因中央规定不能与地方党组织发生关系，只答应回去后向上级反映，要我们等待上级另派人来。这年冬天，有一个叫高志挺的人来到榆林，通过小商贩李文正找到唐永健，说是延安派来的。唐问我见不见，我叫唐先了解清楚此人的情况。两天后，此人不知去向。直到年底，上级一直没有派人来找我们。

学校当局利用少数反动教师，一面宣传"读书救国""当个好学生"，一面欺骗利诱部分学生监视进步师生的言行，制造分裂，破坏抗日运动。记得在群众性抗日活动广泛开展起来以后，女师校长曾派他的亲信混迹于进步学生之中，到我宿舍来探听我们的活动，向校长报告。同学们很快发现并揭露了其卑劣行为，向其进行说理教育，让他认识错误，不要再充当校长的爪牙，同时，我们也提高了警惕性。有的反动教师还策划成立反动组织，诱骗不明真相的学生参加。我们及时向同学们指出该组织假抗日真反共的实质，劝阻学生不要参加；有些已受骗参加该组织的，都纷纷退了出来。

到 延 安 去

从1937年下半年起，一些党员和进步学生通过不同的渠道陆续去了延安。临时党委经过研究，决定尽可能动员学生和党员到延安去，我们也设法前去，但一定要谨慎从事，不能让敌人觉察。到放寒假时，进步学生已走得所剩无几。

赵达虽然也参加一些群众活动，但总是觉得自己没有"真正的革命工作"，不过是作为我的家属混日子而已。她很苦恼，也很不安心，经常和我发生口角。我考虑再三，决定让她先去延安。1937年10月间，我告诉她，武竞天已到延安了，我打算等放寒假以后再去，问她是否愿意先去，她当即急不可耐地答应了。两天后，我托人雇了一辆"驾窝子"，送她们母女上了路，对外人只说她们过不惯这里的生活，回老家去了。

阎方昕去延安颇具戏剧性。榆林中学的进步学生与国民党操纵的学生之间，平时矛盾和冲突不断，12月，几个反动师生检举阎方昕是共产党，诬陷其"破坏抗日"，他因而被捕，送到八十六师师部关押。我和唐永健一面组织学生揭露敌人的阴谋，一面亲自去见新来的驻军首领邓宝珊（爱国抗日的将领，与共产党有合作关系）交涉，表示强烈抗议，指出这是国民党的阴谋陷害，要求立即释放阎方昕。邓宝珊表示，他反对随便抓人，答应立即查问此事。次日，阎方昕就被释放了，他总共被关了五六天，但学校却因此而解聘了他。过了几天，他告诉我们，高双成找他谈话，要派他去延安担任八十六师驻延安办事处的秘书，问我们怎么办，这大出我们的意料，经分析，认为高双成这样做有三个目的：一是为了与共产党拉关系，表示友好；二是向"中央系"的人表示，不要欺人太甚，否则，他们随时可以投靠共产党；三是不管阎方昕是不是共产党员，把他送出榆林，免生是非。所以我们向阎方昕建议，对高双成的委任，既不接受，也不拒绝，等到了延安，请示组织以后再定。就这样，阎方昕便去了延安。后来听说组织同意他担任八十六师驻延安办事处秘书。不久，唐永健一家也到延安去了。

我是放寒假后离开榆林的。这段时间，我在公开活动中经常露面，学校乘学期结束时将我解聘，这正中我下怀。几天后，我带着几个同学一起经米脂到绥德，一路上大家说说笑笑，十分融洽，他们提出一些问题，我都一一作了回答。我们在米脂停留一天，住在女师学生曹相如家，见到几个女师的学生，动员她们也到延安去。我还找过八路军驻米脂办事处负责人文年生，向他介绍了女师学生想参加抗日工作和去延安的要求，请他们给以帮助，他们表示欢迎。快到绥德时，一个学生突然对我说："张老师，我对不起您！"我感到很诧异，经询问才知道，原来他是负有特殊使命的。由于我在榆林的工作很活跃，引起国民党当局的痛恨，但又无可奈何。现在，企图乘我去绥德之机，派这个学生在途中暗杀我。一路上，他听我所谈的都是抗日救国的道理，终被感动，便向我坦白了真相，一再道歉，并表示不再受国民党的利用，要跟共产党走。

在绥德，我遇到了绥德特委的刘文蔚，1930年，我们曾一起在天津三监坐牢，一起进行绝食斗争，几年不见，想不到会在这里见面！要是早知他在这里，我何至于至今找不到党组织？真是相见恨晚！经他介绍，我得知绥德不仅有党的特委，还是八路军的警备区所在地，管辖绥德、米脂、吴堡、清涧、佳县等五个县，认识了特委书记王观澜和和八路军绥德警备区司令员陈奇涵等同志。我向他们汇报了在榆林的情况，并请他们帮助几个绥德籍的女师学生去延安。交谈中，他们告诉我，陕甘宁边区保安司令高岗正在榆林与高双成会谈，过几天就要路过此地回延安，叫我们搭他的车一起走。

我在绥德住了五六天，过了一个愉快的春节。经特委介绍，我认识了高岗，他一边和我握手一边说："你在榆林做了不少工作的情况，我都听说了，你还介绍不少学生去延安，很好嘛！"他听说我们想搭乘他的车，非常欢迎。这是一辆大卡车，同车的还有杨明轩等民主人士和高的警卫员等，加上我们师生数人，一路上十分热闹。据高岗说，他是奉了党中央之命去同高双成商谈关于在榆林设立八路军办事处等问题的，事情办得很顺利（后来由龚逢春去负责榆林办事处的工作）。初次与高岗相识，给我的印象是粗犷豪放。到延安以后，他把我们带到边区党委，即匆匆告别。

至此，榆林临时党委的三个负责人和我们所发展的党员都到了延安，这个临时党组织也就自然解散。尽管它建立的时间短暂，但在发动和领导当地群众抗日救国运动中，依然发挥了积极作用。

第五章　战斗在敌后

（1938 年 2 月—1945 年 10 月）

在 延 安

延安的风貌与榆林迥然不同，延河自北而下，在清凉山脚与南来的南川河相汇，急转向东，形成一个三角地。就在这两河三川的交汇处，延安城西靠凤凰山而建，东临延河，与清凉山上茂密树林掩映着的宏伟古刹隔河相望；南临南川河，与嘉岭山那缺了顶尖儿的宝塔隔河相对。因为那宝塔的缘故，人们又把嘉岭山叫宝塔山，而本来的名字倒被遗忘了。自从这里成了革命圣地，那宝塔也就成了延安独特的象征。延安城里街市繁华，在一派古老的建筑群中，大小两座天主教堂颇引人瞩目。这里虽称不上山川秀美，倒也算是陕北黄土高原上的一块宝地了。

初到延安，最令我振奋的是，这里的革命气氛与白区那万马齐喑的局面形成鲜明的对比，城里城外，人们一片繁忙，却又都是那么轻松开朗，处处欢声笑语，充满朝气。我像流浪在外的孤儿找到了久别的母亲一样，从此有了依靠，再不用担惊受怕，很快就融入了这片自由民主天地，融入了这个革命的大家庭。

这时，赵达已结束了在抗大的学习，先是分配到延安鲁迅小学任教，不久又调回抗大工作。因为她带着孩子，没有住在抗大校内，而是在北门里租了一间民房。

起初，陕甘宁边区党委根据我在榆林的情况，把我分配到边区抗敌后援会任宣传部副部长兼秘书。抗敌后援会设在延安最好的房子——大天主教堂里，我们的主要工作是组织宣传抗日活动，许多知名人士，如艾思奇、柯仲平等都在这里。工作之余，我先后写了几份材料，将我在白区工作及失去组织关系的情况，分别报告边区党委、中央组织部和毛主席。不久，毛主席的秘书周小舟告诉我，主席已看了我写的材料并批转到中央组织部。很快，中央组织部秘书长邓洁找我谈话，说中央已经从北方局和先期到达延安的武竞天等同志处知道你的情况，只是因为榆林没有党的组织，所以一直没有和你联系，中央将很快解决你的问题。

过了几天，邓洁带我去见刘少奇，这是我们自1928年分别后第一次重逢，我的心情十分激动。他详细询问了我几次被捕的情况和现在工作情况。1938年4月，少奇通知我说，你的情况中央已经审查清楚了，认为没有问题，批准恢复组织关系。后来彭真告诉我，当时中央有党务委员会，专门审查处理干部的党籍问题，我的党籍就是由该委员会批准恢复的。

关于榆林临时党组织的情况，在我刚到延安时，就向边区党委书记郭洪涛、组织部长张邦英、宣传部长王若飞等作了汇报。他们表示，边区党委已经知道榆林的情况，由于临时党委的三个负责人都已离开榆林，这个临时党委也就不存在了，只能作为一个历史情况记载下来。组织上承认你们在榆林做过的工作。对于临时党组织发展的党员，将分别由边区党委审查，逐个解决，凡具备党员条件的，正式接收为中共党员。

两年多来，特别是七七事变以后，形势发生巨大变化，革命又进入了一个新的时期，而我对党在新时期的方针政策了解甚少，所以到延安后就抓紧时间学习补课。当我了解到1937年八九月间，毛主席在中央召开的洛川会议上提出了关于在冀东开辟抗日根据地的主张后，兴奋不已，急切地盼望着早日回到抗日第一线。

我恢复组织关系不久，有一次去看少奇，他告诉我中央将成立马列主义学院，问我是否愿意去学习，我非常高兴地表示愿意去。少奇当即写信介绍我去中组部办了手续。"五一"节过后，我就作为第一期学员到了马列学院。

马列学院是我党创办的第一所较正规的系统研讨马克思列宁主义理论的学院，由张闻天担任院长。第一期学员80多人。有来自红军和白区的一些老同志，也有新参加革命的知识青年。老同志有李先念、李诚光（四方面军的）、李天焕（后来曾在晋察冀当公安局长）、尹达（以后在考古研究所）等。所有学员都按军队编制，过军事生活，接受军事训练。开设的课程有：政治经济学，由副院长王学文主讲；哲学，由艾思奇主讲；马列主义基本问题，由吴亮平主讲；党的建设，由康生主讲；统一战线，由张闻天主讲；陈云主讲建党以来党的干部政策；杨松主讲中国现代革命运动史。这些课程不仅有马列主义基本理论，也有中国共产党十几年来的斗争经验总结。在学习期间，我曾两次聆听毛主席的报告，一次是在马列学院讲《中国革命的主要斗争方式与任务》，一次是在抗大讲《论持久战》。

这是我自1926年在广州农民运动讲习所学习以后，又一次系统的理论学习。所不同的是，这时我已有了十多年革命斗争的亲身体验。所以这次学习虽然时间不长，但对我来说，不论在思想政治水平方面，还是在政策水平方面，都有很大提高，特别是毛主席《论持久战》的报告，从理论上批判了"亡国论"和"速胜论"，提出持久战的方针，把抗日战争科学地分为防御、相持、反攻三个阶段，提出几个战略性的转变，使我更加坚定抗战必胜的信心，而且从战略高度领悟了抗日游击战争的重要意义。这些认识上的收获和由此而奠定的理论基础，都成为指导我以后工作的有力武器。无论在漫长的战争年代，还是在国家建设时期，这始终是我把握各项政策的思想理论依据。经过60年的坎坷岁月，我至今珍藏着当年记录着报告要点的小笔记本。

在学习期间，我常在周末到少奇那里去，向他汇报我的学习心得，听他谈国际国内形势，特别是介绍华北抗战形势和我党关于建立敌后抗日根据地的方针政策，以及晋察冀抗日根据地的情况，有时还给我看一些中央和北方局给晋察冀区党委的指示等文件，其中有些是少奇起草的底稿。

马列学院位于北川口西边的兰家坪，离县城较远，我平时住校，周末才回家。这几年，赵达总认为自己受家庭和孩子的拖累，没做什么工作，尤其是到延安又生了一个孩子以后，更觉得革命壮志难酬，满腹怨气。我每次回家，她几乎都要和我吵闹，责备我不为她着想，"我可不是为了当家庭妇女才跟你出来的！""我要干革命，要报仇！""我要到游击队去，要上前线！"为了实现这些愿望，她提出把孩子送人，我同意了。正好邻居一个姓魏的小学教师只有一个女儿，很想要个儿子，两家说好，因为我们夫妇今后生死难料，这个孩子就不要了。我们给孩子取名"延生"，是延安所生的意思，在他满40天后，就抱过去了。赵达的心情一点也没有好转，常常暗自落泪。我知道她是舍不得孩子，只能尽量劝慰她。

在我即将结业前，少奇问我今后有什么打算，我表示想到晋察冀或其他抗日前线去，最好是冀东。

8月，传来冀东抗日大暴动的消息，恰好我结业了。根据我的请求，少奇向中央组织部推荐，派我去晋察冀区党委任常委、宣传部长。我问少奇，赵达是否一起去，他说，女同志带着孩子长途行军不方便，你一个人走好些。赵达对于我单独去前方很有意见，愤懑之情溢于言表，并发誓说，三个月之后一定去找我，否则各人自便！没想到，在我走后两个月，她就被日本飞机炸伤，从此断了联系。

初到晋察冀

和我一同去晋察冀的还有周小舟和一个晋察冀的交通员（他带着一匹马）。我们从延安步行，中途坐了一段汽车，以后雇骡子，经清涧到绥德。绥德是八路军警备区所在地，稍事休息，由绥德派人送我们到米脂，这里又派人送到佳县北边的一个黄河渡口。过河后，由兴县南边经临县至静乐、岢岚，在此遇到彭真和程子华去延安开会，谈了一些情况，他们听说我们去晋察冀，非常高兴，说欢迎你们来，那儿正缺人呢！分手后，我们到崞县南边与原平县之间过铁路封锁线，有部队护送。以后一路通顺到五台南边的东冶镇，住在门限石村，这是区党委驻地之一。此刻已是9月上旬了。晋察冀区党委在五台山附近的台怀镇，军区在窦村。这时区党委书记刘澜涛尚未到职，聂荣臻为代书记，组织部长李葆华和宣传部长龚逢春主持区党委的日常工作，林铁是组织部副部长。周小舟分配到冀中去了，我留在区党委。虽然中组部介绍我来任区党委常委、宣传部长，但因龚逢春此时尚未离职，我暂任宣传部副部长。约一个月后龚逢春调冀中，我接任宣传部长职。

我们到达区党委时，正值日本侵略军实施"南取广州，中攻武汉，北围五台"的作战计划。敌人集中了5万多兵力从平汉、平绥、同蒲、正太各线发动对五台和冀西的大"扫荡"。我一边和全区军民一道进行反"扫荡"斗争，一边了解情况，学习有关文件，熟悉政策。这次反"扫荡"斗争进行了48天，边区军民取得了重大胜利，也是我到晋察冀后所受的第一次战斗洗礼，我目睹了敌后游击战争的巨大威力，使我更加注意学习和掌握巩固抗日根据地的各项方针政策，以便更好地工作。

11月下旬至12月，区党委机关转移到平山的蛟潭庄，军区也迁至平山境内。当时晋察冀有四个分区：一分区在易县南、满城一带；二分区在五台一带（晋东北）；三分区在曲阳、阜平一带；四分区在平山附近和灵寿等地。平汉铁路以东为冀中，路西是晋察冀（以后叫北岳），互相有交叉。

我在晋察冀区党委的时间仅 4 个多月。此间，我参与起草、修改区党委的文件，并在区党委的刊物《战线》上用"荆阳"的名字发表了几篇政策性文章，如《怎样启发群众参加抗战的积极性》（第八期）、《边区最近抗战形势，为彻底粉碎敌人进攻而斗争》（第九期）、《怎样做好宣传工作》（同上）、《抗战的政治动态与发展冬学运动》《给 × 分区特委的指示信》（第十期）、《怎样进行党内的教育工作》（第十二期）等。

与此同时，我到阜平、灵寿等地进行调研，发现并处理了"刘牛事件"。

刘牛是个雇农，入党后担任四分区灵寿县农会负责人，在减租减息运动中带头斗地主，一个地主告到县里，县长受了贿赂，袒护地主，结果刘牛被地主吊打致死，使群众运动受阻。我听说此事后非常气愤，问区委书记为什么不向上反映，他说反映了，但区党委没有表态。我回区党委后，汇报了这一情况，并查问为何不处理那个县长。原来，此人是阎锡山方面的人，虽然民愤很大，群众要求严办他，但考虑到他是统战人物，不好处理，只把他调走了事。听了这些，我陷入深思，究竟是我感情用事，还是区委处置不当？我找出在延安的学习笔记，认真重温毛主席、张闻天对统战政策的论述，并找出王明《如何继续全国抗战与争取抗战胜利》的报告，两相对照研究，我终于找到了问题的症结。正是王明"一切经过统一战线，一切服从统一战线"的主张，取消了我党在统一战线工作中的独立自主原则，因而削弱了我党对统战工作的领导，造成了根据地工作的混乱。为了团结各阶级、阶层共同抗日，适当照顾地主阶级的利益是必要的，但不能一味迁就。正如张闻天所讲："地主扣我们的人，甚至杀我们的人，是统战中的摩擦现象，对这种现象必须坚决斗争。如果我们让步，则我们在政治上就会丧失阵地。统战失败，抗战也必败。"联系到对"刘牛事件"的处理，我认为这正是王明的错误思想的反映，必须予以纠正。于是我向区党委提出，讲统战，要明确依靠谁，团结谁，打击谁。这件事的性质，是那个县长代表地主镇压群众，我们要给群众撑腰，不能一味让步。后来区党委重新考虑对此事的处理，撤了那个县长。我在《战线》上发表了一篇文章，以这件事为例宣传党的统战政策。

1939 年 1 月，彭真从延安回到晋察冀，还带来一批干部，刘澜涛、狄子才等就是和他一起来的。接着，在平山县蛟潭庄附近的苍蝇沟村召开了边区第二届党代表大会，我参加了这次会议。彭真传达了中央六届六中全会决议，并作了《关于新阶段的诸问题》的报告，宣布成立中共中央北方分局（即晋察冀分局），彭真任书记，刘仁负责城市工作委员会，刘秀峰负责民运部。分局下设晋察冀（后改为北岳）、冀中、冀热察三个区党委，撤销中共河北省委。聂荣臻作了边区《十四个月抗战的经验与总结》的报告和大会总结发言。会议总结了边区党创建晋察冀根据地的经验教训，提出今后的任务是：坚持抗日民族统一战线，动员一切力量，广泛开展游击战争，努力巩固根据地。并提出巩固党的组织，对军队进行整编和训练，实行减租减息，改造基层政权，发展生产，加强财政建设等项措施。会后，我以"荆阳"的名字撰写了《北方局党代会的成功与为实现大会的决议而斗争》的文章，发表在第十四期《战线》上。

在我去晋察冀之前，冀中区审查"托派事件"，抓了一批干部，其中涉及一些晋察冀（北岳）区的人。此事原来由部队锄奸部处理，彭真从延安回来后，发现有些扩大化，叫我去帮助了解一下情况，给他写个报告。

我先后找了几个人谈话，认为定托派的根据不充分，向分局提出意见，后来分局给他们平了反。记得有臧伯平（唐县县委书记），1938年，一个国民党员在政治学校受训期间，给一个想逃跑的学员出主意，教他如何走。后来被发现，把那人抓起来了。问他是谁派来的，他说是臧伯平派的。又问是不是托派，答说是。于是臧伯平就被打成了托派，抓到阜平去审查，直到1939年下半年才释放出来，分配到三分区的一个县当县委书记。还有马天水（平反后分配到北岳二分区任地委书记）、唐县组织部长蔺庭祥、一般干部张生祥等几个人。

边区第二届党代会结束后，彭真找我谈话，要调我去冀热察区党委任常委、宣传部长，此时分局已迁至阜平南易家庄。

我在晋察冀区党委工作虽然不到半年的时间，但这是在抗日斗争第一线度过的，亲身经历了反"扫荡"斗争，增长了关于开展游击战争的见识，初步积累了一些经验，为我到新的地区工作打下了较好的基础。

开辟冀热察抗日根据地

1939年2月下旬，我带一批干部来到冀热察区党委。冀热察领导机关设在平西的野三坡、斋堂一带。

此时区党委书记马辉之、组织部长吴德、宣传部长姚依林，都是原河北省委的成员①，区党委委员有萧克、李运昌、李楚离等。姚依林已调分局任秘书长，尚未离职，他大约在五六月份才离开，我接替他的职务。冀热察区辖平西、平北、冀东三个地区。根据军事斗争的需要，中央决定成立冀热察挺进军，萧克任司令员兼政委，程世才任参谋长，伍晋南任政治部主任。挺进军有两个主力团，由宋（时轮）邓（华）支队留下的一部分和冀东暴动部队的一部分，加上地方武装组成，约1.2万人，集中在平西地区。同时由萧克、马辉之、伍晋南、宋时轮、邓华五人组成冀热察军政委员会，萧克任书记，马辉之任副书记。两套班子统一领导冀热察区的党政军工作。

区党委的班子很精干。只有干事，没有科室。开始有秘书主任赵付定，后来他到天津工作，卞振东接替他，不久，在平北牺牲了。1940年至1941年，由陆平担任秘书长，成立平西地委后，他去平西工作。组织部有干事葛深、蹇先佛（1940年或1941年上半年，葛深去平北地委任组织部长），宣传部干事梁岐，解放战争中在平西牺牲。区党委没有群团组织，也没有社会部，分局派王权来抓社会部的工作，后来他在冀东负伤，回分局了。区党委还有一部电台，台长是个长征干部，齐明为机要科长，负责译电。

我到平西时，根据地已初具规模，但尚未巩固。1938年九十月间，八路军四纵队从冀东撤回平西，随之一起西撤的约5万暴动队伍，到达平西的不足2000人②。大约在1938年年底到1939年上半年，由姚依林负责办了个干部培训班，算是党校第一期，主要培训从冀东撤下来的干部。从第二期改为党校，由我兼任校长，并亲自授课。参加培训班的人大部分是冀东的干部，还有一部分新参加工作的人员。结业后，多数经我与他们谈话，交代任务和讲解有关坚持斗争的各项政策后，再派回冀东，少数派往平北或留在平西工作。这些干部有许多都牺牲了，现在安息在唐山的冀东烈士陵园的烈士几乎都是经我谈话后派回去的，我每次回去扫墓，心情总是很不平静。

《挺进报》是区党委办的刊物，社长张致祥，他曾去平北工作，时间很短，又回报社。

平西根据地包括北平西部的宛平、房山、涞水三个县的大部，良乡、昌平、

---

① 此时冀热察区党委的班子成员主要是原河北省委班子的成员，1938年原河北省委主要成员均在冀东领导抗日暴动，年底随暴动队伍西撤至平西根据地。
② 冀东暴动胜利后，八路军四纵队领导人认为冀东是平原，离平津近，交通便利，利于敌人调动，且青纱帐倒后，我主力部队难以坚持，故决定先撤回平西，待次年青纱帐起再回来。同时，动员部分暴动队伍随主力西撤平西进行整训，在途中遭敌围追堵截，损失惨重。

延庆、涿县、蔚县、怀来等县的一部。大小村庄有 1100 多个，人口 20 多万。

冀热察区党委成立时，平西尚未形成巩固的根据地。1938 年 2 月，八路军的宋时轮、邓华部开辟了平西的斋堂附近一小块地方，后来他们到冀东去了，在 12 月敌人大"扫荡"中，这块根据地就垮了，领导机关撤到一分区（易县）。1938 年冬，冀东暴动受挫后，部队西撤回平西，又带来一批干部，邓七团（团长李水清）留在平西，宋九团只留一个营，部队先到宛平，以后又打开野三坡和房山西北部，恢复了一些地方，建立了平西根据地。当时房山县有前 13 村和后 13 村之分，这后 13 村统称为堂上，地势险要，惯匪刘桂堂在这一带活动。我们在攻打堂上时牺牲了不少人。

平西根据地的中心在宛平的斋堂和涞水的野三坡一带。这个地区山峦起伏，山势险要，沟壑纵横，人稀物乏。特别是冀热察党政军领导机关驻地野三坡更是与外界隔绝。野三坡分上坡、中坡、下坡，统称三坡。它地处房山、涞水和涿县交界（现属涞水县），虽属涞水县，但却在涿县境内，是一块由涿县代管的"飞地"，实际涿县也管不了。因交通闭塞，历来没有政府，而由"老人"统治，上坡的魏姓是头领。因崇敬明朝，清政府在"三坡"之前御封一个"野"字，遂称为野三坡，是未"归化"的意思。我们到这里时，百姓仍保留着明代的服饰，大耳环，船形鞋（鞋尖向上翘，类似现在朝鲜人的鞋），未嫁的女孩子夏天上身只穿肚兜，出嫁后才穿上衣。当时已是民国二十八年，民间仍用着宣统三十一年的年号，可见有多么闭塞。

冀热察区党委成立之后，于 1939 年 3 月在斋堂召开了全区党代表会议。我记得天津、北平的地下党组织也派人来参加。会议传达了中央六中全会精神和晋察冀分局的决议，提出以巩固平西根据地为中心开展冀热察游击战争的任务。八九月间，根据中央坚持冀热察地区游击战争的指示，区党委和军政委员会举行联席会议，认为平西小块根据地已初步形成，平北尚待开辟，冀东在大暴动受挫后，仅存分散的小块游击区。针对这种情况，区党委确定了"巩固平西，开辟平北，坚持冀东"的方针。由于马辉之的身体不好，吴德兼管平津点线委员会①的工作，大部分时间不在机关，区党委的许多日常工作由我主持。

巩固平西：平西是冀热察区党政军领导机关和主力部队的驻地，也是新兵训练和外来干部、军队（如冀东、平津、十分区等）轮训整休的后方基地，因

---

① 负责敌占城市工作的机构。

此，不仅平西群众的负担比其他地区重，而且是日伪军进攻和"扫荡"、实行经济封锁的重点地区，也是北平日军训练飞机驾驶员投弹的靶场，加以自然条件特别恶劣，经济十分落后等因素，造成平西人民的生产生活非常困难，对巩固和发展平西根据地极为不利。区党委在如此艰苦的条件下，狠抓党政军建设，团结并带领全区军民粉碎了日伪军一次又一次残酷"扫荡"。到1939年八九月间，平西建立了4个抗日县政权和一个县级办事处。发展中共党员500多名，较大村庄建立了党支部。

与原平西根据地的战友们在一起（1982年冬，北京）

军事方面，当时在平西地区的抗日武装由几方面组成，即八路军的挺进军，东北流亡学生组织的抗日先锋队，还有冀东大暴动后撤到平西整训的抗日联军及其他五六支抗日队伍。他们各有防区，互不相属，行动起来很不协调。这种状况对于巩固根据地和对敌斗争都十分不利。区党委和军政委员会首先抓武装力量的组织协调工作，边战斗，边整训，统一了正规部队番号；分别按县、区、乡建立游击队的大队、支队和小组，从而实现了对全区武装力量的统一领导、统一指挥。

平西根据地逐步巩固，引起敌人特别重视，经常来"扫荡"，时间最长的一次是 1942 年秋季大"扫荡"，每次"扫荡"都实行"三光"政策，烧得片瓦无存，牺牲很多干部群众，冀东来的干部，在平西牺牲的不少。我在区党委与干部接触多，很有感情。在反"扫荡"转移时，地方干部或随军或单独行动，一些病残者隐藏在群众家里或山林中，有时被敌人发现，惨遭杀害。如区党委行政科长张益祥，玉田人，曾在遵化县芦各寨教书，是我介绍入党的；蓟县的徐志甫，原在香河工作，派往平北开辟工作，是昌（平）延（庆）联合县委书记；胡英，湖南人，昌延联合县县长等，都在经受敌人严刑拷打后惨遭杀害。吴继禹是房山县副县长，大"扫荡"时牺牲了。还有卜庸、卜占洲（卜素）等。卜庸在原涞（水）涿（县）联合县大队，后回冀东，在丰润县杨家铺战斗中牺牲。卜占洲开辟妙峰山区，是昌（平）宛（平）联合县办事处主任，后牺牲。他们都对平西根据地的建立做出贡献。除大"扫荡"外，敌人在北平的南苑有个飞行大队，把平西作为训练靶场，定期轰炸，房（山）宛（平）县良乡一带遭轰炸最多。有的炸弹不爆炸，我们就拆了做手榴弹。

平西培养了一大批外边来的干部，冀东的就很多。平西原来的干部一部分是打开北平第二监狱后出来的，如彭诚、魏国元（原在宛平工作）、杨继之、杜存训、史梦兰（宛平宣传部长）、焦若愚（宛平第一任县长）等，一部分是一二·九运动和七七事变后从北平出来的，区党委成立后，又陆续从平津动员一部分青年出来，有的送到别处，有的留下，如杨大章（铁路职员）、周彬（姚依林之妻）、张洁清（彭真之妻）等。

1939 年 5 月间成立了中共平西地委和专署，辖房（山）良（乡）、涞（水）涿（县）、宛（平）、宣（化）涿（鹿）怀（来）4 个联合县。地委书记郭永明，组织部长郭强，宣传部长申子谦，专员是任伯华，后来是朱其文，军分区司令员萧文玖。1940 年 1 月，地委和专署曾一度撤销，以后归区党委直接领导，但这样反而不利于工作，半年多以后又恢复了地委，李德仲为书记，陆平 1941 年到区党委任秘书长，成立地委后，也调到地委去了。

那个时候，由于平西自然环境恶劣和敌人重点"扫荡"、封锁，加上我们的脱产人员多达全区人口的 8%—10%（中央规定为 3%—5%），人民负担极重，常常难以满足部队的需求，致使一些部队的干部对区党委和地方政府产生误解。由于区党委的许多日常工作都是由我处理，矛盾也就集中在我身上，部队的同志认为我对他们支持不够，地方干部群众则感到负担太重，工作不好做。

　　面对这种情况，我一方面向分局反映平西的实际困难，要求分局采取措施缓解平西人民过重的负担；另一方面向部队的同志说明情况，取得他们的谅解。

　　1940年12月，敌人对平西根据地实行大"扫荡"之后，发生了震惊平西的汤各庄事件。汤各庄是平西巩固区涞涿联合县的一个村子，距敌占区较近，县政府和县直机关都驻在这里。当地群众的生活本来就很困难，敌人的大"扫荡"更使群众一贫如洗。此时，上级政府提出不切实际的参军和征收公粮任务，我们的干部在动员工作中方式简单粗糙，有些强迫命令，引起部分群众不满。这时，汤各庄村支部书记（事后查明是个反动会道门教徒，混入党内的坏分子）勾结反动会道门和反动地主富农分子，利用部分群众的不满情绪，策动了叛乱。他们造谣说八路军已撤走，不管老百姓了，不要再参军、交公粮了，已交的要退回，等等，煽动胁迫附近数村千余名群众，手持镐头、木棒，捣毁驻汤各庄的涞水县民主政府和县直机关，偷袭驻黄花口村的扩军工作组，搞垮了驻棋盘地的新兵连，绑架各级党政军干部30余人，杀害区委书记和妇女救国会主任等18人，打伤多人。事件发生后，区党委于当日即派部队进驻汤各庄，区党委书记马辉之亲自去现场指导，并派干部协助县委在群众中进行宣传说服工作，处决了几个为首分子，争取分化瓦解参加叛乱的群众，很快平息了叛乱，一部分顽固分子逃到敌占区去了。

　　这件事在冀热察引起不小的反响，区党委认真总结了教训，并向晋察冀分局写了详细报告，提出改进工作的意见，认为减轻群众负担和改进工作作风已到了刻不容缓的地步。

　　晋察冀分局为了解决平西负担过重的问题，决定把冀中的十分区①划归冀热察区党委领导。当时设想，十分区是平原区，物产较丰富，平西可利用其财力物力，缓解物资紧缺状况，而十分区没有后方，划归冀热察后，他们可以利用平西做后方进行整训。但实际上敌人封锁极为严密，十分区的物资根本运不进来，他们到平西来，反而增加了平西的负担，这个措施没有达到预期的目的。

　　开辟平北：平北包括龙关、赤城、怀涞、昌平、丰宁、延庆、怀柔、涿鹿及张家口附近地区，处于伪满、伪蒙与伪华北政权的接合部，这里基本上是敌占区，没有党的基础。但敌伪在军事上政治上的统治也比较薄弱，使我们有发展的空隙。平北地区的部队主要是白乙化领导的八路军挺进军十团。白乙化外

_____

　　① 包括大兴、新城、安次、雄县一带，即廊坊以西，良乡、大兴以南。大兴是敌占区，我们无工作。

号"小白龙"，东北人，曾任中国大学学生会主席。九一八事变后到绥远的包头附近搞过义勇军，1933年在滦河上游打游击，当时人们就叫他"小白龙"。我党曾派人争取他，但未联系上。后来他找到了我们，任挺进军第十团团长，加入了中国共产党。开辟平北地区时，他在密云县马营一次战斗中牺牲。

1940年7月，挺进军七团打算搞一次夏季战役，乘机打开平北局面。区党委派挺进报社社长张致祥随军去平北，成立平北地委和十四专署，苏梅代理书记，张致祥任专员。但此仗未达到目的，部队撤回，张也回报社。

根据这些情况，我提出应以零星的武装小分队配以少数干部，开展游击活动为主要方式，首先利用过去的社会关系建立一些立足点，建立群众抗日救国团体和小股武装，并从这些组织的积极分子中发展党员，建立党组织，逐步开辟游击区。在发动群众建立抗日团体的工作中，应注意团结蒙汉两族各阶级阶层的爱国人士，建立广泛的抗日统一战线。对日伪已建立的政权，应争取改造为抗日的两面政权。我的意见得到区党委的肯定，并发文件执行。1940年春夏之际，我和部分干部到平北地区检查工作，重点抓了党组织建设和两面政权的建设。我发现许多伪政权的工作人员并非死心塌地为日伪服务，而是对日伪、国民党、共产党三面应付，其中不少是倾向于抗日的。我们过平绥铁路时，只要不走主要关口，就可以畅通，如德胜关，这里名义上是敌占区，但其乡长是个多面人物，这正是我们所需要的。此外，平北地区还有蒙古族，日本扶持德王，企图使其成为溥仪式的人物。通过我们做工作，其部下王英率部起义。对宣化天主教堂也做了工作，使之不与我为敌。由此，我体会到，在游击区或新区，应争取和利用伪组织的多数人员为我所用，孤立和消灭罪大恶极的汉奸特务分子，把伪政权改造成两面政权。以后又有革命的两面政权（由我们派人去伪政权任职，为抗日服务）。

这些政策上的问题很重要，需要多研究。根据这些情况和上级指示精神，我提出，对于当地的伪政权，只要不是死心塌地为日本侵略者服务的，就要争取利用，教育改造。

10月，我离开平北时，留下一批干部继续工作，先后建立了昌（平）延（庆）怀（柔）联合县，县委书记马力；昌（平）延（庆）县，县委书记史克宁；昌（平）怀（涞）县工委，领导当地工作。

我原打算从平北去冀东，因正逢敌人"扫荡"而未去成，遂将所带干部分散到各县工作，我即回平西后棋屯开会。

回来以后，我向区党委汇报，要求制订相应政策，扩大平北游击根据地。

经过两年多的艰苦奋战，至1941年6月，平北地区已由1939年秋末的大块敌占区变成拥有30多万人口的大块根据地。平北游击根据地的建立，打通了平西与冀东的通道，为大批冀东部队和干部到平西集训、学习，以及平津的进步人士到根据地，提供了可靠的交通线。

区党委点线委员会由吴德兼管，主要负责平津等敌占城市的地下工作，有时我也负责一部分这方面工作。敌占区的大批爱国学生和一些上层人士、国际友人，如清华大学英籍教授林迈可、班威廉等到根据地工作或参观，就是经过被我争取的日伪据点附近，安全到达平西根据地的。他们是搞物理和无线电教学的教授，曾在平西办无线电训练班，为我们培训了不少无线电技术人员。后来根据中央指示，将这些外国专家转送到延安后，相继回到各自的祖国。

坚持冀东：日本侵略者把华北作为它"大东亚战争的兵站基地"，不惜以重兵"确保"华北，而冀东地区则是连接东北和华北两大战略区的咽喉地带，是日军争夺和"确保"的重中之重。这里群众基础和党的工作基础都很好，冀东原有中共地委（1939年3月由冀热边特委改称），1939年7月，又改为冀热察区党委分委，李楚离、李运昌、李子光和周文彬都是委员。1940年1月成立了晋察冀边区行政委员会冀东办事处，1940年7月撤销办事处，建立晋察冀边区行政委员会第十三行政督察专员公署（简称冀东专署），焦若愚任专员，同时成立了冀东军分区，李运昌任司令员。

1935年6月《何梅协定》签订以后，于11月成立"冀东防共自治政府"，国民党势力撤出该地区，冀东实际上成为第二个伪满。1938年冀东抗日大暴动受挫后，原已建立的抗日政权遭到严重破坏。八路军留在冀东的三个支队（400多人）和暴动后西撤途中返回的抗日联军（最后约130人），虽分散在群众基础较好的山村，但由于敌人统治非常严密，开展工作相当困难。1939年成立冀热察挺进军时，抗战正处于战略防御阶段。在这种形势下，我认为不宜派大部队短时出击，而应派出多批小股部队，依靠当地党组织和群众进行长期的艰苦奋斗，以渗透的办法，从建立小块分散的游击区着手，逐步发展成大片巩固根据地。挺进军参谋长程世才也同意我的意见。1939年四五月间，我根据上述意见起草了一个给冀东地委的指示，经与姚依林研究修改后（当时马辉之、吴德、李运昌、李楚离都不在），以区党委名义发出。这个指示对冀东工作的各项政策作了一些具体规定，在军事方面提出扩大与巩固正规军、大量发展地方武装、发展民兵，寓兵于民，加强正规军队与地方武装的协作，以及在军事工作中应反对的不良倾向等。在政权工作方面指出存在的问题及建立抗日政权的原则、工作方法和政策，以及统战工作中的基本力量、团结争取的力量、打击的对象及工作方法，等等。

当时，冀东地区没有国民党势力，只有共产党领导的抗日武装。各阶级阶层人民普遍对日伪不满，他们向往祖国，愿意跟着共产党抗日。针对这些特点，这个文件提出，对伪军、伪组织以瓦解、消灭为主。对土匪原则上是消灭，但又要加以区别：对根据地内部的土匪坚决剿灭之，而对日伪辖区的土匪，则根据其具体情况，予以消灭或争取团结改造，使之成为抗日武装。在建立抗日政权方面，要求广泛建立隐蔽的抗日两面政权，可以派我们的村干部担任伪保长，也可以利用原有的伪村政权为我抗日军民服务。针对当时日伪对冀东统治十分严密的情况，对当地的头面人物应区别对待，充分利用和发挥当地有身份、有地位的爱国人士的有利条件使我党的干部或游击队能立住脚。比如迁安县的郎介三[①]，在敌人大"扫荡"时，把我们的游击队藏在家里，对日本人却说是他的"民团"。还有乐亭县刘石各庄的"京东第一富户"[②]，在东北的商号被日军强占，对日本不满，我们曾利用他在铁路有一个警卫的关系，偷运禁运物资，暴动失败后，他率一个武装保卫团参加了八路军。这些人在当地有威望，有号召力，应尽可能地团结到抗日方面来。

这个指示由李子光（他正好结束在平西的学习，准备回冀东）带回去交给冀东区党分委。由于战争环境，指示的原文早已失落，幸喜我当时的笔记尚存，里面有一个提纲。后来听说，冀东的同志们觉得这个指示针对性很强，对开辟地区、恢复党组织起了积极作用。

此外，我认为，对于八路军四纵队（即邓宋支队）在冀东根据地创建中所起的作用，应予以充分估计。他们是临时组建起来的部队，奉中央之命来冀东作战，不仅是支持暴动，而是来创建根据地。尽管后来主力西撤了，但还留下三个支队，对于冀东革命武装在暴动受挫后能站住脚，并能发展壮大，起了很大的作用。如果没有八路军主力，而只有暴动队伍，冀东地区就很难坚持和巩固。

三年来，冀热察区党委基本上完成了党中央和分局交给的任务，平西根据

---

① 郎介三原是张作霖的部下，回乡后很有势力，是玉田县伪县长。1938 年抗日暴动时，他主动令玉田守军向暴动队伍缴械投降，以后经常掩护抗日游击队和我们的干部，抗战胜利后，曾被选为冀东行署的参议。

② 日本占领东北以后，切断关内外联系，关内许多商户在东北的产业被日军强占，对日本不满，以各种方式支持抗日。这样的富商，在滦东地区相当多。

地巩固扩大，与北岳区连成一片。平北游击根据地从无到有，逐步扩大，与冀东连接起来。冀东地区通过坚持游击战争，根据地有了大规模的发展，地域扩展到热河、辽西，为后来发展和巩固冀热辽根据地打下基础。

在巩固平西、开辟平北和坚持冀东的斗争过程中，在以大部队短期出击，还是以小股分散的部队配合当地游击队进行长期斗争的问题上，在区党委内部曾有过意见分歧，个别军队干部对我产生误解。

随着抗日战争进入相持阶段，日军把主要兵力由国民党战区转移到敌后抗日根据地来，加紧了对根据地的"扫荡""蚕食"，致使根据地缩小，斗争更加残酷。这时有人打算利用青纱帐，派大部队打回冀东，再次发动暴动。1939年6月中旬，北方分局在唐县军城召开会议，根据形势变化和中央军委指示，决定八路军不再大规模挺进冀东，冀东也不再发动第二次暴动，确定了主要依靠冀东党组织和冀东人民艰苦斗争求得坚持与发展的方针，由小股多股的游击队发展成为大股的游击队，由多块小块的根据地发展成为大块游击根据地。按照这个指示精神，区党委很快统一了思想。

那时环境虽然残酷，但大家都对胜利充满信心。1940年春夏之交①的一天，我和萧克、马辉之等同志登上京西百花山。这里果然名不虚传，满山遍野山花烂漫，山峰庙宇的金色尖顶与苍松翠柏交相辉映，山的中腰居然还有一湖净水，微风吹拂，碧波荡漾，那景色实在迷人。环视山下，河流纵横，青纱帐里点缀着一片片村庄。但这样美丽的大好河山，却遭受着日寇铁蹄的蹂躏！我不禁心潮澎湃，吟出几句即景小诗，抒发情怀：

> 百花山上百花开，
> 千峦耸翠殊骋怀。
> 遥望故都城易色，
> 还我河山债吾侪。
> 山巅古刹冲云霄，
> 敌后挺进气正豪。
> 今日枕戈卢沟畔，
> 他年饮马鸭绿涛！

_____

① 由于时间久远，这个时间不太准确，萧克所记为1941年夏。

萧克和诗为：

> 百花山上百花开，
> 六合英雄冒暑来。
> 夜瞰故都云烟暗，
> 反攻一到会燕台。

1941 年冬，根据地进入非常困难时期，地区缩小，人力物力资源减少，人民负担更加重了。在这种形势下，中央及时发出精兵简政的指示，要求在困难的地区"应无主力军与地方军之分，全部武装地方化"。并再次强调脱产人员与根据地总人口的比例只能占 3% 左右。根据这个指示和冀热察地区的实际情况，1942 年 2 月，晋察冀分局决定并经中央批准，撤销冀热察区党委和挺进军，原冀热察区所辖的平西、平北归北岳区（1943 年冬以后，平北又归冀察区），分别改称第十一、十二地委，十分区仍回冀中，冀东改称第十三地委，同时成立这三个地区相应的军分区，统归晋察冀中央分局和晋察冀军区领导。原挺进军司令员萧克到晋察冀军区任副司令员，马辉之不久去了延安，我于 1942 年 2 月调北岳区党委工作。

在撤销冀热察区党委之前，我代表区党委向分局领导汇报了三年来的工作。1942 年 7 月 15 日，分局做出《关于三年来平西工作总结报告的决定》。指出：分局听了张明远同志代表冀热察区党委关于在平西三年来工作的总结报告后，认为平西根据地的创造，实际是从冀热察区党委由冀东回到平西后方才开始。三年来区党委在平西根据地的创造与巩固工作中，取得了相当的成绩，基本上完成了党给予的巩固平西，并以平西作为开展冀热察游击战争前进阵地的任务。在总的方针上，三年来，区党委基本上执行了中央的指示，没有发生路线上的错误。"但是在工作上存在着严重的缺点，这些缺点必须首先由区党委领导自身加以检讨。"分局这个决定，无疑是对冀热察区工作的肯定，也是对在这里工作的同志很大的鼓舞和鞭策。

在紧张而艰险的斗争之余，我常常想到在延安的赵达母女。从 1926 年与她相识到结婚生儿育女，长达十多年之久，特别是在白区工作的那些年，每当我遇到困难，都是她出面相助。她的泼辣、勇敢和追求革命的赤诚之心，始终令我赞叹和敬慕不已，尤其是她为了革命事业忍痛割爱，把我们刚出世不久的孩子送给了延安当地的老乡，如果不是一个坚强的女性是做不到的。1939年年底，冀热察区党委的工作大体安排就绪以后，我常想起在延安临别时，她曾说过三个月以后要来找我，但现在已经一年多过去了，却没有她的任何消息，不知她究竟出了什么事，她还好吗？那时她曾提出过离婚的问题，理由无非是性格不投，但那时我没有同意。此时，恰逢彭真、吴德去延安，便托他们给赵达带去一信，表明同意结束我们的夫妻关系，今后仍是好同志、好战友。但是后来得知，彭真到延安见到赵达时，她正躺在医院里。原来，她在1938年11月日本飞机轰炸延安时负了重伤。彭真见此情况，没有把信给她，只说我写了信的，但过封锁线时丢了。从那以后，直到抗战胜利，我再没有得到她的消息。

1940年春天，我妹妹金芳和长女兰清双双来到平西。这时候我才知道父亲已于全面抗战初去世，现在家里只有母亲和马玉珍母子艰难度日。从打我1933年离开家乡以后，再没有见过她们，如今兰清已经16岁，是个大姑娘了。我把她送到抗大分校去学习，后来去了延安，再见到她时，已是40多年以后了。

这年八九月间，我和黄哲结婚了。黄哲是从天津出来的女青年，先在挺进军随营学校学习，后来下基层去工作，当时环境很艰苦，她能吃苦，下面反映很好。我们经过一段相互了解后，彼此都有好感，经马辉之和彭真同意，就这么定了。结婚那天简单地请大家吃顿饭，此时老马不在，萧克夫妇前来祝贺。结婚后，她很注意影响，尽量不和我一起工作。

与黄哲在玉田（1945年10月）

在北岳和边区政府

北岳区是晋察冀抗日根据地的中心区，也是晋察冀分局、边区政府、晋察冀军区等党政军领导机关所在地。北岳区党委是 1939 年 1 月由晋察冀区党委改建的，书记刘澜涛，组织部长林铁，原宣传部长胡锡奎，因其生病，我去接替他的职务。政府由张苏负责，军分区司令员萧克（兼），政治部主任舒同。

1942 年 2 月，我到北岳区时正是开春时节，许多农民在田间平整土地准备春耕。

北岳区党委设有党校和机关刊物《战线》，这个刊物没有编辑部，而是由宣传部的干事组稿、编辑出版。百团大战后，我曾写过一篇总结性的文章，打算以区党委名义发下去，后来遵照刘澜涛的意见，以我个人名义发表在《战线》上。

1942 年是根据地最艰苦的一年。继日伪军在 1941 年秋季大"扫荡"，对根据地造成极为严重的破坏后，这年，日寇又对华北实行第四次、第五次"治安强化运动"①，反复对冀东、平西、平北和北岳区进行合围"扫荡"，比 1941年秋季大"扫荡"更为残酷，不仅使各区的面积缩小，还制造了大片的"无人区"。这一年又遭罕见的大旱，根据地军民的生产生活极为困难，部队和老百姓没住处、没粮吃，只得以野菜树叶为食。军区命令，军政人员一律不准与群众争采树皮树叶，尤其是离村庄较近的树叶一定要留给群众采摘。为了减轻群众负担，晋察冀军区和边区政府指示，部队和政府工作人员都要自己背粮、打柴，机关部队以黑豆、麦麸充饥。一时间痢疾、疟疾、夜盲症等疾病不断发生。为了到平原区去背粮食，有不少同志牺牲。军队和地方人员一面坚持反"扫荡"，一面利用战斗间隙帮助群众修盖房屋，重整家园，组织群众生产自救，及时播种，到收获季节，尽量做到颗粒归仓。机关部队还制订了节约粮食的计划，每人每天要节约一二两粮食，将旧军装缝补拆洗继续穿，还拨出一

---

① 1941 年 1 月，日本华北方面军根据日本大本营制订的《对华长期作战指导计划》，制订了为期三年的"治安强化运动计划"（简称"治强运动"），妄图把"治安区"由占总面积 10% 扩大到 70%，把"非治安区"（即抗日根据地）由占总面积的 30% 压缩到 10%，把"准治安区"（即抗日游击区）由占总面积的 60% 压缩到 20%，到 1943 年使华北地区的"治安状况"达到伪满洲国的程度。第四次和第五次"治强运动"是日军在 1942 年春夏之交和秋冬之交对晋察冀根据地进行的两次大规模"讨伐作战"。

部分军粮救济群众。根据地的群众十分热爱我们的军队，宁肯自己挨饿，也要交公粮，在极端困难的条件下，为部队赶制大量的军衣军鞋。边区军民团结一致，发扬自力更生、艰苦奋斗、战胜困难、共渡难关的精神，我至今难以忘怀。

为了粉碎敌人的"治强运动"，变被动为主动，我们在军事上采取"到敌后之敌后"去，即"敌进我进"的方针。一方面，在根据地内部，跳出敌人的合围圈，到外线去开展游击战，收复被敌人蚕食的区域，另一方面，乘敌人派重兵"扫荡"根据地，其后方空虚之机，将我们的大部队化整为零，组织大批武工队深入到敌占区，灵活机动地开展各种形式的游击活动，开辟新的游击区，摧毁伪政权，恢复和扩大根据地。仅半年的时间，就有效地遏制了敌人的"治强运动"。到1943年年初，北岳区共恢复和发展2000多个村庄，成立了15个县级抗日民主政权。

1942年11月，我调到边区政府任民政处副处长（处长是胡仁奎①，长期在重庆搞统战工作），仍为北岳区党委常委。

晋察冀边区政府最早是在1938年1月成立的，当时叫晋察冀边区临时行政委员会，由中共、阎锡山（国民党）和群众代表三方人士组成，宋劭文②为主任委员，胡仁奎为副主任委员，委员有聂荣臻、吕正操、张苏等，政府内部党的工作由张苏负责。

边区政府成立以后实行了一系列民主政策，经过几年实践，不断完善，1940年年初，根据北方分局指示，把各项政策加以总结，以纲领的形式固定下来，并由彭真主持制订《中共中央北方分局关于晋察冀边区目前施政纲领》，我参加了《纲领》的起草工作。因为这个纲领有20条内容，所以又称《双十纲领》。我们在彭真指导下，深入基层进行了大量的调查研究，经过反复酝酿，文件起草后又几经修改，最后报请中央批准，于1940年8月13日公布施行。《双十纲领》是按照毛主席关于新民主主义革命理论，从边区的军事、政治、经济、文化发展的实际需要出发制定的，它的实施，进一步加强了晋察冀根据地的建设，使之成为一个模范根据地，新民主主义社会的雏形。通过这项工作，对提高我的政治理论水平和政策水平都有极大的帮助。冀热察区在贯彻落实《双十纲领》时，重点突出了地方武装建设和政权建设工作，开展大生

---

① 胡仁奎抗战初期是盂县县长，后在边区政府兼任民政处的处长，不久又派到重庆搞统战工作。

② 抗战初期，由薄一波负责在山西建立了抗日统战组织牺牲救国同盟会（简称"牺盟会"）。宋劭文是中共秘密党员，他的公开身份是阎锡山"牺盟会"的代表。新中国成立后曾任国家计委副主任。

产运动，以减轻人民负担，改善人民生活，支持长期抗战。

为了进一步加强边区的民主建设，1940年筹建边区参议会，并于这年3月进行了民主大选，我当选为边区参议会的议员。但由于当时战斗频繁等条件所限，参议会一直未能召开。

1942年11月，根据中央和分局指示，将边区政府党团划归北岳区党委，以加强党对政府工作的领导，我也在这时调到边区政府工作。

我到边区政府的第一件事，就是在分局的直接领导下，同参议会临时党团的同志们共同筹备第一届边区参议会的事宜。经过两个多月的紧张工作，筹备就绪。1943年1月15日，晋察冀边区第一届参议会在阜平县温塘村隆重开幕。出席会议的代表分别来自晋东北、冀西、冀中、冀东、平北、平西、察南、雁北等地区，还有部分游击区和敌占区的代表共288人，参议员中包括共产党员、国民党员、无党派人士、开明士绅、文化界人士、科学技术专家、少数民族和工人、农民、军人、青年代表等。中外来宾及边区各界代表80余人列席了会议。在大会主席台两侧，悬挂着聂荣臻的题词：

> 我们屹立在太行山、五台山、恒山、燕山，旌旗指向长白山；
> 我们驰骋在滹沱河、永定河、潮河、滦河，凯歌高奏鸭绿江。

与晋察冀边区参议会的几位参议员合影
（右三为张明远，时任晋察冀边区政府秘书长，1943年）

聂荣臻曾说："写这两句话，并不单纯是为了鼓舞士气，振奋代表的情绪，它确确实实是五年多来我们终日在枪林弹雨之中，出生入死坚持抗战的写照。"鼓舞士气也好，真实写照也好，反正大家的情绪都很高昂，深知这次会议的重大意义和自己肩上的重大责任。每个参议员都代表着边区人民的意志来行使自己的民主权利，决定建设边区的大计。会议开了七天，聂荣臻代表晋察冀分局和军区作报告，边区政府主任委员宋劭文作《政府工作报告》，刘澜涛代表分局向大会提出审议《双十纲领》的提案。代表们检阅了边区八路军的雄伟阵容，参观了边区五年来的建设成就展览。经过热烈讨论，大会一致通过了《政府工作报告》《双十纲领》，制定了《边区志愿义务兵役制实施办法》《边区租佃债息条例》《边区抗战勤务条例》《边区统一累进税税则》《边区婚姻条例》等14个法规和条令。参议员在讨论制定这些条例法规的同时，还提出了有关财政、税收、经济建设、文化教育等提案160多件。最后，大会进行了选举，成仿吾当选为参议会议长，于力当选为副议长，宋劭文当选为边区政府主席，胡仁奎当选为边区政府副主席，同时选举了驻会参议员（相当于常委）。大会发表了《晋察冀边区第一届参议会宣言》，宣告边区第一届参议会的成功，回顾了五年来边区战斗建设的历程，提出今后施政要点。这是边区史上一次空前民主团结的盛会，是边区民主政治建设史上一个新的起点。

参议会结束后，于3月成立晋察冀边区政府党团书记处，我任党团书记、边区政府秘书长，书记处其他成员有张苏、成仿吾、张国坚（公安局长）、李天焕（公安局副局长）。我作为党团书记和驻会参议员，参加了边区政府各项政策法令的执行工作。首先对各界参议员提出的各类提案进行组织审议，而后提出意见，分别交给边区政府有关部门贯彻落实。此后大部时间忙于政府建设方面的工作，如健全边区各级"三三制"①的政权机构、加强游击区政权建设、发展边区生产和组织救灾工作，以及合作事业的发展、精兵简政、减租减息、合理负担等，也参与重大人事的安排等项工作。

政权工作的基础是村政权，村政权的工作做好了，抗日根据地才能巩固和发展。1944年青纱帐期间，在晋察冀边区政府驻地阜平县，由我主持召集了

---

① "三三制"政权是抗战时期抗日根据地民主政权，以共产党、国民党和进步人士、工农群众三方各占三分之一的比例构成。

部分县长座谈会，就对敌斗争和游击区村政权问题，进行了调查研究、征求意见，然后召开了晋察冀边区县长会议。会上，我作了长篇报告。讲了敌人对抗日政权采取的政策，游击区政权存在的问题，各种不同地区不同性质的村政权、各种政权变化的规律与变化，以及各种政权的组织形式等五个方面的问题，从政策与策略的角度明确了对游击区村政权，特别是两面政权的认识，明确了对敌斗争的策略和方法，对进一步开展游击战争，扩大和巩固抗日民主政权起到推动作用。

我的这个报告，过去没有发表过，原稿早已丢失了。幸好当时任曲阳县县长的王植范同志保存了报告的记录，1983 年曲阳县党史办公室加以整理，编印成《党史资料》，给我寄来一份。我读着这个报告记录，思绪又回到当时的情景，感触颇多，非常感谢他们提供的这份珍贵资料。

通过加强政权建设及军事斗争与政治攻势相结合，根据地不断扩大，1944年 9 月，根据中央指示，晋察冀分局、边区行政委员会和军区先后下发了成立冀晋、冀察、冀中、冀热辽四个区党委、行署和军区的命令。任命李运昌为冀热辽区党委书记、行署主任、军分区司令员兼政委，李楚离为区党委副书记、军区副政委，詹才芳为军区副司令员，彭寿生为参谋长，李忠权为政治部主任，朱其文为行署副主任。这时候，我正在分局参加整风及迎接新形势会议。其间，由于在杨家铺战斗①中干部损失惨重，上述机关未能按时成立，直到 10 月会后，分局决定调我去冀热辽区任区党委常委、行署主任。这年 10 月下旬，我回到久别的冀东。

决战在冀热辽

一、重返冀东

1944 年 10 月下旬，我同詹才芳、苏林彦等同志来到冀热辽区，在蓟县南部与区党委书记、军区司令员李运昌会面，我和运昌是老战友，当年我们被中共北方区派到南方学习，他去黄埔军校，我去农民运动讲习所。后来我们又一

---

① 1944 年 10 月 17 日，冀热边特委及第四地区委和迁滦丰联合县委等机关在丰润县杨家铺遭日军袭击，周文彬、丁振军等 400 余干部战士壮烈牺牲。

同在天津三监坐牢、闹绝食斗争，1933 年又一起在京东特委工作。如今两个老友相见，分外高兴。

冀热辽区是由冀东区发展起来的，包括冀东、热河省南部和辽宁省西部地区（辽西），辖五个地委、专署、军分区①，冀东是冀热辽的中心区，也称基本区。新组建的冀热辽区党委书记、军区司令员兼政委是李运昌，副书记李楚离，组织部长苏林彦，军区副司令员詹才芳，我是行署主任。我自从 1934 年年初离开京东特委去北平，到 1944 年又回到故土，已是十年光景了。回想当年情景，再看今日家乡的抗战形势发展这么快，变化这么大，真是感慨万千。1945 年 1 月 1 日宣告正式成立冀热辽区党委、行署和军区。此时，全区已发展到 25 个县，599 万人口，武装部队近 2 万人，民兵 28 万人。

加强政权建设，发展经济

在长期游击战争环境中，我各级党政军领导机关一直处于高度分散和流动的状态。这种特殊环境，造成冀热辽的政权建设也很不健全。为了适应战争形势的需要，我到冀东以后，首先根据冀热辽区的特点，参照其他根据地政权建设的经验，建立健全了行署的办事机构，先后增设了民政、实业、财税、金融、文教、卫生等部门，各尽其职，各负其责。同时，由我主持制定了十条《施政要点》，规定行署应承担的任务和施行的各项政策，经区党委讨论形成决议，于 1945 年 1 月 31 日发布施行。

各级抗日民主政府遵照行署颁布的十条《施政要点》，加强了自身建设，领导广大军民积极开展减租减息、合理负担、雇工增资斗争和大生产运动，积极支援前线，根据地的各项工作很快开展起来。

1945 年 3 月，行署颁发了《关于开展大生产运动的指示》，确定了农业第

1945 年夏在冀东

---

① 编号分别为第十四、第十五、第十六、第十七、第十八地委、专署和军分区。

一，工业、手工业第二、运输运销第三，以及"军民兼顾，公私兼顾"的方针，要求 1945 年的工农业生产除达到军民自给外，还要争取出口（向长城外运销）一部分，运输业以打通长城南北贸易路线为主，并尽量打通与平北、山东的物资交流。为了帮助贫困农民发展生产，行署在春季发放了 330 万斤小米的农业贷粮，号召农民变工互助，组织集体生产。由政府统筹规划，组织群众利用农闲进行修堤挖河、泄水排涝等水利建设。同时颁布规定，切实节省民力，减轻群众的战勤负担，在春耕期间，尽量减少战勤任务，动员部队和党政干部参加修路平沟，保证运输畅通。另一方面，组织机关部队发展生产，规定了每人每年的生产指标，并通过生产，提高干部战士的生活水平，补助办公及生活费用。1945 年，军队和党政机关利用战斗间隙开荒种地发展生产，十六专区在 1945 年春季开出荒地 54 万亩，十五专区的手工业有一半得到了恢复，全区有 90 多个合作社承担着物资交流的任务，同时，军工生产也形成了规模，改善了供应，大大减轻了人民负担。在大生产中，实行劳武结合，党政军与民兵相互配合，开展以保卫生产为中心的武装斗争。随着经济的发展，文化、教育，卫生等项事业也都得到发展。到日本投降前，在巩固区已有三分之二的村庄开展了减租减息和雇工增资斗争，大部分雇工参加了工会。

随着抗日民主政权建设的加强，根据地的拥军优属、拥政爱民（双拥），支前和劳动竞赛等各项工作都开展得非常活跃。为了鼓励先进，1945 年 3 月 16 日，区党委和行署在迁西县三屯营召开了全区首届群英大会，表彰英雄模范百余名，李运昌、苏林彦和我出席了大会并为英模们发奖，会后合影留念。

打击伪满军，挺进热辽

1944 年年底，在全国抗日战场大部分已经进入反攻阶段的时候，濒临灭亡的日本侵略者集结 17 万兵力，坚持"确保冀东"，以求达到"确保满洲"的目的，并计划在冀东推行"集家并村"①，制造更多的"无人区"。因此，与其他地区相比，冀热辽区仍处于极为艰难的时期。

1945 年 1 月，敌人又调集 1.5 万伪满军队向冀东发动进攻。针对这一情况，冀热辽区党委在 1 月 15 日发出《关于目前对敌斗争的决定》，提出"打击与瓦解、争取伪满军，粉碎敌之集家政策，保卫和巩固基本区"的战斗任

---

① 日本侵略者在长城沿线所谓"满洲国界线"地区，烧毁所有的村庄，将村民集中起来（群众称之为"人圈"），即所谓"集家并村"政策，制造了大片"无人区"，并计划于 1945 年春，在冀东八个县的山区推行这一政策，把"无人区"扩大到冀东内地。

务。2 月 28 日，晋察冀分局也发出《关于扩大解放区的方案》，要求对日伪的进攻给以坚决的回击。从 2 月 12 日开始到 5 月底，冀热辽区先后三期开展了打伪满军的战役，据记载，此役共作战 230 次，毙伤俘日伪军 5035 人，彻底粉碎了敌人在关内制造"无人区"的计划。同时，冀热辽区党委根据毛主席关于向敌占区发展，扩大解放区，努力从事城市工作的指示[1]，于 1945 年 2 月 18 日，又发出《关于大城市及交通要道的工作指示》，要求地、县委建立城工部，区委设城工委员，明确划分了各地委分管的城市，派出干部到城市进行秘密活动，搜集情报，发动群众，争取伪军、伪警察，为将来解放城市做准备。

在此期间，针对敌人对根据地实行的"蚕食"政策，区党委又于 4 月 12 日做出《关于巩固冀东基本区的决议》，要求"动员一切力量开展以武装斗争为主的对敌总力战，打退敌人蚕食政策，停止敌人的奔袭合击，巩固山岳根据地"。同一天，晋察冀分局发出指示，指出："苏联废除日苏中立条约，表示苏联将要参加远东战争……今后我们的任务……主要是配合苏联作战"，要求冀热辽区党委"对开辟热河工作，在热河建立根据地，站稳脚跟，应下最大决心"。冀热辽军区根据这些指示，一方面以军事行动与政治攻势相结合，继续打击伪满军，同时进行了以挺进热辽为中心，扩大解放区的热辽战役。区党委一面派出三个北进支队分别向热南、辽西挺进，摧毁"人圈"，收复被蚕食的地区；一面派部队、民兵向日伪占领区出击。经过一个多月艰苦奋战，至 7 月，不仅恢复了大部分被蚕食的地区，并且开辟了一些新区，县级抗日政权由 25 个发展为 31 个，武装部队发展到 3 万多人。

在春夏季的对敌作战中，地方政权发挥了巨大作用，行署组织长城沿线各县政府为部队先后筹集了 50 万斤粮食、2 万多双鞋袜、3000 匹布及其他大量军用生活物资，有力地保障了部队的供给，支援了战争。这是我到冀东北军区后勤司令部第一次组织持续时间长且规模较大的支前活动。

二、反攻受降

1945 年 8 月 8 日，苏联对日宣战，11 日，八路军总部下达了向东北进军和解放区军民向日军发动进攻、迫其投降的命令。冀热辽区党委收到总部命令

---

[1] 1944 年 12 月 18 日，毛泽东致电程子华，要求晋察冀边区军民努力向雁北、绥东、察哈尔、热河及冀东敌占区发展，扩大解放区，同时努力从事城市工作。——《冀东革命史大事记》，第 239 页。

后，于 8 月 12 日发出《关于当前紧急任务的指示（火急）》，指出，"日本已承认无条件投降（尚未签字），当前紧迫任务……在于动员根据地军民向敌伪作总的进攻，解除敌伪武器，收复失地"。同一天，晋察冀边区行政委员会分别任命我和王植范为待接收的唐山市与秦皇岛市市长。13 日，边区行政委员会发出布告，对恢复后的城市实行紧急军事管制。紧接着，同日，由我签发了行署《紧急动员令》，要求各级政府动员人民积极协同部队向敌伪展开攻势，限令敌伪投降。紧急动员令还规定了接管城镇后的有关政策：出榜安民，严禁乱捕滥杀、乱没收财物，对收缴的物资及文件档案必须认真登记，除敌伪之武器军火应交部队外，其他物资统由县以上民主政府入库上报，不得擅自动用，"对最坏汉奸的财产，由县以上政府登记保管，暂不没收，需没收者，经专署以上政府批准，对一般汉奸财产暂不代管与没收"。这些政策法令，对保证受降工作有序进行起了良好的作用。

同时，区党委于 8 月 13 日、14 日两日在丰润县城西北的大旺庄召开紧急扩大会议（各地委、专署和军分区负责人参加），部署反攻受降和区党委工作：

立即成立中共冀热辽区党委东进委员会和冀热辽军区前线指挥部，李运昌为书记，成员有朱其文（行署副主任）、焦若愚（第十八地委书记）、李荒（区党委宣传部副部长）、王亢（军区副参谋长）等，抽调 1.3 万人的主力（占全区主力的三分之二）和地、县、区级干部 2500 人，由李运昌和朱其文率领，分西、中、东三路出长城向热河、辽宁进发。

在李运昌率部挺进东北期间，经分局批准由我代理区党委书记兼军区政委，主持冀热辽区的工作。

然而，蒋介石接连发了三道命令，阻止我八路军、新四军受降，并把伪军和汉奸都变成国民党的"先遣军"，就地接收日军所占城镇，大汉奸、"冀东特别行政公署兼冀东绥靖公署"主任姜鹏飞成了国民党"先遣军"司令。当冀东八路军迫令伪军缴械投降时，他们竟敢挑衅说："我们是中央军了，不怕你们了！"我得知这个情况后，立即同军区副司令员詹才芳、参谋长彭寿生、政治部主任李中权研究并作了部署：遵照八路军总部"要首先占领大城市和交通要道"的命令，军区命留在冀东的部队及各县区游击队一边整编，一边向平古线和北宁线的日伪军发动强大攻势。

首先，我东进的曾克林部接收了被苏军解放的山海关，王植范就任秦皇岛市市长。起初苏军不同意把山海关交给我们，后来我们说山海关属河北省，不属东北，他们才同意交给我们了。同时，各分区展开收编伪军的战斗。14分区司令员舒行率部经古北口出关，驻守古北口的多为伪满军，日军较少，在我军威逼下，一个伪满军的团长投降了，后又说降其他伪军万余人，收复了古北口要塞，切断了平古路，打通了冀东至张家口的通道。我们给中央发电报捷，报务员把1万写成10万，中央接电后很高兴，来电询问详情，才知道搞错了。

李中权率部队包围了冀东主要城市唐山，与驻唐山的日军谈判，但日军拒不投降。当时王秀江在马家沟教书，我去看他，谈了情况，王说应打赵各庄，可有所得。我回来后与李中权商量，对唐山围而不打，用一个团加上县大队打赵各庄，但由于轻敌，对敌情不明，未打下来，损失较大。

此时，接到中央军委指示，改变进攻大城市的部署，要求"集结必要的兵力，尽量扩占乡村和夺取小城市，扩大并巩固解放区，发动群众斗争，注意组织训练军队，准备应付新局面"。根据军委指示精神，区党委研究决定对唐山只围不打，将主攻方向转入内地城镇，军民配合，迅速扫除唐山外围据点。先在开平打了个胜仗，缴获一批武器，政治影响很大，区党委、行署和军区机关进驻开平镇。接着，扫除古冶之敌，攻占了马家沟和南郊重要据点越河，切断了北宁铁路，完成了对唐山的包围。詹才芳在群众大会上，宣讲日本投降后的大好形势，号召人民群众积极配合八路军收复唐山。

与此同时，在西线，相继收复了顺义、宝坻、香河、三河、武清、通县（14分区司令部迁此）等县城，攻占了通县飞机场，配合冀察军区完成了从东西两方面包围北平的任务。东线先后收复了宁河、乐亭、抚宁、玉田、蓟县、丰润、遵化、迁安等县城，包围了卢龙县城。当时卢龙城内日伪军1500余人拒降，围城的军民创造了"星星火炬"战术，晚间，秋风吹来，满山遍野团团火球飞舞，成排的地雷同时爆炸，枪声、炮声万响齐鸣，加之无数助威群众齐声呐喊"缴枪不杀！"，吓得日伪军不知所措，八路军先锋队乘敌军混乱之际摸进城内，经过短暂的巷战，收复了卢龙县城。接着，部队乘胜逼近秦皇岛，占领北戴河车站；驻滦县马庄子据点伪满骑兵营被迫缴械投降。

各县反攻受降的情况有所不同，有些敌军迫于形势和我军民的威力不战而逃，有的则顽抗到底，使我们付出了惨重的代价。蓟县伪县长李午阶是个铁杆汉奸和死硬反共分子，曾扬言"不消灭共产党死不瞑目"。他杀害过无数抗日工作人员和群众，蓟县人民与他结下了不共戴天之仇。9月15日攻城这天，群众冒雨从四面八方赶来参战助威，其中有民兵、有志愿担架队员，还有前来慰问的妇女。他们摇旗呐喊，发出"向李午阶讨还血债"的怒吼，经过两天一夜的激烈战斗，于17日收复了蓟县县城，1100多名日伪军被俘，怙恶不悛的大汉奸李午阶被击毙。全县军民一片欢腾。

詹才芳去承德接收伪满"讨伐大队"，其大部是过去东北抗联部队，后为日军收编，其中有的是死硬叛徒。他们过去经常对冀东根据地进行长途奔袭，造成很大威胁。有一次我们在昌黎被"讨伐队"包围，因情况不明，敌人到村边了，我们才发现。当时只有村北有一条小路，我们从这里突围出去，仓促间，朱其文丢了马和马驮的黄金（行署的经费）、文件等，我也几乎跑不动了，幸亏警卫员王玉山拼命拉着我跑，才得脱险。

驻守玉田县城的是千余名"讨伐队"，还有一个日本宪兵大队，玉田城外一片平原，城内工事坚固，易守难攻，李中权率部队打玉田，日伪军负隅顽抗。詹才芳带着改编的"讨伐队"从承德回来，也参加攻打玉田的战役，劝降不成，只有硬攻，激战三日才攻入城内，俘伪县长陈锐以下1500多人；日军赖谷大队长及300余日军全部被击毙。我们打开县城后才发现，仍有一些日军在城南地道里顽抗，经反复劝降，他们坚持了一两天，有十多人出来投降，其余全部被打死。收复玉田后，冀热辽区党委、行署和军区机关进驻玉田城内。9月26日，在玉田城内召开了万余人参加的军民大会，公审处决伪县长，庆祝收复玉田县城的胜利。大会奏乐升旗后，全体军民向毛主席和朱德总司令肖像行礼，并为抗战阵亡殉难的烈士默哀。而后军区政治部主任李中权、军区副司令员詹才芳和我相继讲话，群众高呼口号，军区剧社演出新剧，时至深夜，军民才热情欢呼散会。看此时群情鼎沸的场面，回忆起18年前我和杨春霖等其他战友也是在这里领导近两万人参加的反"旗地变民"斗争和农民武装暴动胜利夺城的情景，那年我才21岁，而今我已39岁了。两相对照，真是天翻地覆的巨变啊！杨春霖、于方舟等烈士们若是有灵，也可感到欣慰了。想到此，我不禁热泪盈眶。

最难打的是遵化县城，驻遵化县的伪军"一心部队"最为凶顽，它由10个伪满警察和"讨伐大队"合编而成，其头领陈天喜原是东北抗日联军的一个师长，后来叛变，非常死硬，他修筑了许多坚固的工事，我军围攻了约两个月，未能拿下，派人和他谈判，他竟以恢复其党籍为投降条件，杀死我军谈判代表，顽固抵抗。我们也曾试图挖地道进去，但护城河水很深，挖不进去，有的挖到敌人的地道去了，因此不能硬攻。以后敌人因弹尽粮绝，一部分投降，一部分于12月底弃城逃往唐山，沿途遭我军节节阻击，大部被歼，县城解放后，陈天喜也被处决。此时我们看了敌人的工事，其坚固程度实在很少见。

经过反攻受降战役，冀东地区除京郊的顺义、通县、密云、怀柔等县城和北宁路上的秦皇岛、昌黎、滦县、唐山等几个孤立据点外，大部分被日伪占领的城镇都获解放，长期处于深远敌后的冀热辽根据地终于和冀中、冀察根据地及东北新解放区连成一片，为挺进东北的后续部队和中央领导干部提供了安全通道。

冀热辽区军民反攻受降取得了重大胜利，挺进东北的冀热辽部队收复了热河、辽宁两省全境和吉林省大部、黑龙江省一部分地区，并在热、辽两省大部分城市和乡村，以冀热辽东进工作委员会和冀热辽行署名义先后建立了热中、辽西、辽南、辽北、通化专署和热西办事处。在热河建冀热辽行署热河行政区，李子光、杨雨民分别任正副主任，负责领导热中专署和热西办事处。在沈阳建冀热辽行署辽宁办事处，朱其文任主任。此时，冀热辽区已由原来的5个专区，31个县，600多万人口，发展到9个专区，82个县，1900多万人口。冀热辽主力部队由反攻前3万多人，发展到13.8万人。

三、迎送出关部队和干部

1945年9月中旬，中共中央制订了"向北发展，向南防御"的战略方针，决定夺取东北，成立了以彭真为书记的东北局，先后派出21名中央委员、候补中央委员，11万部队和大批地方干部去东北。其中除山东部分部队走海路外，包括彭真（东北局书记）、林彪（东北人民自治军总司令）、陈云、高岗、张闻天等中央领导人及八路军冀中（沙克部）、山东（一部）、冀鲁豫部队和新四军三师、杨苏纵队，以及大部分地方干部都是经冀东出关去东北的。我们为他们提供了安全通道和物资补给，任务相当繁重。彭真他们最先乘飞机去东北，不料在山海关附近飞机出了故障，只得改乘火车。黄克诚率领的新四军从南方长途急行军，历经数省，来得最晚。当时黄克诚正患重病，仍坚持随军前进，我们是派担架抬着他走的。中央指示他们轻装前进，把武器大部分留在关内，到东北再补充。因此他们一路上都在轻装，冀东也得了不少武器。

张闻天、王鹤寿等数百人从蓟县、玉田到达遵化时，看到马兰峪清东陵被破坏的情形，非常痛心，立即派人给我送来一封信，说清东陵是重点文物，要倍加保护，过去不重视，是没有保护文物的观念，今后一定要对干部战士和群众加强保护文物的教育。这封信不仅使我震动，也使我内疚。清东陵规模宏大，宝物十分丰富。早在 1928 年，军阀孙殿英炸墓盗宝事件曾震惊全国。"九一八"以后，侵华日军相继建立伪满洲国和"冀东防共自治政府"，专门派日军驻守东陵，名为"保护"皇陵（伪满执政溥仪祖先之陵），暗中偷盗。在抗战期间，我们曾把慈禧陵的铜制陪葬品童男童女等，用来制造枪弹炮弹。有人还开玩笑说："西太后过去有罪，现在支援了我们抗日，还有功呢。"现在想来，这是多么愚蠢而又可悲的行为。后来，我们的一个区长盗陵（西太后、乾隆陵），区党委发现后立即制止，收回了部分文物，经区党委和行署批准，处决了那个区长，参与此事的人判了刑。这件事的教训是非常深刻的。

在第一批出关的干部中，我还见到了刘向三。1938 年我在延安时，他是抗大的干部，后来在社会部工作，我们已经整整七年没见面了。现在胜利重逢，真是万分高兴。他说受赵达之托，想去看望她的母亲。当时行署就驻在虹桥，我们住在范家大院，离赵家不远，便陪他一同前往。赵母听说他的来意，激动不已，忙不迭地让座上茶，并把全家人都招来听他讲述赵达的情况：讲她如何负伤，如何又结了婚并生了一个男孩儿，她的女儿怎样在保育院长大，现在正在延安抗属子弟小学读书，我们的儿子延生和他奶爹一家已搬回安塞老家，断了联系，等等。他还说到，赵达最挂记的是长子小胜（江震寰之子），当年离开北平时把他留在香山慈幼院，为的是有个安定的环境，没想到第二年就七七事变，日本人占了北平，从此小胜杳无音讯。每当她看到报纸上说日本人把中国孩子弄到日本去，她就担心小胜是不是也被弄走了，多年来她常常为这件事伤心流泪。刘向三最后说："这次我出来，赵达特别嘱咐我一定要设法打听一下小胜的下落……"

自从得知赵达负伤的消息后，最令我日夜牵挂的是我的小女儿，不知谁来照顾她？她怎样生活？在那残酷的环境下，唯一可以安慰我的是夹在我随身携带的一个笔记本里的那一张小照片。可是，在一次夜行军时，我不慎从马上摔下来，把那个笔记本丢了，从此连她的照片也看不到了。每想到这事，我总是懊悔不迭！听了刘向三的诉说，我一直悬念的心总算放下了。

刘向三他们只在玉田短暂停留即匆匆东去。我在百忙之余，偷闲给赵达写了一封长信，告诉她家里的情况，说她母亲健在，她的大弟赵逵当家，他对当年把姐姐逼走的事很感歉疚，希望她回家看看。在抗战时期他是两面政权的大乡长，表现尚好，等等。最后，我表示一定设法找到小胜，并希望把女儿接来。

1946年春，我通过北平地下党组织很快找到了小胜，并把他接到冀东来，送到建国学院①学习一段后，分配了工作。同时，派了两个警卫员去延安接女儿，但由于赵达母女已经随后续干部去东北了，他们空手而归。

随着胜利形势的发展，1945年10月下旬，党中央决定成立中共中央冀热辽分局和（大）军区，撤销原冀热辽区党委、行署和军区，分别成立冀东区及热河、辽西两省，归冀热辽分局领导，并任命李楚离任冀东区党委书记兼军区政委（当时未到职），我为区党委常委、行署主任，李楚离未到任期间，由我代理区党委书记，詹才芳为区党委常委、军区司令员。此时的冀东解放区辖山海关以西，平津以东，长城以南，渤海以北，整个区域约8万平方公里，600万人口，共5个专区，27县。除国民党军队占据的重要城镇和铁路沿线外，其余中小城镇和广大农村均为解放区。记得1989年秋天，我去唐山，党史办的同志给我看了他们从大连档案馆查到的一幅国民党绘制的原冀东行政图，图中用红蓝两种颜色区别解放区和国统区。蓝色的点和线（敌占的主要城镇及交通线）如小虫般蜿蜒在大片的红色大地（解放区）上，似乎随时都有被掐断、被踩死的可能。我看了以后不禁觉得好笑，连敌人也不得不承认自己的劣势。

---

① 建国学院是冀东区党委所属的干部学校，娄平为校长。

第六章 迎接胜利

（1945 年 11 月—1949 年 2 月）

在紧张的反攻受降和迎送去东北的部队、干部的同时，冀东全区军民也热切地关注着毛主席在重庆与蒋介石的和平谈判，盼望着和平建国早日实现，准备着重建家园，过上安定美好的生活。然而，蒋介石却在和谈的烟幕下，加紧准备新的内战，冀东这块重要的战略要地，又成为蒋介石争夺的目标。至 1946 年 6 月下旬，国民党军队向北宁、平古铁路两侧"蚕食"冀东解放区村庄达 200 多个。同时，经过充分准备的蒋介石终于撕破了和平面纱，公然发动了全面内战。冀东军民在党的领导下，奋起反击，经过 3 年浴血奋战，终于和全国人民一道，迎来了东北和华北地区的解放。

争取和平民主

就在国共两党和谈期间，国民党政府以"协助中国军队受降"为借口，邀请美国军队进驻冀东"保护铁路交通"。1945 年 9 月 30 日至 10 月 2 日，美国海军陆战队 1.8 万人，先后从塘沽和秦皇岛强行登陆，抢占已被我军收复的北宁路天津至秦皇岛一线的重要城镇，并多次进入我解放区挑衅。

1946 年 1 月 10 日，国共两党达成《停战协定》，并同时颁布了停战令。然而，在《停战协定》生效（1946 年 1 月 13 日午夜）前后的一个月内，国民党两次派重兵大举进攻热河解放区，并多次向冀东解放区进犯，捕杀我军民 200 多人，抢夺枪支和大量粮食、棉花、布匹等物资。

1946 年 2 月 17 日，冀东区党委和行署在遵化县城[①]召开了有 3 万多人参加的群众大会，抗议国民党破坏和平及其对冀东解放区的武装挑衅。我代表区

---

① 冀东区党委、行署和军区机关于 1946 年 1 月迁入遵化县城。

党委、行署在会上讲了话，各界代表纷纷发言，以大量事实揭露和抗议国民党反动派违反《停战协定》，破坏和平民主的罪行。大会还向国民党政府发出通电，申明冀东解放区军民对实现和平民主的殷切期望，提出解除日伪军武装（指被国民党接收而保留下来的日伪武装），取消特务机关、释放政治犯，恢复和开放国民党占领区与解放区的交通，国民大会代表由全区人民民主选举产生等26项严正要求。其他地区也分别举行了反对国民党破坏和平的抗议示威大会。

在发布《停战协定》的同一天，毛主席代表中共中央颁布了《中国共产党中央委员会关于防止国内军事冲突的通知》，指出："全国人民在战胜日本侵略者之后，为建立国内和平局面所作之努力，已获得重要之结果。中国的和平民主新阶段即将从此开始。"2月1日，中共中央又向全党发出《关于目前形势与任务的指示》（即《二一指示》），指出："从此，中国即走上了和平民主建设的新阶段。""中国的主要斗争形势目前已由武装斗争转变为非武装的群众议会斗争，国内问题由政治方面来解决，党的全部工作必须适应这一新形势。"这些都表明了我党对和平的诚意。尽管国民党一再破坏和谈协议和《停战协定》，但全国人民依然对和平满怀希望。冀东和其他解放区一样，按照党中央的指示和《政协决议》的要求，积极准备召开国民大会，并对军队进行了精简。

选举国大代表

按照《政协决议》，将于1946年5月5日召开国民大会。根据党中央的指示，晋察冀边区政府颁发了《边区国民大会代表选举办法》。冀东行署于三四月间，指导各级政府进行了自下而上的国民大会代表选举。全区80%的公民参加了选举，按照村、区、县的程序，逐级选出代表，4月16日选举结束。冀东区选出国民大会正式代表7人：张明远、邓拓、白志耕（白芸）、张振宇、刘再生、张冲、崔毓林，候补代表4人：田心、杨文汉、高敬之、于明涛。

然而，由于国民党反动派破坏和平，扩大内战，国民大会没有开成。

加强军队建设

根据和谈协议和党中央的《二一指示》，要求各解放区部队进行精简整编。然而，由于国民党几个月来从未停止过对冀东的进攻，而且正在准备更大规模的进攻，因此，在冀东根本无和平可言，许多同志对实现和平及精简军队心存疑虑。

在这种形势下，我和詹才芳、潘峰（军区副司令员）等研究后认为，冀东不能裁军，若要精简，只能精简老弱病残，并把军工厂、医院等非战斗单位交给地方。同时，要加强地方武装，壮大军分区、县大队、区小队和民兵的武装力量，将来打仗时，把地方部队转入正规军，民兵补入地方军。这样虽然减少了军队的人员编制，但却加强了主力部队的战斗力，也可解除群众对裁军的思想顾虑。而且，精简军队减少了财政开支，充实了工农业生产一线的劳动力，扩大了政治影响，使国民党发动内战的阴谋更加暴露无遗、不得人心，从而提高了中国共产党在人民群众中的声望。于是，冀东区党委于 1946 年 3 月 27 日成立了复员委员会，并于 28 日发出《关于复员工作的指示》。

早在抗战胜利之初，毛主席就曾告诫全党全国人民，在看到和平希望的同时，也要看到，蒋介石要下山来"摘桃子"了，并提出了"人不犯我，我不犯人；人若犯我，我必犯人"和"针锋相对，寸土必争"的方针。党中央十分了解冀东的情况，1946 年 4 月 9 日，中共中央和中央军委及时发出《关于冀东反对顽伪"蚕食"斗争的指示》[1]，要求冀东军民必须寸土必争，坚决打击与歼灭进行"蚕食"的国民党军队，收复 1 月 13 日以后被"蚕食"的地区。

根据这一指示精神，区党委于 5 月 1 日发出《关于目前形势的紧急指示》，要求全党克服和平麻痹思想，立即进行战争动员，带领全区军民对国民党军队进行坚决打击。紧接着，中共冀热辽分局于 5 月 4 日给冀东区党委发出《关于复员战备及军工问题的指示》，据此，一方面冀东全区立即停止了复员工作，另一方面区党委于 6 月 10 日发出《全党紧急动员起来，为完成补兵归队重大任务而奋斗》的指示，要求各地、县立即把补兵归队作为中心工作来抓。这期间，区党委和行署遵照中央《五四指示》，在全区发动了土地改革运动，至 9 月国民党军队大规模进攻冀东前，基本完成了土改。翻了身的农民在"保卫胜利果实""保卫家园"的号召下，踊跃报名参军，壮大民兵，全区参军 13700 余人，部队发展到 3.6 万人，民兵 12 万人，自卫军 36 万人，为迎击国民党军队的大举进攻做了充分准备。

大约在 1946 年 4 月下旬，区党委书记李楚离到职，减轻了我好大的负担，我可以腾出更多时间抓政府方面的工作了。

---

[1] 《冀东革命史》编写组：《冀东革命史大事记 1919—1949》，河北人民出版社 1988 年版，第 269 页。

发 展 经 济

冀东地区虽然土地肥沃，资源丰富，但是由于长期战争的破坏和消耗，使冀东的经济几乎濒于崩溃。可是冀东所处的战略地位决定了冀东党和人民在医治战争创伤的同时，又必须以巨大的人力、财力、物力来保卫冀东解放区，支援华北和东北地区。所以，冀东人民的负担依然特别沉重，生活相当困苦。冀东区党委和行署的重要任务之一，就是带领全区军民发展经济，保证军需民食，改善人民生活。

根据中央确定的"减租、生产、练兵"三大任务，冀东区党委在1946年3月1日召开的财经工作会议上，明确提出积极发展生产，使人民大众逐步实现丰衣足食的方针，并制订了一系列相关政策：削弱封建地主经济；鼓励、联合私人资本工商业，反对侵犯工商业者和中农的利益；适当增加工资，提高劳动效率等。同时，提倡劳动致富，反对以穷为荣和破坏经济（如大吃大喝、大面积伐树等）的行为。1947年1月和4月，区党委先后召开了生产会议和经济工作会议，总结了过去一年来的大生产运动和财政工作。根据冀热辽分局关于开展1947年大生产运动的指示精神，结合冀东区的实际情况，确定了财经工作的基本方针是：发展经济，保障供给，加强对国民党统治区的经济斗争，增加人民收入。要求大生产运动必须与自卫战争密切结合，在土地改革的基础上，进一步组织起来，大力发展农业、工业和手工业，使某些生活必需品达到自给。在金融贸易方面，继续扩大边币①市场，稳定物价，畅流内地物资，严格管理出入口物资，使商业为发展农工业生产服务。

发展农业生产

冀东地区的自然条件差异较大，经济状况也大不相同。北部山区交通闭塞，自然条件差，特别是长城沿线地区，曾是日本侵略者制造的"无人区"，人民生产生活都极度困难；宝坻和玉田、蓟县南部低洼地区长年水涝，群众也很穷困。平原和东部沿海地区的经济、交通都比较发达，属富庶区。行署根据这些情况，一方面发放贷款、贷粮，帮助灾区和贫困地区群众恢复和发展生产，另一方面号召富区群众支援贫困区。1946年春，行署发放贷款3亿元

---

① 边币是边区银行发行的货币。

（边币），1947 年发放贷粮 1 万石（1 石约 75 公斤）。同时向全区发出"努力生产，支援战争""后方多流汗，前方少流血"的号召。并指示各级政府，在边缘区和国民党军"重点扫荡"的地区，地方部队和民兵要保护群众生产，把保护春耕、麦收、秋收，制止国民党军队抢粮，作为中心任务来抓，做到"一手拿枪、一手拿锄"，"敌人来了就打仗，敌人走了就生产"。

为了鼓励农民开荒扩大生产，行署实行"荒地谁种谁收，三年免征农业税"的政策，到 1946 年 9 月，全区耕地面积已达到 1822 万亩，超过了抗战时期的最高值。

同时，各级政府每年拨款兴修水利减少水患。在农闲季节，组织大批农民群众、民兵、党政机关干部和部队官兵参加挖河治水。仅 1946 年，堵河堤缺口、修整河道河床、修堤、挡石坝等，共用土方 53 万立方，用工 94 万个。这些工程大都收到了显著效益。滦河堵口，受益农田达 50 多万亩。玉田荣辉河改道，受益农田达 10 万多亩。香河挖通箭杆河与北运河，宝坻县疏通青龙河湾，大大减少了蓟运河水患，玉田、蓟县水区挖渠 20 余公里，使 10 万亩水涝地变成良田。

由于党和政府的大力扶持，广大翻身农民的积极努力，在不断遭受国民党军队进攻和自然灾害袭击的情况下，粮棉产量逐年增加，据乐亭、玉田、卢龙、密云等 12 个县中 31 个村的调查统计，种植面积和平均亩产量都已超过抗战时期。

工业和副业

由于自然条件和地理位置的原因，冀东地区的工业、手工业和家庭副业原来就有基础。随着解放区农业生产的发展，又有政府年年发放无息贷款给予扶持，工业、手工业和家庭副业也恢复起来。1946 年，行署两次发放纺织业、渔业、造纸业贷款共 3 亿元。同年，政府发放渔业贷粮 20 万公斤，新增渔网 200 张，保持了水产品的合理价格。1947 年沿海七铺已有渔民 2 万人，散工 1.8 万人，年产鱼虾约 5000 万公斤。

从 1946 年下半年开始，行署在各地试办生产、供销合作社，本着自愿互利的原则，个人投资入股，组成小型集体企业。仅 6 月份就投资 5000 万元，组织起 102 个生产合作社，并出现了果家屯、张各庄等模范合作社。我在调查总结"组织起来"的经验时，大体上把这些合作社分为三类：一类是平谷县"大众"式的供销合作社，主要是搞供销，社员投资入股，根据股金多少按期分红，参加工作者发给工资。第二类是遵化县八区"梁屯"式的生产合作社，主要是进行工业、手工业和农副业生产，劳力、现金都可以入股，按股定期分红。第三类是兴隆县"四道河子"式的灾区加工生产合作社，由政府贷给原料、资金，帮助购置生产设备，产品由政府包销，合作社从加工生产中获得利润以救灾度荒。这些集体经营的合作组织对全区的工业、手工业的发展起到了很大促进作用，使纺织、造纸、织席、榨油、弹棉花、制硝、肥皂等产品的数量和品种不断增加，质量不断提高，特别是纺织业，1946年基本恢复到抗战前的水平。宝坻县渠口、新集和玉田县鸦洪桥、窝洛沽等乡镇每月产布都达到13万匹。至1946年9月，鸦洪桥布市每个集日上布增至8000匹至1万匹。从事织席业的，仅玉田县林南仓一带就有10万人，每月可产草席25万张到30万张，除供应本区外，还销往热河、内蒙古等地。迁安县的造纸业已恢复到1000多家，产量可满足全区需要的70%。冀东沿海历来盐产丰富，1946年4月，行署成立了盐务管理局，加强对盐业的管理。到1947年，大清河、北堡又增设一些盐滩，保证了全区自给有余。1946年4月，行署成立了工矿业管理局，负责管理发电厂和煤矿。当时已恢复1家电业，几家肥皂业。1946年7月，迁西煤矿开工，日产煤1万公斤。

金融、贸易、财税

根据发展生产、繁荣经济的需要，金融、贸易、税收、邮电等机构也陆续建立起来。1946年4月成立了税务局和晋察冀人民银行冀东支行，1946年6月成立了冀东贸易公司。到1947年夏季，银行、税务和财贸已形成了完整的体系。

在金融方面，银行除了开办贷款、储蓄等日常业务外，还在同敌占区进行货币斗争中发挥了作用。1945年8月到12月，在冀东区开展了驱除伪蒙币、伪联银币、伪满币等斗争，发行了晋察冀边区银行印制的边区货币（边币）。1946年6月，行署发出《关于护麦、征麦、驱除顽币，加强对顽经济斗争的紧急指示》，发动群众打击国民党发行的"法币"。到7月中旬，解放区境内集市已完全由边币占领，约有400万人口使用边币，这对减少人民损失、保护解放区物资交流起了非常重要的作用。

在税收方面，由行署先后抽调800多人，在各地建立税务局（所）共96处，负责征收地方税和出入口税。划定距国民党占领区周边5华里，沿海地带距海岸20—30华里以内为封锁线，沿线设若干口岸、民兵哨卡及贸易站，站内设税务股，对出入境贸易进行管制，限定出入口物资范围，征收出入口税。为了打击走私活动，由我签发了《冀东行署出入口贸易与缉私办法》，各地遵照这个办法积极开展缉私活动，不仅加强了对国民党占领区的经济封锁，保护了解放区的贸易和生产，而且增加了财政收入。1946年征收出入口税折合小米计算75万公斤，占财政收入的7%。地方税，包括农业税、工商业税、牲畜税、斗税、契税、酒税等，其中农业税约占财政收入的70%，其他税占23%。各地在土地改革以后，都重新规定了农业税负担办法，其他税也逐步完善了税则，使每年的财政收入有了可靠的保证。

在贸易方面。1947年下半年，在各级党和政府的扶持下，公营、机关经营、合作社经营的商店和个体经营的小商店、商贩发展很快。由于纠正了土改中"左"的偏差，落实了保护工商业政策，在土改复查中遭到打击的工商业也逐步复兴起来。同时，发展公营、私营运输公司和个体贩运业，促进物资交流。特别是在出入境贸易方面开展的经济斗争中，一方面，严格限制粮棉等重要物资出境和奢侈品入境，以减少财政支出，保护解放区经济发展；另一方面，积极鼓励军用民需物资入境和一般的多余的产品出境，以增加人民收入，补充解放区经济的不足。这样可以在战争环境中，保持解放区的经济优势，造成国民党统治区的经济困难，为取得解放战争的最后胜利起到重要作用。

开源节流

日本投降后，冀东解放区的财政一直比较困难。1945年军费开支约占整个财政收入的70%。1946年军费开支仍占50%。为了争取财政状况好转，我们除领导全区军民开展大生产运动、广开财源外，全区的党政机关、部队、学校根据上级关于"亲自动手，建立家务，减轻民负，改善生活"的要求，利用业余和战斗间隙时间，开展以农业为主，工业、手工业、运输业为辅的生产运动，使区级党政机关的津贴费、公杂费，地区党政机关的伙食费、津贴费、公杂费和县级机关的伙食费、津贴费等基本实现了自给。野战军旅以上机关的公杂费，地方部队连和大队干部战士的津贴费、伙食费，肉类的全部、菜的二分之一，也都实现了自给。那个时候的供给制还是沿用抗战时期的标准，除集体掌管使用的伙食费、公杂费外，津贴费是发给个人的零用钱，标准分别为：县以下干部战士每人每月2角至1元，地专以上高级干部每月也只有几元钱。这样既节省了开支，密切了党、政、军和群众的关系，又培养了艰苦奋斗的作风。

大生产运动和开源节流的有效开展，改善了解放区的物资供应，改善了人民生活，有效地支持了战争。

对冀东土改的几点认识

这里谈的是关于冀东（包括热南）解放区在1946年至1948年进行的土地改革，而不是新中国成立初期的土改。总的来说，冀东的土地改革运动和其他解放区一样，成绩是伟大的，这是在中国大地上最后消灭封建制度的斗争。几千年的封建枷锁被彻底摧毁，实现了耕者有其田，农民翻身做主人，这是一件了不起的翻天覆地的大事。

据1948年9月的统计，冀东共有8863个村庄进行了土改（其中7500余村为基本区，约占85%），有6000余村彻底消灭了封建制度（占68%）。当国民党军队向冀东发动进攻时，翻身农民为了保卫胜利果实，保卫家园，以极大的革命热情踊跃参军参战，支援前线，开展自卫战争。在土改期间，冀东参加解放军的农民达11万人，其中在1947年秋季土改复查运动期间，全区有6万青年农民参军，许多县、区的领导干部带头参军，组织翻身团、翻身营，参加主力部队。在支援东北和华北的战勤工作中，出工200余万个，担架100万副。在严重的战争破坏和青壮年大量参军支前的条件下，冀东的妇女们承担了后方的生产，千方百计保证了人民生活和战争的物资需求，这也是很了不起的。

但也应看到，冀东土改也存在不少问题，在总结这段历史的时候，应当在看到伟大成绩的同时，还要认真地总结历史的经验教训。

几年来，我看了一些有关冀东地区的史稿，感到关于冀东区党委在领导土改运动中所发生的若干原则性问题的是与非，讲得含混不清，对一些错误的东西依然缺乏认识，或因某种原因而采取回避的态度。如果说在战争年代，因为时间紧迫而无暇认真地总结这段历史的话，那么现在，在经过40多年以后，特别是经历了"文化大革命"以后，有必要、也有可能对当时的一些错误思想和错误做法，以及由此造成的严重恶果进行揭露与批判，借以警示后人。有人认为，写党史或革命史只能写胜利的、成功的东西，而揭露和批判过去的一些缺点错误，甚至很严重的错误，就是"有损党的形象"，就是留给后人"不该留下的东西"。我不同意这种看法。中国共产党作为一个执政党，肩负着重大历史使命，不认真总结过去（包括总结失败和错误的教训），怎能搞好新中国的建设，又怎能带领全国人民实现祖国的社会主义现代化呢？在我们党内，正是由于对过去的一些错误的教训没有认真总结，以致一犯再犯，乃至在"文化大革命"中达到登峰造极的地步。我们这一代共产党人，应该担负起"自哀"而不使后人"复哀"的责任。

早在20世纪50年代末60年代初，中共唐山市委党史部门的同志编纂《冀东革命史》时，对如何看待冀东土改的问题就有很大争议。党的十一届三中全会以后，唐山党史部门重新修订《冀东革命史》，并于1980年在秦皇岛召集在冀东工作过的一些同志参加审稿会议。我作为冀东解放区的主要负责人之一，也参加了这次会议。会上，大家畅所欲言，各抒己见，对土改问题仍有很大的争议。许多同志要求我谈谈对冀东土改的看法，我讲了如下几点认识。

原冀热辽区的部分领导同志与《冀东革命史》编写组的部分同志合影（1988年12月）

一、对冀东土改的历史回顾

我党从建党起到新中国成立前是搞新民主主义革命，革命任务是推翻三座大山。废除封建的土地制度，解决无地少地农民的土地问题，是新民主主义革命的基本任务之一。为了实现这个任务，党在第一次国内革命战争时期，在农村领导农民实行打倒土豪劣绅、取消苛捐杂税、减租减息、"耕地归农有"等政策。国民党叛变后，在十年土地革命战争时期，更是把解决土地问题作为中心任务。抗日战争时期，由于民族矛盾成为主要矛盾，国内的阶级矛盾处于从属地位，所以，党对解决土地问题所采取的方针政策也有所改变。在抗日战争期间及抗战胜利后一段比较短的时期内，我党的土地政策是，除没收特务、汉奸等与人民为敌的反动地主分子的土地外，对一般地主是采取减租减息、合理负担等办法，限制和削弱其封建剥削，而不是采用革命手段彻底消灭剥削制度。后来，随着群众运动的深入发展，减租减息已经不能满足广大农民对土地的要求了，1946 年 5 月 4 日，中央发出关于土地改革的指示，即《五四指示》，在各个解放区发动了轰轰烈烈的土地改革运动。1946 年年底，中央又发出土改复查的指示。不久，刘少奇同志在平山召开了土地会议[①]，制订了《土地法大纲》，经中央批准，于 1947 年 10 月在各个解放区公布实行。从复查到贯彻《土地法大纲》这段过程中，各解放区都程度不同地发生了"左"的偏差。中央于 1948 年 2 月发出一系列指示，如毛主席在晋绥干部会上的讲话、任弼时同志讲话及中央关于老区、半老区土改的指示等，对土改中发生的偏差进行纠正。以上是党在整个新民主主义革命各个不同时期，对土地问题所采取的各种不同政策。

在解放战争时期，冀东区党委基本上是按照中央的上述指示领导冀东土改运动的，在贯彻执行中也曾发生过严重"左"的偏差。这些偏差主要发生在 1947 年土改复查后期，直到 1948 年纠偏前，即在复查和贯彻土地会议、整党、平分土地等项运动中。后来，根据中央的纠偏指示进行了纠正。到了 1948 年 8 月辽沈战役前夕，区党委在兴隆县半壁山会议上做了总结。由于当时战争任务紧迫和干部认识水平所限，会议对土改中的严重"左"倾错误及其教训，总结得不够深刻，不够全面，其中有些原则性的是非问题，主要是关于冀东在土改中有没有右倾的问题，以及"左"倾错误的严重性及其教训等问题，没有讲清楚。现在写历史时，对这些问题应该把它讲清楚，应该有个明确的态度，不要含糊不清。同时，有些问题在当时就把是非弄颠倒了，现在要根据"实践是检验真理的唯一标准"，把它纠正过来。以上是关于冀东土改的背景。

---

① 指 1947 年 9 月中央工委在河北省平山县召开的土地会议。

二、抗战胜利后冀东土地关系的基本情况

土地关系

冀东各县由于地理和自然条件不同，经济发展情况不同，有的地方经济发达，有的地方落后，土地占有情况也不相同。总的来说，冀东地主和富农占有土地量的比重比较大，但同其他地区比较还不一样，如在南方，据说地主、富农占有的土地差不多占全部土地的 70% 以上，有的甚至更多，冀东还达不到这个比重。冀东地主、富农土地占有量为 50% 左右，农民（包括富裕中农）大约占有 50%。在地主、富农占有的土地中，富农约占 1/3，地主约占 2/3。抗战胜利以后，在比较巩固的老解放区，地主、富农的土地占有量的比重可能还低些，不一定达到 50%。从户数上说，全区地主、富农约占农村总户数的10%。中农和贫农约占 80% 上下，有的地区还多一些，其他是手工业者及到外地谋生的其他职业者。另外，冀东的中、小地主多，大地主少，地主兼营工商业，或在工商业中有投资的较多。地主所采取的剥削方式，以雇工剥削为多，而出租土地的只占地主的一部分。这只是一般情况，具体到每个村又不一样了。租佃关系多数不固定，有的当年改变，有的两三年一变，总的来说是谁交的租多就把地租给谁。据我过去了解，冀东农民有永佃权的并不多，这种租佃关系是多年战乱造成的。

阶级关系

经过长期抗战，冀东的阶级关系和阶级力量对比起了很大变化：

冀东有了强大的共产党组织，有强大的革命武装和民主政权，基本群众都经过抗战的锻炼，提高了觉悟，组织起来了。在地主方面也有很大的变化，由于我们实行了减租减息、合理负担、民主建政和其他各种政策，地主阶级在政治上的封建统治被搞垮了。在抗战前，冀东地主阶级统治农民的最重要的手段是靠政权和武装，差不多地主手里都有武装——民团，县、区、村各级政权都被他们操纵把持。但抗战中，我们建立了抗日武装和民主政府，他们的民团武装都被解除了，政权垮了，经过合理负担和减租减息，经济上也有很大削弱。所以，在老区、半老区的封建剥削制度总的是大大削弱了。抗战胜利后，冀东解放区的老区、半老区大约占冀东总面积的 80%，新区，就是过去敌占的点线，像唐山、秦皇岛两市周围，铁路沿线和据点周围，约占全冀东的 20%。抗战胜利后不久，新区有些反动地主的土地财产也受到不同程度的清算，其经

济也被削弱。

地主阶级内部也有了很大变化。一部分亲日反共的地主当了汉奸。一部分在民族矛盾突出的情况下，经过我们争取教育，接受共产党领导，同我们合作，不同程度地参加了抗战。另一部分持中间、骑墙态度。他们不愿当亡国奴，不同程度地支持我们抗战，但对我们一些政策不满，不是诚心拥护我们，为了保护自身利益，看风使舵，两面应付，对国民党抱有幻想。抗战胜利初期，除一部分地主在我党的团结教育下，继续同我们合作，反对国民党反动派卖国独裁打内战，为实现国家统一、和平民主而斗争外，多数地主不同程度地对国民党抱有幻想，但又有"两怕"，一是怕打内战，希望和平。知道打内战消灭不了共产党，他们怕在内战中自己遭殃。二是怕靠国民党靠不住，所以处于动摇、观望状态。随着全国形势的变化，国民党反动派由边和谈边打，到全面内战，对冀东解放区由"蚕食"到大规模军事进攻，一些反动地主乘机组织"还乡团"，对我进行阶级报复。在我全区军民英勇抗击下，反动派连遭失败，眼看共产党越战越强大的形势，那些对国民党抱幻想、企图变天的地主们更加不敢轻举妄动。

三、对冀东土改的一些看法

冀东土改大体上可分为四个阶段，第一阶段反奸清算，从日本投降到1946年5月中央发布《五四指示》之前，第二阶段从贯彻《五四指示》到土改复查结束（1946年5月至1947年11月），第三阶段由冀东土地会议贯彻《土地法大纲》，到土改纠偏前（1947年11月至1948年2月），第四阶段是纠偏和结束土改运动，即1948年2月至8月。

第一阶段：反奸清算

日本投降后，冀东区党委根据中央关于解放区以减租、生产、练兵为三大中心任务的指示，结合本地区的具体情况，认为冀东在抗战时期已经有相当一部分地区（基本区）进行过减租减息，现在，减租减息已不是所有农民都存在的问题，仅仅用减租减息不能广泛发动群众，而是把减租减息与"反奸清算"结合在一起（开始叫"复仇清算"，即对抗战时期有罪恶的地主汉奸进行清算），在全区开展群众运动。运动的重点是清算汉奸、特务、恶霸等反动地主的罪行，没收其土地财产，同时也从经济上清算一般地主富农在抗战时期逃避的负担，主要是清查其隐瞒的"黑地"。查出"黑地"以后，从哪一年实行合理负担，就从哪一年追补，补不起的就把土地折价卖给农民。用这个办法，解决了农民相当数量的土地需求，同时还进行了退租退息。这次运动的斗争目标和任务都比较明确，发展基本正常。由 1945 年 10 月，到 1946 年中央《五四指示》前的半年时间内，群众广泛地发动起来，部分干部群众中怕打内战、对反蒋斗争信心不足的情绪也得到了克服，地主阶级的封建剥削制度进一步被削弱。

这期间，运动中出现了一些问题，区党委及时进行了引导教育，很快得到了解决。问题主要表现在两个方面：一方面是一部分干部的思想认识没有跟上抗战胜利后形势和任务的转变，有些同志认为进入和平民主新阶段了，有幻想和平、斗争松劲的情绪，所以在发动群众时有些束手束脚。对这些情况，区党委及时开会、发文件，经过宣传教育，得到了解决。这算不算是一种倾向呢？当然，从性质上看，有些认识不足，发动群众不敢放手，是属于右的性质，但是不是已发展为右的倾向？恐怕还够不上。另一方面，大约在 1946 年3 月，个别地区，像卢龙、丰润、滦县和玉田的一部分地区，发生了拉大队大吃大喝现象。那时叫"吃喝拉大队"，几百人，甚至上千人，打着大旗，拉着队伍到各村杀猪宰羊，大吃大喝，类似分粮吃大户。他们每到一村，见谁家有肥猪就杀，受损失的不全都是地主、富农。一个村这么一搞，就发展到周围一二十个村都搞起来，一时间人心惶惶，生产和社会秩序都受到很大影响。有的地方还大批砍树，玉田城东北约有二三十个村庄把树全砍掉了。当时流传着一种说法是："要共产了"，说："共产党领导打走日本，现在要'共产'过好日子了！"这是带有群众自发性的盲目行动，其中有些是基层干部水平低，或带头或跟着群众干的，也有个别坏人从中挑动起来的，主要是群众自发搞的，不是上级的意图。当然，上边有些干部怕戴上右倾帽子，怕说"给群众泼冷水"，因而对这种现象不敢制止或纠正，客观上放纵了这种错误。区党委发现这些情况后，1946 年 4 月 2 日给各地委发了一个电报（即《四二指示》），让各地委注意防止这种情况的发生，已经发生的要加以引导，使运动走向正轨。这个电报是由我起草并签发的，内容主要是针对运动中出现的这些偏差说的，并不是针对全区整个运动的指示。全区运动怎么搞法，在这以前已经开过干部会议作了布置，所以电报没有再重复。电报发出后不久，这种吃喝拉大队现象很快得到了纠正，没有发展为带普遍性的错误倾向。到后来，随着党内"左"倾思想的发展，一些有"左"倾思想的同志，就把《四二指示》这个纠正个别问题的电报，提到不适当的地位，认为《四二指示》是区党委对全区群众运动的指示，光纠"左"，不提整个群众运动中的右，说"给群众泼了冷水"，"是右的指示"，因而对《四二指示》不满，进行抵制，这就助长了以后"左"倾思想的发展。现在史稿中也说，"有些地主、富农知道《四二指示》后，拍手称快"，这些都不符合当时的实际情况。《四二指示》是区党委给各地委的内部电报，地主、富农怎么会知道呢？对这些问题，当时并没有澄清。1947年彭真同志由东北回后方，路过冀东时，区党委有的同志向他反映说，区党委有右倾，就是指《四二指示》而言。彭真同志看了这个电报后，认为没有什么问题。后来这个问题也就不提了，但并未彻底澄清。

还有个地主、富农的界限问题，区党委提出过要区别对待，但不像《五四指示》那样明确，所以以下边执行起来，就发生了对地、富不加区别，打击面宽的问题。但这种情况当时还不带普遍性，只在个别地方有这种情况。苏林彦当时曾反映过：刘城子有个地主在抗日时曾掩护我们的干部和伤病员，对抗战有贡献，应该照顾而没照顾。但这种该照顾而不照顾的情况，当时还未发展到带普遍性的"左"倾程度。

总的来看，这一段运动的发展是正常的，出现的一些问题都及时得到解决，对全局影响并不大。

第二阶段：贯彻《五四指示》

这个时间从 1946 年 5 月到 1947 年 11 月冀东土地会议，大约有一年零几个月。中央《五四指示》对土改的任务、方针、政策规定得非常明确具体。冀东贯彻《五四指示》的时间大约从 1946 年 5 月开始，到 9 月初国民党对冀东大举进攻时基本结束。这期间运动的进展正如 1946 年 11 月 28 日区党委《关于冀东土地改革情况报告》中所讲的"是健康的、正常的，复查初期也基本正常，没有出现多少偏差"。但在复查后期出现了严重的"左"的偏差。1947年二三月间，区党委根据 1946 年 12 月 10 日中共中央关于冀东土地改革的指示，对土改进行复查，查执行《五四指示》中有没有不彻底的地方。由于区党委对贯彻《五四指示》后的情况了解不深，对土改不彻底的情况估计过高，没有对老区、半老区和新区的不同情况区别对待，以致发生了一些偏差。当时的情况是：冀东土改在基本区已经搞得相当彻底了。但区党委没有把这些地区的工作重点及时转向以生产为中心，集中力量搞生产，却不加区别地一律把复查作为中心任务来搞。这是因为冀东的一部分领导干部，对贯彻《五四指示》有一种错误估计，认为党内领导干部中有严重的右倾思想，对地主、富农照顾过多了，所以土改搞得不彻底，贫雇农的土地问题还解决不了。区党委委员兼第十八地委书记刘某某去平山向中央工委汇报回来，接受了其他地区土改中的一些错误做法，如把地主"扫地出门"；对地主、富农不加区别，一个村只留一两户富农不动，不是为了保护富农，而是为了稳定中农的情绪；强调"群众说了算"；等等。他回来后自己又加以发挥创造，没有向区党委汇报，没有经区党委讨论布置，就在十八专区搞开了，在一个月左右的时间里，采取了很多错误做法。像错划阶级，对地主、富农不加区别，对地主的情况也不加区别，滥打滥杀，侵犯工商业，强调贫雇农当家作主，都是在这个时期搞的。搞得差不多了，才向区党委汇报。区党委对突出的问题，如滥打滥杀、斗争工商业等，虽然并不同意或不完全同意，但没有采取有效措施予以制止和纠正。

接着，区党委和各地委都组织了工作团在全区搞复查运动。由于区党委一些负责人当时过高地估计了土改之不彻底，未能认清"左"的偏差已成为当时的主要倾向，怕犯右倾错误，仍强调反对并不存在的右倾，机械地贯彻执行了中央工委个别负责同志某些不适于冀东情况的讲话，推广了不适于冀东的其他地区的一些做法。结果在全区出现了严重"左"的偏差（各地、县严重程度有所不同）。这个时期的偏差突出表现在以下几个方面：

第一，滥打、滥杀。杀人不经批准，强调群众说了算。在这期间发生了该照顾的没有照顾，错斗错杀了一些人，甚至错杀了一些好人。有些对革命有功的老村干、老党员，只是由于作风上脱离群众或出于私人报复，也被杀掉了。当时为了杀人要不要审查批准手续的问题，区党委内部有过争论。原来杀人批准权归行署，后来有些同志主张不要批准手续，由90%的群众说了算。经过争论，把批准权下放到县政府。实际执行中县政府也未能掌握，而是由所谓90%的群众说了算。一个村开群众大会，主持人问："该杀不该杀？"群众说："该杀。"不经任何手续或只要得到工作团（组）的同意，就把人杀掉了。在此期间，据行署公安局的统计，全区被杀的有7600多人。蓟县马伸桥的情况令人触目惊心：1947年旧历五月初七上午打土豪斗争大会，半小时内打死48人，工作组没有制止。死者中有个抗属叫李杰臣，儿子是抗日烈士，本人在抗日中保护革命同志，做了许多工作，也被打死了。他的老婆来说理，也被打死，1980年才给他平了反。

乐亭县复查时强调"农民说了算""斗得越狠越好"，开控诉会，打人现象很普遍，由群众投票决定处决地主，有的先由群众投票，后由政府处决，有的未经投票即乱棍打死，全区处决、自杀共100多人，当时在乐亭有所谓"敌杀我一，我杀敌十"的说法。

我引用这些具体材料，不仅仅是揭露当时"左"的错误及其造成的严重恶果，更希望通过这些事实来警示后人，千万不要再重复历史的错误！

第二，对地主和富农不加区别。当时我们的政策还是只消灭地主阶级，而不是消灭富农。但实际执行的结果，富农作为阶级来说，差不多也被消灭了。留一两户也是为了稳定中农。由于当时没有明确划分阶级的标准，有些富裕中农也被错划为富农，当作富农斗了。

第三，普遍侵犯工商业。借口挖地主、富农的浮财，工商业中凡有地主、富农资产的都去清查，地主、富农开的工商业都没收，在追挖浮财中采用各种酷刑。本来，冀东解放区各城镇的工商业虽然经过战争的破坏，但还是相当繁荣的。对于发展生产，保证军需民用，开展对敌经济斗争，起了重要作用。经过复查这样一搞，差不多一扫而光了。1947年4月，《冀东日报》有一篇题为《玉田九十余村五万群众清算鸦洪桥、窝洛沽、林南仓三镇封建奸商获胜》的报道，说此次土地复查中，"该三镇及附近90余村5万余群众以联合一致行动，于上月30日向三镇80余家（三镇共有120家）封建势力展开热烈清算斗争，获得洋布1126尺，洋线300多团，大黑靛4大筒及其他物品甚多。经过合理清算，120家商户——偿补农民获得物资价值约达100亿元以上"。还乡河复查大队在1947年6月11日的《一个月工作经验总结》中竟把这种错误做法当作经验，"搞通了干部思想后，工商业也搞光了，鸦洪桥、窝洛沽、林南仓三镇搞了一百多家，捣毁了他们的最后巢穴。"

1948年9月2日，吴德[①]在冀东区党委扩大会议上的总结报告中说，从全区来看，1948年纠偏时，冀东有城镇254个，约有工商业3774户，据统计，复查时斗了1266户，占所有工商业的三分之一，而且都是资本较大的。被侵犯的工商业中，还有一部分是小工商业者、小独立劳动者、手艺工人、小商贩。

工商业被斗后，资产大部分被分散，一部分改为合作社形式经营，还有一部分由公家从农民手里收买过来改为公营。

---

① 吴德1948年3月任冀东区党委书记，李楚离任区党委副书记。

侵犯工商业的结果引起市场萧条，经济萎缩，货物交流不畅，生产下降，国民收入减少，群众思想混乱，以为我们的政策是不准私人办工商业，不准发财，因而有些商店关闭，资金逃入敌区，使我根据地经济受到严重影响，这是冒险的自杀政策。

第四，在土改已彻底的基本区，特别是灾区和穷困地区，本来应该以发展生产为中心任务，但由于区党委布置不当，不分情况、不分地区一律搞复查。尤其像热南和冀东的北部山区，如迁西、青龙、平泉、兴隆等地，有许多是日本人制造的"无人区"，由于战争破坏加上天灾，群众生活非常困难，本来地主、富农就不多，经过清算和土改，已经没有地主、富农了。在这些地方不应该再集中力量搞土改复查，而应重点抓生产救灾，在生产中以一部分力量搞复查，不彻底的搞彻底，已彻底的就不要再搞了。但在这样的穷区、灾区，仍以复查为中心，搞了好几个月，结果没有搞出土地，无地可分，就挖浮财。没有地主、富农的村庄，就把冒尖的中农当作地主、富农来分他们的土地，挖他们的浮财，有的把仅有的一二匹土布也当作浮财给没收了。到分胜利果实时，人多东西少，群众非常不满意，把生产也耽误了，加重了灾情，其他各县也有这种情况。

这类问题在复查前段就出现了，但还不太严重，最主要的是复查后期。当时，我们的一些领导干部认为，提出搞生产就是右倾，结果耽误了春耕生产，荒了大量土地，全冀东荒地达 100 多万亩，加上敌人破坏抢掠及平分时浪费，造成了第二年（1948 年）春夏的严重灾荒。特别是在长城以北，群众生活极端困难，没粮、没盐、没有衣服穿的也很多，有的群众以树皮野菜和玉米骨头充饥，因饥饿和疾病死了不少人。仅迁青平一个十几万人的联合县，在 1948 年春夏就饿死了 5000 多人。青平县有个区委书记，家里没饭吃，还坚持工作。大家给他凑了一点粮食，回到家里，见他兄弟在地里耪苗时饿死了，他回来仍坚持工作。这里的老百姓很好，这样严重的灾荒，我们救济又不及时，老百姓没有起来反抗我们。他们家里存着公粮不吃，宁愿自己饿死在炕上。在这样困难的情况下，老百姓照样出担架。行署发现灾情后，曾多方设法调拨粮食救济灾民，组织当地群众到关里运盐，开展贸易，派医务人员去治病发药品，同时，动员较富裕地区的群众支援灾区，使灾情得到缓解。

在纠正了偏差以后，区党委和行署在很严重的灾荒和繁重的战勤工作中，领导生产，消灭荒地，取得很大的成绩。我们出工 200 多万个，100 多万副担架，像十四、十二、十五专区，战争勤务那样重，都用相当力量进行生产，这些成绩和同志们的努力不能抹杀。

第五，在指导思想上，当时有的同志提出了所谓"两条路线"，一条是地主、富农路线，一条是贫雇农路线。说什么"你是要地主，还是要农民？""你是站在地主、富农立场，还是站在贫雇农立场？""是走贫雇农路线，还是走地主富农路线？"，好像贫雇农路线才是正确的革命路线。所谓贫雇农路线，实质上就是绝对平均主义的路线，就是搞狭隘的阶级报复，这是错误的。共产党是无产阶级先锋队，是马列主义、无产阶级的革命路线嘛！但是在当时，区党委，包括我在内，并没有很明确地认识到这是错的，没有给予批判。比如关于侵犯工商业的问题，1947 年 6 月 28 日，区党委一位负责人在党校作报告时说："现在要具体消灭哪些封建建筑？第一要消灭封建的财产、凡是能够作为封建剥削工具的一切物质资料，如土地、房屋、高利贷与利用封建积蓄而开设的工商业等，统统搞掉，丝毫不留，要在经济上彻底搞垮封建势力。"又如 1947 年 8 月 1 日，冀东区党委给各地、县委的指示信，在谈到关于侵犯工商业的问题时提到："我们对农民的此种正义行动，应坚决予以支持"，"清算土豪恶霸工商业与清算一般地主及封建富农的工商业，均应有所区别与适当照顾，但此种区别与适当照顾应出之于群众的自愿。"类似的还有当时《冀东日报》的一些报道，这些都鼓励或助长了群众自发性错误的滋生和蔓延。

那时，由于强调贫雇农路线，把党组织都不要了，党员和基层干部一律靠边儿站，交给贫雇农审查。对这个问题，区党委有争论，对政权要不要区别对待，也有不同意见。1947 年 6 月，彭真同志回中央途经冀东时，我向他汇报了冀东土改的情况后，他提出以下意见[①]（大意）：

（一）目前必须集中力量，继续深入土地改革，彻底消灭封建制度。为此必须继续放手发动群众，狠狠地打击大地主、汉奸恶霸、土豪劣绅，特别是勾结反动派镇压与破坏群众运动之一切反动分子，解除封建势力之财权、军权、政权，使基本群众真正在经济上、政治上、精神上翻身……一切工作应该围绕土地改革，并以之为基础。

（二）基本群众对于大地主、汉奸恶霸、土豪劣绅和对于未做过坏事的中

---

① 这是 1947 年 6 月 29 日彭真谈话，由张明远做的记录。

小地主的态度是有区别的，我们在政策上也必须加以区别，只要狠狠地打击了大地主、恶霸土劣，中小地主的土地与问题，便可以很容易地得到解决。

群众对于他们所痛恨的地主恶霸，让他们"净身出户""扫地出门"，让他们讨饭，迫使他们低头，然后给予照顾，我们应批准赞扬，但以此作为对地主之普遍政策，到处发动领导群众，令地主"扫地出门""净身出户"，不留最后生活，甚至不分大中小、无显著恶迹之中小地主，亦如此处理，即不妥当了。

在群众翻身过程，在土地革命的惊天动地的斗争中，杀坏人是不可免的，是必须与应当的，但必须掌握严肃与慎重相结合的原则，凡罪恶昭著，为贫雇中农所痛恨，贫雇中农主张杀的，应该杀，但也应经过一定手续。只有少数流氓主张杀，或少数干部，又或少数人由于报复主张杀，而多数群众并不主张者，应坚决制止杀。总之以能发动团结多数群众，而不脱离为原则。

对中农（包括富裕中农）的利益，绝对不能侵犯，已侵犯的，要道歉赔偿，但也必须不要使贫雇农精神受打击，即不泼冷水。

（三）要注意干部中仍严重存在的包办代替、强迫命令等脱离群众的作风，要不断地谆谆教育他们以群众观点、群众路线。一切群众斗争必须经过群众的酝酿过程，这是使群众从盲目到自觉，使运动从少数到多数的必经的过程，也是把党的主张变为群众自己的主张和领导骨干与群众相结合的过程。不然就不能使群众运动真正名副其实成为群众自己的运动。

（四）改造乡村中的党，在土地革命中，支部必须是反封建的先锋队，一切党员都必须是反封建的总先锋。乡村中的政权及主力地方武装，必须成为坚决反封建的斗争武器。这个问题在冀东还是没有完全解决的。

（五）在新的形势下，充实主力，壮大主力，是今天冀东的显著任务之一，同时在土地改革基础上，新兵的动员较易，兵源还不成问题。但现在野战团及地方团都尚不够充实，过去受财政的限制，现在必须从积极方面解决这个矛盾，即从生产、贸易、税收方面，从节约不必要开支，特别村财政的浪费上，解决这个问题。为此，还请示了中央工委。少奇回电说："要区别对待，好的参加运动，不好的要加以改组。"要不要依靠党支部？区党委多数同志认为对支部也要区别对待，不能一律靠边。但在实际工作中，好多地方还是否定了原来的党组织，实际上是贫农团、土改工作团代替了党的领导。现在回忆起来，有点像"文化大革命"中的"文革领导小组"、革委会、工宣队、军宣队代替了党委的样子。当然那时没有"文化大革命"这么严重，在性质上有点相类似就是了。

第三阶段：贯彻《土地法大纲》

这一阶段由 1947 年 11 月冀东土地会议，到 1948 年 2 月土改纠偏前止。这期间的中心工作还是继续搞土改，就是通常所说的平分土地阶段。现在看是不应再搞了。有些新区，土改不彻底还可以搞，基本区不光是搞彻底了，而且是搞过了头，出了那么大偏差，不应再搞了。但土地会议还认为土改搞得很不彻底，认为党内不纯、干部右倾思想严重，还是要继续反右。首先是把情况估计错了。从这个错误估计出发，所以一要整党，反党内的右倾，二要继续搞土改。当然，这也不光是在冀东。平山土地会议，华北、东北各解放区都参加了。

平山会议是在"左"倾思想比较严重的气氛下召开的。当时制定的《土地法大纲》，总的来说是正确的，但个别条文有问题、有缺点，中央后来也指出来了。有一条大意是把地主的土地，连同村中公地和按人口平均其他多余土地分给无地少地的农民。这"其他多余土地"含义就多了，这岂不是把中农的土地也算上了？大纲还有一条规定，分配这些土地时，可以"打乱平分"，也可以采用"抽肥补瘦"的办法。这两条便成了"左"倾错误的合法依据。

反右倾，把党组织的不纯估计得太严重了。当时并不存在右倾，却硬把它作为对立面来反。在平山土地会议上，有的同志用"左"的观点，把冀东所谓的右倾夸大得不得了，《四二指示》也作为批判的内容，苏林彦被作为右倾的典型，也把我当作右倾的代表人物。有人曾提出，如果我再不"转变立场"，就撤我的职。康生甚至说可以开除党籍。1949 年少奇在沈阳见到我时，说土地会议时对我的批评错了，向我道了歉。

冀东土地会议

1947 年 11 月 10 日至 12 日，冀东区党委在遵化县四十里铺召开了土地会议，中心是贯彻平山会议精神。这时"左"倾错误已经泛滥成灾了，但会议还是继续反右，致使"左"倾错误继续发展。冀东土地会议以苏林彦、张振宇、方治平等同志为"右倾代表"，对我则不指名批判。原来只说《四二指示》右了，这时又炮制出冀东党内有个"四二指示派"。《四二指示》是我起草，经区党委其他同志同意后，由我签发的。当时楚离尚未到职，我代理区党委书记，阎达开下乡搞调查不在家。批判所谓"四二指示派"的矛头显然是指向我的。会上还提出，党内存在两条路线，即"地主、富农路线"和"贫雇农路线"。会上好多同志感到压力很大，杀气腾腾。在那样的气氛下，再加上一些同志思想政治水平不高，是非分辨不清，因此认为土地会议的那种精神是正确的，认为过去搞错了。会上还宣布把方治平、张振宇同志撤职，在《冀东日报》上公布，借此造舆论。个别执行"左"倾路线的同志趾高气扬，盛气凌人，以正确路线代表自居，搞派性活动，拉一派打一派，说别人右，来推行自己的"左"，说别人是什么"四二指示派"，实际上是自己搞非组织派别活动。

这次土地会议的错误，主要表现在两个方面，一个是平分土地侵犯了中农的利益，另一个是整党伤害了广大党员干部。

在贯彻执行《土地法大纲》过程中，不分老区、半老区、新区和边缘区，一律搞平分土地，结果是严重地侵犯了中农的利益。在复查后期也有侵犯中农利益的现象，但还不那么普遍，那时总还有些地主、富农，主要还是搞了地主、富农。但到平分土地时，地主、富农已基本消灭了，就只好搞"冒尖"的。所谓"冒尖"的就是搞中农。这就搞乱了阶级阵线，树敌过多，把自己陷于孤立的地位。因此，在敌人向我们进攻时，在老区发生了叛乱事件。比如遵化，那是最巩固的老区了，1948年发生了40多村反动会道门暴动（当时称为"红眼队"），杀死我们好多干部和基本群众，进行阶级报复。在十四分区的平谷县，由于执行政策过"左"，逼得村干部造我们的反，上山打游击。迁安（或是迁西）也发生过类似情况。

另一个是在整党中伤害了广大党员干部。整党中强调贫雇农路线，采取"搬石头"的办法，把不少出生入死、坚持抗战的老党员、老干部，不论哪一级的，都当作土改中挡路的"石头"搬掉。还有"查三代"，搞"唯成分论"，把一些已经不是地主、富农的也归入地主、富农斗了，把一些属于党内问题、人民内部问题的、怀疑有政治问题而未搞清的干部，作为敌我问题，送交公安部门审查处理，仅送到行署公安局审查的党员干部就有900多人，由公安部门专门搞了个训练班。"搬石头""查三代"，大大挫伤了干部的积极性，影响了团结，削弱了党的战斗力，有些同志长期背着思想包袱。

对同志的这种伤害不仅在当时，而且在以后很长时间，都是影响极大的。过去有的同志一见面就问我，在土改时他究竟算什么？为啥调走他？是不是也把他作为"石头"搬走的？当时区党委对一些同志虽未做什么结论，也没戴右倾帽子，但对他们也的确有一种看法，至少认为他们对土改"不够积极"（实际上是对"左"的做法不积极），认为这些同志在抗战时期与地主、富农联系较多，容易反映地主、富农的呼声，调走可能对土改更有利。但这却伤害了很大一部分同志的感情。常佩池原是第十八地委书记，土地会议后调到行署实业厅当厅长，他感到是当作"石头"搬走的，其实在复查时他也执行了"左"倾的政策。

再就是搞"扎根""挂钩"。由于对原有的党支部和村干部不信任，工作组进庄后，抛开党组织，直接深入到群众中去，找劳而久苦的贫雇农（穷三辈）的人培养成"根子"，然后通过这些"根子"进行串联，吸收劳而久苦穷三辈的贫雇农参加贫农团，扩大"根子"组织，分片召开"根子会"，进行查阶级评成分。原来的党员、干部，不管好坏，一律不许参加贫农团和新农会，有的被关押，有的被斗，甚至挨打。玉田十区一个村干部就因遭人报复而被打死了。

由于片面强调"劳而久苦穷三辈"，而忽视了"根子"的历史和作风、能力等条件，致使有些被工作组扶持起来的新干部不能胜任工作，或在群众中没有威信。而党支部、老村干靠边或挨整，村政权也基本上瘫痪了。当时解放战争那么紧张，战勤任务很重，部队来了却找不到村干部，贫农团的人又没有工作经验，部队要担架，要供给都找不到人，连住房也没人管，很有意见。

在平分土地运动中，军属受打击者也不少，以致影响到部队干部战士的情绪，逃跑或携枪回家报仇的事情时有发生，严重的影响部队巩固。

这些偏差，到中央发出纠偏指示后，基本得到纠正，但已造成了不可弥补的损失。

第四阶段：纠偏

党中央对土改中发生的"左"的偏差极为关注，1947年12月，党中央召开政治局扩大会议，制订了纠正偏差的具体政策。1948年年初，相继发表了任弼时《关于土地改革中的几个问题》的报告，中共中央《关于在老区、半老区进行土地改革工作和整党的指示》，以及毛主席《在晋绥干部会议上的讲话》，重新公布了1933年的《怎样进行农村阶级分析》等文件，明确了土改和纠偏的政策。根据这些指示精神，1948年2月，冀东区党委发出一封给各级党委及工作团的信，指出平分土地运动中的严重错误，要求各地深入检查，加以克服。2月26日，区党委又发出《关于整党中一些问题的意见》，批评了整党工作中的一些错误做法，要求恢复和健全党的生活，对犯错误的党员干部，要区别情况，妥善处理。各地遵照区党委的指示，进行了纠偏工作，很快取得了成效。

由于前一段的错误，使得不少群众对党的政策产生怀疑，怕冒尖，怕致富，怕再被平分，不但影响了生产积极性，而且大吃大喝现象相当严重。针对这些情况，区党委和行署于5月1日发出《生产与土地改革中几个问题的指示》，要求各地将中心工作转入生产运动，在生产运动中有步骤地纠正前一段工作中的偏差，并规定了一些具体的纠偏政策措施，如保护农民合法财产和劳动所得，对错划成分和错斗、错分的予以纠正，保护工商业等。

经过纠偏，提高了干部的认识，增强了团结，重新调动起群众的积极性，情况大有好转。

到了1948年8月，辽沈战役即将开始，冀东的中心任务也随之转移，扩军和支前、战勤任务更加繁重艰巨。为了迎接这一新的任务，8月下旬，区党委在兴隆县半壁山召开了扩大会议，总结了土改工作的经验教训。会议认为，冀东土改取得了巨大的成绩，但教训也是很沉痛的。会议确定了今后的中心任务是恢复生产，加强建设，动员一切人力物力，准备支援大规模的战争，迎接全国的解放。

尽管半壁山会议总结了土改中的教训，但由于当时正值辽沈、平津两大战役和迎接大军进关前夕，为了照顾大局，对有些是非未能澄清，总结得不彻底，不深不透，以致后来一犯再犯。当然这也不仅是冀东一个地区的问题。回顾一下20世纪60年代搞"四清"运动时那种"扎根串连"，把基层党员干部都视为变质、不可靠而叫他们靠边站的搞法，不是和当年土改工作组的某些做法很相似吗？至于"文化大革命"中的极左，就更不用说了。

四、对冀东土改的估价

冀东的土改应该说成绩是主要的、伟大的。经过土改把冀东封建土地制度彻底消灭了。作为阶级来说，不只消灭了地主阶级，而且也消灭了富农阶级，消灭了封建土地制度。广大贫雇农和下中农都分到了多年来梦寐以求的一份土地和一部分牲畜、农具等财物，实现了翻身解放的愿望。这是历史上一件划时代的伟大事情。我们党从建党起，为了消灭封建土地制度，经过第一次和第二次国内革命战争，无数革命先烈流血牺牲付出巨大代价，未能完成这一历史任务。这时，经过解放战争，以很短的时间，就在各个解放区消灭了封建土地制度，确实是了不起的大事情。不能因为在土改过程中出了偏差而低估成绩。应该看到，成绩和错误相比，错误是很次要的。当然错误本身也确是极其严重的，我们也要实事求是地总结这方面的教训，作为借鉴。

我们之所以能够在解放战争很短的时间内彻底地废除封建土地制度，消灭封建剥削阶级，不是凭空而来的，是在抗日战争胜利的基础上取得的，是在中央正确领导下、在冀东各级党委集体领导下，全区党政军民全体同志从各个不同岗位上共同努力和斗争所取得的。

对于错误也要有个正确估价。这个错误是在什么情况下发生的呢？是在抗战胜利后，国内阶级矛盾上升为主要矛盾，以蒋介石为首的国民党反动派破坏和谈、发动全面内战，我们由弱到强，解放战争在全国一个胜利接着一个胜利的情况下发生的。正因为是在这种情况下发生的，错误的严重性有些就被胜利所掩盖，所造成的恶果被胜利抵消了一些。反过来看，如果不是处在这样的情况下，而是处在 1946 年敌强我弱，冀东周围是国民党重兵，反复向我"扫荡""围剿""蚕食"，像抗战时那样拉锯式的斗争形势，不要说一年一二十次，有个四五次拉锯式的"扫荡"，或者冀东地区的战争再延长三四年，冀东解放区会不会变质，是很难说的。很可能地主、富农们，甚至有些在抗战时和我们合作过的地主、富农会煽动对我们不满的群众造我们的反。所以对错误的严重性，不能因胜利而低估。

另外，如果当时区党委和各地委对党内不同意见能展开讨论，不扣帽子、不打棍子，弄清是非，对明显的违反政策和组织原则的同志及时进行批评，对已经发现的错误和偏差，如滥打滥杀、侵犯工商业、侵犯中农等，能及时采取有力措施加以制止和纠正，根据当时的认识水平，虽然不可能不犯错误，但总不至于那么严重。遵化下港的岳雨田，是 1927 年的党员，1928 年参加过遵化县委，任县委书记，在抗战初期当过县长，后来在包森那里当军代所长（就是兵站站长）。1946 年因为身体不好回村休养。土改时贫农团要打死一个人，他不同意，说应该请示上级批准。但贫农团的人趁他不在时，还是把那个人打死了。后来有人控告他，说人是他打死的，把他关起来，在混乱中被打死了，直到 1980 年四五月才平了反。迁西的魏顺兴在 1939 年曾经去平西受训，当警卫员，后来回家当了村干部，作风有些强迫命令，也在复查中被打死了。类似这种情况还不是个别的，是干部的还入了档案，长期背着个历史包袱，有的背着个右倾包袱。所以，在编写革命史时应该加以澄清。

五、土改发生错误的原因

有外部的原因，也有内在的原因。从客观上说，在土改期间，正处于国民党反动派积极准备内战，到发动全面内战的时期。国民党反动派的社会基础是什么？是大地主大资产阶级，在解放区是对它抱有幻想、反对共产党和对党不满的地主、富农等。在全国敌我斗争越来越尖锐复杂的形势下，为了巩固解放区，我们当然要挖国民党的社会基础，消灭国民党的内线。冀东土改就是在这种客观形势下进行的，土改对象恰好是地主、富农，是国民党的社会基础，这就很容易出偏差，容易扩大化，打击面过宽。

另一方面，中央和中央工委所发的指示和《土地法大纲》是否就百分之百的正确？按现在回忆，其中也的确有不妥的地方，有缺点的地方，甚至是错误的地方。不然，为什么各个解放区都大同小异地出现了问题？比如华北、东北、晋绥的土改都出现了"左"的偏差，主席批评的"搬石头"，开始就发生在晋绥。中央文件有漏洞，有些条文不当，或交代不清，中央后来修改了。当然也不能因此把责任推给中央、推给上边，只是说，中央文件中有不足，有个别有错误的地方，我们教条地、片面地理解，或发展了这些不足或错误的东西。比如中央任何文件中都没有说要滥打滥杀、斗工商业嘛！错误的主要责任在区党委。从区党委来说，每人都有一份责任，我也是区党委主要负责人之一，也负有一份责任，不能说"我在土改中都是正确的"。虽然有些同志对土改的一些做法和出现的问题与偏差提出过不同意见，有过争论，但到土地会议时，就统一到土地会议"左"的思想里去了。贯彻《五四指示》时，区党委内部的思想是统一的，是统一在《五四指示》的方针政策之下。土地会议时的统一就不同了。当然也不能各打五十大板，突出的偏差还是个别的同志应该多承担责任，其他同志对这些错误的主张和做法没有坚决制止、纠正和批判，有的甚至同意、支持了错误的东西。

当然，我们现在并不是追究哪个同志的责任，而是要正确地总结这一历史教训，找出犯错误的社会根源、历史根源和思想根源。

我国的农民、小资产阶级是个汪洋大海。中国两千多年的封建社会，小农思想、封建社会遗留的思想，对我们都有程度不同的影响。在土改中搞绝对平均主义，很显然这绝不是马列主义，而是农民中的半无产阶级思想的反映，认为土改就是"共产"，把绝对平均主义当作了社会主义。在新民主主义历史阶段，资本主义还是需要的。我们的政策是几种不同经济成分同时存在。对资本主义有个利用、限制、改造的政策，凡有利于国计民生的，还需要它，允许它的存在和发展。但是当时却把它当作封建主义尾巴消灭了。当然中国的资本主义工商业是带有封建尾巴，但其性质是资本主义的，在当时应加以保护。对被斗被杀的人，不是采取无产阶级政策，分清敌、我、友区别对待，对敌分化瓦解，缩小打击面，而是采取了滥斗滥杀、阶级报复的办法："他杀我一个，我杀他十个"，他怎么对待我们，我们怎么对待他，一种很残酷、很野蛮的办法。

从历史情况看，犯严重"左"倾错误的同志，在冀东抗战最艰苦的时期，有的不在冀东，有的参加暴动后不久就去了后方，有的则是新从后方来的。这些同志自己没有亲身体验到在抗日战争时期统一战线政策的威力。统战，包括参加抗日的地主、富农，他们在我统战政策争取教育下，对抗日做出了不同的贡献。这些同志听不进在冀东坚持抗战的同志们对这些地主、富农的呼声反映，谁反映了，就被认为是站在地主、富农立场，替地主、富农说话。再加上我党历次"左"倾错误的影响，冀东犯"左"倾错误的同志并没有吸取这些教训，在思想上并没有搞清楚什么叫左和带引号的"左"，什么叫右，什么是正确的，什么是错误的。所以，在一定时期和一定条件下就表现出来了。

在土改时期表现出来的极左思潮，从思想体系来看，是反马列主义的，认为"左"比右好。在思想方法上是主观主义片面性、绝对化，对复杂事物简单化。在组织上表现为小生产的行会主义，帮派、小团体的宗派情绪，搞非组织活动。对党的统一战线政策不理解，这些同志认为搞统战就是右倾，丧失立场；认为抗战需要搞统一战线，解放战争的革命对象是地主阶级，对这个阶级的每个人，不需要根据他们的表现区别对待，一概打倒，甚至消灭。毛主席说，统一战线政策是我们党取得革命胜利的"三大法宝"之一。确实，冀东抗日战争能取得胜利，正确地贯彻党的统一战线政策起了重大作用，当然，主要的还是靠武装斗争喽！到了解放战争时期，我们这些犯"左"倾错误的同志没有统战思想，也不懂统战政策，更不懂得毛主席对敌人应采取争取多数，打击少数，利用矛盾，各个击破的战略思想。不懂对地主应根据其政治经济的不同情况，采取区别对待的政策。在思想上以为自己是马列主义，自己是革命的，好像别人都是右的。

还有的同志把生产与革命对立起来。复查时，区党委一位负责同志在一次非党会议上，严厉批评对忽视生产、荒了耕地有意见的同志，说他们右倾，说："荒了100多万亩地有什么了不起呀！"当时中央把减租、生产、练兵作为解放区的三大任务，生产是其中重要的一项嘛！而这些同志没有生产观点，这也是缺乏群众观点的一种表现。没有生产，打仗怎么能持久，靠什么支援？东北大军进关，冀东拿出了两亿多斤粮食、100多万斤油和大量副食品，还有大量各种支援战争的物资。如果没有生产基础，大军进关吃什么？又怎么能取得平津战役的胜利？冀东当时不到600万人口，经过多年抗战的破坏和消耗，除了供应冀东几百万党政军民的财粮柴等各种需要外，拿出两亿多斤粮食供应近百万进关大军的需要，确实了不起。尤其在土改中的偏差所造成的许多后遗症尚未得到解决，好多党员、群众有牢骚、有委屈，在那种情况下，冀东人民仍然以倾家荡产的精神，拿出那么多粮食和物资支援战争，这种精神是非常难能可贵的。

支援华北、东北战场

在解放战争期间，冀东地区不仅担负着以人力、物力、财力支援华北和东北两大战场的艰巨任务，而且在军事上直接配合各次战役，一方面钳制华北的敌人向东北增援，一方面阻滞冀东境内的敌人增援华北西部战场，为此，开展了大规模持续不断的"破交战"。而当东北解放后，百万大军进关的时候，又全力以赴修路架桥，保障部队顺利进军。

从1946年1月停战协议生效前后，到1948年5月，冀东军民配合兄弟部队，成功地进行了承德保卫战，并粉碎了敌人妄图夺取冀东，打通华北与东北通道而发动的"扫荡""蚕食"和多次进攻。1948年5月，华北军区统一指挥冀东部队与华北、东北、冀热辽兄弟部队，在热河与冀东地区发动了声势浩大的夏季攻势，击退了国民党14万兵力对冀东的进攻，歼灭其有生力量，巩固和扩大了解放区，粉碎了敌人妄图实现"华北东北联防"，挽救东北、华北危局的计划。

军民大"破交"

在东北和华北战场的各次战役中，冀东军民对北宁铁路、平古铁路和主要公路进行了大破坏，切断交通，有效地阻滞敌人对其他战区的增援。参战的有正规部队和地方部队，也有民兵和老百姓。他们冒着敌机的轰炸和敌人多次反扑，持续不断地反复破坏铁路和公路，在西面，阻断增援平汉路和察绥战场之敌；在东面，钳制敌人去东北之援兵，掐断其华北与东北的联系。据统计，在1946 年 10 月至 1947 年 2 月，全区仅武工队、民兵和群众即破坏铁路 125 公里，公路 950 余公里，桥梁百余座，割电线万余公斤，并炸毁敌机车、列车和飞机等。在 1947 年 5 月，冀东军民又配合东北战场的夏季攻势进行了滦东战役，破坏铁路、公路数十公里，攻克敌据点，炸毁大小铁路桥梁，切断了北宁路，把关内敌人援兵阻截在冀东地区，保证了东北野战军"关门打狗"计划之实施。同时，在军事上沉重打击了敌人，扩大了解放区。

1947 年 12 月至 1948 年 3 月，在东北的冬季攻势中，冀东军民连续向北宁、平古铁路和平津公路发动了大规模的破击战，先后攻克、摧毁国民党据点、碉堡 29 处，北宁路被切断成数十截，火车停运 40 多天，同时破坏公路交通，使企图增援东北的国民党军队寸步难行。

踊跃参军

日本投降后的一段时间内，根据中央的部署，冀东一度精简军队。但很快就按照中共中央和中央军委 1946 年 4 月 9 日发出的《关于冀东反对顽伪"蚕食"斗争的指示》，停止复员工作，进入战备动员。冀东区党委于 1946 年 5 月 1 日发出《对目前形势的紧急指示》，6 月 10 日发出《全党紧急动员起来，为完成补兵归队重大任务而奋斗的指示》，要求全党克服和平麻痹思想，立即进行战争动员。接着，全区各地、县的补兵归队工作迅速展开。经过土改的翻身农民，在"保卫解放区""保卫胜利果实"的号召下，掀起第一次参军热潮。

在 1947 年 9 月至 1948 年 3 月的东北秋、冬两次战役期间，冀东区党委于1947 年 9 月 1 日，在《关于准备大反攻几项战争动员工作的决定》中，部署了战勤工作和秋收秋征工作，提出"扩大野战军，巩固与提高主力部队"的任务，要求各级党委有计划地输送大批干部到军队中去，号召干部和党员带头参军，把整师、整团的地方部队和新兵送到东北和华北野战军，其中冀东子弟兵第九纵队（3 个师）编入东北野战军序列出关参战，其随军担架、运输等战勤服务及后方机关的供应，全部由冀东承担。同时，冀东的主力和地方部队发展到 4.5 万余人。1947 年至 1949 年 1 月，冀东全区补充给东北和华北野战军的新兵共 18 万余人，同时，县、区地方部队和民兵也得到充实和加强，各种军工生产部门也健全起来。

献粮献物，支援战争

尽管冀东地区经过长期战争破坏和自然灾害，人民的生产生活都很困难，但他们在"保卫家乡，解放东北""打倒蒋介石，解放全中国"的号召下，以极大的热情节衣缩食，积极支援战争。1948年春夏，灾荒严重，但群众宁可吃野菜，也不动一粒军粮。一次我和李楚离去热河开会，路过迁西北部山区一个村庄，看见老百姓用碾子轧玉米骨头。我们问："这是干啥用的？"

"吃呗。"

"家里没有粮食吗？"

"有。那是给咱部队留着的。咱们饿点不要紧，不能让咱子弟兵饿着，他们要为咱打老蒋呀。"

听到这些，一股热流涌过我的全身，多好的人民群众啊！我当即派人给行署送了一封信，让他们立即拨粮救济，派医疗队到灾区为群众治病发药，并采取一系列措施救灾。

就是在这样严重的灾荒中，老百姓照样交公粮、出担架。在1947年的夏季征收中，玉田县农民5天完成公麦百余万斤，9月，10天献军鞋1.2万双。在这年的东北冬季攻势中，蓟县人民两天内向行署运粮70万斤。1948年上半年，蓟县人民向兴隆运粮160万斤，保证了西线平古路连续三次较大战役的供给。为了便利与保证作战部队同前后方的联络和运输，修桥8座，补修大路600华里，架设三条约计200华里长途电话线。平时的战勤运输任务也非常繁重：动员15万斤钢铁，麻秆1.3万斤，出担架2620副，大车4036辆，驮子1.4万个，民工约3.9万名。1948年5月至7月的热河夏季战役中，冀东全区出动4万多人，8000副担架，把1000万公斤粮秣物资及时送到前线，保证了战役的胜利。

这是多么伟大的奉献精神！每当我想到这些，总是心潮难平，总觉得欠冀东人民的太多太多……

这段时间，虽然工作特别繁忙，但我一直惦念着我的小女儿，总想把她接过来。正巧1948年春节后，城工部部长崔希哲去哈尔滨开会（此时冀东已划归东北局领导），便托他顺便把女儿带回来。

那时行署驻在遵化县西留村，一天深夜开完会回来，黄哲还在等我，她说晓霁来了。我的心激烈跳动起来，多少年了，我魂牵梦绕的孩子终于要见面了，她好吗？长成什么样了？我急不可耐地举着油灯来到她睡的炕头，照着她熟睡的脸，照着她蜷曲的身姿，"啊！都长这么大了！"我摸摸她的头发，不禁两眼湿润。我急忙转身离开，一是怕扰醒了孩子，二是不愿让黄哲看到我这般激动的样子……

第二天我才真正看清了阔别十年的女儿，她已长得和成年人一般高，留着很短的头发，像个男孩子。令我感到意外的是，她根本不理睬我和黄哲。同志们听说她来了，都好奇地跑来看她，逗她，她也和大家说说笑笑，毫不认生。但只要谁指着我问她："还记得你爸爸吗？"或是指着黄哲问："她是谁呀？"她就会立即跑开。她不愿和我们住在一起，自己跑到保姆那里去住（当时住在村民家，所以住得较分散），去大灶①吃饭。这一方面或许是因为她对我们还不熟悉，但另一方面，我感到她对黄哲怀有很强烈的反感，甚至对我也怀有一种怨恨的情绪。我知道她心里还不能理解和原谅我与她母亲之离异，还不能容纳她的这位继母。那么，就让时间去抚平她心中的伤痛吧！于是我把她交给行署的秘书长彭莱，请他派点工作给她。不久，行署的干部训练班"长城部队"开学，便送她去那里学习。学校离行署有好几十里，我们很少见面。但不管怎么说，她总算回到我身边了。

支援辽沈战役，迎接大军进关

1948 年对冀东来说，是多么不平凡的一年呀！也是我从参加革命以来最忙碌的一年。这一年的上半年，冀东军民继支援东北冬季攻势之后，立即投入了热河、冀东的夏季战役，接着是全力支援辽沈战役、迎接东北百万大军进关和支援平津战役，主战场一下子从东北转到平津塘（沽）地区。这时候的冀东，既是前方，又是后勤基地，我们的主要任务，从支援东北战场，迅速转到迎接大军入关和支援平津战役方面来。形势发展之快，令人不暇应接，也令人振奋，全区军民都在为即将到来的全国胜利做最后的拼搏！

辽沈战役从 9 月 12 日开始，至 11 月 2 日沈阳解放结束，历时 52 天。战役尚未结束，东北野战军的先头部队 11 万人已于 10 月底进关，在玉田、三河一带集结，配合华北部队作战。到 11 月 23 日，来不及休整的东野主力 73 万

---

① 当时根据战士和干部的不同级别，伙食标准分为大、中、小灶，战士和一般干部都在大灶就餐。

大军及随军干部5.3万人、支前民工数十万人，号称百万大军，提前两个月，分三路进入冀东，拉开了平津战役的序幕！

短短三个多月，两场大决战，百万部队将在冀东地区集结、作战。600万冀东人民，将如何保障如此繁重而艰巨的战勤任务呢？

一、建立健全战勤机构

过去，冀东的党政部门没有专门的战勤机构。战勤工作，通常是由部队提出要求，再由各级政府和武装委员会分派下去。随着形势的迅猛发展和战争规模的扩大，负担更加繁重，对战勤工作的要求也更高，过去的战勤体制已远远不能适应战争的需求。1948年8月，冀东区党委在半壁山召开扩大会议上，确定了冀东当前的中心任务是：加紧恢复和发展生产，广泛动员人力物力支援战争。

会后，行署和各专区成立了支前委员会，以便有效地组织战勤，保障战争的需要和避免人力物力的浪费。

9月30日，区党委、行署做出了《对战勤组织机构与领导关系的决定》，要求各专区、县、区建立战勤委员会（简称战委会），专、县两级战委会设指挥部，总指挥和副指挥由党、政的领导干部担任。指挥部下设人民武装动员部和供应大站（专区）、中站（县），区设三队一站（小站），即担架队、民兵队、运输队和供应站。村设战勤生产委员会和食宿站。

之后，召开了几次战勤会议，检查总结夏季战役中战勤工作的经验教训，修改了战勤条例，要求各地迅速组织大量担架和大车运输队，支援辽沈战役，同时，冀东军区将两个师分别拨归东北野战军的八纵和华北野战军的三纵。

11月2日，辽沈战役结束的当天，中央军委就要求东北部队准备入关进行平津战役。按照中央的命令，近百万东北野战军于11月23日到12月下旬，主要从冀东北部的冷口、喜峰口入关，经迁安、迁西、青龙进入遵化、丰润、玉田、蓟县等地，会同华北部队完成对平津塘的分割包围。为此，东北野战军总部要求冀东区党委，在大军入关之前，把沿途的青龙、兴隆、平泉、冷口、喜峰口至关内各县间的主要公路、桥梁抢修架好，并准备70万人、7万匹马所需3个月的粮草副食。这样紧迫而繁重的任务，必须在不到一个月的时间内完成！

11月8日，冀东区党委、行署和军区联合发布了《关于建立冀东区战勤委员会的决定》，健全各专区（军分区）、县、区在辽沈战役初期即已建立的战勤委员会，补充干部，加强领导，并先后成立了冀东区战勤委员会及其指挥机关战勤司令部，我任司令员，区党委副书记李楚离任政委，代表区党委、行署和军区统一领导战勤工作。战勤司令部下设后勤、人民武装、供给、交通运输等部（局），分工管理各项战勤工作。分区和县、区级的战勤机构不变，村里由生产战勤委员会负责，将人员、牲畜、车辆进行编队、配备武器，进行政治、军事训练，使之适应战争要求，平时生产，战时轮流出勤支前。此外，各专区还成立了军用被服、鞋袜等工厂，并组织群众生产。

二、紧急战勤动员

筹粮草，备军需

11月9日，行署发出《迅速完成秋征工作的指示》，要求于15日前完成公粮入库工作，以保证大军所需军粮。

入关的部队和民工总计有85万人、7万匹牲口。冀东则是按100万人、3个月的需求来筹备粮草、军需，布置预征2亿斤加工粮，60万斤食油，以及食盐、马草和马料、烧柴、被服、鞋袜等，要求必须在一个多月的时间内把这些物资筹集起来，运送到进军沿途各供应站附近，隐蔽备用。后来超额完成了任务，据统计，全区共筹粮食2.6亿多斤、食油120万斤、食盐150万斤、马草6000万斤、马料5000万斤、烧柴1.7万斤、军鞋100万双、军服数十万套、猪2万头等。

由于部队进关时间紧、人员多，而且进军路线主要经过北部山区，这里的自然条件差，1948年又逢天灾，加之土改中发生过一些偏差等原因，造成农业减产，群众生活十分困苦，所以筹粮很困难。但是，各级干部和群众在胜利形势鼓舞下，克服了重重困难，千方百计保证了部队的需求。他们说："宁可大军过去以后再救灾，也要把支前工作搞好！"有的群众把仅有的口粮甚至种子粮交给政府，支援大军。受灾较重的十二专区，即筹粮4500万斤，其中灾情严重的青龙县，向群众借粮120万斤，迁西县借得350万斤。在中部和南部比较富庶的各县，因秋收尚未结束。也采取预借的办法。群众的积极性很高，在很短的时间内，就超额完成了预征任务。例如蓟县，计划承担500万斤粮，但任务布置下去以后，很快就借到1000万斤。全区机关人员和领导干部，也降低了伙食标准，并把细粮让给部队，自己吃粗粮。

　　在这些看似简单枯燥的数字后面，包含着多少冀东干部群众的辛勤汗水啊！在我写这篇回忆文章之前，曾不止一次召集当年冀东的老同志座谈，一起回忆那热火朝天的支前情景，他们告诉我许多动人的事例。

　　粮食征集上来以后，各级战委会立即组织群众连夜加工，粗粮细做，想尽一切办法使战士们吃好粮、吃细粮。那时，村村户户都行动起来，给部队加工粮食，日夜不停地碾米磨面。在离敌人据点很近的地方，夜间也是灯火通明、车来人往。敌人派特务下乡打探，问群众："天这么冷，还夜间干活？""你们不怕城里敌人来抢粮啊？"群众自豪地回答："这回不怕喽！东北大军要进关了，这是给他们碾的军粮！""天冷怕啥，心里暖和着哩！"特务回去报告后，敌人不但没敢下来抢粮，反而吓得逃跑了。群众编了顺口溜："碾军粮、修公路，吓跑了顽军和伙会儿。"（"伙会"是群众对反动地主武装"还乡团"的别称）

　　除军粮外，还筹集了大批棉花、布匹、鞋袜、鞋垫、烟荷包，以及花生、酱类、肉类、水产品等。为了安葬牺牲的将士，还征集了大量棺木、板材和白布等备用。部队所需的被服、鞋袜等，均由妇救会或被服厂统一下达任务，将材料分到各户，限期完成。妇女们不但提前完成了任务，而且把自己的一片热爱子弟兵的心意，如"献给英雄子弟兵""英勇杀敌""解放平津""打倒蒋该死，解放全中国""将革命进行到底"等口号，用彩线绣在荷包、袜底和鞋垫上，扎在鞋底上；有的还绣上捉俘虏的图案，鼓励将士们杀敌立功。

　　各级干部更是事事带头，日夜操劳，做出很大的贡献。有的干部昼夜装运粮食，疲劳过度，昏倒在车旁。有的女同志一天收鞋1000多双，40天下来，手臂都肿了。供应站的同志更是辛苦，他们每天迎来送往，接待过境的部队和民工，对出入的粮草、物资必须了如指掌，数字账目，不容有半点差错。有的同志新婚之夜都不离岗位，把电话机放在床头，随时听候召唤。各级干部一心为军队，一切为前线，工作深入细致，深得部队好评，军队和地方、军队和群众的关系非常融洽，充分表现出老解放区人民群众对子弟兵的鱼水深情。有一次，丰润县政府接到命令，两小时内集中60万斤粮食备用。当时没有粮库，军粮都分散藏在各农户家。因此，干部们很担心，在这样短的时间里，能否把如此大量的粮食集中起来？结果还不到两小时，就超额完成了任务。

　　人民热爱我们的党、军队和政府，党、军队和政府也热爱人民。正因为这样，我们的党、军队和政府能立于不败之地。记得在大军进关之初，曾有人提出"倾家荡产也要搞好支前"的口号，冀东人民也是这样做的。党中央得知后，中央军委于 1948 年 12 月 2 日给东北局和华北局发出《关于冀东支前问题的指示》，指出："华北大战在即，东北及华北大力支前是应该的。但如冀东真的以倾家荡产精神来动员人民支前，那就甚为危险，必致超过人民的最大负担能力，将来使元气难以恢复。"要求东北局速从东北和锦州、热南运送大批肉食、草料到冀东；华北局也动员各地努力供应东野一部分粮食、草料、油盐肉菜等。中央的指示极大鼓舞了冀东的党和人民，激发起更高的支前热情。冀东各级党委和政府也采取了一些减轻人民负担的措施，例如，预征的公粮，秋后按实际收获应征数多退少补，征用的木料、电杆、电线、通信器材等，按价付酬，鼓励将"破交"所得的各种器材无偿交公，但给以一定的奖励或物资补贴。

担架运输

在东北大军进关前，冀东组织过三次较大的远征担架团（队）开赴东北战场。第一次是 1947 年 8 月至 1948 年 4 月，东北秋、冬两次战役期间，随刚由冀东子弟兵组建的九纵到辽西作战的担架队员和民兵共万余人。第二次是1948 年夏季作战中，全区动员担架 8000 副，约 4 万人。辽沈战役期间，冀东先后动员了 15 万人，组成 3 万副担架的担架团和 1 万辆大车的运输队，由各县区主要干部带队，陆续开赴辽沈前线。

辽沈战役期间，担架团（队）已有比较严密的组织，大军进关时，担架团（队）的组织更加完善了。

组织担架队，由区级战委会负责，将 18 岁至 35 岁的男性贫雇中农组成基干担架队，18 岁至 55 岁的一般群众组成后方担架队，其中有不少妇女。担架由各村负责征集，每副担架配 5 人（其中民兵一人），被褥、草垫、步枪各一，队员自备行装（油布、被子、鞋袜、口罩、米袋）及部分干粮。从每 10副担架中挑选 1 副参加前方担架团（队）。

担架团（队）按军事编制，三副担架为一班，每班配备一定数量的党员。三个班为一排，配以畜力车或轻便手推车，为队员和伤员载运口粮，还有卫生员一名，照顾队员伤病或协助护理伤员。每连至少配 2 名至 3 名木工，以备修理担架和车辆，并管理担架队的杂务，连设党支部和民工委员会，四个连为一个团（大队），团（大队）设党委。各级担架队的干部，由同级地方党委的领导干部担任，分成三个梯队，轮流出勤。

地方担架队的编制，各县略有不同，如遵化县以两副担架为一班（12人），另配两名持枪民兵护卫，一名班长，共15人。每排配正、副排长，共47人。连配炊事班、连长、指导员及两名通信员，共155人。营设营长、教导员、通信员、司号员、炊事班，另有一排持枪民兵40人，总共520人。每团1570人。全县的6个担架团设总团部，配备一个后勤运输队百余人。这样完全军事化的编制，随军行动，非常得力。

编好队以后，即进行训练。训练如何走路才能保持担架平稳、如何搬动伤员才能减少疼痛，如何给伤员喂水喂饭，以及如何防空和防毒等，使每个队员都能适应临战状态。

做好队员及其家属的思想政治工作，是一项重要而艰巨的任务。这些贫苦农民，经过土改翻了身，但还很贫穷，他们渴望着在分得的土地上，用勤劳的双手创造幸福生活。如今他们放下农活，离开家乡去出征，多少有些顾虑。各级干部深入各队员家，进行了细致的思想工作，安排好出征人员的土地代耕，使他们解除后顾之忧，安心出征。

经过一个多月的努力，全区共动员出勤的前方担架26个团1个营，共4597副，28728人，仅遵化县即组织了6个前方担架团，约有1万人。乐亭8个团（每区1个团）计万余人，蓟县7个团。由妇女组成的担架队也很多，她们担负着后方转送和护理伤员的任务。仅十三、十四两个专区，就有2万余妇女参加这项工作。

除新组建的担架团（队）之外，原来参加辽沈战役的3万副担架继续随进关部队行动。如玉田的担架团，自9月出关参战后，又随九纵进关，参加了解放唐山的战斗，到12月底才轮换回来。

这些担架队员们，丢下家里的农活，长途跋涉，随军参战达数月之久。在战场上，担架队员们和战士一样，冒着枪林弹雨，往返于火线和临时救护所之间，把伤员抢救下来。有时自己负了伤，也坚持不下火线，不少干部和队员献出了自己的生命，遵化县的模范担架团，在天津战役中就牺牲了12位担架队员。他们对伤员像对待亲人一样，无微不至地精心照料。在转送伤员的途中，为了减轻伤员的痛苦和便于长途行军，动脑筋想办法，有不少发明创造。如十三专区的队员，给担架安装了可以拆装的轮子，既可以推拉行走，又可以抬着行军。有的担架做得可以侧翻和升降，便于伤员上下。队员们把最好的被子给伤员铺盖，用自己的脸盆和茶杯为伤员接大小便，用自己的钱给伤员买鸡蛋。当敌机临空时，他们用身体掩护伤员，提出"不让伤员受二次伤"的口号。伤员们深受感动，有的挣扎着自己下来走，有的深情地说："你们真比亲兄弟还亲！"

在战斗间歇，担架队和部队一起参加新解放区的剿匪和土改工作，帮助当地人民建立民主政权，恢复生产。担架队还是宣传队，他们以解放军为榜样，严守三大纪律八项注意，每到一处，秋毫无犯，并向新解放区的人民宣传共产党的政策和胜利形势，深得新解放区人民的好评。

他们的行动受到所在部队和当地群众的赞扬，有的获得"模范担架团"的称号，各担架团涌现出许多模范人物和先进集体，在部队中享有很高的声誉。当担架团完成任务将要返回的时候，队员和战士们难舍难分，不少人就地参加了主力部队。

没有出征的担架队，一边生产，一边待命，一旦有令，召之即来。有一次，十三专区战委会把"待命集中"的命令，误传为"集中待命"，一声令下，在两三天内，全区5个县的2000多副担架便集中起来，驻扎在滦县、滦南和丰南一带村庄，吓坏了滦县和唐山的敌人，促使他们仓皇弃城，逃往平津。

妇女在战勤工作中发挥了巨大的作用，她们担负着生产和大量后方运输、转送和救护伤员、拥军优属等繁重的任务，在解放战争中，立下了不小的功劳。

修路架桥

大军进关的时间紧迫，要求在一个月内抢修好冀东境内所有的道路和桥梁。当时我军缴获了大量重型战车和武器，装备已大为改善，对道路标准要求很高，宽度要能数车并行，坚度要能承受十轮卡车、坦克和八匹马拉的重炮车。路面要平整，不能有坑坎，以防颠簸，不能有钉子等尖物，怕扎破车轮胎，也不能有石头子儿，怕硌伤了战士们的脚和马蹄子……为此，路修好后，群众还要轮番清扫、维护。在大军所过的主要道路上，河流沟汊很多，有大小桥梁数百座。这些桥梁有的在"破交战"中被破坏，有的不合进军要求。于是，各级战委会的领导干部亲临现场指挥，组织群众遇河架桥，遇沟填平，干部和群众一道，争分夺秒地日夜抢修，干劲冲天。这些任务都是冒着敌机轰炸扫射的危险完成的。起初，为了保密和防止敌机袭扰，多在夜间施工，后来，白天也冒着危险干起来，工程进度很快。乐亭县的群众一直把公路修到敌人占领的县城脚下，并填平了县城周围的"隔离壕"（为防止敌人出城骚扰而挖的）。夜间，工地上灯火通明，人声喧嚷，惊得城里的敌人上城察看。群众却毫不害怕，竟忘记了保密，兴奋地向敌人喊话："你们等着吧，东北大军就要进关来打你们啦！""北平、天津要解放啦，你们快投降吧！""欢迎反正投降，不当顽固军！"守城的敌人惊恐万状，有的携枪来降，有的弃城而逃。在逃跑时，仓促间遗弃了许多物资、军械，有的甚至把小孩也丢弃于沟壑。滦县的守敌在大军压境的形势下炸毁了滦河铁路大桥，不战而逃。当我大军将至，群众立即把过去破路时藏起来的枕木、道钉、铁轨、信号灯等器材献给部队，协助铁道兵部队迅速修好铁路桥。那时，修桥没有钢筋水泥，没有机械，缺乏技术和经验。群众献出许多木料，用垒积木的方法把桥搭起来。人们不顾敌机狂轰滥炸，日夜抢修，结果仅用了半个月就全部修好了滦河上的五座公路桥。在施工中，群众有不少发明创造，没有炸药，老百姓就挖城墙根的土熬土硝配制炸药，为防敌机轰炸，修架浮桥，白天将浮桥沉入河底，夜间浮升起来。桥修好以后，干部群众还不放心，怕承受不了坦克和重炮车，担心坦克掉到河里，直到亲眼看着第一批车队顺利通过之后，才真正放下心来。

就这样，经过全区军民的齐力奋战，在一个多月内，全区动员民工近200万人次，修垫、展宽、碾轧固道近万里，其中主要公路3000余里，修、架桥梁500余座，其中有十几座桥长达百米以上，在公路两侧、桥头和重要路口，都挖了防空洞（壕）、掩体，修了战车掩蔽棚。全区境内凡预计大军可能通过的公路干线和支线，沿途设立供应站，充分准备各种军需物资，保证了部队顺利进军。

运输

大量的粮草和军需物资，需要大量的民工和车、畜来运输。除行署和各专区原有的运输队以外，全区还组织了60万头牲口、25万辆大车和46万余人的运输大军为部队服务。浩浩荡荡的支前队伍，有的随军远征，有的在后方负责转运，冒着敌机不断轰炸、扫射的危险，日夜不停地运送物资、转送伤员。

在进关主要路线上的贫困山区，道路崎岖，车不能走，粮食和其他军需物资只能靠人力和牲口驮子运送，其艰难程度是难以想象的。就是在这样艰苦的条件下，运输队始终保证了各供应站粮草充足，满足各进关部队的需求。路南^①的十三专区物产丰富，但被铁路分割、壕沟封锁，国民党军队和地主武装驻守着交通道口和桥头，要向路北运送物资，既困难又危险。然而，专署的交通队（即运输队）在武装民兵护送和群众的配合、支援下，通过封锁线，把各种军需和救灾物资，源源不断地送到路北的指定地点，过铁路后，又有武装民兵接应，从未有过失误。这个运输队都是胶轮大车，每辆车配3匹骡马，两人赶车，30辆车为一队，出动时酷似长龙踊进，颇为壮观。

运输队承担了大量的运输任务，在大军进关及平津战役期间，3个月共出大车173000多辆，直接运往前线的粮食达3000万斤。仅由专署交通队运送的粮食就不下450万斤。除粮食外，还运送棉花、布、干菜、虾酱等，甚至还有金银等贵重物品。当部队过境时，运输队挑选最好的骡马送给部队拉炮车，还把自己出勤时穿的皮大衣送给战士们。部队走到哪里，运输队就跟到哪里。在进军路上，部队行进在中间，两旁是运送物资的群众，大车、手推车、驮子，车水马龙，络绎不绝。群众和战士前呼后应，互相挑战，互相鼓励，个个精神抖擞，斗志昂扬。聂荣臻元帅在他的回忆录里写了一段他亲眼见到冀东人民支援前线的动人情景："那时候，正值隆冬，冰天雪地，他们听说要解放北平、天津、张家口，立即掀起了支援前线的热潮。那情景真是非常感人，非常壮观。当我从孙庄去孟家楼平津战役指挥部的时候，一路上看到成千上万的人民群众和广大民兵，赶着满载物资的大车，不分昼夜地朝北平、天津方向前进，真是前不见头，后不见尾，一眼看不到头啊！"这是冀东人民支援平津战役的真实写照。在战场上，民工们冒着枪林弹雨，背送弹药和攻坚器材，和战士们一起浴血奋战，为解放平津立下了功勋。

供应站和兵站

根据战勤会议的决定，整顿和健全了原有的供应站，建立了一些新站，并派得力干部加强领导。

供应站由各级战委会领导，战委会则根据部队的要求进行工作。过去的兵站是由部队负责的。这时把兵站和供应站统一起来，作为部队的供应站和接待站。他们除接收和发放军需物资、迎送过往部队外，还负责调拨担架、民工，转运伤员和战俘等任务。供应站设在进军沿途和宿营、驻地的村镇上。在主要进军路线的东北部山区，地瘠民穷，道路崎岖。大批的粮、油、被服等军用物

---

① 当时以北宁铁路为界，划分路南和路北地区，铁路沿线为敌人的封锁区。

资，从南部各县转运到这里。为防敌机轰炸，供应站一般不囤积粮草，而是分藏在附近的农户家里，或隐藏在附近的山沟里，一旦部队到来，临时调集。因此各供应站每天都集中一批牲口和大车、手推车，随时待命。他们还组织附近村庄的群众加工粮食、被服等。在部队过境最紧张的时候，供应站不得不冒着被轰炸的危险，在站内堆积粮草，随时供部队领取。建昌营是一个供应大站，有时站内露天堆放着200多万斤粮食，集中200多辆大车待命，其场面壮观极了。

专区和县的主要负责同志，亲自检查各供应站的工作情况，样样落实。当部队到来时，各项服务十分周到，备受赞扬。

接待和慰问

百万大军的接待工作十分繁重，仅十五专区就接待部队和民工50万人以上，供应和食宿从未发生过问题。各级战勤委员会对接待工作进行了充分准备，从北部山区到平津前线，各级干部和群众都积极行动起来，在各村设食宿站、茶水站，组织妇女拆洗组、缝衣组、烧水做饭组等，把最好的房子腾出来，糊好窗纸，烧好热炕，把最好的被褥让给部队使用。部队每到一处，一切早已齐备，各司其事，井然有序。村子里敲锣打鼓欢迎亲人到来，秧歌队和慰问队抬着各种慰问品到子弟兵驻地慰问。有时部队急行军不能宿营，所过村庄的群众便在路边摆上茶水和食品，亲手递给战士们。他们边走边吃，边向乡亲们招手致谢。大军初进关时，为了保密和防空袭，多在夜间行军，每当部队从村庄经过时，群众不能大张旗鼓地迎送，都冒着严寒，默默地站在路边，满怀深情地目送子弟兵过境，有时通宵达旦，直到部队过完才回家。在驻有部队的村庄，群众对战士体贴入微。老大娘和孩子们争相把战士请到家里，嘘寒问暖，给他们端热水洗脚，解除行军的疲劳，为他们拆洗缝补军装。玉田县的小庞各庄仅有20多户人家，全村出动，一天打柴1.5万斤，送给村中的驻军。十三专署在滦县设劳军慰问团，一次就送给部队7大车鞋，3大车袜子、鞋垫、烟荷包等，每车都装得比车身高出三分之二，像小山包一样。

由于接待工作准备充分、细致，件件落实，部队首长和战士都非常满意。经过长途行军的部队，一进冀东，就像回到家里一样，感到特别亲切和温暖。这一切，又激励着部队指战员，他们纷纷表示一定要勇敢作战，奋勇杀敌，报答冀东人民的深情厚谊。

治安保卫

这样大规模的军事行动和群众性的接待工作，治安保卫任务是很艰巨的。既要全民总动员，又要对敌人封锁消息；既要保证部队的各项供应，又要切实防止一切事故。为此，在部队经过和驻防的村庄，加强警戒，组织民兵和妇女儿童在村外路口站岗放哨，检查过往行人，没有政府的路条，不许生人进村。对村里表现不好的地主、富农、敌伪和"还乡团"分子的家属及其他可疑人员，加强管制和宣传教育。在水井、粮站、仓库等处，设专人看守，防止坏人投毒和放火。由于保密工作搞得好，大军进关后相当长一段时间，敌人丝毫没有觉察。记得有一次，一个在押的犯人逃跑了，看管人员还没来得及去追，就被村里的群众抓住，扭送回来了。可见当时的保卫和保密工作是多么严密。

准备接收大城市和战俘

在全力保障战勤工作的同时，冀东区党委、行署和军区还为接收城市做了大量准备工作。

第一，进行城市纪律教育，11月2日，冀东军区发出紧急指示，指出"当前城市政策纪律教育已成为我区部队刻不容缓的中心工作"，并决定于11月10日至25日停止一切课操，进行两周城市政策和纪律教育。

第二，培训城市工作干部。11月份，区党委抽调了几百名干部和学生，在丰润县举办训练班，了解和研究敌占城市的有关资料，学习有关新解放区和城市工作的各项政策，制订入城守则等。

第三，组建了唐山、秦皇岛和塘大①三城市的市委、军管会和市政办事机构的领导班子，选派了各工厂、矿区的军管会干部。各军管会的同志随着部队解放各城市后，立即接管各部门，着手进行扫除残敌、清除匪特、宣传我党的政策、整顿社会秩序、恢复生产、清理敌人资产等各项工作，使城市生产、生活迅速恢复正常，深受各阶层人民的拥护。

第四，根据总指挥部的命令，由冀东军区组建了6个师的机构，准备接收和训练平津战役中的敌军俘虏。尽管当时冀东的人力、物力都很紧张，但在各方面的努力下，按期完成了任务。

地下战线的功绩

区党委发动群众积极配合主力部队开展分化瓦解、争取敌人的工作。当时

---

① 塘大市包括塘沽、大沽及周边的几个城镇。

区党委设有敌工部，各地县，乃至村庄都建立了敌工组织，利用各种关系分化瓦解敌人，争取其为解放战争服务或投诚、逃亡。

同时，冀东区党委加强了对情报工作的领导，健全了机构。早在1948年年初，区党委就决定把原来分散在党、政、军各部门的情报组织统一起来，成立了冀东区情报处，由区党委直接领导，下设北平、天津、唐山、秦皇岛四个大站，各大站有若干小组（站）。各情报站的同志，活跃在敌人的心脏，他们分化瓦解敌人，建立了广泛的情报网，拥有一批情报员，其中有些是从敌人的要害部门"挖"出来的。如秦皇岛情报站把国民党专员公署的一个秘书争取过来，在锦州战役期间，通过他截获了华北"剿总"司令傅作义给秦皇岛的电报，获悉东北敌军企图向关内收缩的动向，并及时将这一情报转给东野总部和华北军区，受到平津战役指挥部的表扬和嘉奖。

唐山情报站的工作十分出色，这个站有140名情报员，几乎深入敌人的各个部门，消息非常灵通。他们掌握了从山海关、唐山、天津，直到北平一线的敌军配置、据点、火力装备情况，并用漂白布绘制了一幅长图，经区党委情报处审查后，送交平津战役总指挥部。他们还争取了军统特务机关在唐山的潜伏电台台长，使他携电台投奔到解放区来。他们把国民党唐山工矿特别支部管档案的人争取成为我们的情报员，偷运出其全部档案，为解放后的肃反工作提供了有力的依据。

天津情报站在战役开始之前，通过敌城防工事的总设计师，获得全部工事和火力配置图，及时转到平津战役总指挥部，使我军能在极短的时间内准确地摧毁了敌人苦心经营多年的城防工事，迅速解放了天津。此外，他们还争取了国民党天津市警察局的副局长，为我们做了不少工作，并设法在敌人逃离天津时保存了该局的重要档案。

支援平津战役

12月7日，东北野战军前线总指挥部领导人林彪、罗荣桓、刘亚楼等到达蓟县孟家楼，前总就设在这里。12月中旬，成立了由林彪、罗荣桓、聂荣臻组成的中共平津战役总前委。从此，区党委书记兼军区政委吴德、军区司令员潘峰、军区机关和战勤司令部，就一直随前线总指挥部行动，并在其领导下工作。罗荣桓指定东北军区总政治部主任谭政领导冀东战勤司令部，先后指定唐天际和陈沂领导我们的具体工作。前线总指挥部首长多次找我和楚离了解冀东战勤工作进展情况，给以指示，提出要求。他们对冀东的支前工作表示满意，给以赞扬和鼓励。由于上级领导重视，任务明确，分工具体，遇到困难能够及时得到上级的帮助和谅解，所以冀东的支前任务能顺利地完成。例如，当上级了解到冀东的油料作物少，食油供应不足，而且冬季除大白菜、萝卜外，其他蔬菜很少，将影响部队的副食供应等情况后，即电令东北局，从东北运来大批豆油、大豆、高粱米和土豆等。我们立即组织群众连夜把豆类加工成十多种副食品，调剂了部队的生活，深受指战员的欢迎。

东北野战军前线总指挥部一到孟家楼，就通知冀东区党委书记吴德去汇报工作。吴德驱马连夜赶去，汇报了冀东战勤工作的情况，前总要求我们，当务之急仍是抢修道路桥梁、筹备粮草、担架和运输等。

吴德回来立即召开区党委扩大会议进行研究。会议根据冀东区在平津战役中的特殊地位和历史使命，决定立即进一步进行全民总动员，在总前委的统一指挥下，动员一切可能动员出来的人力、物力，保证完成这一紧迫而艰巨的任务。为此，会上和会下作了以下部署：

1. 思想政治动员：把参战支前作为冀东党政军民的紧急中心任务，全体党员、干部带头，带领全区人民发扬革命精神，踊跃参加各项支前活动，保证及时完成这次参战支前的光荣任务。

2. 进一步建立健全各级战勤机构，加强对战勤工作的统一领导。将区以上各级党政机关和群众团体的领导干部分成两套班子，一套班子全力抓战勤支前，一套班子围绕支前工作抓生产、救灾和其他日常工作。村一级加强战勤生产委员会，做到战勤、生产两不误。

3. 在敌人未发觉东北大军入关之前，调集军区、各分区的部队和县、区武装及民兵，继续开展"破交"活动，分割、封锁山海关、秦皇岛、唐山及平、津、古北口之敌，相机收复以上交通线上的据点，为我入关大军扫除障碍。同时教育群众严密封锁大军入关的消息，麻痹敌人。

4. 紧急动员、组织群众，限期完成抢修道路、桥梁的任务。

5. 预征公粮3亿斤（包括其他物资代粮部分），争取在12月底之前，首先完成2亿斤加工粮，全部作为军用。

6. 各县参加辽沈战役的3万副担架和1万辆大车不返回，随东北大军行动。

7. 抽调干部，集中进行城市政策教育，准备接收城市。

8. 加强公安保卫、情报和争取敌人的工作。

会议期间，进一步完善了战勤条例，对全区已有的担架、牲口、车辆进行统计，并提出从大军进关到平津战役结束期间所需的担架、牲口、车辆的数量及质量要求[①]。

会后，全区干部和参战支前人员立即行动起来，深入群众，宣传东北的胜利、平津即将解放、全国胜利在望等大好形势，号召群众以最大的热情和实际行动迎接东北大军，支援前线。同时，进行支前的各项组织工作。各级战勤组织对适龄人员和牲口、车辆进行编队，并实行战勤义务和出勤记工相结合的制度，做到战勤任务合理负担。

从大军入关到1949年1月10日平津战役期间，全区共动员30万群众，组成270个前方担架团轮流出动，随军上前线。先后共动员民工200万人次，展宽、碾平、新修路近万华里，翻修加固公路桥500座。共筹集军粮2.64亿斤、食油60万公斤、食盐75万公斤、猪2万口、马料2500万公斤、马草3000万公斤、烧柴8500万公斤。出动70万个车工、70万个驴工[②]，向仓库、后方供应线和前线运送大批粮草物资。

1949年1月15日，天津解放，北平有望和平解放，虽然尚未达成和谈协议，但总前委通知我们：已集中的支前队伍停止出发，并减少其人数。同时，停止征集、制作准备安葬在战役中牺牲的战士的棺木，已征集、制作的，属于私人的退还原主，属于村有的，由政府以合理价格处理，不使群众蒙受损失。这些都反映了上级领导对冀东人民的关怀和对人力物力的爱护。

1月30日，北平和平解放，冀东军民胜利完成了平津战役的参战支前任务。

如今，50年过去了，我们的祖国已发生了翻天覆地的根本变化。回想那党政军民亲如手足、团结战斗的精神，那如火如荼的参战支前热潮，那艰苦奋战的日日夜夜，那车水马龙、人欢马叫的进军队伍，还有那乡亲们满腔热情的笑脸，所有这一切，依然历历在目，使我心潮难平。倘若我的这段回忆文章，能够表达出冀东军民无私奉献精神之万一，以回报他们对我们党、对新中国的

① 冀东区党委给分局的综合报告三，1948年11月4日。
② 2人1畜1套车出车1天为1个车工，1人1畜出工1天为1个驴工。

一片赤诚之心，我愿足矣！愿我们的党员、干部和子孙后代，永远记住人民群众在革命斗争中的光辉业绩，学习他们公而忘私和大无畏的牺牲精神，把社会主义现代化建设搞得更好，为祖国、为人民做出更多的贡献。

冀东解放

从1948年9月辽沈战役开始，冀东全境解放已经指日可待了。

那段时间，全国各地捷报频传，连庆祝胜利都来不及！迎接东北大军进关，准备解放北平、天津、唐山和一大批城镇，等等，有那么多的工作需要考虑，需要去做，天天从早忙到深夜，时间仍然感到紧张。

区党委早在11月就按党、政府、公安三个系统组建了接收唐山、秦榆、塘大三市的市委、政府和军管会领导班子，确定了各部门的接收对象，并配备了相应的干部，进行了具体分工。由于我们事先通过城工工作已经摸清国民党各机关的位置、人员配备及所在地的情况，接收工作进行得很顺利。

起初，东北大军11月23日开始从冷口、喜峰口及山海关北部的山区隐蔽入关，但百万大军过境，长时间保密谈何容易！果然，九纵在经过冷口时遭到敌机轰炸，大军进关已无密可保。于是，林彪索性命令后续部队大摇大摆地从山海关进来，沿北宁线一路向西疾进。

驻山海关和秦皇岛的敌人吓坏了，来不及抵抗，当日便乘船逃往天津。11月27日，中共秦榆工委的工作人员迅速接收了山海关和秦皇岛。

29日，驻滦县的国民党军队炸毁滦河新旧两座大桥后仓皇弃城西撤。

12月6日，东北大军攻克了冀东西部的密云县城，随之顺义敌人也弃城逃往北平。

12月12日凌晨，唐山守敌开始向天津撤退，我情报站工作人员立即把这个情报传给区党委。下午3点，情报站负责人分别率1个侦察班和飞行大队从北部、东部和南部进入市区，沿途接收了一些厂矿，并迅速占领了国民党市政府、市党部、警察局，接管了唐山电台、电讯局，并通过电台向全市发表广播，宣告唐山解放。晚9点，广播了中国人民解放军的《约法八章》，要求原国民党政府官吏和厂矿值班人员恪尽职守、保证安全，等待接收。夜间，中共唐山市委、市政办事处所属各部门进驻唐山市。13日，唐山市军管会成立。

14 日，通县解放。

1949 年 1 月 17 日，驻塘沽的国民党守军乘船南逃，冀东军区部队进驻塘沽。随军进驻的塘大市党、政、公安系统人员开始进行接收工作，至此，冀东全境解放。

根据中央和东北局指示，区党委确定了城市接管工作方针，依靠工人阶级和广大市民，肃清残敌分子，建立革命秩序，克服困难，坚持生产，恢复经济。

首先是整顿和稳定新解放城市的社会治安，对各市宣布实行军管，夜间实行戒严，加强武装巡逻，严厉打击匪盗哄抢和流氓滋扰活动。根据已掌握的国民党撤退时潜伏特务情况，唐山市先后进行了两次搜捕，破获国民党特务组织 26 个，逮捕中统、军统特务 99 人，潜伏电台 8 部，并对各类为敌人工作的人员进行登记，收缴流散在民间的各种枪支 1025 支，六〇炮和小炮 7 门，炮弹 455 发。还收容遣送逃亡地主、无业游民、流散国民党军人等 1100 余人。通过以上措施，迅速稳定了唐山的社会秩序。同时，实施一系列城市政策，促使各项事业尽快恢复正常：保护一切守法的文化宗教团体和外侨，全部接收教职人员和官僚资本企业中的从业人员，让他们继续供职，各工矿企业照常生产、经营，事业单位照常工作。

为整顿和稳定金融市场秩序，由我签发了行署的布告，严禁金银买卖和在市场上流通，违者没收，依法惩治。废除国民党政府发行的各种货币，统一流通使用民主政府发行的解放区货币（边币），动员市民在规定期限内进行兑换。到 1949 年 3 月，基本上刹住了黄金白银的流通，取缔了金银黑市和国民党政府发行的货币，稳定了金银市场和物价。为了保证物资供应，加强了市场管理，组织物资交流。行署从各县运来 50 多万公斤粮食，并指令冀东贸易公司从纱厂批购 2 万多匹大布投放市场，以低于奸商的价格出售，打击了投机倒把，稳定了市场。

在农村，新区进行土地改革；老区谋划发展生产。全区社会秩序井然，人民沉浸在解放后的欢乐之中。

1949 年 1 月下旬，冀东区党委、行署和军区机关，由遵化县迁到唐山市马家沟，实施对城市和农村的全面领导。2 月 11 日，冀东各界 5 万多人在唐山市举行集会，热烈庆祝平津唐解放。我代表区党委、行署和军区在大会上讲话，号召全区人民加紧生产，支援前线，为全中国的彻底解放而奋斗。唐山市军管会主任阎达开、副主任李一夫、唐山警备区司令员彭寿生也在大会上讲了话。次日，恰逢正月十五元宵佳节，唐山市 8 万多人举行了盛大的提灯游行。

2 月 26 日，中央来电调我去东北局工作，由行署副主任李耕涛接任冀东行署主任。

告 别 冀 东

天津解放后，冀东战勤司令部随前线总指挥部乘车驶入市区 ①。天津是我熟悉的城市，20 多年前，我就是从这里走上革命之路，20 世纪 30 年代初期，我在这里搞工运、被捕、坐牢、闹绝食斗争……一切都历历在目。昔日战友们一张张熟悉的脸庞，随着街边的景物一起从我的眼前闪过，如今虽然街市依旧，天津，乃至全中国却发生了翻天覆地的变化。亲爱的战友们今在何方？他们是否看到那欢庆胜利的人群，那戴着红袖标维持秩序的工人纠察队，那唱着歌曲欢蹦乱跳的孩子们以及那或步行或乘车的一队队解放军队列……想到这些，真是百感交集，我长长地舒一口气，胜利，终于到来了。

猛然，毛主席的一句诗跃上我的心头："俱往矣，数风流人物，还看今朝。"

是啊，解放天津的战斗已经成为过去，北平的解放指日可待，打过长江去、解放全中国的宏伟目标即将实现，并且很快也将成为历史。当战争结束以后，我们这些为新中国的到来而战斗的人们将如何作为？总前指的大部分同志很快将继续南下作战，我们这些地方干部也将回到各自的岗位去接受新的任务。现在，我已着手战勤的收尾工作，为迎接即将到来的新任务而激动不已，尽管我还不知道那新任务是什么。

此时，高岗 ② 从西柏坡回东北途经天津，黄克诚 ③ 请他吃饭，拉着我去作陪。

大家最关心的当然是请高岗说说中央有什么新的指示。

---

① 这次只是临时进入市区，实际上总前指仍在蓟县农村。

② 高岗当时任东北局副书记、东北军区副司令员，大军进关后，他主持东北局和东北军区的工作。后因"高饶事件"被开除党籍，撤销党内外一切职务。

③ 黄克诚时任天津市委书记。

高岗说，这次主席叫他去中央，一是汇报东北的情况，其实，这些林总[①]已经汇报过了。二是确定今后东北的任务和方针。

他还说，中央很快就要召开二中全会了，要确定党在新形势下的任务和方针。主席说了，全国胜利只是万里长征走完第一步，今后的路还长着哩，千万不能像李自成那样被胜利冲昏头脑，忘记肘腋之下的吴三桂哟。

何时开会？

就在下个月初吧。

那你怎么不等开完会再回去？

主席叫我赶紧回去，不必参加二中全会了。主席给我们两个任务，一是恢复发展东北的经济，二是支援关里的战争。主席说，四野进关以后，东北的担子并没有减轻，关里还要打仗，只有生产恢复发展了，才能更好地支援全国的战争。这两个任务互相关联，不能分割。战争不等人呀，马上就要过江了，还等着你们供应炮弹呢。所以才让我提前回去。主席还说，林总和荣桓、克诚他们马上要南下打仗，不能回东北局了，陈云同志也要回中央工作，叫我把东北的担子挑起来。我对主席讲，老东北局的人走得差不多了，还得补充几个人才行。他叫我提出人选名单供中央考虑。这件事我回去就和陈云同志商量。

他的话题一转：主席还讲了一个问题，就是华北，乃至全国解放以后，为了加强中央统一领导，在建制上要有所改变，取消原来各边区的建制，成立东北、华北、华东等六个大区，恢复省的建制。主席说，要一下子改变过去历史形成的各个根据地分割独立、各自为政的局面很难哩，中央的工作难啊……

听了高岗的一席话，大家一时都不知说什么，我也陷入了沉思：是呀，毛主席的警告多么及时，多么有远见！

话题转向对往事的回忆。

黄克诚说到日本投降后，他带领新四军去东北的情景，他们长途跋涉急行军，路过冀东时，他正患重病，不肯留下来休养，是让人用担架抬着走的。当时中央命令他们把大部分武器装备留在关内，轻装前进，到东北再补充。但出关后的情况非常严重，他们面对全副美式装备的国民党军队，背后是受国民党支持的武装土匪，没有根据地，没有人民政权，没有粮食，连衣服鞋子都没

---

① 指林彪。

有，更糟糕的是由于受中苏条约①的限制，得不到武器装备的补充。那时打仗好困难哟！想不到仅仅两三年的工夫，就把蒋介石给打垮了。

大家赞同道：是呀，多亏毛主席制定了"让开大路，占领两厢"的正确方针，要是还按原来的打法，哪会有今天哪！

他们回顾着东北斗争的曲折历程，感叹不已。从"独霸东北"，夺取大城市讲到深入乡村发动群众建立根据地；从"一战决胜"讲到坚持长期斗争；讲剿匪，讲土改，讲建立民主政权，讲翻身农民如何支援战争，等等，最后归结为，方针对头就能取得胜利，方针错了，就一定失败。我因为不了解当时东北的情况，很难插话，坐在一旁仔细地听着，既感到新奇，又由衷地赞同他们的论断。

忽然，黄克诚提高声音说：哎，明远同志，你们冀东的老百姓好啊！部队反映很好！老根据地人民就是不一样啊！

他一连说了好几句赞扬冀东人民的话，说东北解放，冀东出了大力，"关门打狗"，硬是把门关得死死的，傅作义的救兵进不去，东北的败兵逃不出来，了不起哟！他还说冀东的部队文化程度高，军事素质好，既能打仗又能做群众工作，连担架队都很有战斗力哩。

听了他对冀东人民的评价，我深受感动，很有同感。就说，冀东建党早，党在群众中有很深、很好的基础，群众觉悟较高，又经过长期抗日战争的锻炼，对敌斗争经验很丰富，毛主席关于"三大法宝"的思想非常深入人心……

高岗插话说：明远同志，恢复河北省以后，冀东区党委和行署都要撤销了，你这个行署主任有什么打算？愿不愿意到东北来呀？

这个问题问得突然，我毫无思想准备，随口答道：这要看组织怎么安排了，我服从工作的需要。

后来我才知道，其实高岗这次在中央已经向毛主席建议调我去东北局，现在正等中央决定呢。

不久，我几乎同时收到两个电报调令，一个是华北局发来的，没有说明任命的职务。另一个是中央发来的，大意是说，根据陈云和高岗同志的提议，中央同意调张明远同志任东北局常委、秘书长，望速到职。

---

① 1945 年 8 月，国民党政府同苏联政府签订《中苏友好同盟条约》，规定苏军必须将东北的大城市、主要铁路沿线地区，以及所接收的日伪物资、武器等交给国民党政府。

　　面对两个调令，我将如何处置？从感情上讲，我长期在华北地区工作，人熟地熟，工作起来会顺手些。但另一方面，我又考虑到当时冀东属东北局领导，而且又是中央的调令，从组织原则上讲，应该接受去东北局的任务。我很快交代了手头的工作，于春节后不久，举家转道天津探望了老岳母，然后乘火车北上。当时，铁路交通尚未完全恢复正常，我们乘着闷罐车，走走停停，走了三四天才到达沈阳。

　　在漫长的旅途上，我的思绪时而回到对过去战斗年月的记忆，时而跳到对今后工作的憧憬和思考，新的战斗又要开始了。

第七章 新的征程

（1949 年 2 月—1955 年 1 月）

从 1949 年 2 月到 1955 年 1 月，我在东北局工作六年，经历了东北地区经济恢复时期和大规模建设初期，以及新中国成立初期的一系列政治运动和伟大的抗美援朝战争。作为东北局的负责人之一，我曾直接或间接地参与或领导了这一时期的各项工作。

当我回忆在东北的那段日子时，心情既兴奋又沉重。在那火热的年代，举国上下团结一致，党群、政群关系融洽，各方面的工作都显示出朝气蓬勃。那是东北建设和抗美援朝运动取得巨大成就的时期，也是我参加革命以后，在思想上政治上比较成熟，在领导岗位上发挥得较好的时期。后来发生了高饶反党事件，我也受到牵连，这不能不令我感到心情沉重。

东北无论从地理位置还是从经济、军事上来看，都是一个重要的战略地区，它背靠苏联，东邻朝鲜。党中央对东北非常重视，早在 1945 年党的七大期间，毛主席就说过："东北是很重要的，从我们党，从中国革命最近将来的前途看，东北是特别重要的，如果我们把现在的一切全丢了，只要我们有了东北，那么革命就有了巩固的基础。"因此，在日本即将投降时，党中央就作出"向南防御，向北发展"的战略部署，先后向东北派出 10 万部队和 2 万多名党政干部，其中包括 21 名中央委员（有 4 名政治局委员）、候补中央委员，并成立了以彭真为书记的东北局。国民党及其政府也同样重视这一地区，从 1945 年 9 月到 1948 年 11 月，他们以数十万美式装备的军队，和我们进行了殊死较量。其间，东北军民在我党中央和东北局的领导下，一面抗击国民党军队的进攻，一面扩大人民军队，进行剿匪，建立民主政权，实行土地改革，在北满地区建立了巩固的根据地，恢复生产发展经济，使我们的力量由弱到强，军事上由战略防御到战略反攻，最终夺取了东北全境的解放。

1946 年 6 月，东北局根据中央指示进行过一次调整，林彪任书记，彭真、罗荣桓、高岗、陈云为副书记。由于林彪主要在前方指挥打仗，罗荣桓有一段时间去苏联治病，陈云主持辽东分局的工作，彭真于 1947 年调回中央工作，所以，东北局和东北军区的日常工作由高岗主持。当时东北局设在北满的中心城市哈尔滨，不仅在东北解放战争中发挥了重要作用，而且为新中国的成立和建设积累了经验，做了大量的准备工作。

1948 年，东北局根据党中央关于建立全国工人阶级的统一组织的指示，并受党中央的委托，于 8 月 1 日至 22 日，在哈尔滨召开了第六次全国劳动大会和东北职工代表大会，成立了中华全国总工会和东北职工总会，选举李立三为全国总工会主席。

9 月，党中央指示东北局，新政协的筹备工作将在哈尔滨进行，并责成东北局负责迎接从香港等地归来的民主人士。从 1948 年 9 月至 1949 年 1 月，各界民主人士分三批到达哈尔滨，受到东北党政领导人的热情接待，组织他们参观、座谈。1948 年 11 月 25 日，由高岗和李富春主持，在哈尔滨召开了民主协商会议，对新政协的性质、任务、筹备会组织条例等问题进行广泛协商，取得一致意见，达成共同协议。同时，就召开新政协会议的地点、时间、人选及议程等问题反复征询他们的意见，报告中央。在这项工作中，东北局遵照党中央的指示，充分运用了抗战时期民主建政的经验，卓有成效地完成了中央交付的任务。

在经济工作方面，张闻天在北满工作期间，对当时的公营经济、合作经济、私人工商业等进行了大量的调查研究，并提出党在经济工作中的各项方针政策，其中在 1948 年提出的《关于东北经济构成及经济建设方针的提纲》，把合作经济与私营工商业列为新民主主义经济的五种成分，并提出对私人资本实行"利用、限制、改造"的方针，不仅对东北经济工作起到指导作用，而且后来经过毛主席修改补充，被纳入了《共同纲领》。

东北全境解放，使东北地区有了比较安定的局面，加之这一地区自然条件好，经济、交通等比较发达，这些都是建设新东北，巩固新东北的有利条件，也使得东北地区成为支援全国解放战争的重要后方基地。

1948 年 11 月 23 日，也就是东北大军将进关时，东北局在沈阳召开扩大会议并通过的决议，进一步总结了东北三年来的工作，明确提出："一切为了支援与争取全国战争的胜利，仍然是东北全党的战斗的口号。"

为此，东北解放区除派遣其主力军入关作战并派遣大批干部入关开辟新区工作外，还负有建设新部队，特别是建设技术兵种的任务和巨大的军事供应的任务。为了完成巩固东北与支援全国的双重艰巨任务，必须发展东北经济，建设东北的新民主主义经济基础。因此，会议提出："东北全党今后必须把经济建设的任务放在压倒一切的地位，要以动员一万二千干部下乡搞土改的劲头，来配备与加强经济建设的干部，特别是工业建设与合作社建设的干部，来动员千百万人民的劳动大军进入生产的热潮中，为增加东北的物资财富与军事供应品，而进行积极的斗争。"[①]

从此，东北党组织和人民结束了跨马提枪平天下的岁月，进入了开卷挥笔绘江山的全面经济恢复与发展时期。

鉴于东北局主要负责人林彪、罗荣桓已随大军进关，陈云即将到中央工作，1949年3月11日，中央对东北局的领导班子作了新的调整，高岗出任东北局书记、东北行政委员会主席和东北军区司令员兼政委（1949年5月东北局正式通知所属各省、市委），东北局其他常委有李富春（副书记）、张闻天（辽东省委书记）、林枫（主管政府工作）、张秀山（组织部长兼秘书长）、李卓然（宣传部长）。

我就是在这时接到中央的电报调令，于3月初来到沈阳。许久以后，我听人讲，陈云和高岗之所以向中央建议调我来东北，主要是因为冀东在东北解放战争，尤其是在辽沈、平津两大战役中，战勤工作搞得不错，受到四野官兵的一致赞扬。另一个原因是在土改中，我曾对一些"左"的做法提出意见，并因此而受到批评，后来证明我的意见是正确的。

初到沈阳，看到这座解放不到四个月的大城市仍然是满目疮痍，许多工作等待着我们去做。但是，东北的一切对我来说又都非常陌生，真不知该从何处做起，只有边了解情况边学习边干。

工 作 片 段

我的工作没有按调令安排，而是任副秘书长兼组织部副部长、办公厅主任，也不是东北局常委。后来张秀山多次向高岗提出要我担任秘书长，起初高岗不同意，直到1950年5月才正式任命我为东北局常委，8月任命为秘书长，

---

①　东北局《关于全东北解放后的形势与任务的决议》，1948年11月23日。

此时离中央电报任命的时间已相隔一年半之久了。这里边的原因，一方面是我以前没有和高岗一起工作过，他对我不甚了解，需要一段时间观察考验；另一方面，恐怕与我长期在白区工作有一定的关系。

1950 年冬或 1951 年年初，李富春调中央工作后的一段时间，东北局没有副书记。1952 年秋，中央决定调高岗任国家计委主席，仍为东北党政军第一把手，林枫、张秀山和我增补为副书记。这年 8 月，中央任命我为东北人民政府秘书长，1953 年 1 月，任命我为东北行政委员会副主席，但实际上我没有管政府方面的工作，那里主要由林枫负责。此外，我还先后担任东北局农村工作委员会副主任兼财经工作部部长、纪检委副书记、监察委员会副主任等职。抗美援朝初期，曾任东北军区后勤司令部政委、中朝铁路联合运输司令部政委。从以上任职情况可以看出，我的工作可算是个"不管部"的部长了。

1950 年于沈阳

一、加强政策研究室

1949 年，各方面的恢复工作百废待兴，我们过去在根据地有一些经济工作经验，东北也有北满的经验，特别是张闻天通过大量调查研究，提出不少有关经济建设方针政策方面的论述，指导东北的经济建设。但是，进入大城市以后，我们又面临许多新情况和新问题，需要各级领导认真研究和解决，所以调查研究工作显得更为重要。

记得 1949 年 3 月初，我刚到沈阳后没几天，高岗就要我陪他去旅大市考察，同去的还有马洪（东北局副秘书长、办公厅副主任）、安志文（东北工业部副部长）、刘家栋（高岗秘书）等人。我们用六七天的时间，参观考察了机车车辆厂、发电厂、金县纱厂、旅顺口博物馆和日俄时代的海防工事等。在发电厂，女厂长黄葳介绍了该厂的情况，表示愿意努力钻研业务，学会管理工厂，从外行变成内行。她给我留下较深刻的印象。

经过这次考察，高岗认为，旅大在苏联的管理下，城市工作搞得不错，有许多经验值得学习，遂确定由马洪组织一些人去旅大作进一步调查研究。

不久，马洪就带了一个工作组到旅大，参加者除与业务有关的干部外，还有东北总工会和东北日报的同志。1949年下半年，东北局政策研究室又派人对沈阳、哈尔滨、鞍山等重点城市的重点企业进行了调研，总结经验，加以推广。

后来又出现关于新富农和党员剥削问题、私人工商业政策问题、农村自发倾向及两条道路的问题等等，都需要进行认真调查研究，提出相应的政策措施。因此，我向东北局建议扩大和加强原来的政策研究室，东北局同意了这个建议。1949年下半年从各省市抽调一批理论水平较高、工作能力较强的省、地级（或地处级）干部到政策研究室来。

东北局政策研究室成立于辽沈战役前（1948年秋），高岗是主任，安志文为副主任，具体工作由安志文抓。当时准备接收大城市，所以政研室主要是研究接管大城市的政策。我来以后，由马洪兼政研室主任。1950年以后，马洪任副秘书长、办公厅主任，沈越任政研室主任。1949年以后，政研室的主要任务是围绕东北地区的中心任务进行调查研究，为东北局制定和贯彻党的方针政策起参谋作用。其调研内容包括城市工作（以工业生产建设和国营企业管理为重点）、农村工作（以农业合作化为重点）、商业工作（包括供销合作社）三个方面，分为三个组。

在对城市工作进行调研的过程中，马洪提出聘请一些重点企业的负责人为政策研究室的特邀研究员，以便通过他们直接了解下边的情况。我很赞成这个建议。

政策研究室的同志进行了大量的调研工作，如关于国营企业的管理及党的领导，关于对农村自发势力的估计及农业合作化运动中出现的问题，关于国营工商业和私人工商业的关系，等等，为东北局制订有关的方针政策提供依据，并提出了很多好的意见和建议。此外，政策研究室还参加东北局讨论，起草一些指示、报告等重要文件，为东北局召开的一些会议做准备工作等。

由于当时我们所面临的是全新的社会主义建设事业，对许多问题尚处于探索和创新阶段，有时对一些问题的意见会发生分歧和争论。我们认真学习马列著作和毛泽东著作，本着理论联系实际和实事求是的原则，在讨论中畅所欲言，以求统一思想，提高认识。

此外，政研室还负有培养和交流干部的任务，抗美援朝时，政研室的干部大部分调到前方担任后勤分部或供应大站的负责人，表现都很好。

现在回想起来，政策研究室在调查研究、培养和提高干部的政策水平，以及配合东北局开展工作方面，都做了不少工作，起了很好的作用。许多同志后来走上重要的领导岗位，仍始终保持着当年重调查研究、实事求是的工作作风。

二、关于工作报告

当时中央规定，每两个月须向中央作一次书面的工作报告，重大问题及时向中央请示报告，这些报告有综合性的也有专题的。当时，以东北局名义，或是以高岗名义发出的报告、讲话、指示，以及一些公开发表的重要文章等，我大都参与研究，或经过我审查修改，也有些是我起草的。例如，我曾主持讨论、起草东北局关于东北农业互助合作工作报告和决议（由马洪起草）、关于发展东北地方工业的决议、东北局城工会议报告和决议（沈越起草）、商业工作会议的报告和供销合作社的指示等。此外，高岗关于《荣誉是属于谁的？》《反对资产阶级思想对党的侵蚀，克服党内右倾思想》等文章和报告，我都参加了意见。高岗到北京工作后，有一部分报告由政策研究室起草后由我审查修改，交东北局常委传阅、讨论通过，再由林枫、秀山审批后发出去，遇特殊情况时，也可直接报告中央。

记得1949年12月斯大林七十诞辰前，高岗曾提出以东北局的名义发贺电、送礼品，并在《东北日报》上发表祝寿词或社论等。祝寿词的草稿经高岗及东北局常委传阅后，由王鹤寿修改定稿，送东北日报社。对这件事，我心里总觉得不踏实，感到此事关系重大，应当向中央请示一下。当时已是半夜，来不及请示高岗及与其他常委研究，便直接给中央发了电报。中央立即回电说，为斯大林祝寿和送礼等事宜，均由中央统一办理，各地区不要单独搞。此时已是凌晨，我连忙赶到东北日报社，发现报纸已经印完，并已发出去一部分，便急忙打电话给主管此事的李荒，叫他马上停止发售当日报纸，并将已发出的全部收回，重新改版排印。后来高岗虽然对我这次未向他请示即直接报告中央的做法心有不满，但也不得不承认，由于在处理这件事的过程中，我考虑得比较细致周到，及时报告中央，避免了一次严重的政治错误，没出大乱子。

高岗对东北局给中央的工作报告很慎重，特别是涉及工作中的缺点和问题时，更是斤斤计较。记得 1953 年财经会议后，东北局在给中央的一份工作报告中提到东北工业发展有些冒进，并对此作了自我批评。报告送中央的同时也送给高岗。很快，张树德（东北局副秘书长）接到高岗秘书打来的电话，说高岗和王鹤寿（原东北重工业部部长，此时任中央重工业部部长）、安志文（原东北工业部副部长，此时任国家计委专职委员）不同意这样写，叫我们修改后重新报上去。我和林枫、张秀山研究认为，过去王鹤寿和安志文主管工业，既然他们不同意，就按他们的意见改吧。于是我们又写了一份报告给中央和高岗送去。这样一来，原先送去的报告怎么处理？经大家研究，我建议以办公厅的名义给中央发个电报，就说因办公厅工作疏忽，上次错将报告的草稿发出去了，请予作废。

三、毛主席的重要讲话

1950 年 2 月，毛主席从苏联回国途中，在沈阳住了两三天，并给市委书记、市长以上干部作过一次报告。他要求我们把东北建成一个全国的工业基地，出机器、出人才；要好好学习苏联经验；照顾好苏联专家；等等。

他还谈到，东北的条件很好，我们掌握政权以后，特别要注意对干部子弟的教育问题，"千万不能把我们的子女培养成'八旗子弟'那样的贵族……"

他的话使我深受教育，今天回想起来仍感到他提出这个问题是多么及时和有远见。遗憾的是，不知为什么，无论是当时还是以后，毛主席这次关于干部子弟问题的谈话都没有再被人们提起。

党 的 建 设

一、整顿党风

由于紧张的战争环境和迅速发展的形势，许多新老干部无暇学习，以致在党的中心任务转到和平建设以后，不少干部的思想、作风都跟不上形势。为了解决这个问题，东北局首先抓了领导干部的学习，制定了《关于在职干部学习的决定》，东北局核心组定期学习《矛盾论》和《实践论》等理论著作，带动全体干部的理论学习，并结合实际，着重研究解决当前东北建设中存在的问题，如东北农村和城市工作中的主要矛盾、农村出现的新富农及两条道路问题、公营企业与私人企业的关系、国营企业中工会与党和行政的关系等等。通过学习统一认识，提高政策水平。

核心组的学习与各部委的学习紧密结合，东北局委员经常参加所属局、处长的学习，一起提出问题，分析问题，解决问题，并把下边提出的带普遍性的问题带回核心组，进行研究，好的经验加以推广。在东北局的带动下，全区形成学习之风。中央对东北局的做法给予充分肯定，并在《人民日报》上发表文章加以推广。

与此同时，针对有些党员干部中存在骄傲自满情绪，以及一些人感到在新形势新任务面前"使不上劲"，"缺乏高涨的热情与劲头"，甚至个别人进城后走向堕落腐化等情况，东北局决定进行整风。

1949 年 9 月，高岗提出，他要针对上述问题作一次报告，并讲了要点。经过我们几个人研究后，由马洪执笔起草成稿，又经过几个人修改和东北局常委审阅，9 月 8 日，高岗在东北干部会议上发表了题为《荣誉属于谁？》的演讲，向全体党员干部提出一个严重的问题：胜利以后，如何对待已获得的成就？如何看待自己手中的权力和荣誉、地位、待遇？他一开始就指出："我们现在是由战争转变到建设，东北全党全体人民的中心任务是经济建设，一切其他工作都是为搞好经济建设服务的。……这是一个历史的大转变。根据新的历史情况，在我们党内，在统一战线中，在广大群众中，就发生了许多新的问题，要求党来解决。"他引用毛主席在党的七届二中全会上讲的话："我们熟悉的东西有些已经闲起来，有些快要闲起来了，我们不熟悉的东西正在强迫我们去做。"又说：我们党内的大多数干部因为对新的经济建设任务，还十分不熟悉，还缺乏精神上的准备，因此对于新的任务、新的工作，还使不上劲，很多干部还未在新的工作岗位上真正安定下来，真正用心去钻研，缺乏像在土改与战争时期那样高涨的热情与劲头。而和平的环境和城市生活的某些不良影响，也助长了这种现象的发展，并且有个别的人因此走向堕落和腐化。这是一个严重的问题，应该引起我们深切的注意。

"经济建设，与过去时期的土改与战争任务不同，它是长期的永久的任务，同时又是很复杂、很细致、很艰巨的工作。这不是喊口号的工作，也不是出风头的工作，而是需要埋头苦干的工作……因此，客观形势要求我们所有干部，都要站稳自己的工作岗位，树立对当前具体的革命事业的进取与钻研精神，拿出自己的全部精力与智慧，发扬高度的积极性和创造性，兢兢业业，克服困难完成国家与人民的付托。"说到荣誉、地位、待遇问题，他指出，"要懂得大多数人民的最高利益就是党的利益"。"至于荣誉，那是人民根据你对于整个事业的贡献而给予你的鼓励；地位，是人民给你的责任；物质待遇，是人民根据你的贡献给的酬劳"。[①]

这篇讲演稿是经过东北局常委研究、审阅和修改的，后来发表时李富春又把标题改为《荣誉是属于谁的？》。可以说，它代表了当时东北局的意见。在当时，高岗的这个演讲，受到广大党员和干部的热烈响应，推动了整风运动，为后来的"三反""五反"运动做了思想准备，对纯洁党的队伍，提高党员干部的素质，增强党的战斗力，都起到很好的作用。但是，在高岗受到批判以后，它被当作高岗"剽窃他人文稿""沽名钓誉"的例证，再后来，又被当作否定阶级斗争、反对政治挂帅的"大毒草"。

东北的整风受到党中央的关注和支持。一年以后，1950 年 5 月，党中央作出在全党全军开展整风运动的决定。6 月，东北局根据中央决定发出整党指示，指出：东北地区党员在数量上已有很大发展，经过一年来的学习，在思想作风上有了显著改进。但是，新形势、新任务要求党更密切地联系群众，更全面地贯彻党的政策，领导更深入实际，党的组织性纪律性更加严密。在胜利与和平环境中，有一部分老干部滋长骄傲自满情绪，大批新党员新干部存在许多不纯的思想与作风。各级领导干部存在的若干错误思想作风，严重地影响了党与群众的联系与阻碍着党的政策之贯彻。主要表现在脱离群众的命令主义和形式主义作风，缺乏政策观点，缺乏整体观念的本位主义，批评与自我批评没有展开，原则性空气淡薄，有些干部利用职权压制党内外民主，少数党员追求享受，贪污腐化。所有这些，都必须加以整顿和克服。指示要求从县以上领导干部入手，开展全党整风。

1950 年 7 月 1 日，高岗在东北局作了题为《密切与人民群众的联系》的动员报告，要求认真来一次全党检查工作的运动，主动地揭发工作中，特别是经济建设工作和思想作风上的缺点错误，"把全党，首先是主要负责同志的政策水平提高一步"，使全党同志与人民紧密联系，搞好东北的建设事业，要求采取自上而下，抓首脑，抓领导的办法，严肃检查，发现问题，解决问题。反对一般化，反对清谈。

---

① 1949 年 1 月 10 日《东北日报》。

以后，整风作为一项长期工作，始终贯彻在抗美援朝运动、镇压反革命运动、增产节约运动和"三反""五反"运动之中。

二、干部工作

随着经济恢复时期到来，干部工作显得尤为重要。

我自 1949 年 3 月到东北局以后，在相当长一段时间内兼任组织部副部长，与另一位副部长陈伯村一起协助组织部长张秀山的工作。以后担任东北局常委，对东北局和省市领导干部的提拔和调配，大部分都参加了讨论研究。

前面已经提到，早在 1948 年 11 月，当时的东北局就提出"东北全党今后必须把经济建设的任务放在压倒一切的地位"，"动员最优秀的党员干部到经济建设中，尤其是工业部门，去掌握大量存在的现代化的生产机关，去学会建设新民主主义基础工作"。1949 年以后，东北局根据党的七届二中全会精神，把经济建设作为压倒一切的任务，并且调配和培养了大批经济工作干部。

东北刚解放时，干部非常缺乏，这是因为在抗战时期，东北没有建立起根据地，党的工作和群众基础都比较薄弱。日本投降后，党中央向东北派出大批军队和干部，其中包括一批有经验的高级干部，加上少数原东北抗联的干部，建立起各级领导班子，在三年解放战争中，一些当地的新干部也成长起来。然而，随着解放战争迅猛发展，一方面大片新解放区需要更多的干部去开展工作；另一方面，东北全境解放后，于 1949 年年初抽调 1.8 万名干部随军入关，东北又出现干部短缺的情况，而且，当经济恢复工作全面开展时，技术干部短缺的矛盾尤为突出。其原因是：日伪统治时期，东北大量的爱国知识分子流亡到关内，日籍专家和技术人员控制着大部分工厂、矿山。日本投降后，这些日籍技术人员绝大多数回国了 [1]。因此，技术人员极为短缺已成为经济建设的一大障碍。

东北局采取了一系列措施，解决干部问题。

第一，抽调近千名县级以上的老干部到工业部门担任厂长、经理、党委书记、工会主席等领导职务，加强对工矿企业的领导力量。第二，选拔和培养德

---

[1]　有关数字表明，日本投降后，东北地区遣送了 30 多万名日本知识分子和技术人员回国。

才兼备的干部和工农先进分子，使他们很快走上经济建设的领导岗位，逐步成为经济战线的骨干力量。第三，大力培养为人民服务的知识分子干部。第四，派专人到关内招聘技术人才。第五，团结教育、合理使用旧社会留下的技术人员，充分发挥他们在经济建设中的作用。

1949 年春夏，东北局采纳陈云和张闻天的建议，经中央组织部同意，派冯仲云、冯毕天各带一个小组分别到京、津、上海、南京和武汉等地招聘知识分子，陈云同志还专门给当时上海市副市长潘汉年写了一封信，请他帮助动员技术人员和教师来东北工作。京津地区的招聘工作由当时正在北京出差的陈伯村负责，他亲自去清华大学动员一批当年的毕业生来东北参加经济建设。就这样，在很短的时间内，招聘了数万名各类专业技术人员，他们在东北的经济建设中发挥了很大的作用。

同时，针对一些老干部不熟悉、不安心于经济工作的状况，东北局提出干部专业化的要求。1950 年 3 月，在东北第一次党代表会议上，高岗作了《站在经济建设最前面》的动员报告，号召全党干部"干什么学什么，干什么就成为内行，成为专家"。

为了尽快培养大批经济工作干部，各地抓紧恢复大学、中学，创建各类新学校和培训班、工农速成中学、工人政治大学、行政学院和各类专科学校等，选拔优秀工农分子进行培养，当时著名的劳动模范田桂英（第一个女火车司机）和马恒昌等都曾在工农速成中学学习。

对于培养和提拔干部的工作，东北局从长考虑，有计划地培养各级领导干部，建立干部梯队，定人定向，成熟一个，提拔一个，克服盲目性和临时观点，保证干部需求和干部的质量。

事实表明，东北局在培养干部方面所做的大量工作是有远见的，也是有成效的。经过三年的不懈努力，到 1952 年全区培养了 10 万余名新干部到经济建设岗位，比 1949 年增加近 6 倍。其中选拔培养 8.4 万名工人干部，成为工业战线的骨干力量。

然而，随着 1952 年开始的大规模经济建设，技术干部仍很不足，东北局进一步提出了新的培养技术干部的目标。

对于各类干部，东北局实行统一的管理与调配。1949 年年初调大批干部随军进关和近千名县级以上干部到工业战线。第二次大批调配干部是在 1950 年冬，当时为了建立和加强志愿军后勤供应机构，由各省市调配数百名处级以上干部到朝鲜前线工作。第三次是"三反""五反"运动以后，撤掉一批犯错误的或不适于在经济部门工作的领导干部，并调一大批干部充实加强经济部门。还有一次是 1952 年冬季，高岗受命筹组国家计委时，东北局无保留地支持这项工作，由各部门调配了一批思想、业务能力都较强的经济工作干部去国家计委。

现在回想起来，当时东北局对干部工作的确十分重视，采取的各项措施是得当的，选拔干部的标准也很明确，那就是：德才兼备。当时认为的"德"，就是拥护党中央的领导，作风正派。"才"，就是要有能力，有干劲。在这一思想指导下，一个人的资历、"山头"则显得不那么重要。可以说，在干部工作中，东北局继承和发扬了老解放区的优良传统，坚持德才兼备，尊重知识，尊重人才，讲五湖四海，不讲"山头"，不论资排辈。因此，东北的干部虽然有的来自全国各地，有的土生土长；有老干部，也有新生力量，但大家都能团结一致，各尽其才地为建设新东北做贡献。这是东北能够在短期内取得巨大成就的重要原因之一。

高岗作为东北局的带班人，基本上也遵循了这些原则。在他的周围，有一批很受器重的"秀才"，如马洪，善于调查研究，发现问题，提出对策，才思敏捷，文笔很好，高岗的许多文稿出自他的手笔。高岗的秘书中有好几位都是文化程度和政治素质相当高的知识分子出身的干部，如华明、安志文等。华明后来是鞍山市委书记，可惜在"文化大革命"中被迫害致死。安志文与王鹤寿同为工业方面的负责人，在东北局的政策制定和干部调配等工作方面，高岗也常常征求他们的意见。安志文和马洪后来担任国家计委的专职委员。1952 年，高岗专门为自己配备了一位外语水平较高的秘书，每天收听国外广播，向他介绍国外的消息，以便他更多地了解世界形势及各方面的动向。

在高岗身边还有一批很得力的高级干部。在东北局的常委中，张闻天是德高望重的老同志，他的理论造诣深，注重调查研究，常常对现实中的问题提出独到的见解。高岗对张闻天很敬重，说他有学问，"是个翰林"，在遵义会议是有功的，又有能力，对他要善于使用。在制订方针政策时，东北局很重视张闻天提出的意见和建议，许多重要文件常由张闻天起草。他关于新民主主义五种经济成分及我党的方针政策的论述，深受高岗的赞赏，把它作为东北经济建设的政策依据。东北解放前后，张闻天一直任辽东省委书记，1949年调整东北局时，高岗曾提议让张闻天担任组织部长，但据说有人认为张闻天是"教条主义者，不能管党"。后来张闻天又因为供销社和私人工商业问题而受到批评。高岗认为张闻天在东北未能得到重用，颇为遗憾。张秀山是来自西北的一位资历很深的同志，是党中央派到东北的第一批领导干部之一，东北解放后担任组织部长。李卓然也是西北局来的干部，抓宣传工作很有一套，在经济计划工作方面也颇有才干。沈阳市委书记凯丰同样是一位老同志，高岗说他理论水平高，能力强，对他也很尊重。总之，东北局的领导班子很得力，大家团结一致，配合默契，共同把东北的工作搞得有声有色。

在东北解放之初，曾有人说，"东北局是西北局搬家"。1951年，刘少奇曾对陈伯村说：东北局的干部是中央调配的，不是高岗自己拉去的。并请陈伯村转告高岗，不要听那些闲话，更不要因此而背包袱。

由于领导重视，措施得力，几年来东北地区培养了大批经济干部，如果以1949年4月工业干部的基数为100，到1953年6月就达到1036，壮大了10倍还多，不仅保证了东北地区提早开始有计划的经济建设，而且只要工作需要，东北局就毫不犹豫地派最好的干部支援其他地区，帮助全国的经济恢复和发展。在干部问题上，东北地区对全国、对中央的贡献有目共睹。

1952年10月间，中央发出通知，准备在1953年召开全国党代表会议，要求各地推选参加党代会的代表。高岗从北京回来，找张秀山、郭峰、马洪和我一起研究关于东北地区代表名额分配及人选问题。他传达毛主席的话，大意是说，要把"鼓出来的"年轻干部提到中央来，比如广东的陶铸、山东的向明、山西的赖若愚和河南的张玺，对于过去有重大贡献的人也要有所照顾。高岗接着提出，东北也要保证当选者有突出的成绩，能正确执行党中央和东北局的方针政策，为人正派，在群众中有威信。在东北局的会议上，酝酿了具体人选，确定了提交各省市选举的东北局代表候选人有张秀山和我，是否还有其他委员，记不清了。各省市第一把手为当然代表，此外还提出了一些人。接着召集省市委书记会议布置此项工作。在代表名额分配问题上，不完全按党员人数比例，而是对鞍山、抚顺、本溪等工业城市都有所照顾。后来各省市都按预定计划进行了选举。

1952年秋，高岗到中央工作前后，中央对东北局的领导班子进行过一次调整：增补林枫为第一副书记，高岗不在东北时，由他代行书记职务，张秀山和我分别为东北局第二、第三副书记，郭锋（原辽西省委书记）任组织部长，赵德尊（原黑龙江省委书记）任农村工作部部长。高岗曾对我说，他走以后，由林枫主持东北局的工作，叫他管全面，叫秀山和我多注意财经工作。高岗还说秀山政治上很强，在延安时毛主席很器重他，要我多帮助他，要注意搞好东北局的团结，把工作搞好。我表示，一定加强东北局的集体领导，按党的原则办事。

总的来说，我认为东北局在干部问题上基本遵循了"五湖四海"和用人唯贤的原则。

1953 年夏在东北局

发展经济，巩固国防

东北先恢复起来，支援全国，这是中央的方针。早在 1948 年 3 月，当时的东北局就根据党中央的指示，把党的工作重点转移到经济建设上来，提出东北的三大任务是：解放东北、建设东北和支援全国解放战争，并提出：把一切人力物力进一步组织成为统一的力量，努力发展农业生产与工业生产，增加我们的物质力量，改善解放区人民的生活与满足前线大兵团集中作战的一切需要，加强党政军各方面统一集中。

1949 年 3 月，七届二中全会以后，全党的工作重心由农村转移到城市。当时关内的解放战争正以摧枯拉朽之势节节胜利，中央提出以民主改革为中心发动群众开展工作。而对于东北地区来说，除一些解放较晚的大城市周围和南满的少数地方外，大部分地区经过武装剿匪、清算反霸、土地改革和民主建政等群众运动，人民政权已得到巩固。因此，东北局根据七届二中全会精神，适时地把党的中心任务转入恢复和发展经济方面。

1949 年 8 月下旬，东北人民代表会议通过了东北人民政府的施政方针，确定了大力恢复和发展经济事业，以支援全国解放战争的全部胜利，为全国工业化创造有利条件，并逐步改善与提高人民生活的任务，贯彻执行毛主席关于

"发展生产，繁荣经济，公私兼顾，劳资两利，城乡互助，内外交流"的方针，提出三年内把东北的经济恢复到 1943 年水平的目标。

根据毛主席提出的"把东北建成一个全国的工业基地，出机器、出人才"的指示和支援全国解放战争的需求，也根据东北的能源、交通和重工业比较发达，国有企业（主要是重工业）占很大比例的实际情况，东北局认为，东北有必要，也有条件从发展重工业和农业着手，全面展开经济恢复工作。所以把优先发展重工业、农业，以实现东北的工业化，确定为东北人民政府施政方针中的经济建设基本方针。特别是抗美援朝运动开始以后，东北局进一步提出"巩固国防，发展经济"的方针，"把东北建设成全国的工业基地"成为东北经济建设的战略目标。当时东北还提出"快、好、省"的建设口号，要求各方面都要围绕建设强大的国防力量与经济力量来制订自己的经济计划。

一、恢复发展国营工业

1950 年 3 月中旬，东北局召开了东北第一次党代表会议，进一步号召广大党员投身到东北的经济建设中去。接着，东北人民政府通过了 20 年规划和三年经济计划纲要，提出 1950 年工农业生产计划指标，首先是恢复国营企业的生产。

然而，当时恢复和发展工业生产面临诸多困难：人民政府接收的企业都是殖民主义或官僚资本主义性质的，必须进行彻底改造。尽管东北与关内相比有些基础，但许多重要的企业在战争中受到严重破坏，不少厂矿设备坏损，常年停产。1948 年东北全境解放时，东北工业的实际生产能力仅及 1943 年的 20%。

当时有不少设备失散于民间，加之在日本投降后，苏军撤退时把大批机器设备拆运回国（他们甚至边撤退边拆，把原有的双轨铁路拆成了单轨），恢复起来十分困难。加上我们党刚从农村进入城市，还不善于管理企业，大批日伪时期的技术人员失散等，一大堆的问题亟待解决。

为了解决设备短缺问题，各级党和政府对广大职工进行爱国爱厂的教育，开展了捐献、交回器材设备的群众运动，发动职工到处收集失散的器材设备，或把他们自己收藏的器材设备交给国家，帮助国家解决生产设备短缺的困难，早日修复工厂，早日开工。广大职工热烈响应党和政府的号召，积极投入捐献运动，使一些重点厂矿在很短的时间内逐渐恢复了生产。在管理方面实行民主改革，号召工人以厂为家，开展合理化建议、创造新纪录和技术革新、质量检查等运动。通过这些群众性的运动，工业生产很快得以恢复，并出现了欣欣向荣的局面，劳动生产率不断提高。

从 1949 年起，在全区范围内展开了恢复与改造工业的工作，国家投入大量资金，从各个部门抽调了上万的干部来参加工业建设。

据统计，1949 年，在 116 个厂矿中，创造了 17200 多件新纪录，1949 年 12 月的劳动生产率比 6 月份平均提高 32.83%，不但打破了过去的生产定额，也打破了许多人头脑中的保守思想。经过一年的努力，到 1950 年，东北的公营工业生产总值比 1949 年提高 117.3%，工业生产总值超过原计划 10%，1951 年工业总产值比 1950 年超过 16.4%。随着生产的恢复和发展，就业人数大大增加，1951 年职工人数比 1949 年增加 11%，工人工资 1950 年比 1949 年平均提高 15.44%，1951 年比 1949 年提高 33.82%[①]。城市人民购买力大幅提高，物价基本保持稳定。

争取苏联的经济技术援助，是当时东北建设的重要方面。1949 年五六月间，高岗与张闻天研究，并由张闻天起草了一封给斯大林的信，送中央审批。信中介绍自 1945 年我党我军在苏联红军的帮助下进入东北后，经过剿匪、土改等运动到全境解放的概况，以及东北经济恢复情况和面临的困难，提出在工业技术方面援助的要求，等等。这年 7 月，高岗随刘少奇同志去苏联访问，就苏联援助问题与苏方进行谈判，并且代表东北人民政府与苏联签订了 12 个月的易货贸易协定，苏方派出近 200 名专家来华支援我国经济建设。在中华人民共和国尚未成立，苏联与国民党政府仍保持着正常外交关系的情况下，签订这一协定，其意义是很大的。在旧社会，国民党政府与外国的贸易，大多是用黄金去换生活用品供少数人享用。现在我们用粮食和农副产品换机器设备，打破了帝国主义的经济封锁，促进了生产发展。1950 年 2 月，毛主席访苏期间，签订了《中苏友好同盟互助条约》，苏联援助中国 156 个建设项目，并派一大批专家来华帮助经济建设，其中大部分在东北。这在当时是一件了不起的大事，充分说明党中央对东北建设是多么重视。

正当东北的经济建设刚刚开始不久，1950 年 6 月，美国侵朝战争爆发了。

---

① 1952 年 2 月张明远在欢迎朝鲜人民访华代表团大会上的讲话。

战争不但危及东北地区的安全，也打乱了东北经济建设的部署。这年秋天，东北局决定将一部分工厂从南满迁到北满。虽然这一决定是战备疏散的性质，但实际上改变了东北的工业布局，增加了工厂的数量，对支援抗美援朝战争和后来东北工业的发展起到积极的作用。

战火很快烧到我国边境。这年10月，党中央决定派志愿军赴朝作战，并把东北地区作为志愿军的后勤基地。东北人民响应党和政府的号召，怀着对美帝国主义的无比仇恨，投入了伟大的抗美援朝运动。

根据形势的需要，1951年元旦，东北局在《东北日报》发表的新年献词中，提出"巩固国防，发展经济"的方针，把巩固国防，加强经济建设，进一步深入开展抗美援朝、保家卫国运动，巩固人民民主专政及加紧培养和训练干部作为全东北的四大任务。2月27日，高岗在东北人民政府委员会第三次扩大会议上作了《巩固国防，发展经济》的报告，强调为了加强国防，扩大工业基础，必须采取首先恢复和发展重工业的方针，提出"我们一切工作必须围绕着一个中心目的，这就是建设强大的国防力量与强大的经济力量"，"没有强大的国防就没有一切"。

5月，东北局召开城市工作会议，通过了加强党对国营企业的领导的决议，初步形成了一套企业管理的指导方针和政策。这次会议统一了干部对城市工作的思想认识，明确了以下几个问题：

1. 当时中央指示各大区以民主改革为中心发动群众，促进生产。东北局根据东北地区在政治上的民主改革已经完成这一实际情况，认为无须再搞群众性的民主政治运动，而以恢复和发展经济为中心，确定了城市工作的中心任务是发展工业生产，特别是搞好国营企业的生产，这是党政工团共同的中心任务，其他工作都要服从这个中心任务。

2. 在企业管理方面，结合东北实际，学习苏联的管理经验，实行厂长负责制，加强党委的保证监督作用，并且制订了一整套计划管理、成本核算、技术规章、劳动工资等制度。

3. 开展生产竞赛和技术革新运动（包括合理化建议、创造生产新纪录等），实行奖励制度等来调动群众的积极性。

当时有一种观点认为，东北的这些做法是削弱了党委的领导，甚至说把党委摆在了从属地位，重生产建设而忽视了政治，等等。也有人对厂长负责制提出意见。毛主席说："过去革命搞政委制，两个人研究决定问题总比一个人决定好。"这是对东北的批评。后来经中央进一步完善，提出党委领导下的厂长负责制。

经济建设和抗美援朝后勤保障都需要大量经费，致使东北的经费异常紧张。东北局在这次会议上提出开展增产节约运动，以及"为增产节约 500 万吨粮食的财富而奋斗"的号召。东北人民以无比热情响应党和政府的号召，至 11 月底，就超额完成增产节约任务达 1458 万吨。1952 年又提出增产节约 800 万吨粮食的财富的目标。据不完全统计，仅沈阳市，1951 年提出增产节约 250 万吨粮食的财富的计划，实际超额完成增产节约 360 万吨粮，1952 年在此基础上又完成 350 万吨粮。为了保证志愿军的物资供应，广大工人以工厂为战场，以机器为武器，提出"多车一个螺丝钉，就等于多绞死一个美国鬼子"的口号，在增产节约运动中涌现出大批先进人物。据沈阳 1951 年 11 月末在 107 个工厂的统计，涌现先进生产者 4870 人，先进单位 600 多个。本溪煤矿公司在 1951 年超额完成国家计划 119.4%，完成增产节约计划 105.18%，1952 年完成增产节约计划 171%。吉林省的工人农民增产节约 160 万吨粮[①]。增产节约运动使东北克服了财政和物质困难，促进了生产发展，进一步保证了对抗美援朝前线的支援，也提高了人民群众的觉悟。

经过三年多的艰苦努力，到 1952 年年底，东北工业的恢复改造工作基本完成，工业生产总值超过 1943 年最高水平 10% 以上，工农业比重，1949 年为 100，1953 年工业为 486.1，农业为 162.4，生产资料年增长与消费资料比 1949 年为 66%，1952 年为 73%，1953 年 1—9 月为 75.4%，社会主义经济比重（工业），1949 年国营企业为 72.6%，私营企业为 22.3%，合作社及公私合营、手工业为 5.1%，1953 年分别为 79.4%（不含国防工业）、11.7% 和 8.9%。商业，1953 年国营批发业为 83.7%，国营与合作社的零售为 72.3%[②]。三年间，由于东北经济的恢复和改造始终坚持着发展工业，并以重工业和制造工业为主的方针，使东北工业在国民经济中的比重发生了重大的变化，1949 年东北工业的比重仅占 35%（农业比重为 65%）。1950 年增加到 43%，1951 年增加到 52.6%，1952 年将增加到 55.9%，从而使东北工农业的比重达到 1943 年的水平[③]。过去在日本帝国主义统治下的东北工业，虽然基础庞大，但却是殖民地性质的，整

---

① 据沈阳市、本溪市和吉林省抗美援朝分会资料。

② 张明远:《关于过渡时期总路线宣传提纲》。

③ 《三年来东北工业建设获得伟大成就》，《东北日报》1952 年 9 月 20 日。

个工业附属于日本工业的体系，为日寇侵略战争服务。东北工业在恢复与改造中同时也摆脱了殖民地经济的性质。

随着东北经济恢复工作的完成，1952 年，全区开始了有重点的大规模的经济建设，把基本建设提到了首位。这一年的基本建设工程总量已比 1951 年增加了 125%，建筑面积增加了 100%，东北工业部投入新建（包括改建）工程的资金已由 1949 年只占 25%，增加到 1952 年的 90%。现在回想起来，恢复东北经济，走优先发展重工业和基础工业的道路，是由当时国内和国际形势决定的。从国内来看，1949 年，关内的解放战争尚未结束，1950 年又进行抗美援朝战争，东北始终担负着很重的支援战争的任务。同时，恢复经济需要大量的基础设施和装备，东北的工业相对比较发达，所以毛主席才向东北提出了支援全国经济建设的任务。然而，当时在国际上，帝国主义国家对我国实行经济封锁，除了自力更生发展基础工业，没有别的路可走。东北人民没有辜负党和全国人民的期望，经过三年的艰苦努力，在经济建设方面走在全国的前面，不仅保证了战争的需求，也在全国的经济建设中发挥了重要作用，这些成绩，党中央曾给予充分的肯定，全国人民也是不会忘记的。

二、工商业与供销合作社

（一）基本情况

东北党和政府对商业工作非常重视，在 1949 年 8 月通过的东北人民政府施政方针中明确指出："新民主主义的商业应成为发展工农业的纽带，为发展生产，保证人民需要服务。为此，必须进一步改善与发展国营商业网，扶助合作社发展，领导私人正当商业，取缔投机非法行为……"对一切有利于国计民生的私人工商业，实行中央既定的"利用、限制、改造"和"公私兼顾，劳资两利，城乡互助，内外交流"政策，同时，东北局根据东北地区国营工业的比重大，私营资本对国营经济的依赖性较大的特点，制订了相应的具体政策：

1. 积极扩大与巩固国营商业阵地，发挥其对各种经济的纽带作用和对合作社及私营商业的领导作用。

2. 大力组织和发展各种合作社，特别是供销合作社。

3. 对私人资本实行在国家统一计划下的国内贸易自由与国外贸易统一由国家经营的政策，对国计民生关系重大的商品或特种消费商品，根据货源与销售情况分别实行统购统销、分购分销、区内自由区外管制、专卖、控制运销、禁止经营等办法加以限制。在税收政策上实行商重于工，投机商业重于一般商业。在行政管理上实行开业、废业、兼业、转业、歇业及市场物价等方面的管理。

4. 信贷方面，体现鼓励发展有利于国计民生的私营工业的政策：私营工业利息轻，商业利息重。工业可以适当多贷，商业少贷或不贷。工业贷款使用的时间长，商业贷款的时间短。

5. 经营地区与范围，私商以城市零售为主，经营国家与合作社经营不足的或不经营的商业，且以单干为限，不许私商联营；对已经存在的联营私商要加以限制。①

在工农业生产大发展的基础上，三年来东北的国营商业有了很大的发展，据东北人民政府贸易部的统计，1952 年，国营及合作社销售的农副产品总值比 1949 年增长 6.88 倍，国营商业供应城乡人民的工业品总值与 1949 年相比，煤炭及建材增长 4.1 倍，花纱布增长 6.5 倍，石油 18.2 倍，日用品 19.18 倍，工业器材 93.19 倍。国营工商业 1952 年上半年向私营企业加工订货总值比 1950 年增长 4.36 倍，推动了公私企业扩大再生产的作用。

在国营工商业的领导与扶持下，由于加工订货的增多，特别是农民生产工具需求量增加，促进了合作社和私人工商业的发展。在这里，我引用《三年来东北工业建设获得伟大成就》（1952 年 9 月 20 日《东北日报》）中的数字来加以说明：国营商业通过合作社采购农村产品比率由 1949 年的 26.2% 上升到 1952 年的 62.7%，采购总值比 1949 年增长 10 倍。合作社销售农产品总值比 1949 年增长 13.5 倍，私商销售总额 1952 年上半年比 1949 年同期增长 3.5 倍。从生产总值来看，1950 年是 1949 年的 142.4%，1951 年是 1949 年的 205.1%。国家委托加工业总值 1951 年是 1949 年的 216.4%，国家委托的加工生产与整个私营工业生产总值比较，1949 年为 10%，1950 年即增至 30.1%，1951 年是 45.26%。经过"三反""五反"运动以后，打击了不法资本家的"五毒"行为，更促进了合法私人企业的发展。

（二）关于政策问题
这里所说的一是关于私人工商业的政策，一是关于供销合作社的政策。

① 张明远在东北局社会主义经济建设问题研究班上的报告：《关于商业工作》，1952 年 10 月。

关于私人工商业

东北局制订私人工商业政策的指导思想，是根据张闻天《关于东北经济构成及经济建设基本方针的提纲》（以下简称《提纲》）。

在《提纲》中，张闻天把私人资本主义经济列为新民主主义五种经济成分之一，并认为"东北的国营经济，由于过去的特殊历史条件，较之其他解放区都要发展。所有大的企业，差不多全部掌握在国家手中"。因此，"在东北城市工商业中，国营经济已经占了领导地位"。而"私人资本经济在东北国民经济中的比重，今天已经落后于国营经济，将来还会落后于合作经济，其比重是不算大的"。而且"东北的私人资本主义经济以中小资本家，尤其是小资本家为多"。

这里所说的"特殊的历史条件"，就是在日伪时期，东北的工商业全部被日本人和汉奸所控制，几乎没有民族工商业。日本投降后，原来的日伪产业被国民党官员接收而成为官僚资本，虽然有了一些民族企业，但其规模和经营范围都很小。东北解放后，大量的日伪、汉奸产业和官僚资本都被没收而成为强大的国营企业，加上受政府扶持的合作社经济，就形成了东北公营经济在国民经济中占绝对优势的局面。私营企业不仅所占的比例小，而且主要是为国营企业加工订货、包产包销、承揽工程等，完全在国营企业的带动下发展。这种情况与关内的私人资本主义经济有很大的区别，在关内，特别是在上海、天津、武汉等大城市，私人经济相对比较发达，在某些领域（如纺织业和粮食加工业等）中甚至控制着行业的产销和市场的浮动。

从这个实际出发，东北局制订政策时，也就与关内有所不同。

关于公私企业的关系，早在1946年11月，张闻天就提出了对私人资本实行利用、限制、改造和共同发展的思想，他在1946年11月7日为中共合江省委起草的决议《发展工商业的若干问题》中说：公营资本的主要任务，"不是在排斥与吞并私人资本，与民争利，而是在调节私人资本的活动，补助私人资本的不足与缺陷，使之与支持长期战争的需要及整个社会发展的利益相符合"。1948年，他在《关于东北经济构成及经济建设基本方针的提纲》中进一步提出："我们对于私人资本主义经济必须适当地加强国家的管制与监督"，"容许与鼓励有利于国计民生的私人资本主义经济，尤其是国家资本主义经济。"

因此，我们对于私人资本主义的方针，就是"把必须要发展的私人资本，

引导到有利于国计民生的方向，使之为战争与民用服务。凡有利于国计民生的
私人资本都有利可图，因而都能生存与发展；而凡无利或有害于国计民生的私
人资本，都无利可图，因而使之被迫转业，特别是逼使过剩的商业资本向工业
方面转移，极为重要"。

他还说道，同私人资本主义经济的投机操纵及破坏性的经济活动作斗争，
是今后经济战线上的任务。"我们对于私人资本主义必须加强国家的管制与监
督。对私人资本主义的放任自流的态度，是危险的"。同时，国营经济对于私
人资本主义经济，"排他性与共存性是同时存在着的。这就是'公私兼顾'在
这方面的具体表现"。张闻天的这些思想得到毛泽东主席的肯定。

东北局讨论通过了这个《提纲》，制订了指导私人工商业政策，为繁荣市
场，稳定物价，促进工商业发展起到积极作用。

然而，东北局的这些做法受到中央一些人的批评，认为东北局在对待私人
工商业的政策方面有"左"的偏差。

1949 年 5 月 31 日，由刘少奇起草、签发了党中央给东北局的电报，并
转来邹大鹏[①]给少奇的信。电报概述了刘少奇视察天津时发现的一些问题，
指出：

"在报纸上只说资本家坏，不说资本家还有些好处；在党内思想上只强调
私人资本主义的投机性、捣乱性（具有这种性质的是无益于国计民生的私人
资本，例如投机商业等，但不是一切私人资本都有投机性、捣乱性），强调限
制资本主义而不强调一切有利于国计民生的私人资本主义生产，在目前及今
后一个长时期内的进步性、建设性与必须性，不强调利用私人资本主义的积
极性来发展生产，只强调和资本家斗争而不强调联合愿意和我们合作的资本
家，结果就使资本家恐慌消极，陷于半瘫痪状态，完全没有生产积极性，许
多资本家就准备停工歇业或逃跑。这是一种实际上立即消灭资产阶级的倾向，
实际工作中的'左'倾冒险主义错误路线，和党的方针政策是在根本上相违
反的。"

接着，电报批评东北局说："据说在东北城市工作中也有这种倾向，望东
北局立即加以检讨并纠正"，要求东北局"据以检查自己的工作，认真克服对
待民族资产阶级的'左'倾机会主义错误，如果不克服此种错误就是犯了路线

---

① 邹大鹏时任东北局社会部第二部长、情报部部长。

错误"。还要求"东北局召集会议，要洛甫（张闻天）同志参加并发表意见"。最后指出："我们尚未批准印发东北经济构成及经济建设方针提纲这个文件。我们认为在这个文件上必须加上批驳上述偏向的一段文字之后才好印发。"①

邹大鹏的信大意是：

1. 刘少奇的报告（天津讲话）解决了他久已存在的思想问题，即城市工作中的宁"左"勿右而引起的苦恼。

2. 认为张闻天的报告对私人资本的意见令他们"垂头丧气"，但因为怕被说成"右倾"，又不敢提意见（他参加了东北局讨论和通过《提纲》的会议）。

3. 认为张闻天的主张是错误的，私人资本"垮了"不如利用起来好；"垮了"以后工人失业，劳资两不利。② 他举了一个牙刷厂为例（但是，他的这个例子不恰当，因为《提纲》主张保护和发展这种"有利于国计民生"的企业，并没有错）。

不久，少奇赴苏路过沈阳时，与东北局常委谈了资产阶级政策和供销合作社的方针问题，从苏回来又在干部中谈了这两个问题。后来，高岗说少奇这两次谈话及在天津讲话是对资产阶级政策的右倾。他曾对东北局的几个常委说：少奇同志对资产阶级的政策是右的，华北局执行这方面政策中有右的倾向，就与这些讲话有关。

我不同意高岗的看法，并对他说，我赞同少奇同志的讲法，认为少奇可能在一些词句上有些不当之处，但不能说是政策上的错误。我也同意中央电示的精神，接受了中央的批评。

尽管东北地区私人工商业的实际情况与关内不同，采取与关内不同的政策有一定的道理，而且在当时也是符合实际情况的，但东北局还是就这个问题作了检查。由于高岗正与刘少奇在苏联访问，马洪去了大连，便由我代李富春起草了给中央的工作报告，检查了对资本主义工商业政策方面存在的偏差。高岗回国后，对这个报告很不满意，说李富春左右摇摆。后来叫马洪主持再作调查，又重新给中央写了一个报告，强调东北的私人工商业情况与关内不同，因此东北在执行对私人资本的政策上也应与关内有所不同。

---

① 《邹大鹏关于对待私人资本主义问题给中央的信及中央关于此信给东北局的指示》，1949 年 5 月 31 日。

② 《邹大鹏关于对待私人资本主义问题给中央的信及中央关于此信给东北局的指示》，1949 年 5 月 31 日。

关于供销合作社

供销合作社在东北早就有了。1948 年秋冬，张闻天为东北局起草的《关于东北经济构成及经济建设基本方针的提纲》提出："在无产阶级领导的新民主主义的国家制度下的合作社经济，是在各种不同程度上带有社会主义性质的经济，是国营经济的最可靠的有利的助手。国营经济没有合作社的帮助，它在经济战线上就会是孤立无援的。""如果没有广大供销合作社为桥梁和纽带，把小生产者与国营经济结合起来，无产阶级领导的国家，就无法在经济上对于千千万万散漫的小生产者实行有力的领导。"因此，我们在经济政策上实行的路线应该是："以发展国营经济为主体，普遍地发展并紧紧地依靠群众的合作社经济，扶助与改造小商品经济，容许与鼓励有利于国计民生的私人资本主义经济……"1948 年 12 月，他在为东北局起草的《关于发展农村供销合作社问题》的决议草案中，更明确提出，"全党对这个工作必须给予重大的注意，必须抓紧这一工作，必须普遍地把供销合作社建立起来"。强调要加强党对供销合作社的领导，并对社员入股、盈利、分红利，以及供销社为社员服务的内容等作了规定。

根据东北局的这些政策，农民加入供销社，入股可多可少，并且应按股分红利。

1949 年夏，刘少奇访苏途经东北时，对东北局常委谈到供销合作社盈利分红问题，批评张闻天的意见是"资本主义路线"。因时间仓促，谈的比较简单，我当时理解他是反对盈利分红。少奇由苏联回来，我即向他提出这个问题，他在干部会上解答说，可以盈利分红，但不能以此为号召，而主要从供销社的业务上和价格上为社员服务。我基本上赞同他的意见。

东北局根据少奇的意见，曾讨论过关于供销社的目的、方针、入股、盈利分红、是否对非社员做生意等问题，并作出规定，以高岗的名义报告中央，中央批示同意。

1951 年，少奇写了一篇《论合作社》，发到各中央局征求意见，其中对入股、分红、是否做非社员生意、对社员在价格及实行配售等问题均有具体规定，我基本同意这些意见。但对配售问题，我认为广大个体经济基础和基层工作基础薄弱，实行起来困难很多，恐怕行不通。同时认为，如以低于国家牌价配售，不是由国家贴补就是合作社不能积累资金，甚至赔本，因而不大同意配售。我在东北局会议上提过意见。

不久全国总社布置试行配售办法，东北联社提出试点意见，由于只在个别社试点吸取经验，我同意了联社试点的办法，东北局会议上也批准了这个办法。1951 年 8 月，高岗在东北合作贸易会议上作了《关于合作社若干问题》的报告，9 月报给中央。以后中央给中南区关于新区合作社指示，有了更明确的规定。

没多久，高岗传达中央政治局和毛主席的意见，说毛主席明确表示支持张闻天的意见，以后就停止了配售制试点。1953 年春，赵德尊传达了中央农村工作会议上中央政治局、毛主席关于供销社、关于国营商业与合作社的关系等意见，同时，中财委也提出了关于批发问题的意见。至此，供销社的工作才基本走上轨道。

自 1949 年至 1953 年，东北地区合作社干部在入股、盈利、分红、是否对非社员做生意、与国营商业的关系、配售、并社、批发等问题上曾发生过思想混乱和工作上的偏差（如一人一股，已多入股的强迫退股；不盈利，不分红；机械地不做非社员生意；不承认供销合作社是国营商业的助手；搞与国营商业重复的批发；强迫并社；扩大配售范围等）。为了在合作社干部中澄清思想，我曾在 1953 年东北各省市合作社主任座谈会上，根据中央历次指示，把这几个问题集中谈了一次，并表示这些偏差主要应由东北局、东北联社及省市合作社干部负责，因为有些意见虽然是全国总社提出或布置的，其中有的并不错，有些不适于东北具体情况。程子华曾多次作过交代，说全国总社的布置与要求，在东北是否执行和如何执行，完全由东北局决定，按东北局的意见执行。但有些合作社的干部机械地理解或误解了总社的意见。1953 年春，全国合作社主任座谈会上批评了东北合作社工作中的一些错误，实际上涉及少奇关于配售制的错误。我认为，虽然少奇关于配售制的意见确有不妥之处，但那只是具体做法问题，谈不上"左"的错误。

三、农村工作

（一）农村经济发展

东北全境解放以后，随着封建剥削制度被消灭和战争结束，农民的负担大大减轻了，生产积极性大为提高。党和人民政府领导农民组织起来发展农业生产，展开了生产竞赛运动，特别是从抗美援朝运动以来，广大农民积极响应党和政府的号召，掀起了爱国丰产运动，改进生产技术，多生产，多打粮。1952 年，全区恢复和扩大耕地面积近 330 余万垧[①]，总耕地面积已恢复到 1943 年的水平，粮食总产量在 1950 年已接近 1943 年的历史最高的年产量，1952 年估计可能超过这一水平 15% 左右，农业生产总值估计可达 1943 年的 145%。广大农民很快富裕起来，60%—70% 的农户已上升为中农，其中有 20% 为富裕中农，95% 的农户经济生活逐年改善，购买力 1950 年比 1949 年提高 33%[②]，1953 年比 1952 年提高 22.3%[③]，其中购买生产资料比重增加不少。

1952 年年底，东北制订了农业发展五年计划，要求五年内粮食产量达到 4000 万吨（1952 年为 2000 万吨）；在继续发展农业合作社的基础上，搞好国营农场，建立高级联社，并且提出实现五年计划的具体措施，如发展水利，增加肥料，改良粮、畜品种，防治病虫害，扩大耕地面积，推广新农具，等等。同时，东北人民政府制订了一个移民垦荒计划，在 5 年至 10 年内，有计划、有组织地从南满和关内向北满移民 500 万人，在那里建立新村、国营农场和集体农庄。为此，由东北农业部和民政部组织调查，对可开垦的土地面积进行测量，修建房舍，并由东北人民政府制订移民、投资、培养技术人员等项计划和实施方案等，做了大量准备工作。

党和政府积极领导农民治水造林，逐渐控制或减少了水害。

东北境内的许多河流，因旧社会历年失修，给人民造成很大的灾害。东北的西部（俗称西满）水旱风沙灾害尤为严重，1949 年西部受旱灾耕地面积 410 万垧，1951 年受灾土地 140 万垧。1951 年以来，在以治水为主的方针指导下，开始进行水利资源开发，将治水与发电、灌溉、航运等水利建设工程结合起来，东北"四大灌区"已基本恢复灌溉面积。

东北的森林资源丰富，居全国之首。林业设施比较完善，不仅许多铁路直通林区，还有 1000 多公里的森林铁路（小铁路）深入林场。然而，由于过去管理经营不善，干部和资金短缺，林业生产远远不能适应东北经济发展和关内解放战争的需求。为了改变这种局面，早在 1948 年 8 月，东北局就做出《关于统一与加强林业工作的决定》，要求加强对林业生产的统一领导，实行森林国有，由国家有计划地投资经营，调配干部，健全机构，加强管理，统筹木材

[①]　在东北地区，1 垧等于 15 亩。
[②]　东北人民政府农业部办公室：《东北农业三年来的恢复与发展》，《东北日报》1952 年 9 月 21 日。
[③]　张明远：《过渡时期总路线宣传提纲》，1954 年 1 月 30 日。

生产和分配计划，实行采伐与育林相结合，严禁滥伐、盗伐和放火烧山等毁林行为。林业生产贯彻公私两利的方针，鼓励群众与合作社参加林业生产，发展副业，坚决纠正过去战勤动员方式和非经济的强制做法。

东北解放以后，林业生产以防风防沙、治山治水造福人民为目的，得到大力发展。1950年，东北人民政府作出在西满营造防护林带的决定，其面积约等于东北耕地的一半，南起辽东半岛和山海关，北至兴安岭以南富锦、甘南一带，覆盖60多县，受益面积达20余万平方公里。在这一大片土地上更新林与营造新林相结合，营造基干防护林带、防风林网、河川防护林、固沙林、水源涵养林，总计纯造林面积达100万垧，计划6—10年完成。从1950年开始进行大规模造林护林运动，取得了重大成就。据我手边的资料，1952年已造林16万垧，成活率在60%—70%，造林面积达到1950年的47.55倍。1951年12月，东北人民政府召开了西北满防护林会议，决定在松花江上游划出禁止开荒区，对已经采伐的林区有计划地实行抚育保护；在辽河、柳河、太子河、浑河、嫩江、牡丹江、滦河、西喇木伦河、崑都河、鸭绿江等江河沿岸有计划地营造护岸林和水源涵养林；在公路两旁和城市村庄有计划地大量种树，争取在20年内，城市村庄和道路两旁完全绿化，以改变气候，调剂雨量，增加收入。为了把群众性的造林活动持续下去，还规定每年4月5日至20日为"植树造林和护林运动节"。这种大规模的林业建设和水利治本工程，是造福人民的长远利益的伟大事业，今天看来，仍是很有远见的。

遗憾的是，这项计划后来因为种种原因而未能实现，反而大量砍伐森林。

农林业发展带动了畜牧业发展，到1952年，牲畜量比解放初期翻了一番，畜疫得到控制。

此外，军队屯垦是东北农业发展的重要部分，在和平年代，坚持以劳养武，劳武结合，边练武，边生产，是养军治军的长期方针。1950年春，东北军区召开第一次部队生产会议，提出军队要"自给三个月的粮食"的任务。要求部队领导不仅要深入生产第一线组织与指导部队开展多种生产，而且要组建工程队，参加地方水利建设，承包铁路、公路和基建工程。这不仅解决了部队的经费，而且培养了人才，减轻了人民负担，密切了军民关系，为国家的经济建设做出贡献。

（二）农业合作化运动

在富裕起来的农户中，有一部分是土改后发展起来的新富农，他们买车马、雇工、放贷，甚至买进或租进土地。这些新富农中，有一部分是土改时的积极分子、村干部，其中不少是共产党员。这些劳力强、农具多的农户走着千百年来勤劳发家的传统道路，成为多数农民羡慕和学习的楷模。

尽管土改后农民生活普遍有所提高，但当时农村生产力仍很低下，大多数农民缺少生产工具，总的生活水平还是很低的，他们没有能力靠单干致富，有一部分农民因种种原因而重新失去土地（出租或出卖），有的甚至又成了雇工。党和政府号召农民组织起来，成立变工互助组、生产合作社，有些是农忙时临时搭凑的，也有些是长年的。这种互助组织普遍存在于农村，个别地方还出现了更高级形式的合作社，它们对发展生产起到积极的作用。人民政府制订了一系列政策，大力支持互助合作组织，在发放贷款，帮助解决籽种、农具、农药和技术等方面给予扶持和照顾，促进合作运动的发展。1953年，组织起来的农户已达80%以上，有了1000多个较好的农业生产合作社和6个集体农庄。

东北地区在开展农业合作化运动中，由于强调合作化与单干是两条道路的斗争，曾经出现过一些强迫命令的现象，但一经发现，很快就纠正了。

当时，这种互助合作的形式，被看作社会主义萌芽，是克服小农经济自发势力，乃至消灭私有制、走向农业集体化的必由之路。而新富农的出现，则被认为是小农经济自发趋势的表现，表明农村新的两极分化。如何看待农村出现的这种新情况与新问题，在东北，乃至全国，从中央到地方，都有不同的意见，东北局也不例外。

1949年12月，东北局召开有各省市委书记参加的农村工作座谈会，大家对如何对待新富农，特别是如何对待成为富农的党员或富农入党的问题，如是否允许党员当富农，允许其雇工、放高利贷等剥削行为等问题，争论很激烈。

多数人认为，共产党员不能有剥削行为，而必须走互助合作、共同致富的道路。我基本赞同这种意见，认为由于农村生产力还很低，从过去老解放区的经验来看，组织起来是发展生产所必需的，而且农村的阶级关系已经发生了变化，现在新富农刚刚出现，尚未形成阶级，新富农和富裕中农的成分同过去也有不同，对他们应当加以限制。也有同志认为，既然国家政策允许富农存在，也应当允许新富农中的党员存在，党内党外的政策应当是一致的，否则，党外的农民看到不让党员致富，就会害怕，会影响农民发展生产的积极性。关于组织起来的形式，有少数同志主张发展高级形式的集体农庄或农业公社（北满地区已有这类被称之为"四合一"的类似高级合作社的组织和效仿苏联集体农庄的"农业公社")。我认为公社不适合中国当前的国情,不宜推广,但可以进行试验,并帮助他们总结经验。

经过争论,大家统一了认识,会议以东北局名义作出决定,对共产党员和普通农民应区别对待,共产党员不允许有剥削行为,要带头走集体致富之路。对于坚持剥削的党员,应劝其退党,情节严重的,要开除党籍。对于普通农民,则应采取教育的方式,引导他们走合作化的道路。

因此我建议,在农村工作中的方针应该是"依靠组织起来的农民,团结单干的农民,扶持贫苦农民,限制和削弱富农剥削"和"巩固临时合作组,发展长年合作组"。

会议采纳了我的建议,加以修改,形成东北农村工作的方针,即组织起来走合作化的道路是今后农村发展的方向,当前农业合作化的主要形式仍是互助合作社,在条件许可的地方,可以发展更高级的形式;少数集体农庄的形式因不适合东北农村的情况,可以试点,继续总结经验,目前不宜推广;等等。

后来在批判我的时候,有人说我的建议"模糊了阶级路线"。

农村工作会议结束后,东北局向中央反映了这些问题。1950 年 1 月,张秀山带着这些问题去北京向中央请示。当时毛主席不在北京,张秀山就到中组部向安子文反映了情况,请示对富农党员的处理意见。几天后,安子文向张秀山传达了少奇的意见和中组部给东北局的信。

少奇的意见大意是:东北土改后,随着生产的发展,必然会产生新的富农,这不可怕。东北人少地多,去年山东人逃荒到东北,没有地,只好当雇工,他们会感谢新富农的剥削。如果有一百万山东人来当雇工,不但解决了他们的生活困难,而且把东北的生产也搞上去了。党员要带头发展生产,带头致富,就要带头雇工。家有三匹马、一副犁、一挂大车的农民不能算富农,只能算中农。这样的农户多一点是好事。党员发家致富,当富农也不要怕,东北有1 万个富农党员也不可怕,因为将来东北要有 10 万、8 万的党员,处理这 1 万没关系……

在谈到互助组问题时,少奇认为,现在的互助组是建立在生产力十分落后的小农经济基础上的,依靠这种互助组合作的方式不能实现农业集体化。只有建立起现代的大工业、实现农业机械化的基础上,才能实现社会主义的农业集体化。

东北局的几个负责人都不同意少奇的这些意见，合作化运动仍按农村工作座谈会决定的精神进行着。

关于农民出租土地的问题也有不同的意见。高岗是赞成出租土地的。1952年上半年，高岗带人到铁岭视察金时龙合作社时，曾向当地的村干部了解关于出租土地的情况。后来由王光伟（东北人民政府副秘书长）整理了一个材料，以高岗的名义发表在《东北日报》上了。高岗认为土地可以出租，并对租额标准等具体问题提出了意见。当时我不在沈阳，事前没看过这篇文章，回到沈阳才见到，觉得土地出租是个原则问题，应当慎重对待。为此，我还找马洪和高岗的秘书交换过意见。

东北局对于农村工作中出现的新情况与新问题十分重视，经常组织调查研究，并组织核心组学习讨论，提出意见。1953年下半年，东北农村工作部对松江、吉林、辽东三省的九个村子进行了一个月的调查。1953年11月25日，东北局核心组根据这些调查材料，结合过渡时期总路线的学习，对小农经济自发趋势问题进行了一次分析讨论，我作了总结发言，认为，从全区来看，农村经济普遍上升，并且上升得比较快，中农队伍逐年增长，再加上新（生产合作社）旧（富农）两条道路的旗杆已竖起来，并且影响很大，使农村的主要矛盾，社会主义因素的互助合作和小生产的资本主义自发势力的矛盾，更加突出了，更加明朗化了。在研究和解决农村问题时，"必须抓住当前这个主要矛盾和矛盾的主导方面，即社会主义因素方面，在领导上要有意识地抓住这一主导方面来提高一步，使新生力量不是让他自流生长，而是使他长得快一些，对于自发势力则不是听其自流，而要加以限制，这就是领导上的责任"。

在关于农村合作化的问题上，毛主席支持东北局的做法，不止一次批转东北局和高岗的报告，对东北的经验加以宣传。特别是1951年中共中央转发了《关于农业互助合作的决议（草案）》后，东北的农业合作化运动更加蓬勃发展，很快形成了高潮。

1951年第一次全国农业生产互助合作会议期间，10月14日，高岗给中央写了《关于东北农村互助合作的报告》，认为随着中农已成为农村的多数，以及农民自发倾向的发展，互助合作的指导思想，应是反对和防止农民自发倾向，对农业生产互助合作运动要加以积极扶持与发展，并逐步由低级形式引向高级形式。各级政府应从各方面给互助组以优待……

毛主席10月17日将报告批给刘少奇、周恩来、朱德、陈云、彭真、陈伯达、胡乔木、杨尚昆，请他们阅后印成一个小册子，"分送各中央局，分局，各省市区党委。同时发给中央各部门，中央政府各党组，此次到中央会议各同志及全国委员会的各共产党员。"他还亲自为中央起草了给各中央局、各中央分局、各省市区党委的通报，转发高岗的报告，指出：中央认为高岗同志在这个报告中所提出的方针是正确的。一切已经完成了土地改革任务的地区的党委都应研究这个问题，领导农民群众逐步地组成和发展各种以私有财产为基础的农业互助合作组织，同时不要轻视和排斥不愿参加这个运动的个体农民。

全国农业互助合作会议决议（草案）指出：对互助合作采取"消极态度，看不出这是我党引导农民群众从小生产个体经济逐步走向大规模的使用机器耕作和收割的集体经济的道路，否认现在业已出现的各种农业合作社是走向社会主义化的过渡形式，否认它们带有社会主义的因素，这是右倾的错误思想"。

1952 年 1 月，高岗组织人写了《克服资产阶级思想对党的侵蚀，反对党内右倾思想》的文章，并以此为题在东北局作了一次报告。其第二部分"关于农村经济发展方向问题"中说："那种让农民自流发展，让农村经过深刻阶级分化之后，再来一次大革命，或者等到将来有了机器，在一个早晨下命令实行集体化的观点，是一种有害的思想。""如果不积极引导农民走合作社的道路，而是去积极发展富农经济，则农村政权必然蜕化为富农政权。如果共产党员都去雇工、放高利贷，农村的党必然蜕化成富农党。这就将是人民政府和党组织在农村资产阶级进攻面前的完全失败……"

这篇文章的草稿在东北局常委中传阅过，并报到中央审查，后来在《人民日报》和《东北日报》上发表，并由新华书店印成"活页文选"。

四、货币统一

1951 年 3 月，中央决定实行全国货币统一，高岗担心关内的私商用人民币①到东北大量抢购物资，引起物价波动，认为东北是国家经济建设投资的重点，物价波动会影响国家投资和建设，于是在东北局会议上研究如何解决这个问题，并责成东北计委和财贸、银行部门进行研究、提出方案。后来他们向东北局提了两个方案，一个是马上统一，一个是推迟一段时间，使财贸、银行部门有时间做好准备后再统一。东北局研究后仍不能确定采用哪一个方案，只得

---

① 当时各解放区使用不同的货币，如东北币、晋察冀边区币等，统一后的货币称人民币。

将两个方案一起报送中央财委和人民银行总行请示，由上边决定。过了一段时间，高岗从中央开会回来，在东北局会议上传达说，中央同意东北推迟一年统一货币的方案。

总的来说，在东北经济恢复时期，我们遇到许多新情况新问题，自然也产生了一些不同的看法。这是在探索我国经济建设道路过程中必然发生的情况，是很正常的。本来可以通过正常的交换意见、共同探讨来达到认识的一致。遗憾的是，一些人往往是把不同意见，特别是与某个领导人不同的意见说成是"反对"某人，甚至说成是"反党"，其结果必然堵塞言路。这种不良之风在我们党内造成极大的危害。

镇 反 运 动

1950 年朝鲜战争爆发后，残余的反革命势力认为第三次世界大战即将爆发，蒋介石"反攻大陆"的时机已到，又纷纷积极活动起来。1950 年 7 月，中央人民政府政务院和最高法院发出《关于镇压反革命的指示》，10 月 10 日，党中央向各级党委发出关于镇压反革命的指示，要求严厉镇压一切反革命活动和一切反革命分子，并进一步明确了有关政策。1951 年 2 月 21 日，中央人民政府公布了《惩治反革命条例》，从此，在全国掀起了一场大张旗鼓的镇反运动。

1951 年，沈阳市召开控诉反革命分子罪行大会

东北地区自日本投降以后，经过大规模的武装剿匪、土地改革和民主建政等运动，大部地区的反革命势力已被彻底消灭，反革命分子已基本肃清。1949年春，在新解放的城市开展"反动党团登记"工作，限令一切反动党团成员，凡在规定期限内向政府登记者予以宽大处理，逾期不登记者将予以严惩。当时关内的解放战争势如破竹，随着大军过江和南京、上海解放，这项工作进展十分顺利，沈阳等城市的社会治安大为好转，并争取教育了一大批受国民党欺骗蒙蔽的人，孤立了少数顽固分子。但在少数新解放的大城市及其附近乡村，特别是南满地区，残余的反革命还没有彻底肃清。一方面，国民党撤退时遗留下不少反动党团组织和反动分子；另一方面，敌人有计划地隐藏下一批特务组织及其骨干分子，妄图将来为其"反攻大陆"做内应。他们有的混入我党政机关或工厂商店等部门，有的潜入农村，他们秘密串联、造谣、制造事端、搞破坏活动。美帝发动侵朝战争以后，他们的活动更加猖獗，有的乘机杀害我干部和积极分子，夺取基层政权，甚至组织反革命暴乱；有的在工矿、铁路制造事故；也有的刺探我军事情报，破坏军用物资……有关资料证实，东北地区仅1950年7月12日至8月11日一个月内，发生铁路政治事故154起，半老区也发生地主反攻倒算事件，在新解放区，由于有些地方土改不彻底，许多残余反革命分子气焰嚣张，活动猖獗。以辽阳县为例。这个县在解放后，许多反革命分子混入区、村政权，全县459个村，有88个被篡夺或为他们直接操纵。他们制造恐怖气氛，威胁群众，破坏镇反。有的群众起来揭发，被活活勒死，还挂在树上示众；有的群众离开控诉会场不远，就被暗棒打死。群众称这个县是"龙盘虎卧"之地，是"共产党的天下，国民党的政府"。敌人的破坏对东北的建设造成极大的危害，特别是东北地区还担负着志愿军后方供应的重任，残余的反革命不除，经济建设和抗美援朝运动就不能顺利进行。

但这毕竟只是在新解放的沈阳、长春等城市和乡村的局部地区，因此，东北局根据中央的指示，结合本地区的实际情况，决定在全区开展镇反运动，提出先老区后新区，以新区为重点；先城市后乡村，坚持在党委统一领导下广泛发动群众，集中深挖和镇压反革命组织及反革命分子的方针，坚决贯彻坦白从宽，抗拒从严，首恶必办，胁从不问，立功受奖等政策，并进行广泛宣传，大造声势，鼓舞革命群众，震慑反革命分子。

根据以上方针政策，整个运动发展比较健康，取得了预期的效果。

辽东省委书记亲自带领100多人的工作团，经过充分准备，深入辽阳地区发动群众，迅即展开镇反运动，逮捕了一大批反革命分子，公开处决了一些恶霸、匪首和民愤极大者，给残余反革命以毁灭性的打击，改造了政权，健全了各种群众组织，人民民主专政得到了加强。

通过镇反运动，查出了一批历史上久悬的大案要案的凶手和主犯。其中有"围剿"杨靖宇抗联部队、大批屠杀抗日战士的伪满少将陈仁，杀害李兆麟将军的军统特务南守善，杀害我地下工作人员 50 多名的"铁血锄奸团"特务刘文春，屠杀革命干部和进步人士 300 多名的原新疆警察局长张文昌，组织通化暴动、杀害我干部 20 多人的国民党"地下建国军"头子朱文治等。还查出一些漏网多年的日本战犯、汉奸，特别是把杀害赵一曼烈士的凶手、原哈尔滨伪警察局特务傅质言、周质彬、张虎臣、袁功瑜等，分别从哈尔滨、张家口、济南、保定等地逮捕归案，并查获了赵一曼被捕受审的主要档案。

当时反革命组织的重要形式是反动会道门，通过镇反，系统地摧毁了反动会道门组织，如"大同佛教会""一贯道"等。在群众的压力和我们不断宣传政策，号召道徒检举揭发的强大攻势下，前来登记参加反动会道门组织的达 114 万多人。反动会道门头子坦白登记的有 8000 多人，逮捕有严重罪行的道首和参加反革命活动的首要分子 2800 多人，解散会坛 6640 多处。在斗争中，经过道徒的揭发控诉及受骗道徒的现身说法，极大地教育了群众，彻底地摧毁了其组织，惩办了道首，给反动会道门以沉重的打击。

东北的镇反运动至 1953 年结束。

增产节约与"三反""五反"运动

随着东北经济建设的迅速发展和抗美援朝运动的深入，财政困难问题日益突出。为了克服这一困难，保障经济建设和抗美援朝运动顺利进行，东北局在 1951 年 5 月召开的城市工作会议上，提出"为增产 500 万吨粮食的财富而奋斗"的号召，首先在工业战线，发动了增产节约运动，以后又推广到各个行业和各部门。党中央支持东北的做法，10 月，毛主席向全国发出"增加生产，厉行节约，以支持中国人民志愿军"的指示，在全国发动了增产节约运动。在增产节约运动中，发现在各部门存在着惊人的铺张浪费、贪污腐化和官僚主义现象，这些现象不除，经济建设就无法顺利进行，抗美援朝就难以取得胜利。

产生这些现象的原因，我在 1951 年 2 月欢迎志愿军归国代表团大会上的讲话中是这样说的："随着战争环境转变为和平环境，一方面大量的旧人员留在我们国家机关和经济部门工作，他们把旧机关的贪污堕落的恶习也带到革命队伍中来了；另一方面有少数老干部在进入城市后，经不起城市资产阶级的引诱而蜕化堕落，变成资产阶级的俘虏了。同时，比较普遍的是在我们不少机关和工作人员中沾染了资产阶级的习气，发展了讲究排场、铺张浪费、形式主义的作风，而不少领导机关，则滋长了严重的官僚主义的作风。这些就给不法资产阶级分子进攻国家和人民最大的空隙。这样，一方面是工人阶级忘我地劳动，为国家创造了大量的财富，另一方面却存在着许许多多的漏洞，使工人阶级的劳动成果遭受侵害或损失。"正是在这种情况下，东北局发动了一场反贪污、反浪费、反对官僚主义的"三反"运动。

一、基本情况

1951 年 8 月 31 日，高岗代表东北局在东北一级机关党员干部会议上作《反对贪污蜕化，反对官僚主义》的报告。报告在讲了开展这一运动的必要性和重要意义之后，提出以下措施：

1. 在所有机关中无例外地开展一个群众性的民主运动，来揭发本机关内部以及有关部门和一切人员中的贪污蜕化的思想行为与官僚主义作风。应该由各机关负责同志亲自领导，有准备地进行。务使全体人员彻底认识贪污蜕化是革命队伍中最凶恶最可耻的行为，并认识这种思想与行为对于党和国家的危害性，从而使任何一个贪污蜕化分子在革命队伍中无藏身之所，形成"老鼠过街，人人喊打"的空气。因此，必须把这个运动与整党教育联系起来进行。同时，为了吸引广大党员与非党群众参加这个运动，发挥他们的积极性，必须充分发扬民主，使这个运动成为一个民主的检查工作、检查思想、检查作风的运动。

此外，为使这个运动进行得正确并收到最大的效果，在进行中还必须教育一切党员与非党的群众实事求是，方式要恰当，防止夸大与诬陷，警惕破坏分子乘机活动。

2. 对运动中所揭发与检举出的证据确凿的贪污蜕化分子，必须以极端严肃的态度加以处理。今后党的纪律检查委员会与政府的监察委员会要有计划、有组织地检查这一方面的问题，在最近时期内要集中力量来与贪污蜕化及官僚主义的倾向作斗争。

3. 在处理贪污蜕化分子时，还应同时表扬和奖励那些具有高度事业心和创造性，廉洁奉公，在各条战线坚决保卫国家人民利益，积极为国家、人民创造财富的战斗英雄及先进模范人物。

4. 在这个运动中，应该无例外地对于各个机关的工作与领导作风来一次严肃的检查，必须向各式各样的官僚主义开火，因为它是贪污腐化毒菌之所以能够滋长的温床。

因之，对于各个机关的工作，都要以批评和自我批评的精神加以检查，加以裁判。

10月，毛主席向全国发出开展增产节约运动的号召以后，10月26日，高岗再次对东北一级机关党员干部作了《全面开展增产节约运动，进一步深入反贪污、反浪费、反官僚主义的斗争》的动员报告，把全区的"三反"运动引向深入。

1951年11月20日，毛主席批转东北局的报告，提出在全国开展"三反"运动。11月23日，《人民日报》发表了《向贪污行为作坚决斗争》的社论。东北局立即召开座谈会进行学习，总结运动以来的经验和存在的问题，指出下一步的方向。11月30日，毛主席批转华北局关于天津地委严重贪污浪费情况的报告；12月1日和8日，中央接连向全国发出开展增产节约和"三反"运动的指示。

"三反"运动期间，发现大量的资产阶级"五毒"现象（即不法资本家的行贿、偷税漏税、盗骗国家财产、偷工减料、盗窃国家经济情报），它们是国家机关和经济部门发生贪污腐败的重要根源之一。于是在开展"三反"运动同时，又开展了"五反"运动，至1952年2月，"三反""五反"运动基本结束。

"三反"运动严厉地打击和制止了国家机关和经济部门中贪污分子的违法乱纪行为，纯洁了我们的队伍，整顿了国家机关和经济部门的组织，清除了各种坏分子，发现了大批积极分子，增强了国家工作人员廉洁奉公的观念，改变了国家机关若干严重的铺张浪费和官僚主义作风，使我国的财政纪律更为巩固，严密了各种工作制度，使各级人民政府和人民群众的联系更加密切了。"三反"斗争又是一场内容丰富的、深刻而有力的整党运动，提高了共产党员的思想水平与阶级觉悟，改善了党的工作作风，使得我们党在思想上和组织上都更加纯洁和巩固，党的战斗力量更为加强了。

1952年2月，中国人民志愿军归国代表团到沈阳，东北局要我在欢迎大会上向他们就"三反""五反"运动的情况作了一次报告。

二、关于几个问题的处理

1951年9月，成立了由张秀山为主任，我为副主任的东北局纪律检查委员会，负责领导"三反"运动，并向各省市派出工作组，帮助当地党委开展"三反""五反"运动。

（一）关于高级干部开支问题

"三反"期间，我曾主持对东北局高级干部的生活开支情况进行检查，发现高级干部的生活开支没有严格的标准和制度，存在不少浪费现象，甚至有个别高级干部身边的工作人员借首长之名乱领东西的现象。例如，我不抽烟不饮酒，但我却发现在我的名下，每月都领了烟和酒。经查，是我的一位警卫员冒我之名领的。为此，我对自己的官僚主义作了检讨。为了杜绝浪费，防止干部腐化，我组织一些人制订了对高级干部生活标准的若干规定，在一定程度上控制和纠正了铺张浪费之风，这当然也包括对高岗的生活开支加以约束。

（二）对几个领导干部的处理

"三反"期间，我先后带工作组去旅大市（今大连市）和吉林省处理那里的问题，从中可以反映出东北局对干部处理的慎重态度。

旅大市是东北的重要工业城市，东北局对那里的工作非常重视。"三反"运动开始时，东北局派陈伯村（组织部副部长）带一个工作组去旅大，他反映了两个问题：其一是市外贸局干部杨×腐化堕落；其二是群众对市委书记×××官僚主义作风的意见。恰在此时，中央"三反"办公室转来一封检举大连市市长的信及周总理关于严肃查办此事的批示。于是东北局又派我带两个工作组（党政机关和企业各一组）到旅大进行调查处理。工作组在旅大待了十天左右，分别找一些干部谈话，了解情况，听取意见。这期间，中央新闻电影制片厂的一个摄制组也赶来了，准备拍一部以杨×腐化堕落事例为内容的新闻纪录片。我认为，在事情没有查清楚以前，不宜匆忙拍片宣传，便予以制止。

经调查发现，原工作组的报告有不实之处。他们之所以认定杨×腐化，主要是根据其住宅及室内设施比较豪华。但据我们调查了解，杨×的"豪华住宅"是组织分配给他的日伪时期的旧宅，其中设施也是宅内原有之物，并非杨×任职期间所修建和购置。除此之外，并未发现其工作中有贪污腐化等行为。因此，我们否定了他"腐化"的罪名，避免了对他的不当处分。对于市委书记的意见，下面干部反映最多的是说他不深入下层、不接触下面的干部等。至于大连市市长的问题，已不属"三反"范畴，我与市公安局的同志一起进行调查核实后，依法逮捕，并将处理情况给中央写了报告。

我向东北局汇报了上述情况，并认为，旅大是东北的工业基地，应当配备较强的领导班子，而现有的领导班子工作不够得力，建议派组织部副部长陈伯村任市委书记，现任书记调东北局工作。张秀山同意我的意见。但高岗不同意，认为现任书记在对苏关系上有长处，调走后怕影响对苏关系。李卓然和凯丰等同意高岗的意见。最后决定旅大市委书记不动，另调陈伯村为副书记协助其工作。

吉林省的领导班子问题较多，主要是省政府主席犯有严重违法乱纪错误；省委书记年纪大，主动要求离职休养；省委一位副书记与省委其他同志的关系很紧张，不能团结同志；等等。在"三反"运动后期，东北局研究决定，并报中央组织部批准，对吉林省领导班子作了较大的调整：任命李梦龄为吉林省委书记，傅振声为副书记；栗又文（原东北人民政府秘书长）为省政府主席。

此外，也是在"三反"期间，政研室接到举报信，说某人有问题，要求送回原单位审查批判。我认为对待干部要慎之又慎，在问题未查清之前，不能仅根据单方面的举报，就做出处理。于是把这件事拖了一段时间。后来的调查证明，果然举报不实。

三、"新三反"

在"三反""五反"运动之后，党中央根据山东省的整党经验，在1953年1月5日又对全党发出《关于反对官僚主义、反对命令主义和反对违法乱纪的指示》，即开展所谓"新三反"。中央认为，在"三反"运动中虽然基本上解决了许多工作人员中的贪污浪费，以及许多领导者和被领导的机关人员相脱离的官僚主义的问题，但对于脱离人民群众，脱离基层，对基层干部中存在的许多命令主义和违法乱纪的坏人坏事不了解，或者熟视无睹，麻木不仁，因而不采取积极办法去支持好人，惩治坏人，发扬好事，消灭坏事。这样，官僚主义在许多地区、许多方面和许多部门，还是基本上没有解决。因此，官僚主义和命令主义在我们的党和政府不但目前是一个大问题，就是在长期内也将是一个大问题。其社会根源是反动统治阶级的反动作风残余在我们党和政府内的反映。因此中央要求各地在1953年结合整党建党及其他工作，从处理人民来信入手，检查一次官僚主义、命令主义和违法乱纪分子的情况，并向他们展开坚决的斗争。同时，毛主席在政协四次会议上做了重要指示。随后，东北局决定由我在东北一级机关干部会上作动员报告，传达中央和毛主席的指示，深入开展运动。

东北局认为，经过几次整风，特别是经过"三反"运动，东北地区县、市以上各级领导机关对于许多违法乱纪的行为进行了适当的处理，官僚主义、命令主义作风与违法乱纪现象已经大大地减少了，这些机关的领导作风一般的都有改进。不少的机关都加强了检查工作，有些机关经常深入下层，了解情况，及时发现问题，解决问题，总结经验，已经逐渐成为一种风气。在城市的厂矿和农村的区村基层组织中，经过增产节约、互助合作、爱国丰产运动和整党教育等，在联系群众方面、思想作风方面也有显著的改进。

但是，"三反"运动在反对贪污、浪费方面，一般说是比较彻底的，而在反对领导机关的官僚主义方面则搞得不深、不透，"三反"以后，失去了群众的监督，又"故态复萌，依然故我"，反掉了一些官僚主义，又滋长了一些新的官僚主义。大量事实说明各部门仍存在着极为严重的官僚主义、命令主义和违法乱纪现象，如锦州的派出所及民政人员违法乱纪的占全体人员的90%。热河的情况更为严重。东北局要求结合学习中央文件，以半个月时间，在东北一级各机关做一次普遍的初步的检查，检查一下官僚主义、命令主义、违法乱纪之所以发生，领导上的责任是什么？领导上存在一些什么官僚主义作风？必须首长亲自传达、亲自领导，发动机关群众进行检查，订出检查计划，对检查出的问题迅速处理，并报告东北局。同时指出，这次反对官僚主义、命令主义和违法乱纪，不是孤立地搞运动，而是把它作为经常工作，结合各种中心工作进行。一方面要批评与揭发坏人坏事，对于少数情节严重的予以国法党纪制裁，另一方面要表扬好人好事，好坏对比，使干部有所遵循。

风 雪 战 勤

美帝国主义发动侵朝战争的战火很快就烧到我国边境，为了保卫我国的安全与世界和平，党中央决定成立中国人民志愿军出兵朝鲜。毛主席在 1950 年 10 月 8 日发出的命令中指出："志愿军以东北行政区为总后方基地，所有一切后方工作供应事宜，以及有关援助朝鲜同志的事务，统由东北军区司令员兼政治委员高岗同志调度指挥并负责保证之。"

党中央为什么让东北负责志愿军的后勤保障呢？除了东北的地理位置之外，还有其独有的便利条件。东北解放早，民主改革已经完成，人民群众正以无比高涨的热情投入经济建设，而且东北有较好的经济基础、交通运输便利，又有苏联的支援，工农业生产恢复快，物质比较丰富。当美国飞机轰炸我边境城镇、杀我同胞、破坏我和平建设时，东北人民无比愤怒，奋起响应党和政府的号召，积极投入抗美援朝运动，全力以赴，前方要啥给啥，大批的物资源源不断地运送到朝鲜前线。而关内此时刚解放不久（有的地区战争还没有结束），不法资本家策动的金融危机和物价风波刚刚过去，全国经济还没有恢复，工业品和粮食匮乏，上海等大城市还不能发挥支援朝鲜的作用。其实周总理也很为难，当时全国的经济状况十分困难，谁也没有办法。所以党中央把支援朝鲜的任务交给东北，是当时历史条件决定的。

中国人民志愿军经安东入朝作战

一、后勤战线的两个张明远

1994 年，八一制片厂的同志来我家，说起他们在拍片的时候，才得知有两个张明远都参加了抗美援朝的后勤工作，让我谈谈这方面的情况。

其实，不止他们不知道，许多年来，把两个张明远混为一人的事时有发生。一次，我收到一位部队同志的来信，说他曾是我的警卫员，多年失去联系，现在才得知首长下落，等等。我知道，他一定是搞错了，回信说我不是他要找的人。但他不信，又来一封信。没办法，我只得请全国政协帮助查找另一位张明远，把信转去。还有一次是广州农民运动讲习所纪念馆寄来一幅照片，要我辨认其中的张明远是不是我。我一看，那是另一个人。

在抗美援朝战争中，我和那位张明远都参加了志愿军的后勤工作，成为一段有趣的故事。

我们两个张明远，他是甘肃人，我是河北人。他长期在部队工作，而我基本上是搞地方工作。早年，他曾参加宁都起义，我曾领导玉田农民暴动。朝鲜战争爆发前，他是东北军区后勤部副部长，我是东北局副秘书长。1950 年 8 月，随着朝鲜战争不断扩大，中央军委决定加强东北边防力量，将东北军区后勤部改为东北军区后勤司令部，并任命他为副司令员，我为政委。这样，我们两个张明远就到了一起，并且闹出不少笑话，不是把"张司令员"的信送到我这儿，就是该找我办的事找到张司令员那里去了。更有趣的是，我们两个都戴眼镜，有时还一起乘车去下边视察工作，连我们身边的工作人员也难分谁是谁了。

在志愿军后勤司令部成立之前，前方的后勤工作由志愿军总部和东北军区后勤司令部的前勤部负责，暂定我为政委，另一个张明远任副部长[①]。

1951 年 2 月以后，成立志愿军后勤司令部，洪学智任司令员，那个张明远任副司令员，部队的周纯全和东北人民政府的杜者蘅分别任正、副政委。第三次战役以后，前线推到三七线以南，根据当时战争的需要，中央决定成立中朝联合铁路运输司令部，贺晋年任司令员，我任政委，从此两个张明远才分开。

现在的一些有关抗美援朝资料中，或在有关的纪念馆、博物馆中，都没有把我们两人区别开来，我认为是不合适的，将来几百年、几千年以后，研究这

---

① 1950 年 12 月 23 日总后勤部杨立三、贺诚、宋裕和、张令彬给周恩来副主席的报告。周副主席批示：同意。

段历史的人就更搞不清楚了。

二、全力以赴保后勤

从朝鲜战争一开始，党中央就密切关注着战局的发展，并采取了一系列措施，以防不测。

1950年7月中旬，中央军委决定成立东北边防军，驻守鸭绿江沿岸。8月，决定加强东北军区领导力量，命东北局常委李富春（副书记）和张秀山（组织部长）任军区副政委，我为军区后勤司令部政委。9月，周恩来主持成立了以东北军区后勤司令部副司令员张明远为组长的考察小组赴朝鲜了解那里的物资、交通等情况。同时，由中央政府出面与苏联商谈，购买更多的军备物资。

从长远考虑，中央决定建立我们自己的空军，为此，除长春航校外，在沈阳等地增设了航校。原来，东北的工业主要是在南满地区，现在根据中央指示，东北局决定把一些重要的工厂向北满疏散或建立分厂，其中包括一些苏联援建的项目。这一措施既是为了战备的需要，也改变了东北的工业布局，对以后北满工业的发展起了良好的作用。10月8日，毛主席发出关于建立中国人民志愿军赴朝作战，并由东北区负责后勤保障的命令。

从10月8日主席令下达，到10月19日志愿军过江，只有短短十天的时间。建立战勤机构，动员与调配战勤人员，筹集与调运军需物资，等等，准备工作紧张而仓促。

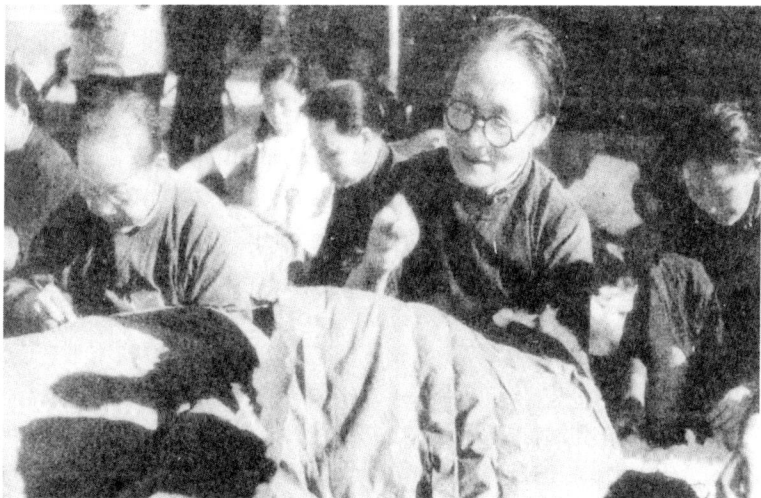

东北人民为志愿军赶制衣服

当时，高岗对我说，你过去在冀东负责辽沈战役和平津战役的战勤工作，部队反映不错。这次就由你来抓一下组建战勤保障系统和调配干部的工作，物资方面的事情就由东北军区后勤司令部负责。

东北局根据毛主席命令精神，先后抽调6个东北局委员和4个东北人民政府的部长，并从各级党政部门抽调一批干部充实和加强后勤工作。党中央也从中央各部委和各省市调配了一批中高级干部参加后勤工作。

志愿军入朝前，组建起三个随军过江的后勤分部，其中一分部由东北军区后勤司令部驻辑安办事处和部分地方干部扩建而成，二分部由四十七军后勤部改编而成，三分部由各地来的地方干部组成，中央各部委和关内各省市来的2000多名干部参加各分部的工作。每个分部组成一条供应线，设若干大（兵）站，配有仓库、汽车团、装卸团、公路工程队、担架队、警卫团及医院、救护队等。在朝鲜境内，后勤分部的工作由前勤指挥部负责，在我国境内，由东北军区后勤司令部负责。直到第三次战役，都是由这三个分部保障前线的供给。第三次战役结束后，增加了第四分部，是由第九兵团后勤部改编的。以后随着战线的扩大，又增加了几个分部。

除了干部调配，还有大批的服务人员和民工需要组织动员，各级党委和政府做了大量的工作。东北各族人民积极响应党的号召，参军参战支援前线。仅第一批随军入朝的服务人员即达10万人，其中除担架、运输、修路等民工外，还有大批翻译、向导、司机、技工和医护人员等专业技术人员，特别是延边地区的朝鲜族干部群众积极为志愿军担任翻译和向导。

军需物资及设施，如军械、被服、医院等，主要由东北军区后勤司令部负责。全国解放后，部队大部转入生产建设，武器也大多入库了。现在要出国打仗，又是如此紧急，除恢复原有的军工生产外，各级政府广泛发动群众，紧急筹集和调动了大批物资，并把一些地方医院、工厂等改为军用。当时，除前方医院外，还扩建了百余所后方医院，以备接待归国的志愿军和朝鲜的伤病员，其中有许多是难民。那时，我们自己不能生产汽车，只能从全国各地紧急调动、征集了700余辆，有苏式的，也有美国造的，甚至还有日本造的，真是五花八门，极尽所能。

总之，尽管时间紧，任务重，但因为有中央和地方各级党委和政府的重视，有各族群众的积极响应，以最大的努力克服重重困难，为志愿军渡江作战提供了必需的后勤保障。

三、三次赴朝

尽管我们尽一切力量做了不少后勤保障工作，但毕竟这次战争不同以往，直接面对高度现代化的美国军队，许多新情况和新问题是我们始料未及的。

过去打仗，正如那首歌所唱的，"没有枪，没有炮，敌人给我们造"，蒋介石就是我们的"运输大队长"，粮食被服全靠根据地人民群众供给，哪儿有老百姓，哪儿就有粮仓，有被服厂，有医院，叫作取之于民，用之于民。根据地的老百姓对自己的子弟兵无比热爱，说"倾家荡产也要保证打胜仗"。但现在不行了，原来的那一套行不通了。这是在国外作战，语言不通，情况也完全与国内不同。敌人高度机械化，行动迅速，根本不容你建立根据地。而且，敌人所到之处，一片焦土，在三八线附近，几百里的无粮区，连老百姓都没有吃的，还要从我们自带的口粮中挤出一部分去支援他们，哪还能"取之于民"？我们打了胜仗，敌人撤退时把带不走的辎重都销毁了，他们可不是"运输大队长"，人家不在乎，销毁了还能造新的，绝不留给我们。

这样一来，前线的供应就全靠国内运送。短距离运送问题还不很大。12月以后，战线推进到三七线附近，几百公里的运输线，可就麻烦大了。

那时我们没有飞机，高射炮也很少，1950年年底之前，只有一个高炮团，防空能力很差，敌人控制着绝对的制空权，不分昼夜地狂轰滥炸，还有特务朝奸在下面配合，给敌机指目标，使道路桥梁、仓库车辆等遭受极大的破坏。初入朝时，不到一个星期，就炸毁我们的汽车180多辆，在第一次至第三次战役中，消耗汽车1200余辆，平均每天30多辆。为了减少损失，只得夜间闭灯行驶，加之路况恶劣，运输效率低，翻车事故时有发生。当时，粮食供应仅能满足需求量的四分之一，到第四次战役时，也只能达到需求量的一半。虽然也在当地筹集到一部分粮食，但仍供不应求，况且，后来我们还要偿还人家。第五次战役的情况也是这样。与此同时，由于交通不畅，大量物资积压在鸭绿江沿岸，无法送上前线；而前线的将士们却在极度艰难的条件下作战，常因粮弹不足而难以持久，甚至有时被迫停止进攻，等待补给，也造成相当大的非战斗减员。

这种情况，对我们的后勤工作提出了新的要求。1950年11月至1951年2月，我曾三次去朝鲜前线与志愿军总部一起商讨如何改进后勤工作，确保前线需求的问题。

第一次是在 1950 年 11 月下旬，第一次战役结束后不久，同高岗一起去的朝鲜。同去的有高岗的秘书华明和俄文翻译施滨，后者是临时从东北计划委员会调来的。此行目的是了解前方的实际情况和对后勤工作的要求。

我们乘一辆吉普车到一个叫大榆洞的地方，志愿军总部就设在这里，距金日成首相所在的大洞不远。这次主要是彭总和高岗谈，我在旁边听。他们分析了我军入朝后的实际情况，一致认为后勤工作的任务很重，仅靠东北军区后勤部门的力量已不能满足朝鲜战场的后勤保障，必须建立志愿军自己的后勤司令部，并拟定了志后司的领导人选：由志司的洪学智和邓华分别任志后司的司令员和政委，东北军区后勤司令部的两个张明远分别担任副司令员和副政委。在战勤机构方面增加一个分部和一条供应线，对原有的三个分部进行调整和加强，所需的干部，由东北局负责调配。彭老总特别对粮食供应提出一些新的要求。过去行军打仗，都是由战士带生米，背一口大锅，宿营时生火做饭。但现在部队行动快，来不及生火做饭，而且敌人又不断轰炸，为了不暴露目标，根本不能生火。所以，要求我们提供既便于携带，也不必加工，又营养丰富的方便食品。

在交通运输方面，彭总除提出请求中央军委调派工程兵、铁道兵入朝抢修公路铁路外，还提出建立中朝联合铁路运输指挥机构的设想，以便改善铁路运输的管理，协调中朝双方的运输任务，确保前线的供给和伤员及时转运。

在军事指挥方面，他们认为有必要建立中朝两军联合指挥机构，但这需要和朝鲜方面一起商谈。彭德怀表示另找时间请金日成到志愿军司令部来会谈，高岗说，人家是首相，一国之长，还是咱们去比较合适。后来他们专门到金首相那里去商谈此事，我没有参加。事后听高岗说，经过会谈，双方一致同意成立中朝两军联合司令部，统一指挥双方军队作战。联合司令部不公开，对外仍以志愿军司令部的名义活动。他们还商定，由彭德怀任联合司令部的司令员，朝方由金雄任副司令员，邓华为政委，朝方的朴一禹为副政委。朴一禹是朝鲜的副外相，早在抗日战争时期，我们就认识，那时他叫王巍，曾在邓华支队，后来在平西根据地当过县长。想不到我们会在这里与他重逢，真是百感交集，激动不已。

高岗和彭德怀还同苏联驻朝鲜大使（或是顾问）会谈过一次，因施滨翻译不熟练，改由毛岸英翻译的。会谈的内容主要是交换对朝鲜战争的看法，因与后勤工作关系不大，我听了一会儿就退场了。

在与彭德怀的交谈中，我感到他对朝鲜同志和苏联大使都有意见，说他们看不起中国的经验，说苏联人给金日成出了一些坏主意，结果打了败仗。

我们到志司的第二天就遇到敌机轰炸，所幸损失不大。但我们离开后没几天，11月27日，敌机再次轰炸大榆洞时，毛岸英不幸牺牲了。可见当时志司的境况是多么险恶。

这次在朝鲜只待了三天，即返回沈阳落实志司对后勤工作的各项要求。

早在11月中旬，东北人民政府就已根据志愿军的要求，专门发出通知，要求各单位组织力量为志愿军赶制炒面，规定沈阳市各军政单位，每天至少炒面13.8万斤，20天内不少于276万斤。我们回去以后，又于12月18日专门召开"炒面猪肉会议"，布置在一个月内制作650万斤炒面和52万斤熟肉的任务。各单位的干部、学校的青年，都积极行动起来，连夜架起炉灶，为志愿军制作干粮。至11月底，就送往前线400多万斤炒面，随后，大批的干粮、干菜、熟肉和香烟等慰问品送上前方。为了保证志愿军战士的营养，大家想了许多办法，如在炒面中加黄豆粉、盐、菜等，很受欢迎。然而，东北人民尽了最大的努力，仍不能满足志愿军的需求。于是关内各单位的干部群众也投入了这项工作，周总理亲自参加了炒面活动，给大家极大的鼓舞。

与此同时，东北局组织部从全区各省市抽调了数百名地县级干部和数名省级干部到各后勤分部加强领导力量，并给中央打报告，请求增派一些领导干部加强战勤工作。各级政府继续动员组织大批民工、马车、手推车、牲口等，配合机动车辆一起，把沿江积压的物资源源不断地往前线抢运。

第二次战役期间，中朝两军就已着手准备第三次战役。为此，东北军区后勤司令部于12月8日召集东西线前勤负责人和各分部部长开会，研究第三次战役的后勤保障问题。我就当前形势、后勤工作现状谈了自己的意见，并对怎样保证第三次战役的后勤供应问题提出具体要求：

一、要求各部在12月12日以前将各种补充物资准备妥当。

粮食，马上再补充部队五天到七天的炒面，各兵站再准备七天到十天的。今后除经常供给部队的粮食外，各分部需经常备有十天到半个月的粮食。罐头、肉类接着送上去，务使部队在第三次战役中或结束时能吃上。同时调配300名干部组织工作队，解决就地筹粮加工问题。

军械弹药、被服、棉鞋、棉帽、手套及伤病员的衣服、被子、手套、袜子等赶快送上去。

汽油及卫生器材，根据需要补齐，由计划处赶快通知各部调运。迅速把第二次战役的伤员转送回国，以免影响第三次战役的收容任务。补充民工和担架，现在正在动员 2500 副担架，过去已逃散的应在江边上组织收容，加以训练后再使用。

二、根据前线移动调整兵站的布置。

三、提高运输力已成为战争胜利的关键。目前部队已前进，运输线很长，全靠汽车已不能解决问题，主要是靠铁路运输。为了统一铁路运输指挥，提高运输力，现在联合司令部已下命令成立铁路军管局，对北朝鲜铁路实行军管，中国方面派黄锋同志任局长，朝鲜同志副之，下设两个分局，其任务是保证铁路运输畅通及道路的抢修。业务上直接受沈阳铁路运输司令部领导，指挥关系上直属前指。组织抢修队，准备大力修复一切收复的铁路。因此，望前勤和分部及时提出每个时期的运输计划，和他们保持密切联系（必要大车站可派驻站代表），保证转、卸、运输的及时。物资的前运车辆应很好地计划分配，并建立运送物资通知草单制度。分部要保证及时装卸，做到不压车堵路，民工不够应该配足。

汽车运输，首先把几个执行任务的汽车团的车辆补充齐，把不能跑长途的替下来倒短。司机的赏罚应很好进行，由政治部负责总结经验，写成材料，以便教育司机。各汽车团的管理教育等完全由分部负责，严格管理，并严格执行分散出车，以组（五辆）为单位，作为一条纪律，绝不许违犯。汽车的装备和司机的手套要赶快发齐。修飞机场、油库……

修公路的工程问题，现在前面去三个工兵团和两个工程队，其任务是挖掩蔽壕及修路，由分部领导指挥。

仓库保管，应有收存大批物资的思想准备，后面应乘一切通车的机会拼命地向前运输，以免路断而断绝供应。因此，各分部需找适当地点（不要大量集中）挖壕沟，隐蔽存放。

现正在集中组织训练一支约 1 万人的人力运输部队，明年 1 月中旬方可出发。在这些人未去以前，仍靠过去的民工和动员当地民工。

会议结束后，我和东北局组织部副部长陈伯村带着数百名从各地调来的干部一起再次来到朝鲜前线。这些干部大部分组建成第五分部，一部分到原有的三个分部加强那里的力量。我们先在鸭绿江边一个地方集结，进行入朝前的思想动员。要求大家入朝以后，发扬国际主义精神，尊重朝鲜人民的风俗习惯，尊重朝鲜同志，遵守纪律，加强团结，切不可以救世主的面目出现。在工作上要服从志愿军司令部的指挥，服从工作需要，不计较个人得失，不计较报酬，等等。过江后，他们立即奔赴各自的工作岗位，我和陈伯村赶到志司向彭总汇报落实各项措施的情况。这次赴朝鲜的还有大批司机、翻译、技工、民工等前勤服务人员，东北人民政府农业部部长杜者蘅就是这次调到朝鲜来接替我的工作，担任志愿军后勤司令部副政委的。

战勤机构经过这次调整和加强，工作有了明显的改善，后方人民支援的食品、武器装备和各种慰问品不断送到前线。元旦和春节前，后方人民送来大量的慰问品，黑龙江省的群众一次就送了 6300 头猪，毛巾 10 万条，肥皂 10 万块，香烟 30 万盒。热河人民送绣花烟荷包 165 大箱。内蒙古捐黄羊肉干、肉松 3 万余斤，此外还有各地群众送的棉被、大衣、碗套等。后方人民的支援，从精神上、物质上鼓舞了志愿军将士的斗志，增强了胜利的信心。

东北人民赶着马车，通过鸭绿江浮桥向朝鲜前线运送物资

这次在朝鲜停留了 13 天，于 12 月 23 日返回沈阳。

几天后，在第三次战役即将开始时，我又一次来到朝鲜，这次的任务主要是了解各后勤分部和兵站工作运行情况，以及存在的问题，进一步改善后勤工作。

经过这一阶段的实践与不断改进，各分部的工作逐步走上正轨，前勤工作就由杜者蘅留下负责，而我便把主要工作转到铁路运输方面去了。

这次在朝鲜待的时间最长，一直到第二年的 2 月 2 日才回沈阳。

我们于 12 月 30 日出发，同去的有秘书林源、翻译林光浩、警卫员等，周纯全去前方慰问，也和我们同行。

此时，志愿军司令部已移到成川郡君子里的花雨洞。

当夜，我们到达三分部所在地定州安兴里，并在此度过一个不寻常的元旦。敌机不断轰炸扫射，物质条件极差，战勤任务紧张而繁忙，但这里的同志们仍不忘庆祝过江后的第一个元旦。当然是很简单的，加了几个素菜，居然还有少量的酒，这已经很不容易了。大家举杯欢庆新年到来，共同祝愿取得更大的胜利。

在这里，我了解到三分部的干部仍然很缺，当即让他们带着我给陈伯村的信，去沈阳要人。

元旦当晚，即出发赶路，道路生疏，处处是被积雪掩埋的弹坑，桥梁毁坏，又是闭灯夜行，司机怕翻车，大家都紧张地注视着前方的道路，不敢稍有松懈。就这样，还是多走了 80 多公里的冤枉路，有一次还差点走到敌人方面去。幸亏遇到一位朝鲜人民军的军官，才把我们送上大路。到达安州时，已近早上 5 点钟，天已放亮了。敌机很快就会来轰炸，我们不能继续赶路，便借住在一朝鲜老乡家。房东是一位妇女，蓬头垢面，很难判断她的年龄。她对我们很热情，说天下从没见过这么好的军队，志愿军给朝鲜人民带来了幸福。她还向我们讲述了美李军队烧杀抢掠、奸淫妇女的许多暴行。

夜幕降临时，我们又出发了，经顺川到达成川，但却找不到花雨洞，问当地群众，都说不知。我们在街上转了足有半个多小时，遇到一辆从顺川来的吉普车，才把我们顺利地带到志愿军司令部所在的花雨洞。此时，我们已是疲惫不堪，倒头便睡。

花雨洞是个很大的铅矿洞，志愿军司令部就设在洞里，比较安全。4 日，志愿军在极端困难的条件下攻克了汉城。中午，志愿军司令部的领导同志设"宴"，既是庆祝胜利，又是为我们接风。彭老总、洪学智、解方及朝鲜人民军的金雄等，都参加了，气氛很热烈，话题也很广泛。当谈到后勤工作时，解方说，敌人对后勤工作很重视，其军队的三分之二是后勤部队，作战部队只占三分之一（另有资料说，美军 13 个后勤人员供应一个士兵，而我们是一个后勤人员供应 6 — 10 个士兵）。我们的后勤工作不仅人员少，而且有许多不利条件，如运输线长、桥梁多；敌人掌握着制空权，一旦道路桥梁被炸毁，运输更困难。朝鲜山多天寒，部队行军作战不便，后勤供应跟不上，影响部队作战。从他的谈话中，我深深感到，这是在向我们提出更艰巨的任务，从一定意义上讲，运输问题已经成为决定战争胜负的关键因素了。现在，汉城解放了，运输线延伸至 500 — 700 公里，运输将会更加困难，但又是必须解决的问题。我陷入苦苦思索。

周纯全本是来慰问的，结果在志司被留下担任前勤指挥部的部长，这样，前勤工作就由周纯全、东北军区后勤司令部的张明远和东北人民政府的杜者蘅三人负责，加强了前勤指挥部的力量。

1 月 5 日，我根据了解到的情况，就第三次战役结束后部队休整期间和下一次战役的物资准备问题，给高岗、李富春等写了一个报告，提出各类军需物资的运送计划和要求。其中，炒面每人 20 斤，共 1200 万斤；汽油至少需经常存一个月的，至 3 月，共需至少 10 万桶；食品除休整所需油肉等速运外，并准备豆腐干、咸鱼、牛肉干等供作战时用；10 万人的战伤药品、衣物和一部分防疫药品，以及弹药、被服、棉鞋、单鞋等。所有物资均须在 3 月底到达前方。为了完成以上运输任务，还需要大力修复被毁坏的铁路，加强铁路运输能力和装卸能力。在 1 月底以前，增加 1 万至 2 万辆手推车；加强兵站与兵站线，请求军委速调有经验的干部前来充实各分部，并抽调 5 个汽车团，迅速装备好来执行任务，等等。

8 日，张副司令来到志司，我们两个张明远见面，不免又引来大家一番笑谈。他告诉我们，前勤指挥部已搬到新溪，杜者蘅已经到任了。当晚，我们两个张明远一起离开花雨洞向新溪进发。

我们一行共有五辆吉普车和两辆卡车，分两组行进，张副司令的车在前边带路。车过江东，即遇敌机轰炸，在我们左右抛了两颗炸弹，好在未受损伤。这一路有许多小河沟，有一段路完全被炸坏，我们又不能开灯，只得小心地绕过一个个弹坑，徐徐摸索前进，速度极慢，总共一百三四十里的路程，竟走了 7 个小时，才走到一个叫黎里的小村庄。此时，天已放亮，我们匆匆隐蔽好车辆，便分头休息。经过一夜紧张劳累，大家很快就都入睡了。

几声清脆的枪声，把我们从睡梦中惊醒，看一眼表，正是早晨8点，敌机临空了！还来不及出外躲避，就听到敌机低飞掠空的呼啸声和机枪扫射声，它们在空中盘旋了五六分钟后离去。我们乘机迅速离开住室，奔到附近山脚下躲避，又在山上找到几个小山洞，白天敌机又来过几次，我们就在山洞里隐蔽。下午4点多，天已黄昏，我们回到住地，大家吃惊地看到，早晨睡觉的土炕被一排机关炮击中，我所乘坐的吉普车底板也被击穿，幸未伤及机器要害。司机小吉伸舌笑道：我的妈呀，好险！

下午就下雪了，此时雪更大，这种天气，敌机是不会出动的。我们冒着漫天大雪又上路了。天未断黑，道路依稀可见，汽车开足马力赶路，一口气跑了一个多小时，天黑透了，车速才慢下来。鹅毛似的雪花落在我们身上，很快融化，湿透了衣服和鞋子，寒气越来越重。这段路不熟，几次走错，次日凌晨三点半才到达南汉里。

我一面派石山等两位同志到沙里院（三分部设在那里）了解情况，一面让秘书林源对驻地的社会情况作一些调查。从调查的情况看，战争爆发以来，群众的负担很重，公粮征收一般在20%以上，有的高达40%—50%。为了完成征收任务，一些村干部和党员常常态度生硬粗暴，引起群众不满。老百姓普遍厌战，盼望早日结束战争，过上和平安宁的生活。

几天后，石山从三分部回来反映，虽然三分部的人员和领导力量都有所加强，但因种种原因，部队对后勤工作仍不满意，希望尽快解决。经过商定，决定把石青同志留下，作为中方代表参加筹粮工作，石山仍随我一起去一分部检查工作。

17日晚，我们一行10人乘两辆吉普车向一分部所在地龙兴洞进发。在那里住了七八天。其间，我曾回君子里的志司总部参加筹备中朝两军高干会的工作，很快就返回龙兴洞了。在这里，工作之余，也作了一些社会调查，林源写了详细的调查报告。这个村子战前有90户人家，现在只剩了60户，劳动力减少了一半。战前，该村约有劳力100人，战时被李伪军杀害9人，关押8人，逃亡17人，15人参加人民军。因战争破坏，房屋倒塌，街市萧条，没有市场和商店，连日常用的食盐、火柴等，都无处去买，人民生活极度困苦。我们还了解到，一部分朝鲜群众对志愿军入朝作战心存疑虑。住的时间长了，就有人问我们："中国是不是要在朝鲜建立政权？"我们耐心地向他们解释，讲中国的社会性质，讲抗美援朝与军事干涉有本质不同，既是为了保卫中国人民的安宁，也是中国人民对朝鲜人民的友谊援助，等等。经过这样的宣传，他们消除了心中的疑虑，对我们更加热情了。

一分部的情况比较好，他们对后勤工作有许多改进。汽车运输周转的时间已经加快到四天一来回。经过同志们想了许多办法，单车的载量也有所增加，嘎斯车原来只装约 800 双棉胶鞋，现在增加到 1700 双左右，吉斯车增加到 2400 双。装卸工作也得到改善，速度有所提高。但也暴露出一些问题，如占用民工较多、包装用的麻袋不足等。伤病员的转运工作也进行了改进，要求参谋处、管理处、汽车团、运输队等各部门出派一名得力干部，在顺川、三登、铁原，分别设立伤病员转运指挥所，协调伤病员和物资合理运送。

一分部的同志特别提出保证司机的营养问题。司机们日夜在敌机轰炸扫射下冒死运送伤病员和军需物资，工作时间多在 12 小时以上，常常一天只能吃上一顿饭，营养不良和过度疲劳使他们的体力大大下降，影响运输任务的完成。因此，分部的同志们提出，给司机全部配给细粮，增加油和肉的配给量，配给辣椒面，以提高视力，等等。同时，还要求调派司机助手或预备司机，以减轻其工作量，增加休息时间。这些意见和要求都是合理而又可行的，我们当即同意执行。

26 日，来到供给处所在地钟平里的一个山沟，了解到这里的装车问题已基本解决，各处与汽车团的配合较好，有的还订立了联系合同。问题较大的是在储存方面。这里的物资都存放在露天，雪一融化，有的已经渗水，若到夏天雨季，问题会更为严重。此外，物资存放较乱，警卫、管理都顾不过来，常有丢失现象，发放物资的头绪较多，制度不健全，账目不严谨，也造成一些混乱现象。财务方面的主要问题是，中朝货币没有统一标准的兑换比价，各单位买菜的价格差异也很大。而后勤部对于战费的标准没有明确的指示，虽然规定了每人每天一斤菜，但实际在财务上却很难计算费用。所以，供应处的同志在思想上有顾虑，怕将来出了问题说不清楚。有的同志无可奈何地说："就这一百来斤了，要咋的就咋的吧！反正工作还得做。"

这次到前线实地考察，对后勤工作总的印象是，五个分部的工作已经全面展开，特别是公路运输的线路和兵站，在防空、抢运等方面，在实战中取得不少宝贵的经验，使后勤供应情况有了较大的改善。但仍存在一些问题，特别是铁路运输方面的问题比较突出。客观上，运输线长，敌人轰炸造成道路桥梁巨大的破坏，修复起来要比公路更困难些。但在主观方面，也存在管理和协调不善的问题。中朝双方的物资、兵员、伤病员、难民等，以及苏联援助的物资（因海上已被美军封锁，只能从我国运送），军需民用，各方面的任务都很紧急，争车、争路、争时间，矛盾和冲突时有发生。如何协调好各方面的关系，保障铁路运输安全畅通，建立统一调度、统一指挥的铁路运输机制的问题，已是刻不容缓、迫在眉睫。

就在我们视察后勤工作期间，1951年1月22日至23日，周总理在沈阳主持召开了志愿军后勤工作会议，聂荣臻、杨立三、李富春等都参加了。当时我正在前方，没能参加这次会议，只是于1月9日以东北军区后勤部前方指挥所的名义给东北军区的几位领导同志发了一份电报，提了几点意见，大意是：会议应以从各方面保证完成部队休整供应与春季攻势物资计划为中心。时限不要超过3天，要确定各方面具体的保证计划与部署，以大力解决运输问题，使供应计划得以保证。加强兵站，充实后勤干部，要特别注重充实一批有兵站工作经验的骨干及政工人员到各个分部，等等。这次会议一致认为，后勤工作对朝鲜战争的胜负起着决定作用，而运输问题又是后勤保障的关键。就是在这次会议上，周总理提出建立一条打不垮炸不烂的钢铁运输线的任务。

与此同时，1月25日，在朝鲜召开了中朝两军高干会议。早在1月10日，金日成就曾亲自到志愿军司令部会见彭德怀，就前几次战役的情况和下一步的部署交换意见，并取得共识，商定建立两军统一指挥机构。这次会议决定正式成立两军联合司令部，金日成、彭德怀、高岗等都出席了会议，我为高岗起草了关于后勤工作的报告，并参加了这次会议。关于这次会议的详细情况，洪学智已有回忆录，这里不再赘述。

2月2日，我带着这些问题和一身的风尘回到了沈阳。

我根据此次前线视察工作的情况，向东北局和东北军区提交了《前方后勤工作情况及现存问题的报告》，就后勤工作的基本情况、后勤工作的任务、关于运输中的几个具体问题、兵站工作、分部配备、伤员医疗转运、民工问题，以及党政工作等八个方面的问题提出自己的意见和建议，其中突出讲了运输问题。

例如，关于后勤工作的基本情况：后方物资很多，前方拿到的很少，后勤工作同志们费力很大，部队供应却仍无保障。造成这种情况的客观原因是运输线长（均在 1000 华里以上），运输力很少；敌人飞机天天轰炸，运输线破坏严重，且白天不能行车，夜间行车速度很慢、效率很低；这次战争与国内战争时不同，一切装备物资都要依靠自己解决，取之于敌的不多，取之于民也有限。主观原因如后勤组织不健全；后勤工作人员数量不足、无经验、业务生疏、效率不高；运输力的组织与使用存在着很大的浪费；各部门协调配合不够好；等等。但我们的后勤工作人员，特别是运输人员发挥顽强的革命精神，创造各种办法克服浪费，提高运输力和行车速度；顽强地战胜敌机造成的各种困难，想尽一切办法冲破敌机的威胁，减少损失；利用各种条件，如牛车、爬犁、大车、手推车及人力、水运等，来完成常人所不能完成的任务。三个月来同志们创造了许多宝贵经验，目前亟须把这些经验总结提高，加以推广，并创造出更多的办法。又如，后勤工作的任务是：保证部队供应，关键是搞好运输，多运、快运，所运为所需。前方的要求有三条：有饭吃、有衣穿、伤员能及时运下来。这三条都是运输问题。

根据这一时期的经验，要搞好运输，需要各有关部门切实掌握以下几个原则：

（一）节省与提高运输力，应成为所有后勤部门及全体工作人员的突出思想。目前各方面浪费运输力的现象仍严重存在着。例如，汽车装备不齐，司机训练不好；物资包装不好，车拉得很少；道路管理不好，车辆堵塞；伤员组织不好，浪费很多时间；装卸车太慢，老是车等人；等等，都浪费运输力。如果这些工作搞好，运输力即可大大提高。

（二）全体后勤人员要有与敌人空军作顽强斗争的思想。既要加强防空意识和防空措施，反对麻痹大意，也要反对害怕敌机的保命思想。敌人经常研究我们的行动规律，我们也必须研究敌机规律，冲破敌机对我们的威胁。对于即将出国的后勤运输等工作人员，应加强这方面的教育。

（三）后勤工作要争取时间，及早准备，争取主动。不要等到前方要，后方才送，运到时已错过时机，赶不上需要。根据过去经验，物资由后勤部发出到战士手里，一般需要一个月时间。因此往前方发东西，应提前一个月由后勤部发出，并随时检查，避免路上积压。

（四）必须掌握物资运输过程中的每个重要环节。从后勤部发出物资到鸭绿江边，由江边到铁路终点，由铁路终点到前沿兵站，最后由前沿兵站到连队，每个环节都有不同的工作重点。火车运输，中心在掌握运送计划，编列车要合理，正确掌握行车时间，及时检查所发物资是否按时到达指定地点。汽车运输要抓紧汽车装备及司机训练，加强防空组织与交通道路的管理，防止与克服堵塞，保证行车的速度与安全，加速车辆运转，源源地并及时地补充前方。分部和兵站要加强卸车力量，保证来多少卸多少，而且卸得快，隐蔽得好。要采取多线的、固定的、多种工具的运输。汽车、大车、手推车的行车路线要分开，以免拥挤。干线之外，要开辟补助线。汽车团的运输路线要固定，采取分段运输的办法。包装问题要力求改进，提高质量，减少体积与重量。

报告最后讲到要加强政治思想工作，改进工作方法，不断提高干部及一切工作人员的政治觉悟与工作积极性，克服各种消极思想，培养勇于负责、顽强地克服困难的精神。开展立功竞赛运动，实行评功评过，奖罚分明，以奖励为主，及时奖励表扬。

这个报告受到志愿军后勤司令部的肯定，于1951年3月8日以中国人民志愿军后勤司令部名义印发。东北局认为，组建志愿军战勤机构的任务已基本完成，今后的具体工作由前勤指挥部负责，决定让我把工作重点转到铁路运输方面去。

四、中朝联合铁路运输司令部

抗美援朝初期，即对东北的铁路运输工作实行军事管制，由铁路局局长刘居英负责。出国以后，遇到许多新问题。首先是中朝双方各自管理自己境内的铁路运输，难以统一协调，安全保卫也是个大问题，朝鲜铁路仍使用明码通信，不适应战时保密要求，加之，特务奸细活动猖獗，敌人很容易掌握我们的运输信息，常常是列车一出发就被炸，甚至对我铁路仓储也进行疯狂破坏，造成极大的损失。这种现象在1951年4月之前尤为严重。4月8日，一次敌机准确袭击我三登库区，投放大量燃烧弹，炸毁84节车皮的物资，其中生熟食品即达287万斤，食油33万斤，衣服40余万套，胶鞋19万双，还有大量其他物资。当时，后方供应的物资只有60%—70%可运达前线，其余均在中途被毁。

志愿军总部对于铁路运输存在的问题十分重视。早在1950年10月底11月初，刚入朝不久，彭德怀即向东北局提出加强铁路运输及建立统一指挥机构的要求。他还请求中央派铁道兵到朝鲜加强修路力量（11月6日铁道兵入朝），提出建立中朝联合铁路运输司令部的设想。12 月 3 日，高岗陪同金日成到北京与毛主席、周总理一起商讨建立中朝联合铁路运输司令部的问题。随后，中央派了三位代表就这一问题同朝鲜有关方面进行会谈（我方代表是东北交通部部长叶林、东北军区后勤司令部副司令员张明远、铁道兵的彭敏）。

在中朝会谈中，涉及"联运司"由谁牵头的问题时，发生了争议。苏联驻朝鲜大使坚持认为这是个主权问题，必须由朝鲜牵头。我方代表则认为，当时朝鲜的铁路和机车大部被毁，部分机车被截在南方，而目前抢修线路、运送物资的部队和车辆、司乘人员等等，都以中方为主，甚至维修线路的器材和部分朝鲜铁路员工的供应也都是由中方负责。从这些实际情况看，朝鲜方面已难以协调指挥铁路运输的正常运行。所以，应由中方牵头。谈判相持不下。4 月，问题反映到周总理那里，总理说，问题不在朝鲜而在苏联，并表示由中央负责同苏方协商，以求妥善解决。后经周总理与斯大林电报联系，苏方召回了驻朝大使，同意由中方负责组建联合铁路运输司令部。

1951 年"五一"节以后，中央作出成立中朝联合铁路运输司令部的决定（并把铁道兵划归其领导），统一指挥中朝两国铁路运输和道路抢修等工作。

8 月，在沈阳召开大会，正式成立中朝联合铁路运输司令部，由东北军区副司令员贺晋年任司令员，刘居英、叶林、李寿轩、南学龙（朝方）为副司令员，我任政委，崔田民为副政委。从此，中朝双方的运输任务得以统一调度，统一由各后勤分部负责运送（不久，苏方停止援助朝鲜，所需的军用物资都由我方购买）。在安全方面，采取了一系列措施。1950 年 11 月，就派了公安部队入朝担负警卫、押送和防空哨等任务。当时在各交通要道都设了防空哨，发现敌机及时报警，沿途修了防空洞，或利用山洞，在敌机临空时，可随时隐蔽车辆。同志们还设了一些假目标，诱敌上当，消耗其弹药。在管理方面，取消明码通信，由刘居英亲自编制了一套密码，只有少数人知道，杜绝了失密。运输方式也有改进，一旦道路修通，立即连续发出多列重载列车去前方，白天走空车，夜间走重车，去时运物资，返回时运伤病员和难民。在运力上，采取长短线运力配合，机动车辆和人力、畜力相配合的办法，铁路运长线，汽车、畜力和民工运短线。物资到站，及时组织抢卸抢运（短线），减少站内损失。在被毁路段，组织人力、畜力、手推车等抢运。这样一来，不仅减少了物资的损

失，也避免了汽车长途运输的许多不便。对被毁路段、桥梁的修复，由于铁道
兵参加，效率也大大提高。敌人白天炸，我们晚上修，一般当天即可通车。在
抢修路桥期间，沿途就把物资准备好，一旦通车，立即装运，各方协调配合非
常好。

1994 年 1 月，与贺晋年（左）一起回忆风雪战勤

不仅是铁路、公路运输形成一个整体，整个后勤工作，从 1951 年春天开
始，也逐步形成一个由物资运储、医护卫生、防空、公安警卫，到工程、工兵
等多兵种组成的综合体系，它已远远不是过去战争中的后勤体制所能比的了。
1951 年春夏之交，正式成立了由多兵种组成的志愿军后勤司令部，统一负责
朝鲜前线的后勤工作。至 1951 年年底，当志后司的工作全面展开以后，根据
东北局的决定，我不再负责志愿军的后勤工作。

在此期间，中央曾派高岗于 1951 年 6 月 10 日至 17 日陪同金日成去苏联
商谈援朝物资和改善我军装备问题。据高岗回来讲，苏联将帮助我军装备 60
个团（空军），并派空军驻安东（今之丹东），沿江进行活动。

也就是在 1951 年 1 月，我看到一份中央转来的从莫斯科发来的电报，
内容大意是说朝鲜战争打得很好，彭德怀是个优秀的将军。高岗说这是斯大
林用化名打来的，他没有说斯大林为什么发这样一个电报，只含糊地流露

出似乎有人对彭德怀在朝鲜战争的打法有意见。因是绝密电报，我也不便多问。

　　总的来说，彭德怀对东北在朝鲜战争期间的后勤工作非常满意，他不止一次在志愿军干部中和会议上说过，志愿军的胜利，主要是得到高岗和东北的大力支援，说若要论军功，后勤占60%，前方只有40%。还说后勤工作主要靠两个麻子（指高岗和洪学智）。另一方面，他也流露出对中央军委总后勤部和中央财经委员会的工作不满意，说总后的人不了解前方的情况，坐在北京死搬规章制度。一次他回国路过沈阳时，发牢骚说，中财委给志愿军调拨的玉门汽油，价格比进口汽油还贵，说志愿军在前方流血牺牲，他们还要赚志愿军的钱！他想通过高岗组织人搜集有关援朝物资价格方面的材料，说要向中央反映这个问题。高岗劝他说，物价问题很复杂，你不懂。陈云是内行，你到北京时不妨去向他请教一下，把问题搞清楚再向中央提。

财经会议前后

　　1953年6月13日到8月13日，在周总理主持下，召开了全国财经会议，其间休会三天。参加会议的除中央各有关部门负责人外，还有各大区负责人，大区财经、计划部门负责人和部分省市委负责人等。中央财经委主任陈云因病在北戴河休养，起初没有参加会议，到后期才参加。东北大区参加会议的代表有顾卓新（东北计委主任）、强晓初、孙洪志、王铮、王学明等人和我（当时兼任东北财经工作部部长）。

　　这次会议原定的议题是讨论财经工作、第一个五年计划和对私人工商业的政策等。会议期间毛主席召开政治局扩大会议，提出了过渡时期总路线。周总理在财经会议上传达了毛主席的这次重要讲话，学习贯彻过渡时期总路线就成为这次会议的重要内容。

一、毛主席畅谈总路线

　　会议开始后的第三天，6月15日，我参加了毛主席主持召开的中央政治局扩大会议，听了他关于对私人工商业的改造和党在过渡时期的总路线问题的重要讲话。在这里，我把自己当时的记录整理出来，供读者参考。

（一）关于资产阶级问题

两个法则不是同时并存，而是社会主义经济法则为主，它影响着资本主义法则。

资本家有权无利是不积极，无权有利后就积极了。

（少奇：反帝的与人民合作的资产阶级的主要部分，主要以国家资本主义形式，可以改造的。）

这个文件①很重要，一是方针路线，一是具体办法。前者不搞清楚，后者搞不好。前者搞清楚以后，接着要搞办法。中央与省市首先是搞清方针路线。

文件不作这次会议的决议，可作草案，前面注明在党刊上登，由政治局提出，在党内讨论，提出意见以后在中央全会或其他适当会议修正决定，其中有些需迅速解决的问题，即着手解决。

中国资本主义与苏联不同，是产生在半殖民地，不能用没收的办法，即使对帝国主义资本也不能一律没收，对资本主义，还有其很大的作用，需要与之联盟。

中国的资本主义是在人民政府管理下，与社会主义联系着，受其领导并受工人监督下的资本主义，革命（胜利）前是反帝的。这种资本主义即是各种形式的国家资本主义，如不与之斗争、领导它，则会泛滥。"五反"后阶级关系起了很大变化，中国的资本主义有可能逐步改造，直到消灭它。

要批判党内把资本主义仍看作国民党时代的资本主义的思想，如只问福利，不问生产。他们现在已成为人民政府管理下的资本主义，仍用国民党时代的办法对待私营企业是错误的。

"有所不同，一视同仁"要有所解释，不同与大体相同之处，在此原则下解释公私兼顾、劳资两利，不是相等。兼顾、两利，目的在于消灭资产阶级，与喂肥猪不同，与对待地主不同。资本家个人消费财产不动，生产资料部分也可能收买或用其他方法。对资本家并不可怕，可怕的是小生产者，严重的问题是教育农民的问题。对商业应是排斥或是消灭？不用排挤，挤掉以后对私营企业中的劳动者要有安排。

对这个问题，应集中在中央及各级党委领导，日常工作归统战部。

---

① 指李维汉关于资产阶级政策问题的报告。

要搞些法令。

公私合营是否叫国家资本主义的问题，国家资本主义是过渡形式，不要搞第六种经济形态，过渡的形式有几种，不必分很多形态，都是过渡形式，如过桥，有刚走的、有半路的、快登岸的，已登岸的就算社会主义了。

"有所不同，一视同仁"在前，然后再讲公私兼顾，劳资两利……

资产阶级的三权均受到限制，所有权是生产关系问题，因政权的性质，缩小了所有权的基础。

要派人到私营企业学技术，并调出技术工人。

（二）关于过渡时期党的任务问题

党的任务：

过渡时期是共和国成立至社会主义基本完成，时间十至十五年或更多的时间。少奇第一次讲，资产阶级寿命三十年，可修铁路。现在看来，大约十年至十五年。

这包括两部分，一是工业化，工业比重超过农业，实现工业改造。中国九百六十万平方公里，人口世界第一，但汽车、拖拉机、飞机、坦克，一辆不能造，非常落后。现在究竟工农比重多大？是否28%？尚值得怀疑。解放以来增加了一些，但工业化总要达到70%。二是农业社会主义改造，在一个五年计划还不能出拖拉机，7年后才能出19000辆。究竟多长时间，还得几年考验，不公开讲为好。三是资本主义改造。

过渡时期党的任务是：十年到十五年或更多一些时间内基本上完成国家工业化和社会主义改造。这时间确定党的总路线，各方面工作不要脱离这个原则，否则不犯"左"的错误，即犯右的错误。

有人认为过渡时期太长了，发生急躁情绪，这就要犯"左"的错误。"左"的毛病是在基本建设……私人资本主义工商业……等方面均有急躁情绪，私人工商业方面"五反"后没有停止进攻，处于被动。

有人仍然停留在民主革命时期，还在搞新民主主义，不搞社会主义，这就要犯右的错误。右的错误是"确立新民主主义社会秩序"。每天均在变动，如何确立？每天均发生社会主义因素，很难确立新民主主义秩序。如商业公私比重不断变化，今年下半年"确立"，（明年）就不"确"了。

变动时期的斗争是剧烈的、深刻的，按其性质说比过去用枪炮还深刻。因为过去用枪炮只是消灭帝国主义、封建主义，现在是彻底埋葬一切剥削制度的决战。

第二是"由新民主主义走向社会主义",虽无大错,但不明确,不妥当。每年每月均是"走向",只是走向而已,并没有达到。

第三是"确保私有财产",因为农村有些人怕冒尖,就提出这个口号,这是不对的。

恰当的提法是:"由新民主主义逐步过渡到社会主义"。农业提逐步过渡容易理解,手工业亦如此。初步目标是基本上过渡,方法是逐步的办法。如何逐步过渡,对农业、手工业的概念容易了解,对资本主义如何过渡? —— 社会主义因素可以逐年增长,不是几年不变,到一定时期大变。根据过去三四年的经验,应当是以下的概念,即资本主义企业中社会主义因素逐年增长。商业较易了解,每年攻,挤掉一些;国营、合作商业逐年增长,批发业务要过渡短些,主要部分约在五六年;零售业长些,使商业资本家走向工业;对店员,由我们收容就业。对私人工业,社会主义因素可逐年增长,两种国家资本主义形式是增长的形式,特别是公私合营形式,是半社会主义的;加工订货从原料、包销收购,制造中又有工缴费规格及工会、劳资协商会议等限制,明年对大的私人企业要派干部直接抓。

不要以为资本家企业几年原封不动,而是逐步改变,资产阶级的基本部分是可以教育的(资产阶级到社会主义有三部分,一是拖进来的,一是被打进来的,一是自己要求进来的)。

基本部分,民主人士,是可以教育的,应该肯定。

关于有所不同,一视同仁,是公私比较有不同,一是社会主义,一是资本主义;一为高级,一为低级;一是领导,一是被领导。资产阶级加工订货要求我们计划化,一视同仁,是大体上。如增产节约、经济核算、工资待遇、劳动条件、降低成本等,应基本上或大体上与国营企业相同。二者完全相同是不可能的,不能抹杀私营工厂的工人与公私合营的情绪等的不同,基本上做到与国营企业相同是可能的,必须的。如忘记这种可能,认为不可能,是没有看到我们的领导,把工人阶级分为社会主义的和资本主义的两部分,一是光荣的,一是倒霉的。私营企业如不与国营企业一样增产节约,工人福利就会没有,党也将分裂为两个。私人资本主义的数量与其中工人店员380万人是不可忽视的(国营420万),目前如一脚踢开资本主义是冒险的,目前我们有许多不能制造,此时想发野心踢开资产阶级是不对的。我们采取逐步改造政策，正是便于我们集中力量于重工业建设。

对于资本主义工业与商业的处理与改造是不相同的，对工业如上所述；对商业，教育资方，加强店员工作是必要的，但是要挤掉它。

对资产阶级，不看作是敌对阶级是错误的，但不承认其可以改造也是错误的（几百万会道门头子正在劳动改造，过几年会成为社会主义的），对反革命阶级都可以改造，对资产阶级也可以改造。但不是必须用强迫的办法，几年社会主义与半社会主义经济（国家资本主义），生产率大为提高，生产力发展的事实，正给资本主义树立榜样，使资本家愿意向这方面发展。

政治上的领导与社会主义经济的优胜使资产阶级不能不接受我们的领导，对这个问题必须解决，"五反"后已拖了一年，不宜再拖，必须统一领导，克服政出多门的现象。

保护工人阶级应在法律上规定，工人违法的不应袒护。

为了发展生产，对小手工业主不列入资产阶级为有利。

私营企业增产节约是必须的，须纳入计划。

"五反"补退罚，除公私合营外，可分五年，有的可减免。

过渡时期的总路线，要学理论，我党的路线，基本上就是《联共党史》第九章的路线。农村要贫农脱离贫困是增产、合作化、集体化。

优待批发商，新税制有原则错误，路线的错误，违反二中全会，违反《共同纲领》，无所谓领导，完全平等，甚至并不平等，对资产阶级有利，对无产阶级不利，对大批发商有利，热烈拥护的是资产阶级，而且是热烈拥护；倒霉的是党，是合作社。对新税制要作很大的修改，对预算也必须作若干修改。

商业部的工作是勤干，主要一点是估计不足，有些是收缩太快，应扩大流通量，修改计划，挤批发商，商业利息贷款问题，在社会需要、有利可图的情况下可以贷款。

工业利润太高，商业利润、银行利息、税收等均应加以调整……

二、会议的一些情况

会间，薄一波介绍财经工作情况；李维汉作了关于对资本主义工商业改造问题的报告；高岗、李富春分别作了关于国民经济计划问题的两个报告。会议围绕这些报告进行讨论，并针对中财委工作中的一些问题提出批评，如中央对地方照顾不够，统得过多、过死等，有人还举例说，下边连针头线脑都没权掌握，困难很多。高岗曾对我们说，东北代表不要先发言，要谦虚谨慎，提意见时不要太尖锐。所以东北代表的发言言辞比较和缓，我的发言主要是批评中财委对东北在抗美援朝中负担过重的问题重视不够，中央调拨的物资不能及时到位等。

在讨论中，大家对新税制的意见颇多，毛主席虽然没有参加会议，但始终关心会议的进展，每天听取周总理的汇报。当他得知大家对新税制问题的意见较多时，指示把中财委的问题摆到桌面上来，从思想上组织上讲清楚。这样一来，原来只在领导小组范围对薄一波进行的批评，后来变成在大会上进行，其声势自然就大不一样了，一些人联系到少奇同志在天津对资本家的讲话及关于东北富农问题的讲话等进行批评，有些人的发言相当尖锐，到7月中旬达到高峰。这就是人们后来所说的"批薄射刘"。

这个阶段高岗有一个发言，据我所知，他为了准备这个发言，找了一些人一起研究，提出，发言要站得高，要对资产阶级右倾思想批深批透。他在发言之前，曾找我征求意见。我看了他的发言稿，认为事关重大，建议他最好先找少奇同志谈谈，并且请示一下毛主席。

关于这次会议，毛主席在会议期间的一次政治局扩大会议上讲了一段话，大意是，这次会开得不错，各大区能把意见摆出来，对今后的工作有很大的帮助；薄一波掌握财经工作有错误是难免的，是个别政策性的错误。

三、发生在会外的几件事

会议期间，有几件事情值得一提。

其一是高岗突然去苏联。财经会议前夕，接到苏共中央的急电，要求中共中央派人去莫斯科听紧急通报。我党中央决定派高岗前去，陪同他去的是毛主席的秘书叶子龙和翻译师哲。高岗很快就回来向中央报告了苏共紧急通报的内容，原来是苏共发生了贝利亚事件。高岗突然去苏联，引起与会者的特别关注，也引起不少的猜测，因此许多人到他家里去打听情况，对苏联发生的事都很震惊。

其二是集体探望林彪。林彪因为生病正在西山休养，没有参加财经会议。一些大区负责人想去看望他，高岗便出面联络，并带领大家去了。我没有参加这次活动，后来得知，几个大区和一些部队的负责人去了不少。有一次我有事去高岗家，他不在，正好还有两个同志在那里，我们就一边闲聊一边等待。他们说到去林彪那儿的情况，一位同志说："林总看问题尖锐深刻，现在白区党控制着中央的权力，很危险。中央的领袖，毛主席年纪大了，少奇是不行了，只有高主席是久经考验的……"我不同意他的看法。我说："少奇在一些政策上有些错误，但不能说他一贯错误。"

他说："中央的情况……你不了解。"

我无意谈论此事，不再说什么，很快改变了话题①。

其三是高岗去北戴河看望陈云。7月20日左右，休会三天，高岗和一些同志去北戴河看望陈云，向陈云谈了会议的情况，希望他能发言。陈云表示，中财委的问题，不全是薄一波的责任，他也有责任。

我没有去北戴河，而是和武竞天一起逛天坛公园，还和彭真一起到卢沟桥去打猎。这是离开白区以后，和战友们难得的一次共度假日。

1988年，与彭真在大会堂

---

① 关于财经会议期间高岗利用四野旗帜进行反对刘少奇活动的问题，在中共中央文献研究室编写的《陈云年谱》和《周恩来年谱》中都有记载：陈云于1953年12月，受毛泽东和周恩来的委托，代表党中央专程到上海、杭州、广州、武汉等地，向当地大区、中央局、中央分局负责同志通报高岗用阴谋手段反对刘少奇、分裂党的问题，并向高岗游说过的干部打招呼。其中，毛泽东要陈云转告在杭州休养的林彪：不要上高岗的当，如果林彪不改变意见，就与他分离，等改了再与他联合。陈云向林彪原原本本转达了毛泽东的话，并向他介绍了高岗利用四野旗帜，在全国财经会议上煽动各大区负责人攻击中财委的种种问题。林彪表示同意不再支持高岗。——整理者注

四、难忘的接见

财经会议结束后，毛主席分别接见各大区的负责人，东北地区被接见的是高岗和我。主席谈到过渡时期总路线时说，现在看来，全党思想是否一致，还需要做工作。要有一个共同遵守的路线，行动才能保持一致。他又说，东北的工作搞得比较好，发展快，对国家的贡献大，是因为东北的基础好，你们今后还要搞得更好。实现工业化，全国不能齐头并进，东北要带头。各大区的工作都有成绩，也都有缺点，不是哪个大区成就特别多或者特别少，只是在某些方面表现有多有少。各自的条件不同，不能比，不能认为东北先进，别人落后。要互相学习，取长补短。接着，他话锋一转说：有个同志对我说，现在中央有两个司令部，一个是白区党的司令部，另一个是苏区党的司令部，以我为首。我批评了这个同志，这种说法是错误的，不能说什么"白区党""苏区党"，只有一个中国共产党，一个司令部，就是党中央。

当时，我把这次谈话当成一种告诫，一方面表示全党的思想认识需要进一步统一，一方面又批评了高岗的骄傲自满情绪，提出要加强团结，警惕分裂。但对于"两个司令部"的问题，我过去没听说过，这次听主席讲，感到很意外，很惊讶，很不理解。我后来想，是不是与高岗等人去林彪那里所谈的问题有关呢？

与此同时，少奇同志也接见了部分大区负责人，我也参加了。谈话间，他再次对自己在一些问题上的错误作了坦诚的自我批评，使我深感他是一个胸襟坦荡的人，敬佩之情油然而生。

在我离京回沈阳之前，去少奇住处向他告别，问他对传达这次会议内容有什么意见，他说："凡是我讲的都可以如实传达。"我说，下边的同志并不了解中央内部的情况，如实传达恐怕反而会引起思想混乱，是否只在小范围传达？他说："你们回去后，由东北局决定吧！"后来，经我和林枫、张秀山商定，只在东北局委员和省市委书记的范围内作了传达。

七届四中全会前后

1953 年 12 月下旬，高岗陪同苏联部长会议副主席捷沃西安参加鞍山三大工程落成典礼后，于 28 日在沈阳召开东北局扩大会议，传达了 12 月 24 日中

央政治局扩大会议上毛主席关于召开四中全
会的建议和关于增强党的团结的指示，讲到
要拥护少奇在主席休假期间主持中央工作，
说东北局要团结在林枫同志周围，支持林枫
的工作，等等。

　　1954 年 1 月中旬，中央发来《关于增强
党的团结的决议》（草案），征求东北局的意
见，常委进行了讨论。当时我们谁也没有意
识到中央的决议是针对高饶问题的，只是一
般地认为，一方面国内外敌人要破坏我们的
团结，另一方面在新形势下党内存在一些不
利于团结的因素，中央提出加以警惕。在讨
论时，东北局宣传部长李卓然提出"团结是
要在马列主义基础上的团结"。大家都同意

1954 年在东北局

这个意见。我把大家的意见归纳起草了东北局给中央的报告，即《对中央关
于增强党的团结的决议（草案）的意见》，于 1 月 25 日报给中央。现将这个
《意见》的相关内容摘录如下：

　　　　在社会主义建设和社会主义改造时期，由于革命任务的更加繁重，
　　国内外敌人的破坏更加剧烈，革命斗争更加复杂尖锐，而党内在团结
　　上，也还存在着若干问题，如某些干部违反总路线的思想行为，个人主
　　义，分散主义，自由主义，某些党组织民主生活不正常，批评与自我批
　　评开展不够等，这些问题的存在，不能不对党的团结有所影响。因此进
　　一步增强党的团结，特别是以省市委以上负责干部和部队的高级负责干
　　部为团结的骨干，从思想上组织上行动上更紧密地团结在以毛主席为首
　　的党中央的周围，对于保证党在过渡时期的总路线的贯彻取得社会主义
　　革命胜利具有决定意义……
　　　　（一）在决议中似应更加强调关于党的团结的基础。建议在草案第
　　一段"党的团结……"之前增加上述内容，说明党的团结是以马克思列
　　宁主义思想的一致为基础的。
　　　　（二）建议在第二段高级干部必须遵守的几项规定的第一条之前，

加以下一段作为第一条："党的团结与统一是以马克思列宁主义思想的一致为基础，在过渡时期是以过渡时期的总路线为一切工作的指针，全党特别是高级干部必须团结与统一在这个思想基础上，凡是与此相违背的思想和行动都是不利于党的团结和统一的，必须竭力避免与及时纠正。"并建议将第一段开头的叙述四个团结时，说明党的团结是其他几个团结的核心；将第二段第一条"党的团结的利益高于一切"改为"以马克思列宁主义思想的一致为基础的党的团结和统一是党的最高原则"……

五、建议在第四段内强调一下全党更加紧密地团结在以毛泽东同志为首的党中央周围。[①]

东北局的这个《意见》，可说是与中央的意图差之千里，可是，我们怎么会在中央揭露高岗问题之前就未卜先知呢？

党的七届四中全会于1954年2月6日到10日在北京召开，东北局除高岗和林枫是正式代表外，我和张秀山列席了会议。毛主席因去杭州休假，没有参加这次会议，而是委托刘少奇主持会议，这是我没想到的。

党的七届四中全会与会者合影（后排左二为张明远）

---

① 东北局高级干部会议简报（三）：《对中央关于增强党的团结的决议（草案）的意见》，1954年3月28日。

会前，周总理问我，东北局对决议草案的那个报告是什么意思？我说了东北局讨论的情况。他说："就你们按马列主义团结，别人都不是马列主义？"我对这样的批评毫无精神准备，感到惊愕不已。

会议期间，各大区代表的发言都是各自作自我批评，少奇也不例外。我虽报了名，也准备了发言提纲，但因为给林枫准备发言稿，加以时间所限，结果我未能发言。在我的印象中，会上没有点名批评或批判哪个人，也没有针对哪个人的发言进行批驳。因此，自始至终，我没有意识到这次会议是针对高岗、饶漱石的，更没有想到自己竟会被卷入其"反党联盟"。

四中全会结束后，根据中央书记处决定，于2月15日至25日分别召开了两个座谈会。一个由邓小平主持，揭发饶漱石的问题，一个由周总理主持，揭发高岗的问题。直到这时我才感到问题的严重性。

揭发高岗问题的座谈会每天下午在周总理办公室隔壁的小会议室进行，许多同志发言批评高岗，揭发他散播对刘少奇的不满言论，攻击党中央、毛主席，搞分裂活动，等等。

对于这个座谈会，我毫无思想准备，只得努力使自己的思想跟上形势，一边认真听大家的揭发，一边仔细回忆他在东北期间的言行有什么问题。

座谈会进行到第三天，即2月17日下午3点多，会议刚开始不久，周总理的秘书李琦把总理叫了出去，不一会儿，总理回来把大家叫到他的办公室，我看到安志文和赵家梁也在，心里十分诧异：他们来干什么？坐定后，总理严肃地宣布："高岗今天中午自杀未遂，现在由高岗的秘书赵家梁同志把事情的经过讲一下。"

赵秘书用大约不到一小时的时间详细讲了事情的经过：

> 今天早上吃罢早饭，他就把我们都打发出去了，除了一些勤杂服务人员外，家里只剩下值班警卫矫洪良一个人。
>
> 9点多，他让矫洪良陪他到院子里散步。他们一边走一边闲聊，高岗好像无意中问到新发的手枪性能怎样，并要看看枪。由于怕他出意外，我们不止一次和工作人员打招呼，要求大家提高警惕，千万不要让他接触枪支。因此矫洪良起初不给他，但他坚持要看，矫洪良没法，只得取出子弹和弹夹，把空枪交到高岗手里。但高岗还是乘其不备把弹夹和子弹抢去了。散完步，矫洪良赶紧给卫士长老白打电话报告情况，老

白立即把情况转告我。我当时正在贾拓夫（计委副主席）办公室商量事情，急忙与老白赶回去。

刚进秘书办公室，机要秘书小董和李力群也先后回来了，这时贾拓夫打来电话，叮嘱我们要小心，千万不要出意外！他说高岗力气很大，不能硬来，要采取软的办法把枪要回来。我们三人都赞成贾拓夫的意见，商定先把高岗稳住，摸清枪在什么地方，再设法弄回来；在此之前，他身边一定不能离人，我们轮流上楼去缠住他。

我上楼对高岗说："我见到拓夫了，他很关心你，说你没有什么了不起的问题，叫你想开些！"

他说："人家说你搞分裂，有野心。你不承认，也过不去呀！"

"是什么就说什么，该怎么检讨就怎么检讨，你要相信中央、毛主席会实事求是的。"

高岗没有吭气，沉默了一会儿，我又劝他："你千万要想开些！"就下楼了。

后来李力群上楼时，发现他在平时根本没人去的餐室的里套间，行为很反常。

以后我们几个人轮换着上去下来，这期间，高岗把两封信交给服务员小张，让他不要经过秘书，直接交机要通信员马上送走。但小张还是把两封信交给我，并说了情况。我叫小张马上回楼上去，就说信已送出，并叮嘱他千万别离开。

我们三人一看这两封信，见信封上沾着斑斑血迹，大吃一惊，经过商量，一致同意马上拆阅。其中一封是给少奇同志的，里面没有信纸，只装着给毛主席的信。另一封给周总理的信，是一封托孤遗书！

我们感到情况十分紧急，一起奔上楼去。其他人见状，也感到要出大事，紧跟着跑上楼。这时是下午一点多。

我举着信跑在最前面，只见高岗和他的长子在餐室坐着，便对高岗说："我犯了错误，拆了你这两封信。但是，你绝不能这样做呀，不能呀！"高岗先是一惊，接着就说："不啦，不啦！""烧掉吧，烧掉吧！"我一边把信递给小董和李力群，让他们烧掉，一边仍很激动地劝他："你千万不要自杀呀！"

他说："不啦，不啦。"

这时，我和高岗并排坐着，默默地看董、李二人在餐桌对面的壁炉前烧信。

突然，高岗从右边裤兜掏出手枪，迅速把枪口对准自己的头，扣动扳机，"砰"地一响！就在他将要扣响扳机的瞬间，我突然发觉他掏枪、举枪，急忙本能地侧转身，伸出右手向上搪了一下他的右肘。枪响了，子弹向斜上方飞去，打在后面墙上。但当时，包括高岗自己在内，全都确信高岗的头被枪击中！他一松手，枪掉到地上，身体也不自觉地倾倒下去。他很快清醒过来，又去捡枪，大家齐心协力夺枪，终于制止了他自杀。

赵家梁讲完了，大家都沉默着，似乎没有从这个突发事件中回过神来。不一会儿，周总理叫我们回去继续开会，自己留下又和安志文、赵家梁谈了一会儿才过来。这件事实在太突然了，每个人都很震惊，整个下午，大家几乎都在议论这件事。有人说他太蠢了，什么事情不好说清楚，要走这一步！也有人说他这是假自杀，是想要挟中央，继续搞阴谋……由于事情实在太突然、太意外了，我的心情久久不能平静。此后，我们继续对高岗进行揭发批判，但他没有再参加座谈会，只是在需要核对一些事情时偶尔把他叫来。

2月25日，周总理作了总结发言，他说："高岗的个人主义错误不单是反对刘少奇的非法活动，已发展到夺取党与国家领导权的野心，分裂党。当个人野心被揭穿，绝望时，走上自杀道路。"他列举了高岗分裂党、夺取领导权的阴谋活动的事实，分析了高岗之所以走上分裂党、夺取党和国家领导权的阴谋家道路的思想、历史、社会根源。他说：高岗思想上除资产阶级个人主义外，尚有流氓无产阶级的意识。在长期斗争中，高有其正确一面，但其个人主义、骄傲情绪，与生活的腐化，长期未纠正制止，在胜利后大发展起来。高岗最近错误的发展，是其黑暗面发展的必然，品质是野心家阴谋家。

对高岗这个阴谋家，要长期考察。

总理最后讲了从高岗的事件中应吸取的教训：

一切骄傲情绪、个人主义、自由主义、宗派情绪、本位主义、分散主义与小团体习气均应受到批判。必须防止个人野心家，必须禁止党内非法活动，必须反对派别性的干部政策，必须纠正独立工国思想。必须坚持党的统一与集体领导原则，必须发展、提倡党内的民主、批评与自我批评。必须确立共产主义人生观，"生活上不纯的政治必然也不纯"（列宁），马列主义教育必须加强。

东北高干会议

一、周总理谈话

按照中央的部署，座谈会结束后，我们准备回去召开高干会议，传达中央会议的精神，深入揭发批判高岗的错误。在我们离京前，周总理找林枫、张秀山和我谈话，对如何揭发批判高岗的问题作了指示。以下是我记录的总理谈话要点[①]：

1. 对高岗在东北时期的错误，应有些揭发。

东北局应从东北的角度，对高岗的本质，揭发应深些，揭发他"一贯正确""政治上对，组织上错"，以引起干部的愤慨，耻于与其为伍。

对高岗的错误要有集中的、历史的认识。主要要打破"政治上对，组织上错""东北正确，到北京不好"的观念；要批判"高岗对，刘少奇错"的观念。

高岗对少奇有意见，1949年4次：资产阶级问题的信[②]；莫斯科谈话；合作社问题；在东北谈话（富农问题）。

要认清高岗的政策思想是不稳的，他的思想历史根源是资产阶级流氓的，不可能在政策上正确。思想意识指导其生活作风，政治上如何能正确？他的个人主义思想不断发展，正确面逐渐缩小。

凡是搞分裂的，政治上也就是错的；政治上正确的，组织上也是对的。

2. 东北局负何责任及每个人如何交代。

高岗的错误与东北局每个人的错误要区别开，东北局过去与各大区一样，但高岗在东北局仅有一份，并且是搞阴谋活动，阴谋活动超过其功绩。

对高岗的揭发必须彻底，要深挖，像挖毒瘤。这样会伤害大家一些健康的肌肤，要采取一致的态度去讲。

---

① 以下记录要点的编号是整理者所加。
② 指中央批转邹大鹏给刘少奇的信。

东北局在思想上、政治上、组织上有责任，错误要交代，在这次会上先作原则交代。东北局所负责任与一般中央局及中央不同，中央是失察，财经会议发觉后即批判，不是路线宗派问题。中央失察与东北局责任不同，东北局责任重，要强调从路线、资产阶级思想上去认识。

东北局在思想上、政治上、组织上犯有原则性错误。个人检讨要深挖，陷下去的要拔出来，陷下去的不要有顾虑，不要计较有人责备。

高岗的思想作风影响一部分人，他们在这种影响下做了一些错事。东北干部的好处是有朝气，中央可以多说好的方面，但东北局、个人，应多检讨。对干部，要使他们了解社会存在黑暗面，党存在黑暗面和缺点，警惕性和经验不够。他们历史经验不足，要使他们知道个人主义发展，就成小集团习气。要鼓励他们开展和发扬批评和自我批评的作风。

会议的重点是揭发高岗，认清其罪恶，联系自己作检讨，分清东北局的责任，个人的责任，启发大家，鼓舞大家，增强团结。

3. 高饶问题性质是分裂党，是党外性质，资产阶级代理人性质，反党的宗派活动，不是路线问题。对高岗应长期管教。

4. 七大以来，由于对党内思想教育疏忽，一些同志产生骄傲情绪，接受资产阶级思想。高岗的野心之所以能发展，是因为我们有弱点。

总理的谈话是代表党中央的，令我感受最深的是总理对我们的严格要求和亲切关怀。他一方面要求我们深入揭发高岗的反党罪行，并且在揭发高岗问题时要"像挖毒瘤"一样，不要怕触及自己，要正确对待同志们的批评，另一方面又明确指出"高岗的错误与东北局每个人的错误要区别开，东北局过去与各大区一样，但高岗在东北局仅有一份，并且是搞阴谋活动"。从总理的谈话中，我丝毫没有感觉到党中央要把我们几个人都划入"高岗反党集团"或"高饶反党联盟"的意思。

后来总理又找我单独谈了一次，他问我对高岗问题怎么看。我说过去对高岗不了解，只有工作关系，对他有些盲目崇拜，但我不完全赞成他的观点，比如我曾对他当面表示过不同意说少奇"一贯不稳"等。我还对总理说，原想向毛主席反映自己的看法，但一直没有机会。

总理说，你的情况与有的人不同，他同高岗联系密切，跟着高岗跑，但是觉悟早，向中央揭发了高岗的阴谋活动。你虽然对高岗的问题有所觉察，但没有行动，没有及时向中央反映。他再次说，揭发高岗的问题就像挖毒瘤，难免伤及周围的肌肤，你要正确对待。这次谈话使我又一次感受到党中央对我的关怀和爱护。

二、东北高干会议

1954年3月25日，东北局召开东北地区党的高级干部会议（省、市、地以上领导干部参加），周总理亲自来沈阳传达四中全会和中央高干座谈会精神。会议由林枫主持，领导小组成员除东北局委员之外，还有省、市委书记。原东北局秘书长马洪和原东北工业部副部长安志文（他们当时都是国家计委的专职委员）作为高岗事件的知情人，也随总理一起来参加会议。

我不打算在这里全面介绍会议的情况及决议内容，只简单谈谈与我个人有关的一些情况。

3月27日，周总理作了关于党的七届四中全会决议和高岗、饶漱石问题的传达报告。他满怀深情地说：没有经过黑暗的人不知光明之可贵，没经过错误路线的人，不知党的正确路线之可贵。总理于3月28日即回北京，罗瑞卿作为中央的观察员留下指导会议。

高干会第一阶段是由我们几个书记在主席团（我是主席团成员之一）会议上作检查，接受大家的批评。我认真地进行了自我批评，并就自己所知揭发了高岗的问题。绝大多数与会者认为我的检查是诚恳的、实事求是的，基本上比较满意。罗瑞卿也表示我的检查是实事求是的。

我第二次检讨针对同志们提出的问题作了必要的解释说明。大多数同志比较满意，少数同志提出一些问题需要进一步检查。应该说，这一阶段会议的进展是正常的。

但后来情况发生了突变，个别同志在发言中无中生有地说我与贺晋年（东北军区副司令员）是"高岗的亲信"，把我与其他同志的正常交谈说成是"搞串连""订攻守同盟"，甚至把东北局的几个主要负责同志与高岗的工作关系说成是封建帮派式的"五虎上将"关系，等等。一些不明真相的同志受了这些不实言论的影响，非常气愤和激动。会场的气氛骤然紧张起来，我的发言不时被打断，甚至根本不让我说话。

在这种极不正常的情况下，许多干部感到自危，不敢说话。

对于这样缺乏事实依据又无限上纲的"批判"，我当然不能接受。但几次想申辩、想说明真相，都因下边起哄而中断，甚至被轰下台来。不久，就以我的"态度不好"为理由，不再让我参加会议，并被停职反省了。

以后的会议是在本人缺席而又不准申辩的情况下进行的，在最后表决大会决议时，我没有举手。

罗瑞卿和林枫在东北高干会上作了总结性的发言。罗瑞卿在发言中提出东北局有"高岗反党集团"。他说："高岗在东北地区已经形成了以他为核心的反党反中央的宗派"，"东北局组织内的若干成员和它的主要领导成分中的若干人，例如张秀山、张明远同志等参加了以高岗为核心的反党小集团"；并且说高岗的"活动纲领"就是所谓的"东北特殊""东北先进""东北一贯正确""军党论"等①。

林枫在发言中说："会议也揭发了东北局某些负责同志实际上积极参加和支持了高岗反党反中央罪恶的宗派活动"，"高岗自任东北局书记以来，即积极进行反党反中央的阴谋活动，他并找到了某些同盟者和积极支持者，把持东北局的领导。"②

就这样，我们几个因工作关系而和高岗接触较多的人被打入了"高岗反党集团"。

高干会开成这样，和周总理当初的指示相差甚远。很多年以后，一位了解情况的同志对我说，周总理听了罗瑞卿的汇报后曾说过，东北高干会没开好，他没想到会这样。

林枫很快从北京回来，立即传达了党中央对东北高干会决议和东北局对我们五个人处分建议的批示。"建议"指出，有五个人参加了"高岗反党集团"，并给予撤销党内职务的处分（当时我兼任的东北行政委员会副主席并未撤销，而是在后来撤销大区时自然撤销的）。传达完中央的批示后，即宣布散会。

散会后，我当场向林枫要求看中央的批示。他让机要秘书给我看了中央的电报，不让记录，看后当即就收回去了。我对林枫说，高干会决议对我的错误上纲过高，处理不当，表示要向中央提出申诉。他说："你就不要再申诉了，这是毛主席决定的。我们这次去中央汇报，起先周总理认为对你们几个要分别

---

① 中共中央东北局办公厅秘书处 1954 年 5 月 9 日印：《罗瑞卿同志在东北地区党的高级干部会议上的发言》。

② 中共中央东北局办公厅秘书处 1954 年 5 月 9 日印：《林枫同志在东北地区党的高级干部会议上的发言提纲》。

处理。后来向毛主席汇报以后，就提到反党联盟的高度了。主席说，对东北的几个人要从严处理。毛主席站得高、看得远。你再提意见，可能会更加重处分……"我要求看中央的正式文件，他说现在文件还没下来，以后会给你的。

这个"以后"时间很长，直到1994年，我才看到有关东北高干会议的文件和中央批示。不过，那是从一位老同志那里得到的。

纵观东北局的工作，我认为确实取得了重大的成就，在经济建设方面确实走在全国的前面。东北先恢复起来，支援全国，这是中央的方针。在中央的方针政策指导下，结合东北的实际而获得的成就，是兄弟地区帮助和支援的结果，是广大东北人民群众和党员干部努力奋斗的结果。我们这些东北局的主要负责人，也为东北的建设和抗美援朝尽了各自的力量，做了一些有益于国家、有益于人民、有益于党的事业的工作。当时党中央和毛主席对东北的工作都很满意。多年后的今天，当我回忆这段历史时，可以毫不愧疚地说，我为东北人民尽力了，为他们奉献了我最好的年华，我终生无愧无悔！尽管后来发生了高饶反党事件，但我从不认为自己参加了任何反党活动，至于这件事给我带来的影响，同历次党内斗争中有些受冤屈的同志相比，还是比较小的。我相信总有一天会还历史以本来面目。

第八章 曲折岁月

（1955 年 2 月—1979 年 10 月）

东北高干会结束以后，从 1954 年 5 月到次年 1 月，没有工作，也不能工作，那滋味，只有自己心里知道。

我的内心似乎还没有从那次风暴中清醒过来，总也想不明白，这一切是怎么一回事，为什么我勤勤恳恳地为革命工作这么多年，却在一夜间就成了"反党分子"？

我重新调整自己的心态，为新的生活做准备。每天，我用大量的时间读书，读《中国通史》，读《鲁迅全集》，也读《毛泽东选集》，我要振作起来，适应在逆境中生活，不能就此消沉下去。

这段时间，我的生活待遇没有变化，秘书、警卫员、司机，依然在为我服务，我仍住在和平街 1 号那栋小楼里，总之，一切照旧。

这样一直等到 1954 年 12 月下旬，中央组织部通知我去谈话。我深深地吐了一口气：啊！我生命中的新一页又要开始了。

北京的深冬寒气袭人，一场大雪过后，大地一片洁白，空气格外清新。我在崇文门外打磨厂的一个中组部招待所安顿下来，约好第二天上午去谈话，还有半天多的时间可以自由支配，正好可以去看望正在俄专留苏预备班学习的女儿。

我踏雪走在熟悉的街道上，百感交集。记得在 20 世纪 30 年代，玉田县的党员赵玉生就是在打磨厂开着一家名为"天有店"的旅社，既是我党的秘密交通点，又是活动经费的一个来源。现在，那店铺早已更换门庭，当年的战友，你在哪里？

北京俄专在西城的石驸马大街，是原中国大学的旧址。这也是我十分熟悉的地方，1935 年到 1936 年，我就住在这一带，并在这个学校代过课，曾在这里被捕过，最后离开北平去陕北，也是从这里走的。从那时到现在，我们的国家发生了多么大的变化啊，我自己也经历了许多坎坷。但我怎么也想不到，竟是在这样的心境下故地重游。

晓霁的宿舍很拥挤，四个双层床都住满了。我去时，她刚好下课回来，见了我，既高兴又意外，急不可待地问我身体好不好，住哪儿，住多久……

我们漫步在积雪的大街上，她不停地向我讲述着她的生活，讲她的学习，她的同学和老师，说在这里遇到许多冀东和延安的同学，以及学校发生的各种趣闻。

"爸爸，我们已经传达过'高饶联盟'的事了，说你也犯了错误？"她好像在谈论一件与她无关的事，丝毫不显得沉重。

我不知如何对她解释，她还太年轻，根本不懂政治上的事情。只得说："是呀，爸爸犯错误了，这次就是来分配工作的。"其实，她并没明白我的话，高兴地说："那你要到北京来工作了？太好啦！"

接着她转换了话题。看得出，她对现在和未来充满激情，一副无忧无虑的样子，滔滔不绝，忽东忽西，想起什么说什么。

我听着她愉快的谈话，心情却莫名其妙地沉重起来，孩子，你可知道，爸爸这次错误，在你今后的生活中将会产生什么样的影响？……后来的事实表明我的担心不无道理，她在留苏预备班的学习结束后，果然因为我的原因而未能出国。

第二天上午，中组部的同志很客气地接待了我，征求我对今后工作安排的意见，我表示不愿再搞党政工作了，并想离开东北，到北京哪个学校去教书。

这次谈话很简单，他们让我回去等待消息。

不久，我又应召来北京，这次谈得比较具体，说中国科学院正缺干部，你就去科学院吧。

我很感意外，就说，我对科技方面的事情一点也不懂，去那里不知怎样工作，还是教书好些。

他们说，现在搞建设，科学院正需要干部，可以干的工作多着呢，你就放心地去吧。

他们向我介绍了科学院的大致情况，叫我去找党组书记张稼夫联系。

说到我的级别待遇问题时，他们给我看了一个中央组织部关于对我的工作安排和级别待遇问题给中央书记处的请示报告，级别定为行政9级。周总理和朱德同志签名"同意"。也就是说，在撤销党内职务的同时，我还受到降级的处分，由正部级降为局级。

就这样，1955 年 2 月，我到了中国科学院，先后担任办公厅副主任、学术秘书处办公室主任、劳动生产办公室主任、北郊办公室主任等，一干就是 25 年。

在中国科学院北郊干部劳动队大会上作报告

我家被安排在西皇城根附近石板房胡同 31 号院（后改为 10 号院），直到 1974 年才离开。

初到中科院，副院长、党组书记张稼夫非常热情地接待了我。他是一位老同志，虽然过去我们没在一起工作过，但他似乎对我的情况已经相当了解，他说：欢迎你来，你来了就好了，我们正忙不过来呢。

我再次表示自己对科技工作一窍不通，还是换一个单位吧。

他说：明远同志，这话你就不要再提了，咱们都是外行，一起从头学吧。科学院是个冷门，各方面都不太重视。但这里的工作很重要，需要加强领导，各方面的干部都很缺。你来得正好，就把办公厅的工作抓一下，具体负责学术秘书处办公室，就是说，你来当办公厅的主任兼学术秘书处办公室的主任。

接着，他介绍了科学院的一般情况、郭沫若等著名学者和学术秘书处的情况。他说，我们的任务，就是给他们创造良好的工作环境和生活条件，使他们能很好地发挥各自的专长，为社会主义建设服务。现在，新中国刚成立不久，他们中的一些人对共产党还不太了解，思想上还有顾虑。咱们要和他们交朋友，让他们明白，共产党不光会打仗，也会搞建设，也会搞科学嘛。咱们的任务就是要叫他们人尽其才，安心搞科学研究。所以，需要咱们做的事情多着哩！你就安下心来干吧，不要再提调换工作的事了，办公厅那一摊子就由你来抓。这样行吧？

我还能说什么呢？张稼夫的一席话，使我感到他对科技事业的一片热心，也感到他对我的信任与期待，一股暖流冲走了一年来压在我心头的阴霾。

科学的春天

当时的科学院位于北海旁边文津街的一个大院里，业务上受中宣部领导，组织上受中组部领导，中央主管科学院工作的是陈毅副总理。院长是郭沫若，副院长是张稼夫（书记）、李四光、竺可桢、吴有训、陶孟和等，钱三强是秘书长。这些同志我过去都不认识。

那时，自然科学和社会科学两部分还没有分开，正在筹备成立学部。

后来听说，在我去办公厅上任之前，院党组曾给办公厅党支部打招呼说，新来的张明远主任是在东北犯了错误的，来这儿以后，一边工作，一边接受监督。

没过多久，由副秘书长秦力生兼任办公厅主任，我任副主任。据说，中组部不同意我任正职，只能任副职。

办公厅除了负责行政方面的工作外，还设有学术秘书处（主管业务方面的工作）、资料室和《科学通报》编辑室。

学术秘书处是按照苏联模式在1954年1月建立的。在苏联，它是个权威机构，它可以直接向联共中央呈送文件，联共中央通过这个机构来实现对科学院的领导。

我们的学术秘书处属办公厅领导，由专家负责，钱三强是秘书长，秦力生（主管办公厅）、武衡（主管学术秘书处）是副秘书长，他们都是党委成员；还聘请了一些有名望的科学家担任专职业务秘书，如钱伟长、赵九章、张文幼等。学术秘书处的主要任务是负责筹建学部的工作，在1955年6月学部成立以后就撤销了。

我是学术秘书处办公室的主任，不是党委成员，但经常让我参加党委的会议。这个办公室的任务是为科学家服务，协助党委调配干部、建立机构、聘请学部委员，并通过与各研究所联系，把征求上来的意见集中起来形成文字，汇报上去。

《科学通报》是科学院的机关刊物，主要反映全国科学工作的进展情况和成果，推动科技人员学习马列主义，学习苏联，指导全国科学工作。起初由许良英负责，后来应幼梅等负责。资料室由李海负责。

办公厅党支部书记是许良英，组委是范岱年，他们都是在学术秘书处工作的知识分子出身的干部。

我对于办公厅的工作并不陌生。我来以后，主持搞了"科研成果目录"和一个《科学院年报》。曾想把资料室办成一个科技政策研究室，后来此项工作由张劲夫和杜润生亲自抓。

1955年上半年，我刚到科学院不久就开展反胡风运动，接着是肃反。办公厅也有两位同志受到批判，相继调走了。此后，武衡叫我兼管《科学通报》的工作（大约在1956年），有什么事都和范岱年一起商量解决。

同时，由学术秘书处负责的学部筹建工作也在紧张地进行着。这项工作其实早在1953年张稼夫访苏归来后就开始了。

根据苏联的经验，"学部"是学术工作的领导机构，主要任务有两方面，一是业务管理，抓方向、任务，安排学术活动，评价科研成果，评议职称和干部培养等。二是面对全国科技界的工作，讨论全国科技界的大事，如自然科学奖的建立和评选、研究生制度的建立、制订全国科技发展长期规划等，同时讨论审议科学院有关研究所的科研方向和新所的建所方案、年度计划、听取重大科研项目工作报告、评价研究成果等等。当时计划建立数理化、生物地学、技术科学、社会科学等五个学部。

我们首先通过"科联"对全国的学者（包括在国外的）进行调查摸底，然后，在此基础上，由学术秘书处根据各地推荐，进行集中、审查，提出名单，报院部和党委，再经国务院批准，聘请为学部委员。

4月7日，院常务会议决定组成学部成立大会筹备委员会，秦力生为秘书长，陈铎和我为副秘书长。院党委同时将238名学部委员名单报送中宣部审批。

一切准备就绪后，于 1955 年 6 月 1 日到 10 日召开了学部成立大会。

学部的成立是我国科学界的一件大事，它标志着我国科学事业从制度上走上正规化。

学部建立起来以后，学术秘书处就撤销了，我回到办公厅。

1956 年 3 月，张稼夫因身体不好而调走之前，要给中央写个工作总结报告。这个任务由范岱年和我负责。我对情况不熟悉，范岱年虽熟悉情况，但没有写这类报告的经验。经过一番商量，我们各尽所长，由他起草，我来修改，顺利地完成任务，以张稼夫的名义报到中宣部，反映比较好。

张稼夫走后，张劲夫接替他，仍为第一副院长、党组书记，裴丽生任副院长，杜润生为秘书长，秦力生仍是办公厅主任兼副秘书长，我仍是办公厅副主任。

1956 年夏天，党组决定成立宣传局，下设宣传处和编辑室。

宣传处由范岱年负责，我也参加这方面的工作。主要任务是对外宣传，如审查有关科学院的新闻稿、发布新闻、接见记者等。记得有一次，一位波兰女记者来访，由范岱年和我接待，他负责介绍情况，我在宣传口径上把关。当时讲到百花齐放的政策，那位记者很满意，说你们中国人民真幸福，有百花齐放。

编辑室还搞了一个党内刊物《科学简讯》，由张劲夫和武衡亲自抓，专供中央领导同志及各部委党组书记、省委第一书记等参阅，内容是介绍国内主要科技成就及推广的情况、国外重大科技成就、国内外科学工作的动态及面临的问题等。此刊于 1956 年 11 月创刊，每半月出一期，印发 200 份左右。

1957 年四五月间，宣传局撤销，宣传处并入办公厅资料室，由黎德功和范岱年分别担任正副主任。

办公厅还有个专家工作处，主要负责与苏联专家有关的工作，有一批俄文翻译人员。当时，这些翻译人员一般都只懂外语而不懂自然科学业务，翻译起来很困难，工作不安心。苏联顾问拉扎连科对翻译人员的工作也不满意。他曾向其翻译和张劲夫提出，应设法提高翻译人员的业务水平。于是在 1957 年举办了一期俄文训练班，由秦力生等人同国务院联系，请李立三的夫人李莎等来任教，好像没有报酬，只由专家工作处出面送给她们一些衣料之类的礼物。

1960 年成立科学院分院委员会，我到分院委员会当办公室主任，下边只有一个干事，就我们两个人，没有多少工作，只是与各省市联系，参加一些会议。在全国设立华南、西南、华东等分院。这期间，我随张劲夫去华东地区参加分院的筹建工作。干了不到一年，这个机构就撤了。

这段时间，经过与科学家们的接触，我对他们逐渐熟悉了，他们对我的工作也比较满意。李四光、竺可桢等曾提出，对我的使用不当，应安排更重要的工作。正好他们在筹备成立华北科学考察队，建议要我参加，特别是竺可桢不止一次提过此事。但因可想而知的原因，我终未能去。

当时，科学院正处于大发展时期，人员、经费、物资等都显得很紧张。张劲夫曾抱怨说：科学院的婆婆太多，不好办事。国家科委、经委、计委、建委、财政部等等，哪一关都可以把你卡住。要想办法"通天"，得到中央主要领导同志的支持，就好办了。1958年，终于请毛主席来院视察，直接向他汇报情况。

反右派运动

科学的春天很快就被反右派运动扩大化的政治暴风吹走了。

反胡风运动和肃反结束不久，接着于1957年春开始整风鸣放，我写了一张大字报，批评一些党员干部不懂业务，瞎指挥，闹名誉地位等。后来，《光明日报》选登了我的那篇大字报，被康生看到了，这下惹了麻烦。他立即找张劲夫查问：是谁让这个人（指我）当办公厅副主任的？此人不能重用！

张劲夫很为难，康生的指示不好违抗，但又不便因此撤我的职。不久，调来了一位新的副主任，我这个副主任也就名存实亡了。

反胡风运动以后，我一度担任党支部书记，范岱年是支部委员。反右派斗争开始时，范岱年还是办公厅整风领导小组的成员，他在鸣放时也给党委提了一些意见。到了1957年年底，有人说他的意见是"右派言论"，不但挨了批判，还要把他划为右派分子。在支部会上研究范岱年的问题时，我不同意将其划成右派。但他最终没有逃过厄运，1958年2月，反右派斗争快要结束时，他被划成右派分子，开除党籍，下放劳动改造。我也因"包庇右派"而受到批判。这个罪名一直伴随我21年，直到1980年，因范岱年的"右派问题"得以纠正，我这"包庇右派"的帽子才随之摘掉。

我这次受批判以后，有人提出要给我处分，党组没有同意。但从此以后，党组对我的工作安排很为难。我虽没有公开被免职，实际上已不再抓办公厅的工作，而只能做一些临时性的工作了。

毛主席来科学院视察

1958 年，"大跃进"的劲风也吹到了科学院，九十月间，科学院举办科技成果展览，由我负责展览馆办公室。10 月 27 日下午，张劲夫通知我说，毛主席要来参观展览，叫我做好准备。这时离毛主席来视察的时间只有大约两个小时，大家既兴奋又显得手忙脚乱。很快，郭沫若和吴有训、钱学森等院领导以及参展的各研究所负责人都陆续来到展览馆，在接待室等候；张劲夫对我们宣布了一些纪律：不许擅离工作岗位；毛主席莅临时只许鼓掌欢迎和欢送，不许呼"毛主席万岁"等口号；不许与毛主席握手；毛主席不问，不许和毛主席谈话；等等。对这一切规定，大家不免有些失落感。经一再请求，总算同意展览馆的工作人员可以到楼下大门口和楼梯上欢迎毛主席。

当毛主席一行到来时，展览馆大门内外和楼梯上挤满了人，响起热烈的掌声，毛主席满面笑容向大家招手。

几位院领导始终陪着毛主席，秘书们跟随左右，毛主席兴致勃勃地先参观了三楼的"581"模型和一些尖端展品，然后到二楼和一楼的生物、地学、数理化和技术科学等各展馆参观。我当时因必须照顾全馆工作，保证各项纪律执行和毛主席视察活动不出任何差错，不停地来往于各展馆之间联络、安排，未能接近毛主席。

在主席参观过程中，有的讲解员激动得不知如何表达对伟大领袖的热爱心情，苦于纪律约束，只能使劲地鼓掌。

尽管事前除了展览馆的同志外，未向全院公开毛主席来视察的消息，但这个特大喜讯还是不胫而走，很快就传遍了附近的各单位。当毛主席视察结束时，展览馆外已集聚了许多闻讯赶来的人们，他们不知道不许喊"万岁"的规定，自发地又是鼓掌，又是欢呼"毛主席万岁！"，好在大家都很自觉，秩序井然，接待工作总算顺利地完成了。

下 放 安 徽

经过反右派斗争和"大跃进"，知识分子与劳动人民相结合、进行思想改造的问题提上日程。1959 年春（4 月），由各研究所抽调一批科研人员，还有少数行政人员，其中也有受批判或划成右派分子的，共百余人，由我带队，下放到安徽来安县的两个公社劳动，一个是半塔公社，比较穷，一个是来安南部的雷关镇公社，离南京不远，较富庶。两个公社相距很远。起初没让我参加县委的工作，但后来为了工作方便，我挂职县委副书记兼宣传部副部长，凡县委的会议都让我参加。于是我在县城和两个公社间往返跑来跑去。那年我已过了52岁，身体也不好，经常奔波于三地之间，实在是有点勉为其难。

半塔公社是老根据地，多为山地，很穷，过去谭震林曾在这一带活动过。我们下去时正是"大跃进"后期，1958年公社办食堂，社员吃饭不要钱，随便吃。一些在路边的生产队，来来往往的人很多，也是来者不拒，吃"共产主义"饭。这样吃了一冬，农民就没粮吃了，到第二年春天我们去的时候，正是青黄不接，不少人吃地耳、野菜、玉米骨等，雷关镇公社的情况稍好些。虽然如此，但群众的精神面貌很好。

在我们下去之前，院党委要求大家"向农民学习""与农民同吃同住同劳动"。但下去以后，由于大多数科技人员都没有下乡劳动过，不了解农村的情况，更没有经受过这样的苦日子。同志们看到农民的生活那么苦，既受感动又不理解。我一边做思想工作，一边和大家一起劳动。干农活我很在行，虽然年纪大，但干起活儿来一点也不比年轻人差。

农民生活如此困难，我们实际上根本不可能与他们同吃同住，只能是我们集体开伙，和农民一起干活。这个公社有一个全国劳模骆腾云，对我们很照顾。就是这样，同志们也只能吃半饱。由于长时间饥饿，一个女同志劳动时竟饿昏倒在田间。我把这里的情况随时向院党组汇报，也汇报了自己对一些问题的看法，却没有办法解决问题，心中十分焦虑。

通过几个月的下放生活，我仿佛回到了过去的战争年代。我对农村工作并不陌生，对农民的生产、生活都很熟悉。我不明白，为什么解放这么久（10年）了，农民的生活反而不如土改以后？我的心情十分沉重。作为一个老党员，我觉得自己有责任把问题搞清楚。当然，还不止这个问题。比如，人民公社是不是搞得太快、太多了些？如果在1958年先搞一批试点，使下面干部的思想有所准备，取得一些经验，然后再有步骤地进行推广，用两三年的时间实现全国公社化，或许出的偏差要小些？又如，在秋收大忙季节，把大批劳动力调去大炼钢铁，是否值得？……这些问题搅得我日夜不安，于是我在劳动之余，着手进行调查研究。

全国的浮夸风和"共产风"，对来安县也产生了很大的影响。下放以后不久，我就发现党的一些重大政策在这里没有得到贯彻落实。如生产中的包工包产、粮食征购和分配、社员收入、反对浮夸等等，都和党的政策要求有很大的距离，同时我感到毛主席所提出的"讲老实话"的精神没有认真执行，一些基层干部和党员在承担和保证任务时言行不一，不敢向上级讲老实话，上下级关系不正常。对这些问题，群众和基层干部意见很多。我曾将这些情况和群众的反映向县委和公社党委汇报，但他们受了浮夸风的影响，头脑发热，只喜欢听好的，对我反映的情况，根本听不进去。

为了更深入地了解当时农村的真实情况，我和一些基层党员干部，如支书、大队长、生产队长、党的八大代表省劳模骆腾云、复员军人、普通社员及下放干部等广泛交谈，听取他们的意见，同时利用参加县委工作组整风整社之便，作了一些调查研究，重点了解1958年粮食的实际产量和社员的实际收入情况，以便弄清当时最突出的粮食紧张问题，究竟是群众和基层干部保守本位、瞒产惜售和富农思想问题，还是由于县委和公社领导浮夸不实，不从实际出发所造成的？

据县委介绍，来安县是安徽省的"千斤县""红旗县"。1958年亩产1100斤以上，全县人均3400多斤。还宣传说，1959年全县已基本实现田园化，平均每亩麦田施肥2000担。

但据我了解的情况，与县委所谈的相差甚远。就说施肥吧，下放干部所在的生产队实际上多数麦田没有施肥或施肥很少，根本不是什么"每亩2000担"。再就是包产指标过高，如半塔公社，县委布置亩产不能少于800斤。大队干部承包400斤，还感到没有信心，许多小队则要求只承担每亩200多斤。还有征购粮任务过大，和实际产量相差很悬殊，无法完成。根据当地的土地面积、种植情况及党的政策，对照实际情况，我感到有许多"左"的东西，特别是劳动分配方面，吃"大锅饭"，社员群众，包括劳模骆腾云，都很有意见。据部分生产队和社员反映，1958年出工比1957年多，但社员的实际收入却比1957年少，有的一年多没有分到现金，中央关于"社员收入应有90%比上年增加"的政策没有兑现。

我把了解到的情况随时向科学院党组汇报，同时，还打算把调查的情况汇总整理一个材料，向国家计委主任李富春反映。

但是，这项调查由于得不到县委和公社领导的支持，而且后来县委工作组转入其他工作，继续调查遇到了困难，只得中止。写给李富春的报告还没完成，就发生了"彭德怀万言书事件"，形势的骤变，此项工作只得半途而废了。

总的来说，下放劳动期间，我的心情是矛盾的。从个人来说，回到我所熟悉的农村工作，没有压力，比较轻松，而且感受到中国农民对社会主义美好前景的向往，以及由此而激发的热情，再次看到我们党在人民群众中的极高威望，这些都使我振奋和欣慰。但是，农村出现的各种现实问题，又令我深感痛心和忧虑，思想上产生许多疑惑。

再 受 批 判

谁也没有料到，由于彭德怀在庐山会议向毛主席反映了"大跃进"中的真实情况和存在的严峻问题，结果被打成"反党分子"，而且同情支持其意见的人被打成"反党集团"。更没料到的是，毛主席还把这次事件与"高饶事件"联系在一起。庐山会议的结局不但使已经造成严重后果的浮夸风得不到纠正，反而由此掀起了"反击右倾翻案风"，"左"的错误更加发展了。

会议期间，毛主席在讲话中多次说到彭德怀是"高饶反党集团的残余分子"，甚至说应该是"彭高饶"，彭是主要的。

这样一来，我自然逃不脱再次受批判的厄运。

果然，这年9月，我被提前召回北京（原计划劳动一年）。先是听八届八中全会文件的传达，然后结合文件精神检查自己的右倾思想。在科学院直属机关的批判会上，许多同志要求我"交代问题"，主要有以下几个方面：

1. 再次检查在东北的错误。有人认为我对自己的错误认识不够，对自己的"态度和角色"认识不清，"不拥护中央对高饶问题的决议"，要我系统地检查1954年以来的问题：是怎样陷入反党集团的？主要活动和危害？是在什么思想支配下干的？前后认识的变化？对错误抱什么态度？来京以后的思想变化？以及为何得到高岗提拔？犯错误是受牵连，冤屈，还是自己不健康？有人认为是"愚忠"，有人问："想利用高岗达到什么目的？""追随高岗的目的有没有个人野心？"要我从人生观、历史方面挖根，为什么老是右？

2. 对彭德怀、黄克诚、张闻天（他们都在东北工作过）的反党活动有什么看法？为什么事先不向党中央反映，事后不报告？是否有期待、留后手？责令我揭发"彭德怀与高岗的关系"，揭发他们是"如何密谋反党"的，并追查"与他们有什么联系？自己当时有何表现？现在如何认识？"。说他们的问题之所以暴露不够，拖下来，"就是你们这些当事人没有交代"，"现在必须交代过去没交代的问题"。

3. 有人追查我在白区工作时几次被捕的情况：为什么一再被捕？警惕性、灵活性哪里去了？在什么情况下被捕的？有没有右倾表现？出狱后为什么不找党？

4. 在审干肃反中，对批判和处分某某不支持、很反感。整风后，对一些人的处理也另有看法，下不了决心。鸣放时，在群众中说党组织瘫痪了。另一次说办公厅的党员战斗作用瓦解了，还说高级干部特殊，说党组该抓的未抓，该管的未管，组织机构每年变一次；有的干部不该提拔的提了，有的党员不称职，也提了。在鸣放座谈会上，群众逼党员讲话，张明远也积极号召鸣放，说党员要带头。为什么在此时说这些话？用意何在？是唯恐天下不乱。

在反右斗争中，对范岱年的问题，从批判到定案，一直与群众对立，与支部意见争论多，对范岱年交代的材料始终不表态，认为是党内问题，不同意在群众中进行批判和定为右派分子。这说明张明远"在思想上与其相近"，对范岱年"不是温情主义、惜才的问题，而是替他辩护"。1959年下放劳动，范岱年的表现不好，张明远汇报时却说他也有很大进步，令人吃惊。

应检查在整个反右斗争中，对运动的指导思想抱什么态度？

5. 对社会主义如何认识？张明远对总路线的认识不足，干劲不大，是一贯严重右倾的表现。说大炼钢铁、"小土群"①的寿命长不了。

张明远"好像是带着无限怀疑下放的"，怀疑粮食增产，对18个队的粮食产量调查是如何搞出来的？县委反映，张明远核算的亩产量只有200多斤，不符合实际。给县委提了一些问题，为什么自己不置可否，却要为难别人？说在农村办食堂问题很多，但实际上叫嚷粮食不够吃的是地主、富农。吃饱吃不饱是反映两条道路问题，跟富裕中农走，站在地富立场上说话，企图通过生活

---

① 指当时用土办法、小规模、群众性的大炼钢铁运动。

歪曲农村面貌，说明他是资产阶级立场问题。通过下放干部进行调查研究，目的何在？起什么影响？……

我在下放期间给院党组写的汇报材料，正好成了批判我的"炮弹"，质问我在汇报材料中提出"为什么丰收了，农民还要挨饿？"是什么用心？说我在办公厅作报告对收获讲得少，过分强调公社生活苦，吃不饱，群众面黄肌瘦，蛔虫很多，等等，写得漆黑一团，用意何在？是否对粮食账有意污蔑、反对公社化？说我是"利用下放劳动，反映消极面，污蔑人民公社"，"攻击'三面红旗'"①，"配合彭德怀进行反党活动"，等等。

在我写的《锻炼简报》中有一句"勿着重改造与被改造"，也被批判，说我是"话中有刺，不敢说两类不同的改造"，为什么对党员说"不要以改造人自居"？这也是右的表现，总是站在资产阶级方面说话。

有人问：为什么在一系列关头总出问题？基本是立场问题，不敢承认自己是小资产阶级的……还有人提出，应派人去来安县详细调查，了解一下张明远究竟有什么活动。

针对大家的揭发批判，我检查了三次，都过不了关，说我态度不老实，怀疑我是否还有隐瞒。"背后有没有阴谋？""高饶事件之前有没有反党思想？应彻底清算。""三次检讨的背后有没有什么企图和阴谋"……

经过批判，给我定了"犯了严重右倾错误"的结论。当时甚至有人提出给我降职降级的处分，党组未同意。这个结论，到1962年中央七千人大会后，才得以甄别平反。

党中央对"彭高饶问题"非常重视，特意把我们这些当年的"高饶分子"召到中南海开会，揭发彭德怀在东北的"反党活动"。会间，我见到张秀山，相互点点头，都没有说话。其实，能说什么呢？

这次"反右倾"斗争的规模远远超过东北的那场斗争，那次仅限于党内，而且是在高级干部中进行的，既未在全党展开，更未在全社会上进行。这次却是在全国范围开展群众运动，斗争形式也不仅限于会上批判，而是利用各种手段"全党共诛之，全国共讨之"。

怎么会闹成这样？我的心情沉重极了，不仅是因为自己受到批判，而且担心照这样下去，谁还敢说真话？我们党所倡导的实事求是精神将如何保持和

---

① 当时将总路线、"大跃进"、人民公社总称为"三面红旗"。

发扬？

这些情况，下边的社员、干部当然都不知道，他们仍对我抱着很大的希望，在我回北京以后。他们还常来找我，希望我能替他们在"上边"说一些话。

此后，虽然没有公开宣布免去我科学院办公厅副主任一职，但实际上已是当作一个处级干部使用了，而且很少让我参加党的活动，上级的文件也很少看到，有些十七级以上干部的会议或传达文件也不通知我参加。

生产渡难关

1959 年已出现了严重的经济困难，当时，陈毅和聂荣臻副总理非常关心科学家的生活，指示科学院要自己搞点生产，解决科学家的副食问题，以补助国家供应之不足。聂副总理还表示，如果搞机关生产需要经费，他可以批。一次，张劲夫以院长名义在中关村宴请科学家，表示对专家们的生活一定要给予保证。王震也出席了，并当场表示，自己愿意给科学家当司务长。后来王震批给科学院 250 万元（实际投资 210 万元），在京郊沙河公社投资，与当地合办养猪场、养鸡场和砖厂。但有人认为这样会影响到北京市的副食供应计划，1960 年又正赶上反对"商品走后门"，科学院因此事挨了批评，这个副食基地只得停办，并收回剩余资金 34 万多元。

1960 年下半年分院委员会撤销后，成立了劳动生产办公室，派我去当主任，乔星南和刘文清是副主任，吕学成是秘书。劳动生产办的任务有两个，一是组织知识分子参加劳动改造，二是搞机关生产，解决粮食和副食品供应困难问题。此外，民兵训练的任务也归我管。

生产办下设生产组（贾连行负责）、供应组（丁凯秀负责）等，直接领导清河、乐亭两个农场。

到了 1960 年冬或 1961 年春，因营养不良，科学院的职工有 90% 得了浮肿病，特别是高级科研人员患病率很高。为了解决好生活问题，院党组成立了生活领导小组，专门解决食品供应紧张问题，同时，院党组还指示青岛海洋所用科研实验船搞一些机关生产。这期间，我有时抓生产基地建设，有时带队下农场劳动，组织一些科研人员研究如何培养小球藻，如何用玉米核、玉米皮做饼干，用大豆做"人造肉"等代食品，千方百计改善大家的生活。

这期间，张劲夫对我和刘文清说，要趁各单位压缩编制的机会，抓一批搞机关生产的专职人员，可以不受中央和国务院关于机关生产专职人员编制的限制（不得超过机关总人数 3%），并表示，如果上边追究，由他负责检讨。可见当时党组对后勤服务工作多么重视。后来因种种原因，这一计划没有落实。

劳动生产办成立以后，我们曾到北京的清河，唐山的乐亭，天津的宁河、宝坻，乃至黑龙江等地筹建生产基地。我带着贾连行等人开一辆吉普车，到武清、宁河、乐亭等地去联系建农场、采购粮食和副食品。

这里是我过去工作过的地方，人熟地熟，当地领导和群众都还记得我，非常热情地接待和支持我们。每到一处，一些老党员、村干部和群众就会围上来问长问短，把我们请到家里，一起回忆战争年代的趣事、苦事，七嘴八舌地反映当前的一些问题，聊到半夜还不肯离去。他们不把我当外人，许多问题提得既尖锐又深刻，令我无法回答，只能表示一定把他们的意见向上反映。

当时唐山地区的专员张振宇是一位正直幽默而又很倔强的老同志，他亲自陪我们去考察选址，一路上谈笑风生。我对他说，这次我们主要是来搞农场，不要太张扬，免得影响不好。

他却说：怕啥？你走以后，这是第一次回来，大家伙儿都念着你呢，不见见，人家该骂我了。

我说，我现在的情况不同以往了，还是注意些好。

这一说，他更来劲了：有啥不同？不就是东北那点儿事儿吗？不就是说你是"东北虎"（指"五虎将"）吗？东北虎可是保护动物哪！

大家都被他逗笑了，他却不笑，又接着说：笑啥？不信就走着瞧，过不了几年，你还得出来……

我听他越说越离谱，赶紧转换了话题，询问一些与生产基地有关的事情。他的话使我深受感动，多好的同志啊！可是对他那"过不了几年"的预言我却不能苟同，他太乐观了。后来的事实证明，在这次谈话后不久，1962 年的"反击右倾翻案风"、1964 年的"四清"运动，接着就是那场"史无前例"的更大的灾难——"文化大革命"，一个接一个的政治运动，一次比一次更激烈、更残酷。振宇同志的预言不但没有实现，反而有更多的老干部遭难，他自己也未能幸免。

第二天吃罢早饭就去乐亭。县里为我们准备了当时条件下可算丰盛的午餐，但我们还是谢绝了他们的盛情，开完会马上就去海边踩点。经过实地考察，他们在王滩划给科学院一片海滩，搞水稻生产基地。但只搞了一季，就撤了。

后来又去宝坻县，谈妥由我们出资、出劳力，在大洼地养鱼、种稻。但回来后，可能是中央不同意科学院搞生产，结果没搞成。在宁河县的海滩搞了一个农场，也没有坚持下来。

1961年，科学院电子所以价值近10万元的物资器材，换取徐水县一个生产队的几百亩地的使用权，打算搞生产基地。可是，后来河北省委和徐水县委点名批评科学院，结果终未搞成，电子所也作了检讨。

1963年春节前后，北京航空工业学校主动找到科学院生产办，提出希望和我们的宝坻农场合作搞生产。经与农场负责人研究，认为农场有拖拉机，缺劳力，而航校的劳力很多，正可以合伙种一季麦子。后来航校的一位秦副校长带一个干部来开会，具体商定合种小麦的亩数、需要多少劳力、需要劳力的时间，以及产品分配办法（是否除种子和公粮外，两家对半分，记不清了）等，并商定种子由农场解决，运输车辆由双方轮流出。商定后，我和乔星南陪同秦校长去宝坻农场察看了一次，以后的具体事宜就由双方的有关人员去办理。

在那段困难时期，许多领导同志对科学院都非常支持。1961年冬，为了解决副食品供应，经王震同志批示，由我们投资，在北大荒虎林县境内858农场拨一个分场给科学院供应大豆、大米等。正好这时（1962年1—2月间）邓小平指示，为了稳定科学家的情绪，调动其积极性，搞出成果，必须照顾他们的生活，如果靠国家供应解决不了，宁可到自由市场以高价去买副食品，也要照顾好他们的生活。

1962年春节前，我亲自带人去黑龙江省联系，因省里不同意，农场没有办成。但当地政府为了照顾我们，从农垦部的其他农场卖给我们一些大马哈鱼、鱼子酱、狍子肉等，运回来每人分到一斤，为过春节增色。东西虽然不多，但已很不容易了。

我们除了从黑龙江搞来一些副食品外，还从唐山沿海和天津的宁河等地搞到一些鱼，从河南搞到一些蜂蜜。这些东西都是优先分配给高级科研人员，只有少量给了高级领导干部。

生产办的同志们工作非常努力，也非常辛苦。记得我们在宝坻办农场时，因为没有稻种，贾连行拿着我写给当时河北省委书记林铁的信去天津

（当时河北省会所在地）向省里求助，也没找到种子。省里又介绍他去杨村粮油站。他一大早赶到杨村，因没带粮票，买不到吃的，跑了一天，饿了一天，结果还是没有找到种子，只好又返回天津，才买了两块高价点心（不要粮票），又见街上一老太太卖烤麻雀，买了两只，勉强充饥。最后还是从东北解决了稻种。还有一次，老贾带两辆卡车到唐山水利局联系买鱼，由于季节不对，鱼很少。唐山的同志陪着他们在海边跑了许多地方，整整一个星期，收获甚少。老贾打电话问我怎么办，我说，能买多少是多少，实在不行就回来吧！

就这样，人家还是千方百计给搞到 2000 多斤鱼。当时，唐山很困难，饭馆都关门了，夏天卖的冰棍儿是用胡萝卜水做的，有的县还饿死不少人。在这样困难的条件下，给我们这样大的帮助和支持，反映了老区人民对国家建设和科研工作的一片炽热之心，令我深受感动，也令我再次感到欠了冀东人民的情，这份深情，我今生今世也还不清啊！

对于生产品的分配问题，院党组反对绝对平均主义。张劲夫举例说，解放军在供应困难时，不能每人一件棉大衣，一个连队只发几件，只能发给连长、指导员穿。在机关生产产品不多的情况下，我们只能先照顾少数高级研究人员和领导干部，现在对他们的照顾不是多了而是不够。

根据这一原则，生产办直接领导的清河、乐亭两个农场生产的农副产品，主要供给高研人员和司局级以上干部。在最困难的 1961 年，几乎每次分配副食品，都要由生产办先开列名单和每人应分得的数量，交给张劲夫亲自审查。后来情况稍好一些时，仍根据他批准的名单和分配原则分配。

这种分配原则固然有其道理，但当时生活的确太困难了，各单位对此都有意见，特别是许多参加生产劳动的干部反而得不到自己的劳动成果，意见更多。后来，我提出改进办法，把清河农场生产的肉和乐亭农场的大米，以及用清河生产的粮食换来的食油，根据各单位参加义务劳动的多少，按比例分给各单位。同时，为了促进生产，在农场一度实行包工包产和奖励的办法。

在当时那种物资特别紧缺的情况下，很容易犯错误。所以我对自己和生产办的同志们要求特别严，这不仅是为了杜绝"近水楼台先得月"的不正之风，更是为了防止利用工作之便贪污舞弊的现象发生。记得有一次在分完蜂蜜以后，生产办的同志用水把容器洗涮一遍，想分给大家喝，但我坚决不同意。我向他们耐心地解释说：分喝这些涮桶水，本不是什么大问题。但是别人不了解情况，就难免引起误解，还以为咱们"私分"了给高研人员的蜂蜜呢。咱们不能给人家留下话把儿，你们说是不是？于是，大家只得"忍痛"把涮桶的蜜水倒掉了。这在现在看来，是极微不足道的小事，但在当时极其困难的情况下，做到这一点，是很不容易的。有时，他们会给我送一些农场生产的蔬菜等，我都要问清楚，是不是大家都有份儿，如果不是，我就叫他们拉回去，决不收留。后来，他们都知道我是真心实意的，也就不再送了。

我在劳动生产办工作了三年多，1964 年劳动生产办撤销。这期间，要在祁家豁子至北沙滩一带建生物所、地理所、518 工程等科研基地，成立了北郊办公室，归机关事务管理局管。1963 年 3 月，我调到北郊办公室当主任，负责几个研究所的基建工作，同时，北郊的后勤，如幼儿园、医务室等工作也归我负责，劳动生产办也搬到这里。北郊办于 1965 年撤销。

郭沫若院长接见中国科学院北郊干部劳动队时合影（1965 年 5 月 19 日）

在生产办这段工作，我是全心全意为科研人员服务，几乎调动了我过去所有的老关系，取得了一些成绩。同志们和党组织对我的工作也给予了肯定。后来听别人讲，秦力生曾说生产办对科学家可起作用了，不然，科学家们可就饿坏了。听了这话，我心里很感欣慰。

对于工作的频繁调动，我自己不是没有想法。本来东北的问题就是一笔糊涂账，自己不明不白地成了"反党集团"的"骨干"，受了处分，的确感到冤枉，感到委屈。但长期的革命斗争使我养成了很强的组织观念，能够自觉地服从大局。我并不灰心丧气，而是认真做好组织所交付的任何工作。因此各方面对我的反映都比较好，自己也感到一种"无官一身轻"的乐趣。有一次，科学院举办成就展，组织上让我负责接待工作。那天，李富春带国家计委的人来参观，其中有不少是原来东北的老熟人。他们见了我，问我现在干什么，我坦然相告，说是秘书处的副主任。他们都感叹不已。

"四清"与"社教"运动

三年困难时期终于结束了，但阶级斗争这根弦却越绷越紧，两个阶级、两条道路斗争的调门越喊越高，毛主席要求全党对阶级斗争要"年年讲、月月讲、天天讲"，并提出"如何对待国内党内的修正主义问题"。

1962年9月，毛主席在党的八届十中全会上提出，要在全国城乡进行社会主义教育。1963年2月，毛主席在中央工作会议上介绍了湖南开展社会主义教育运动和河北省保定地区农村清理账目、清理仓库、清理财物、清理工分（简称"小四清"）的经验，并据此提出"阶级斗争一抓就灵"，要求以"四清"为主要内容开展社会主义教育运动（简称"社教"运动）。不久，毛主席又主持制定了《关于目前农村工作中若干问题的决定（草案）》（即"前十条"），进行"社教"运动的试点。9月，毛主席正式确定了"以阶级斗争为纲"的方针，把一切工作都纳入了阶级斗争的轨道。同时，刘少奇主持制定了《关于农村社会主义教育运动中一些具体政策的规定（草案）》（即"后十条"），运动在全国全面铺开。

1964年年底到1965年年初，毛主席又主持制定了《农村社会主义教育运动中目前提出的一些问题》（简称"二十三条"）。他认为，"四清四不清"的提法不确切，没有讲清问题的性质，认为这次运动的性质是解决社会主义和资本主义的矛盾，运动的重点"是整党内那些走资本主义道路的当权派"，并认为，"支持这些当权派的人，有的在下面，有的在上面"，"甚至有在省和中央部门工作的一些反对搞社会主义的人"。新的"四清"内容是"清政治、清经济、清组织、清思想"，此后的"社教"运动一律称"四清"运动。现在想来，这是"文化大革命"的前奏，但当时并没有意识到这一点。

1965年下半年，我去安徽六安县搞"四清"运动，办公厅主任郝同生带队，队部设在苏家埠公社，我带一部分人到黄莲寺大队。我任大队工作组的组长，参加当地的党支部。

到了下边，由于当时对农村阶级斗争情况估计得很严重，基本上是避开基层干部搞"扎根串连"①，进行摸底调查。我们了解到群众对干部的意见主要是说他们脱离群众、脱离生产、多拿多占、搞特殊化等问题，有些群众编了顺口溜，例如：

其一
公社干部提个包，
大队干部插着腰，
小队干部扛把锹，
社员累得吃不消。

其二
一早起来无事干，
苏家埠子转一转，
坐在茶馆闲扯淡，
回到家来十点半。

这次运动以正面教育为主，清理了 13 个生产队的干部两年内多占的工分，最多的达 1100 个，最少的 223 个。接着进行了整党，处理了个别不合格的党员干部，发展了一批新党员。经过"四清"，干部作风有所转变，有的队长过去不参加劳动，现在积极劳动了。大队的整党工作于 1966 年 2 月基本结束，返回北京时正是"文革"前夕。

在"四清"期间，我有意识地对黄莲寺大队各小队的情况进行了调查研究，如各小队的人口、户数、阶级成分、劳力、土地等一般情况，1964 年、1965 年粮食亩产量、总产量及资金收入、提留、干部补助、优抚补助、社员人均收入，以及 1966 年预算及两年的比较、1966 年至 1970 年规划等等。但这项调查没有结果，我们就回来了。

回京以后，院党委对我的工作没有明确安排，也没有明确的职务，只说让我负责房产处的工作。

其实，我的处境不仅是行政职务上的每况愈下，随着阶级斗争这根弦越绷

---

① 当时认为基层干部已不可靠，工作组深入贫下中农寻找"苦大仇深"的"根子"，进行近乎秘密的访贫问苦，把这些人组织起来揭发干部的问题。这种做法当时叫作"扎根串连"。

越紧，我的政治权利也逐渐被剥夺。刚到科学院时，我还能参加党委的会议，对一些重大问题提出意见。后来，整风、反右派、"反右倾"、"四清"、"社教"等等，一个运动接一个运动，阶级斗争愈演愈烈，对我的监督也越来越严密，连一般的党内会议也常常不让我参加，到了"文化大革命"，我也同其他"有问题"的同志一样，被当成"反革命分子"而受"专政"，被劳教，直到1979年才落实政策，重新分配工作。

与黄莲寺大队"四清"工作组全体同志合影（1966年2月，安徽省六安县）

被管教的日子

1966年夏"文化大革命"发动。起初，我思想上并未特别注意，可是后来事态的发展大大出乎我的意料，越来越不可理解。

科学院成立了各种各样的造反派组织，原来的党组织瘫痪了，院党委的领导同志和许多业务骨干不是成了"走资派"，就是成了"反动学术权威"，或"牛鬼蛇神"，被揪斗，被"专政"。

我作为"有历史罪行"的人，有一段时间，也被关进"牛棚"①接受"监督改造"，每天除了向毛主席像早请示、晚汇报和吃饭前要背诵毛主席语录外，还要背诵针对自己"罪行"的毛主席语录和专为我们规定的所谓"请罪词"，向毛主席像"请罪"。造反派到我家来抄家，抄走不少笔记本、文件等。有些党内的机密文件，我事先交到机要室去了。后来机要室也被抄，这些文件资料全部散失。造反派和工人宣传队（简称工宣队）成立了我的专案组，我每天除了劳动改造外，还要给他们写交代材料，科学院开批斗张劲夫的大会时，也把我拉去陪斗。起初还允许我每天回家住，到了1968年"清理阶级队伍"时，7月11日宣布的第一批清理对象中就有我，并且令我们这些"专政对象"都集中到机关去住宿。革命革到这步田地，我的心里非常难过和痛苦，失眠更甚了，而且由于失眠和慢性肠炎引起肝肿大，我真担心自己会病倒。但我绝不能倒下去！每当夜深人静，没有人再对我大呼小叫的时候，也是我认真思考问题的时候。除了回忆外单位来调查的问题外，想得最多的就是这场"文化大革命"究竟是怎么一回事。根据我的经验，我觉得目前的状况是不正常的，而且绝不会持续太久。我想到那些过去在错误路线下受冤屈、受迫害致死的同志，也想到在敌人监狱里牺牲的战友，和他们相比，我算是幸运的。现在受难的不止我一个，还有那么多的老同志，他们不可能都是坏人！因此，我相信这种局面一定会过去。就把这个"专政队"当作特殊的战场，再作一次搏斗吧！我很快调整了自己的情绪，把接待外调和写检查交代材料既当作对过去革命历史的回忆，又当作对年轻人的教育，当作自己的一份责任，而把监督劳动当作锻炼身体，以前没有时间系统地学习和总结我们党的历史，现在正是很好的机会。这样一想，我的心情好多了，对眼前发生的一切，也就能够坦然处之。

在全国揪"叛徒"的风暴中，外单位来找我调查的人很多，造反派索性叫我回办公室，或接待外调的人，或自己写检查交代材料。这样，我出了"牛棚"，每天骑车到位于祁家豁子的北郊办公室"上班"，早出晚归，再没人管我。

---

① 当时将所谓的"牛鬼蛇神"集中在一起，由造反派实行"专政"，称为"专政队"，大家戏称为"牛棚"。

那时，我个人受审查的，一是"高饶反党集团"问题，一是在白区的历史问题。

"文革"初期，东北的红卫兵搞了一个"揪高饶漏网分子联络站"，到北京来四处贴大字报，还把一些当年东北局的负责人"借"回沈阳去批斗。他们也曾来科学院"借"我，但院部的同志对他们说，"张明远是死老虎，没什么油水"，给挡回去了。有两次在地质学院开"批斗高饶分子"的大会，抓了张闻天、王鹤寿，还有一位华南局的负责人，也把我弄去陪斗。后来周总理把他们的头头找来，严厉批评说："你们这样搞，是把矛头指向毛主席！高饶事件是主席亲自处理的，不要搞了。"此后，再没人来纠缠这个问题。

造反派和工宣队的大量工作是审查我的历史问题。由于我曾长期在白区工作，又曾多次被捕，他们几乎跑遍了全国各地，找了所有能找到的人证，总想把我搞成"叛徒"，但最终还是未能达到目的。

相比之下，我的妻子黄哲受的迫害更甚。她当时在科技情报所工作，仅仅因为是我的妻子，造反派对她百般折磨：把她的眼镜片磨坏，使她看不清东西，打得她几个星期不能下地走路……自从对我们实行"专政"以后，原来的工资改为每人每月 18 元生活费，孩子们走后，其生活费也停发了。

1968 年，毛主席先后发表了"精简机构、下放科室人员"和"知识青年到农村去，接受贫下中农再教育"的指示，我的三个读中学的孩子分别去了北大荒和山西，黄哲带着小儿子（13 岁）去了河南"五七干校"，我因年纪大，又是审查对象，没有资格当"五七战士"，一个人留在北京。1970 年年初，林彪发布"一号战备动员令"以后，我被作为首都的"不安定因素"和"包袱"被"疏散"到湖北潜江农村的"五七干校"，户口也随之转了下去，仍被编在"专政队"进行劳动改造。我虽然年纪大，但干农活毫不逊色，一些年轻人都比不过我。我有一个小药箱和一套理发工具，平时，谁有个头疼脑热或小外伤什么的，或是需要理发时，都来找我。同志们都不把我当"劳改对象"，大家相处得十分融洽。唯一不顺心的是，我的眼睛高度近视，又有白内障。乡下没有电灯，夜间四处黑灯瞎火的，最犯怵上厕所，有好几次，我在厕所里摔倒。这里是血吸虫病区，许多同志受了感染。我虽然没有感染血吸虫病，但却在一次体检验血时，因针头消毒不严而感染了肝炎，起先住在部队医院治疗，1971 年秋回京继续治病，不久就发生了九一三事件。

1971 年 2 月，专案组给我看了一个关于我的历史问题的"审查意见"，指导思想依然是要把我定为"叛徒"，而且连基本历史情况都没搞清楚，错误和不实之处很多。我看后很气愤，也很激动，从此开始反反复复长达八年的申诉。这期间，"文革"进入"复课闹革命"阶段，我的两个孩子分别被推荐去清华大学读书，但由于对我的审查没有结论，他们都以"政审不合格"而落榜。直到 1979 年 5 月 14 日，科学院才给我作出结论，使我得以重新出来工作。

迟来的春天

古语说"物极必反"，"否极泰来"。"文化大革命"造成的混乱越来越不可收拾，最终酿成了一场灾难，一场浩劫。人们都在思索一个问题：这场浩劫何时是头啊？

1971 年 9 月 13 日，发生了林彪一伙出逃坠机事件，它使人们震惊，也使人们看到了希望。

此时我正在北京治病，虽然"专政对象"的身份依旧，户口也没有转回来，但至少再没有人催我回潜江干校，没有人再来追着我写这样那样的材料，我暂时可以过着自由的日子，也可以思考一些问题了。

1972 年的春节将至，尼克松要来访华，老百姓感受到了北京的变化：供应丰富一些了，政治空气却更紧张了——居委会向大家传达着上级的各种指示、规定和纪律：不许单独和外国人接触，人家提问时如何回答……

就在这时，我接到晓霁的电报，说要带孩子回来探亲。正好黄哲和小女儿晓晶（在北大荒军垦农场）也回来过节，算是难得的一次小团圆。

在此期间，我家七八口人原来住的五间平房，从中间堂屋以西被人占去三间，东边的卧室（二套间）被占去一间。这样一来，我们一家就只剩了一间住室，连出入的门都没有了。幸好还有一间很小的卫生间，改成一道门出入。没了卫生间，只得绕到后院的公厕去解手，夏季还好，冬天路滑，对我这个 60 多岁的人来说，可就很不方便了。

尽管家里如此狭窄，晓霁还是宁愿带着两个孩子每天在过道搭案板、凳子，挤在一起住，也不愿去她姑姑家住，这使我感到欣慰。她谈了很多在学校里挨整的情况，像是在说别人的故事，依然是那样乐观，那样滔滔不绝。她也说到工宣队、军宣队在学校闹的笑话，说学生们如何抵制、如何发泄心中的不满，比如学《毛选》，天天讲用，成了"假大空"，学生就发牢骚说："毛泽东思想像冬天的太阳，只见阳光照，不见暖人心。"她还说："过去总是听党的话，听毛主席的话，老是检讨呀，和你划清界限呀，可是我后来发现，无论你怎么认真检讨，也无论你怎么划清界限，人家还是说你检讨不彻底，交代问题不老实。其实，我有什么好交代的？去他的吧，以后我干脆不检讨，不交代，不划界限了，看你们把我怎么样！结果呀，他们拿我一点办法也没有！"她笑了，笑得那么开心。她还说："四川的武斗那么严重，还不是听了中央文革的话？现在让学生交代后台是谁，我说呀，后台就是中央文革，是林彪！你们没看见那阵势，武斗队排着方阵，戴着藤帽，平端着钢钎，喊着林彪语录齐步走：'完蛋就完蛋，活着干，死了算，枪声一响，老子今天就死在战场上了！杀！杀！杀！'这怪谁呀？你叫解放军武装左派，大家都认为自己是左派，可你武装这个不武装那个，那他还不急呀？就去抢呗！所以呀，群众总是受蒙蔽！我们学校有个顺口溜，我念给你们听：'受不完的蒙蔽，站不完的队，作不完的检讨，流不完的泪！'所以呀，现在大家都明白了，你打我，我整你，结果大家都错了，都受蒙蔽了……"接下来，她的话题一转："爸爸，你说说，这闹来闹去，满朝文武都成了'坏蛋'，闹了半天，原来毛主席是领着一帮'坏蛋'在闹革命呀？那他自己成什么了？"

听着她大胆而深刻的议论，我心中像翻江倒海一样难以平静。一方面，她给我带来了我过去不曾了解的许多新的情况、新的观念；另一方面，她的问题也正是我所苦苦思索的问题，我无法回答她。

就在我们难得团聚的这段时间，赵达也来到了北京，住在其长子小胜家里。小胜在新疆服役没有回来，他妻子带孩子在北京工作，赵达是从干校获"解放"后来北京的。那段时间，晓霁白天带孩子去二龙路附近的小口袋胡同和她母亲、嫂子团聚，晚上仍回我这儿来住。有一次晓霁回来说，她向赵达讲了四川"文革"中的情况，赵达说：造反派就像是白莲教，走火入魔，"刀枪不入"。她听了觉得好可笑，回来讲给我听，我也觉得，这比喻虽不太恰当，但群众受蒙蔽这一点是共同的。

意想不到的是，第二年，晓霁再次回来时，赵达患了癌症，正在北京检查治疗，在她住院手术期间，晓霁每天早出晚归奔走于医院、石板房和小口袋胡同，转达我对她生母的问候和祝福，也向我通报赵达的病情。有一天她回来说："我妈让我告诉你，过去的事情就让它过去吧，大家能活到现在都不容易！"我说："你问问你妈，我想去看看她，不知行不行？"不料晓霁一口回绝说："我看你就别去了，你的意思我一定带到。"就这样，我终未能见她最后一面，心里总感到遗憾，战友情，夫妻情，儿女情，怎能轻易忘却？以后很久，我还和晓霁提起此事，说那时她不该不让我去见她母亲最后一面。晓霁说："那时不让你去，是出于两方面考虑，一是我妈脾气不好，怕她一时激动起来，使你难堪（当时她住的病房有 14 个人），二是怕因这事影响你们现在的夫妻关系。"我再次感到，她的确是长大了。

关于我家的房子问题，我多次向科学院提出申请调整，黄哲也跑了多次，一直没有着落。这次晓霁找到她在科学院的一位同学，在北大读书时他们相处得不错，此时是造反派的一个小头头。晓霁对他说："你们对我爸合适点，别人不了解他，你还不了解？把我们家挤成这样，太过分了。想法给他调调房子吧，他年纪大了，身体又不好。就算看我的面子！"不知是她的话起了作用，还是别的原因，1974 年，我们一家终于离开了石板房的那间小屋，搬到三里河三区的一套两居室单元房，虽然居住面积只有 20 平方米，但有暖气、厨房、卫生间，比在石板房方便多了。

三里河是国家机关集中的地区，中科院院部也搬到这里来了，我上班很方便。其实我并没有恢复工作，只是出于习惯，每天仍去机关走走看看。黄哲从"五七干校"回来以后，调到中科院地震所工作。

自从我来北京以后，因为怕牵连别人，和过去的老熟人几乎都断了联系。经过"文革"，大都又恢复了联系。有许多熟人住在三里河一带，我们经常聚在一起，互相传递消息，传抄中央各位领导人的讲话，议论形势，分析将来事态的发展，等等。邓小平的复出，给我们极大的鼓舞，但我们也感到党和国家前途未卜，不免深切忧虑。

尽管宣传中说毛主席身体"非常健康"，但人们还是从新闻报道中看到他的表情和迟缓的举止，说明他并不健康。细心的人还会发现他接见外宾时，书桌上那已很久没翻过的书，那严重浮肿的双脚……

江青一伙的活动却日益猖獗，毛远新成了毛主席的"代言人"，不时传出一些零散的"最高指示"。

形势越来越令人担忧。

四届人大，周总理连任，似一支兴奋剂再次鼓舞了人们，可是对他健康状况的担忧冲淡了由此而来的喜悦。但不管怎么说，人们越来越明显感到山雨欲来风满楼，大决战的时刻快要来了。各种传言不胫而走，最振奋人心的是1975年5月3日毛主席在政治局会议上的讲话："要搞马列主义，不要搞修正主义，要团结，不要分裂，要光明正大，不要搞阴谋诡计。不要搞四人帮，你们不要搞了，为什么照样搞呀？"

1976年1月，周总理不幸病逝，京城皆悲、全国皆悲！全城上下，老人孩子站在十里长街上哭送总理，惊天地泣鬼神，那不仅仅寄托了对总理的哀思，更寄托着对"四人帮"一伙的仇恨，企盼着他们早日垮台！这种仇恨与企盼，终于在1976年的清明节迸发出来，形成同"四人帮"的公开对抗！

黄哲每天给我带回外边的各种消息和从天安门抄录的诗词、文章，其中，印象最深的有：

其一
欲悲闻鬼叫，我哭豺狼笑。
洒泪祭雄杰，扬眉剑出鞘。
其二
滚滚人流起悲曲，巍巍苍松悼总理。
缅怀英烈胆更壮，奸邪有何了不起！
其三
烈士碑前人如潮，缕缕哀思化怒涛。
东风吹向天地外，荡尽人间群魔妖。

那些天，几乎所有的人都兴奋不已，都认为"四人帮"就要垮台了。

不料，形势的发展同人们的愿望相反，天安门事件被当作"反革命事件"而遭到残酷镇压，邓小平被当作"中国的纳吉""天安门事件的黑后台"而再次下台、受批判，北京城陷入"四人帮"制造的恐怖气氛之中。

但，这是黎明前的黑暗，是"四人帮"垂死的挣扎。

1976年啊！这一年发生了太多的灾难，天安门事件的悲愤还没有完全平息，德高望重的朱老总病故，震惊世界的唐山大地震，毛主席逝世，噩耗一个接着一个!

人们更为中国的命运担忧,难道真的让"四人帮"接掌党和国家的权力吗?

一次,一位老同志对我说,他在市公安局刑警处一位负责人家里,看到一份会议记录,说公安部部署了四条当前任务,第一条就明确说道,"中央有人搞串连活动,保邓小平"。他认为这极不正常,说明"四人帮"要动手了,很可能将有大规模迫害活动……

情势已极为危险,我们都很担心。

四天后,党中央采取果断措施,逮捕了"四人帮"!

消息传来,举国欢庆,严冬终于过去,明媚的春天到来了。

料峭春寒

当人们从粉碎"四人帮"的欢庆和喜悦中平静下来的时候,发现许多事情并没有多大的改变:反修防修和阶级斗争的调子依然在高唱,"文化大革命"的路子依然在走,许多老干部,特别是中央的高级领导干部依然不能出来工作。就我个人而言,虽然相对于被"专政"、被管教来说是自由了,虽然负责审查我的"专案组"换成了"院审干办",但他们的指导思想没有变,依然坚持着要把我定为"叛徒",迟迟不给我作出公正的审查结论。总之,凡是毛主席说的话和确定的事情,一样都没有改变,也不能改变。这个原则后来被概括为"两个凡是",它牢牢地禁锢着人们的思想,制约着我们党和国家的发展。

已经不止一次了,我反复问自己:毛主席发动这场"文化大革命"究竟有没有必要?"文化大革命"所执行的路线究竟对不对头?如果不对,那么是一条什么路线?林彪和"四人帮"反革命集团被粉碎以后,党在路线上要不要调整?等等,我的思路又不自觉地回到了"大跃进"和三年困难时期,当时的路线正确吗?与"文化大革命"的路线有什么联系?我再次陷入了深深的困惑与苦苦思索之中。

终于,我觉得自己似乎理出了一点头绪:从这场"大革命"的性质和内容来看,路线是非的斗争与敌我斗争交织在一起,既是党内正确路线同"左"倾错误路线的斗争,又是革命群众为维护无产阶级专政,同两个反革命集团的斗争。前者属于党内是非的性质，而后者是林彪、"四人帮"利用"左"倾错误路线镇压摧残革命力量、阴谋篡党夺权、颠覆无产阶级专政、实现封建法西斯专政，属于革命与反革命阶级斗争的性质。

因此，粉碎"四人帮"只是解决了革命与反革命斗争的问题，即巩固无产阶级专政与粉碎封建法西斯专政的问题，而并未解决党内的路线是非问题。粉碎"四人帮"以后一年多来执行的路线，无论在思想上、政治上、组织上，仍然是毛主席制定的一套"左"倾错误路线。那么这个问题如何解决呢？

1978 年 12 月党的十一届三中全会以后，对"文化大革命"前及粉碎"四人帮"以后两年来"左"的错误，从思想上、组织上进行了全面的清除，批判了"两个凡是"的错误方针，否定了"以阶级斗争为纲"的口号，确定了从 1979 年起，把党的工作重点转移到社会主义现代化建设上来的战略决策。这是我们党在政治路线上根本的拨乱反正。接着又从组织上进行拨乱反正，平反冤假错案，使一大批在"文化大革命"中受迫害的老干部获得解放，重新走上工作岗位。

料峭春寒过去，祖国的春天真的到来了。

第九章　在机械工业委员会

（1979 年 11 月—1982 年 4 月）

　　眼看着许多老同志一个个被"解放"，重新走上工作岗位，而我仍在日夜企盼中受着煎熬，等待着科学院给我作出实事求是的审查结论。1978 年，中央开始考虑为我们五个在"高饶事件"中受牵连的人安排工作。马洪拟安排为十二大中央候补委员，到社科院当院长 ①；张秀山任农委副主任、中顾委委员；郭锋、赵德尊分别任辽宁和黑龙江省委书记，唯有我，依然不知所以。这年我已经 72 岁，还要等多久呢？我怀着急切的心情给党中央写信，希望早日落实政策，恢复工作。

　　1979 年 5 月，科学院终于下达了对我的历史问题的复查结论，我总算可以重新为党工作了。做什么呢？我要求到学校去，但没有得到答复。后来中央组织部找我谈话，让我去吉林当省长。几乎同时，当时正在甘肃任省长的宋平调中央工作，他建议我去接替他。这当然都是很好的安排，但仔细一想，别说我这么大年纪了，就从我已脱离领导岗位 25 年的情况来看，能胜任这样的工作吗？个人名誉地位事小，给党和人民的事业造成不应有的损失事大啊！特别是现在百废待兴，应当让年富力强的同志去担此重任，所以我没有同意。

　　1979 年 11 月，中央组建国家机械工业委员会，调我去那里担任副主任（主任为薄一波）。当时薄一波找我谈话，说中央对你们五个人的工作安排，不受过去问题（指"高饶事件"）的影响，高岗是高岗的问题，你们是工作关系，没问题，后来东北追查历史根源，搞了张、张、赵、马、郭，没道理，风马牛不相干。

---

　　① 马洪于 1979 年任社会科学院副院长，1982 年 6 月任社会科学院院长兼任国务院秘书长，同年 9 月当选为第十二届中共中央候补委员。——引自《中共党史人物传》73 卷，第 216 页。

从此，我告别中科院，投入了筹建机械委和前期的调研工作。

经过"文化大革命"的十年浩劫，我国经济濒临崩溃，人民生活极度困苦。现在，我们的党和国家又面临着一个新的百废待兴的经济复苏时期，任重而道远。对我来说，由于长期脱离领导工作岗位，对国情民情及中央的方针政策都很不了解，要上岗，首先必须学习，奋起直追，以便跟上形势，胜任新的工作。

长期以来，我国经济建设都是从实现工业化和战备的需要出发，按照优先发展重工业的方针进行的，为了实现我国的工业化和现代化，全国人民艰苦奋斗，大干快上，"一年等于 20 年"。粉碎"四人帮"以后，按照过去搞建设的老路，1978 年 2 月又提出庞大的发展规划：在 1978 年至 1985 年间，要建设 120 个大项目。这个被人们称之为"洋跃进"的规划的确很诱人，很振奋人心。但事实证明，它在一定程度上造成国民经济比例严重失调，经济更加困难。

1978 年 12 月召开的党的十一届三中全会，确定了从 1979 年起，把党的工作重点转移到社会主义现代化建设上来的战略决策，并总结了新中国成立以来经济建设的经验教训，提出经济工作必须实行"三个转变"，即从上到下都要把主要注意力转到生产斗争和技术革命上来；从那种不计经济效果、不讲工作效率的官僚主义管理制度和管理方法，转到按照经济规律办事的科学管理轨道上来；从那种闭关自守或半闭关自守状态，转为积极地引进国外先进技术、利用国外资金、大胆地进入国际市场。[①]经济建设指导思想的这一重大转变，拉开了改革开放的序幕。紧接着，1979 年 4 月 5 日至 28 日召开的中央工作会议，通过了中共中央关于调整国民经济的决定，制订了对国民经济进行"调整、改革、整顿、提高"的八字方针。

邓小平提出：现在中心任务是调整……过去提以粮为纲，以钢为纲，是到该总结的时候了。一个国家的工业水平，不是决定于钢，把钢的指标减下来，搞一些别的。谈农业只讲粮食不行，要农林牧副渔并举。

陈云也指出，我们搞四个现代化，要讲实事求是，我们国家是一个 9 亿多人口的大国，80% 的人口是农民，要从这个情况出发。按比例发展是最快的速度，过去说指标上去是马克思主义，指标下来是修正主义，这个说法不对，

---

① 党的十一届三中全会讨论并原则通过的《一九七九、一九八〇两年经济计划的安排（草案）》。

踏步也可能是马克思主义。要有两三年调整时间，最好三年，调整的目的，就是要达到按比例，能比较按比例地前进。

根据这些指示精神，审视我国的机械工业，的确存在着不少问题。

机械工业是全国最大的工业，也是最重要的部门之一，工人占全国职工1/5多，担负着为国防工业和其他工业部门，以及农业、交通、能源等部门提供装备，并直接为人民生活提供消费品的重任。但过去我们的机械工业无论在路线和方针政策，乃至体制、管理、技术水平和技术队伍等方面都存在着许多问题，严重地制约着我国机械工业的发展。因此，对机械工业的改造迫在眉睫。

正是在这一大背景下，中央决定成立机械工业委员会。

机械委的任务就是统领全局，落实中央的八字方针和有关经济政策、技术政策，按照专业化与协作相结合的原则，统一规划合理调整，整顿和改造机械工业，大力提高产品质量和成套设备自给率，实现产品的标准化、系列化、通用化（"三化"），使机械工业更好地为我国四化建设服务，打开国际市场，加快四化建设进程。

工业化的心脏部门

国家机械工业委员会于1980年2月2日成立，1982年4月28日撤销，在两年多的时间里，为我国机械工业的调整、改革、整顿做了大量工作。

长期以来，我国的工业一直划分为军工和民用（地方）两大体系，各自独立。实践证明这种体制弊端甚多。邓小平曾经设想，把军工和地方工业两套系统的机械工业统一起来，平战结合，军民结合。管理上搞专业化联合公司，由专家治理；产品搞"三化"。这样的改造涉及8个机械工业部，以及煤炭、轻纺、化工、石油、农垦等诸多部门，可算是机构改革的一项重大举措。这项工作由当时的副总理薄一波负责。

1979年11月，机械委初步搭起班子。29日，薄一波召集会议，要求拟订最近工作安排，商讨制订（主任、副主任）集体办公制度，建立工作记录，对国务院交办事项从开始到结束，要有记载。12月1日，办公会确定每周二、周五上午为集体办公时间。

1979年12月6日，薄一波传达中央成立机械委的意图，就是要调整改革机械工业，包括军工。邓小平讲，军工方面应平战结合，军民结合。要快搞联合、办公司，机械化、标准化、系列化。要搞专家治厂，专家治专业公司。过去的机械工业，包括军工，手工业作风严重，不管大小厂都想搞全。

要从理论上阐述对机械工业调整改革的必要性。这项工作如何开展，要做些设想。

要调些精干的，三四十岁、四五十岁左右的干部，请些技术专家为顾问，三五个技术权威，三几个经济管理的权威、全国知名人士，三几个工艺专家。

12月13日，薄一波召集副主任座谈关于成立机械委的具体问题，他说：要组建一个由倪志福、沈鸿等十几个人组成的技术方面的班子，多从技术和帮助协作方面做做工作，这个班子与顾问不同。顾问带有评判、专业决策性，包括自然科学与社会科学的专家。顾问由国务院下聘书。也要搞一个了解做买卖、搞经济的班子。

倪志福说：要对机械工业做些基础调查。调查内容包括：机械工业系统的现状，这方面的人才、设备、产品情况。调查以每个部为主进行，由机械委综合研究。比如产品标准化，现在有几个标准——部的标准，厂的标准，国际标准。还要了解研究机构情况，搞清部管的、厂管的、院管的。专业化协作如何搞，分几个类，部的，地方的，地方与机械委的关系等。

其他同志发言认为，要从理论上阐述调整机械工业，包括军工的方针政策等问题，进行调查研究。

12月22日，几位副总理开会研究关于机械委的性质任务问题，国务院秘书长金明参加了会议。

下面是我记录的几位副总理讲话要点：

李先念：为什么要成立机械委？因为机械工业是我国工业化的心脏，很复杂，头绪多，许多部都有机械工业，与几个委、国防工办，都有关系，需要成立机械委统筹考虑，这也是标准化、系列化、通用化的需要，要组织起来，对引进的东西要消化、利用、学习、改造、创新。

薄一波：机械委工作之始，需要点时间了解情况，希望各部委支持帮助，机械委做拾遗补阙的工作。

设想机械委受计委、经委等六个部委领导，当联络员，起秘书长的作用。首先要解决"吃不饱"的问题，需要的干部，希望各部委支援。

余秋里：拥护设机械委，机械委工作性质很重要，以技术装备四个现代化，对现有基础要有足够的估计，不能小看它，要把内部组织、外部协作、引进，三者结合起来，把工人和技术人员的积极性调动起来。

康世恩：讲四个问题：1. 专业化协作的组织问题；2. "三化"问题；3. "吃不饱"问题；4. 产供销问题。

机械工业问题，要机械委负责，各部委配合。

首先是专业化协作，一切部门都要服从机械委，现在各部的专业化，是不合经济规律的，经委搞了一年专业化，仍是以旧办法搞的，等于增加一个局，仍搞不好。要按经济规律，企业自主权、计划管理与市场调剂结合，基础才能搞起来。首先要立法，公司法，在法的范围内自由结合。

其次，"三化"很重要，要立法，标准局与"三化"关系多些，关系到机械工业方面的，由机械委、经委双重领导。

再次，"吃不饱"的问题，生产安排仍由经委搞，机械委协助。要做到：计划安排与订货制度相结合，搞订货展销、自由结合与竞争、出口产品；成套设备，只要是先进的，当年无计划的也要适当制造；要按四化需要大搞新产品试制。

最后，产供销的关系，包括条条块块关系，有关机械工业的大的立法，由机械委搞。

王震：机械委的任务，要成为有权威、有能力的机构，把革新的任务摆在首位，要有一批专业人才，要抓方针，要求机械委向高尖精方面做些调整工作。

谷牧：

1. 机械委的任务不是拾遗补阙，应成为机械工业的统筹机构。机械工业过去缺乏统一规划，盲目发展，必须有个统一规划管理的机构，通过调研提出方案，要成为机械工业总裁。

2. 机械工业潜力很大，技术力量不能低估，通过技改、引进、合营等，提高自己技术水平，装备武装工业。

姚依林：机械委一定要把机械工业统筹的任务担当起来，不是拾遗补阙，是统筹安排。

总之，他们认为，机械委是一个有权威、有能力、具有统领全局性质的机构，具有机械工业总裁的性质，而不是联络员、秘书长。

机械委的任务不是拾遗补阙，而是：1. 统筹安排机械工业发展的方针政策，抓立法、抓计划，关系到机械工业的大的立法，由机械委抓，或由机械委和经委双重领导；2. 统筹机械工业的调整、改革和整顿工作，统领机械工业的专业化协作；3. 协助经委负责统筹组织安排生产，统一审查进出口产品，出口方面以机械委为主，进口方面以进出口公司为主，机械委配合。

1979 年 12 月 25 日，机械委召开办公会议，进一步研究了机械委的任务、编制、干部调配、专家聘请和近期工作安排等具体事项。

12 月 27 日，召开机械委第一次全体会议，薄一波首先讲了成立机械委的经过和暂定委员名单、机构设置、人员编制等。他说，委员名单是根据工作需要安排的，尚需补充一些人。初步设想，人员暂定 60 人，工勤人员在外。设办公室和两个局，一是综合研究，二是着重专业性研究，并处理国务院交办的任务等；顾问工作室，请 15 名左右顾问；另外请些专家建咨询委员会，提出专题请他们研究。此外，各工业部门设出口推销组织，与生产密切联系起来，另一部分人搞市场情报。

接着，他讲了委员的职责、抽调干部等问题。根据调研工作的需要，成立几个专业小组[①]，其任务是调查研究、了解情况、提出方案及执行中的检验等。

1980 年 2 月 2 日，经第五届全国人大第 13 次会议通过，正式成立国家机械工业委员会。

1980 年 2 月 20 日，办公会对机械委的工作作风提出要求：今后各部找来，凡能办的即办勿推，不要急于想做出大的成绩……

后来又经过反复研究，确定机械委的机构设一厅、一室、五局，即办公厅、政策研究室、计划局、科技局、经营管理局、军工局、进出口局。这时的人员只有 100 多人。后来又增加日用机械产品局，人员相应增加一些。干部都是从各部委挑选抽调的，其中有经验丰富的老同志，但更多的是中青年干部，都很优秀，干部班子非常精干。连勤杂人员一起，总共 140 人左右。

机械委主任薄一波，副主任除原来拟定的倪志福（政治局候补委员、全国总工会主席）、沈鸿（专家）、宋劭文、张明远、范慕韩、徐驰等 6 人外，后

---

① 关于专业小组的设置，曾不止一次研究，1980 年 1 月 11 日办公会议确定为 8 个组：军民结合统筹组、发动机组、进出口组、汽车组、发电机组、轻纺市场组、电子仪器仪表组、重型设备组。

来又增加了吕东（党组副书记）、谢红胜、孙友余、陶力为副主任。董峰任办公厅主任，宋劭文兼秘书长，副秘书长由董峰、陶力（副主任、进出口局局长）、张力克（科技局局长）、冯克（经营管理局局长）、赖坚（军工局局长）兼任。

3月11日至13日，薄一波召开机械委全体会议，讨论机械委的任务，统一认识，归纳起来大致有以下几点：

1. 总结机械工业的经验教训，统筹安排对机械工业发展的方针政策和法规（立法）、计划非常必要。进城30多年，搞建设花的时间比民主革命长，代价大，忽上忽下，一再折腾。要总结历史经验教训。

机械工业是四化的核心，应有一个长远的、较稳定的、实事求是、留有余地的计划。把长远规划搞好，明确机械工业的发展方针政策，去掉盲目性，提高自觉性，对共同与特殊的问题、规律性，应有统一认识。比如关于我国工业化道路问题，由农业国变为工业国必须先发展轻工业。斯大林提出以重工业为主，是根据苏联的条件搞的，不能成为普遍真理。

2. 要研究机械工业体制、管理的特点和规律，搞清共性与特性，如何按经济规律办事。

研究机械工业的改革方案，要有一个总体设计规划，主要解决大而全、小而全，克服重复建设、盲目发展的痼疾，还要解决中央与地方、分散与集中的关系。

组织策划对机械工业从体制到技术和产品的改造，统筹规划军工与民用工业、中央与地方工业，实现军、地管理体系的专业化，搞好联合、协作，实现产品的"三化"，为其他行业提供物美价廉、适用配套的装备、设备，为军工、民品的生产服务。先试点，后推广。60年代初期九大设备，如化肥、炼油设备等，以及国防工业原子弹、氢弹、导弹（"三弹"）的三部曲：预研、定型试制、批量生产，是成功经验，应总结推广。

3. 狠抓机械工业技术发展、技术改造和技术装备政策，要与科研、使用部门结合，搞机械工业长远科技发展政策。加强科研设计、测试、试制与科技力量培养等，统筹技术队伍的整顿、培训、提高。组织策划新技术、新产品的引进、消化和研制，为机械工业发展和走向国际市场开辟新径。以前那种土洋结合、大中小并举的方针是否仍适用，值得考虑。

4. 定部署、定规划，制订产品进出口和技术引进政策，避免盲目性。对民族工业和国内优良产品应实行保护政策，凡能自造的不进口。引进项目应限于关键性的，而且不应大量引进设备，而要引进技术与样品，引进以后的消化掌握、试验、仿制等要结合起来。先进设备的厂应优先安排；引进的与出口的由机械委统一审查、组织生产。出口要从机电方面突破，统筹兼顾，全面安排。以后逐渐抓机电、电子、轻工等方面的工作。

深 入 调 研

早在 1979 年 11 月机械委刚搭班子时，就确定了机械委在各部委的基础上工作，先抓几件亟须解决的事，对各省市也做些调查，如军工"吃不饱"的问题，邓小平批办的 13 套进口化肥设备维修协调问题、光学感应器生产问题，李先念批办的造船、买船、租船的矛盾问题，造十万吨船问题，汽车问题（包括车和利润分配问题）等。调研内容包括：机械工业的现状，历史经验教训，存在的问题与矛盾，如何解决，几个办法的比较，以及调整改革整顿中可能出现的问题等。机械委成立以后，1980 年至 1981 年继续做了大量的调研工作，各专业组先后召开了汽车、船舶、电子、化工机械、轻纺机械等专业座谈会、汇报会，以及北京、天津、上海、辽宁、黑龙江、湖北、四川等九省市的座谈会，广泛听取各方面对机械工业调整改革问题的意见。那段时间的工作很紧张，几乎每天的上下午都安排了座谈会、汇报会，涉及的问题大体上可归纳为以下几个方面：

一、统一认识

第一是从理论上明确我国经济的基本特点和现代化建设应遵循的基本方针是什么？我国四化的标准是什么？经济规律包含哪些内容？如何理解有计划按比例发展，以及供需关系、价值规律、分配和积累的关系等等？过去片面强调优先发展重工业的工业化道路究竟对不对？我国现在实行优先发展轻工业，是否资本主义工业化的道路？还要充分认识过去的"三纲"——以阶级斗争为纲、以钢为纲、以粮为纲造成的破坏，政治运动太多，不能集中力量搞经济建设。认清斯大林错误部分的发展所产生的各种弊端，真正做到从我国实际情况出发，按经济规律办事。

第二是对于我国经济的现状和存在的问题，如经济结构、体制、计划、技术、技术队伍和经济立法等几个方面也要有统一的认识，新旧中国经济结构有何不同，搞四化应有怎样的经济结构？认清新中国成立以来经济建设的主要成就和经验教训，前进中破与立的应是什么？提出相应的调整改革方针政策。

第三是统一对机械工业在四化建设中的地位、作用、现状及服务对象的认识，了解机械工业的生产能力、生产状况及存在的问题，包括：

新建、扩建企业情况，如因盲目发展、重复建设而饱和的，因钱少缩减下马的，质差价高而积压过剩的，"吃不饱"的；

近期（1980年）产销和市场供需情况；

机械工业的技术及职工队伍状况、技术改造情况；

机械工业进出口及引进技术、设备情况等等。

一般来说，农业、轻工业发展所需要的各方面的生产、消费资料供应不足，社会有购买力，有条件，但未打开国际市场。另一方面，重要机械设备主要靠进口，我国机械出口仅占2%。

第四是统一对机械工业发展方向与规划、远景预测及方针政策的认识，总结对过去机械工业方针政策方面的认识与主要经验教训，对的、错的、已不适于今天的，都在总结范围之内，包括1981年计划和"六五"计划；对1981年及"六五"期间至90年代的市场预测、技术改造等。

二、关于机械工业的现状

有人比喻说，机械工业得了"冠心病"，大而无力。主要存在的问题是：

1. 管理体制散、乱、呆（流通统得过死），体系条条块块分割，领导多头、分工太细，管理分散，部下面又分几个总局，强调独立完整自成体系，贪求大而全，小而全，组织极不合理。军工的、地方的，农机、工交、轻纺、化工等等，全国有45个部门承担机械制造任务，四川的机械工业上边有30多个部委归口，重庆的企业上边有60多个头。而且各部委都强调自成体系，互相分割，重复建设，盲目发展，而不是专业化协作，结果造成投资和技术力量的浪费，一方面是企业无活干、"吃不饱"，如辽宁一半以上机械工业企业无活干；军工生产平时无订货，而且由于部队装备体制长期不定，造成军工乱上乱下。另一方面军工搞民品，盲目搞短线产品，与地方生产部门矛盾多，又有现在大上，将来大下的趋势。四川有11000多个企业，千人以上的202个，全省柴油机厂就有几十个，建委要求在四川的委属工厂全国配套，但现在本省即能配套。资金的利用率，日本为1：30多，有一家电子企业为1：300。我们三线建设占投资80%，"小三线"建设大量全面开花，投资成本浪费部分占1/3—1/4；八机部仅为1：0.20元。

管理体制不合理，还表现在产供销脱节，过去是以计划定产销，而不是以市场需求定产销，缺乏竞争性，难以继续发展。零配件供应和技术服务等跟不上。过去机械工业服务对象偏重于重工业和国防工业，而对农业、轻工业和日用工业品生产的服务不够重视。基建大上大下，机械工业即受很大影响。

2. 管理水平低且落后，国外计算机应用在管理方面占80%，我国在这方面应用范围很小，与国外差距不止20年，四川的一些企业管理甚至处在资本主义国家30年代水平。轻工部的机械工业管理水平相当于国际上40年代的。许多企业仍是落后的小生产方式和工艺水平，手工操作，致使产品质量无保证，性能不稳定，不配套，不适用。不少企业属于地方和集体，主要是为大工厂加工、自制一些机床等，多数是仿制，独立设计的很少，与外国先进水平相差10—15年，好的可达六七十年代水平。

此外，不必要的技术保密，不利于技术进步，造成科研浪费。不仅军工对地方有封锁，各部之间也有封锁，如电力部生产电表，一机部不给图纸；邮电部生产，四机部不给资料。

3. 技术力量配置不合理，许多企业的科技人员闲置，浪费很大。军工系统在万名科研人员中，搞科研设计的只占14%，科技人员绝大部分集中在中央直属厂，75%企业没有测试手段。工人等级差，三级工只相当于一二级。四川军工系统科研力量23000多人，未发挥力量。轻工部机械工业搞设计的人员只占10%，技术人员占3%，而日本的科技力量占25%—40%；设计人员占科技人员60%。

设备和技术陈旧，轻工部的机械工业，国家投资最高占30%。有一些进口机床，才搞起来。由于机器折旧率太低，折旧在资金上是供给制，旧的设备和技术不能淘汰，新的不能引进，不仅造成生产成本高、效率低、污染重，而且产品质次价高，不受欢迎。如外国的印刷机每小时印1万张，国产的只能印1800—2000张；国外已普及塑料纱管，我们仍用木质的；有些产品在国外已被淘汰，我们仍在使用。另一方面许多国内所没有的产品，如测试仪器、洗衣机的控制器、集成电路、各种车辆、升降机、计算机零件等，不得不大量从国外进口，而且偏重于引进设备，不注意引进技术。

4. 产品设计质量、规格、款式、包装没有统一标准，缺少测试仪器和测试手段，有的一个厂都没有试验车间，造成产品不合格、不配套，质次价高，不能适应市场需求，大批积压占库（1980年机电产品库存量198亿元）。

5. 出口方面，"三大件"（自行车、缝纫机、钟表）和成套设备中的橡胶、烧碱、水泥、玻璃、制砖、纺织、发电等设备潜力很大，工具器件出口潜力也不小。要提高产品质量，加强经营管理，逐步达到国际同类产品标准。有些货源不足，时断时续，结果被台湾抢了市场，如马达轴承、电子元件等。

进口方面兴趣很大，盲目引进、重复引进的情况不少。进口成套设备的同时，引进制造技术和设备、分工合作生产做得不够，只进成套设备，不引进单机，不引进技术。1972年引进4条手表生产线，至今不能发挥作用；引进大规模集成电路的就有7家；压缩机等关键部件主要靠进口。

三、对机械工业调整改革的基本思路

改组的目的是适应中国式的四化建设。要解决的问题，一是管理体制，改变目前大而全、小而全，重复建设、重复生产的状况；二是提高技术水平，实行专业化协作。

第一，调整机械工业的发展方向，做到有计划、按比例发展。今后要按照农、轻、重的发展方针发挥机械工业的作用，机械工业内部的比例关系（积累与分配、消费等）要适当，布局步骤、增长速度、财政收支等，要有统一的中长期规划目标，要明确合理，分工协作，要稳定。订计划要注意统筹安排，综合平衡，各部、各地区要衔接，要讲系统工程。

第二，要从质量、数量上提供七八十年代水平的产品，满足装备工农业、国防、科技和人民日用工业品的需要，开辟和扩大国际市场，为增加外汇、积累建设资金，并通过市场竞争促进、提高技术水平和为援外做贡献。

第三，在管理体制方面的改革实行军民结合、平战结合、专业化协作，协调产供销关系。要立法，吸收理论界参加，制订科研、技术、管理等方面的政策法规，如公司法、标准计量法、专利法和价格、税收、信贷、财政等方面的立法；人才培养政策，新材料、新产品研制经费及推广政策，进出口政策，等等。

四、由机械委负责统筹对机械工业的调整改革

包括对军工和民用机械工业的统一协调，军民结合，科研与生产结合，厂所合并。国防工办应协助主管副总理工作，而不是一个领导机构。

初 见 成 效

经过几个月的调研，1980年7月，机械委向中央作出汇报，在汇报会上，邓小平多次插话，对调整改革问题作了具体的指示，大意是：

1. 建设目标，讲比例要讲到人民生活，要指出人民生活有下降，特别是少数民族地区。人民生活改善要提出来，讲生活不单是工资提高2%，应包括文教、劳保、卫生、住房等。工资制度实行职务工资，不如此不能鼓励先进。就业面扩大，人民会得到好处。四川沼气搞得好，要搞专业队伍解决水泥、专业厂。

目标仍按小康之家，说得过去，承认差别，20%的人民先富起来，就会带动其他。齐头并进不行，要靠经济杠杆规律办事。

2. 三线建设力量"山散洞"，吃了很大亏，要好好总结。军工生产，除一机部、七机部外，都改为军民结合。不提以军为主，军队是订货关系。航空也要改，优先发展航空也要把时间拉长。造船并于交通部。取消铁道兵和基建工程兵。部队军费不增加，要减人。取消国防工办宜早不宜迟。

3. 引进——为了自己消化、制造。国防工业技术引进主要是空军、坦克。出口要在国外搞几个贸易中心。贷款利息高的不要贷。过去援外太多，是一个教训。通信卫星，无钱可不搞，可以租用。

4. 今后10年预测，计划订得低些，争取超过。订得高了，就会铺摊子、拉长战线、质量差。农业订4%不低，工业5%是否又低了、慢了些？稳中求快，不是越慢越好，产品多了，指标会高些。人均1000美元收入多少时间才能达到？工农业总产值翻一番能否提前？可否考虑两个翻一番（前后两个10年）？

综合平衡问题，能源比例失调，"六五"期间不可能有大的改变，如12年翻一番，"六五"期间平均年增长5.5%……"以节能为中心的技改"，提法可以，机械工业计划中要提到重要位置，目标：一、自制，二、出口。

（李先念插话：土洋并举要批判。）

建节能小组，机械委参加一人。三峡由计委、建委、科委建小组，请专家参加，机械委讨论一次。八九月份，科技要讨论一次，10 年规划要有个目标。

5. 体制改革，"六五"期间要完成，核心是搞专业化，要有能力的人搞公司，两年不行就换人。让有能力的部长当经理，有用人权、对外权、经济权。公司要搞经理制，不搞党委制。工厂取消党委领导，企业取消一元化领导，成立支部，支部作保证。

各部要缩小，成立委，部成为委的小组、部的职能机构。公司不归部，部是搞小部，管方针政策、协调、规划、服务。

最大障碍是能干的不在位，在位的不能干。要把能干的提上来。

立公司法、经济法庭、科学论证机构。

关于机械工业改造的思路，赵紫阳在 1980 年 1 月和 1981 年 2 月、8 月，多次明确指出，一主要靠发挥现有企业的潜力，二主要是结构改造，包括产品结构改革，围绕消费品发展，搞积累，结合重工业改变。过去是抑制消费品，搞高积累。调整改组主要内容除节能外，就是为增加日用消费品，包括科研文教。发展轻纺，先慢后快，步子要稳，搞中短期贷款。要"发挥军工优势，面向农业、轻纺、外贸"，"把轻纺工业搞上去，要改变经济结构，重工业要为轻工业服务"，"要算效益账，与国外比，我们经济工作搞不好，一是部门分割，二是闭关自守，三是不会经营。要承认我们水平太低。联合问题先从城市、中心城市、基地搞起"，"着眼全局落实城市，发挥沿海城市作用，学上海"。"总的是中速稳定，持续实惠。"

根据这些精神，机械委提出对机械工业调整、改革、整顿的思路和措施：

1. 抓规划：远期的、近期的，明确机械工业发展方向和方针政策。改革要立足于我国机械工业基础，不能买现代化。更新设备不只是增加新设备，还应包括对旧设备的改造，重点应放在加大对挖潜、革新、改造的投资，提高折旧率，现在约 4%，企业拿到的不过 2%，应提高为大体上 10%。

2. 改革体制，要按经济规律办事。要改变散、乱、低、呆，产供销分离的体制，权力要下放，克服统得过死、束缚发展和盲目性、无组织无政府状态。通过调整、改组、改造，达到体制结构、产品组织合理化，技术水平现代化，提高经济效益。

为此必须：一、精简机构，二、政企分开，明确各自的责、权、利。要取消和减少中央部、局，打破各种界限，军民统筹，中央与地方统筹，按经济规律把机械工业组织起来，发挥优势，组织专业公司、专业协作，实行以专家治厂、专家治公司为主，行政管理为辅；运用经济、财税等政策的杠杆作用办企业。要政企分明，公司不归部管，不能把"部"变成一个或几个"总公司"，不能把一机部搞成一条从上到下的公司，公司不能搞垄断。

中央主要管规划、国内外技术交流及各种经济政策、立法等。

3. 从根本上转变服务方向和服务观念，实行市场调节，加强中长期规划与市场预测，根据市场需要与可能，统一规划，对备战军工生产应有统筹安排规划，优先保证军品，按工艺相近的办法搞平战结合、军民结合，军工与民用比例要适当。要从"官工"变为多方面服务者，从等国家给饭吃变为向用户、向国外找饭吃，广开门路，为生产、消费和进出口服务。在市场竞争中，中央有关部门要加强领导，物资部门与生产部门联合起来搞成全国的供销网。

4. 狠抓技术发展政策、装备政策、技术改造政策：坚持科研先行，科研方针应放在应用研究、预测研究、设计和工艺研究等方面，把技术、服务、设计力量搞起来；提高质量，要有长远的科研规划；今后投资重点应放在科研手段、生产能力上，贷款应低利，期长；改进技改措施，国家对技改要给予支持，提高折旧费，掌握技改费，引进必要的新技术；中央要加强技术服务，集中科研人员，由各部培养经营管理干部，建立人才培训开发中心、信息中心、计算机中心、重点科研试验中心、检测中心等，组织科研设计力量搞联合设计，包括学校、企业、科研部门结合搞，交工厂生产可适当收费；国家引进技术不能封锁。

5. 外贸引进掌握的原则，要保护民族工业，引进项目的选择，应是国家需要的、技术设备先进的、国内不能生产的、能消化的。经济效益要落实，制定引进后的消化利用政策，避免重复、盲目引进。要扩大出口政策，制止地方保护政策，等等。

1980 年 7 月 28 日，机械委第三次全体会议，薄一波传达胡耀邦指示：

1. 机械委要做出成绩。

2. 要明确机械工业担负着装备国民经济各部门，包括国防部门的任务。过去机械工业随基建和钢而升降，现在应为国民经济提供装备，同时改造与装备自己。今后走中国式道路必须量力而行。

3. 结构不合理"吃不饱"，技术不过关"吃不了"。设备到更新之时了，技术到改造之时了。

技术改造，与挖潜、革新、改造的含义不完全相同，属战略任务，目的是在90年代前后有跃进的技术基础，要走日本只引进一套设备的道路。引进的政策，要引进高的，但更重要的是与我之技术提高相结合、相适应，有可靠的经济效果的。

4. 改造机械工业的中心是体改——扩大自主权，自由联合，要有利于发挥优势，互利，需要组织多种形式的公司。先从汽车工业搞起，实行经理制。行政干涉实际是保护落后。公司之内反对独裁，对外反对垄断。

军民结合是机械工业的中心问题。

1980年8月2日，中央书记处提出，机械委今后务必在较短的时期内，在军民结合、建立专业公司、组织一批产品打入国际市场方面，做出明显起色。

根据这些要求，我们加紧了工作的步伐，提出在今年内，对军民结合要定方向、定任务、定规划、定措施。为此，在八九月间，连续召开了军工、非机械工业部门座谈会和九省市机械工业的座谈会，10月下旬，向国务院汇报了初步意见：

（一）对机械工业看法

造成当前机械工业诸多弊端的原因是：

1. 服务方向不端正，生产目的不明确，生产发展带盲目性。

2. 长期以来只搞生产资料，不搞消费资料；只搞国内市场，不搞国际市场；认为产品不是商品，不搞商品市场；不搞技术政策，没有技术装备体制。

3. 长期以来没有长期发展计划，忙于随各种口号转，随国家计划的转移而大上大下、忽东忽西，盲目发展、重复建设。

4. 长期没有统筹规划，造成体系林立，军工与地方、中央与省市、专业与通用，各行业、部门的所有权与利益割裂，不能合理调整

5. 科研长期没有处于领先地位，技术力量不足，测试手段太低，造成新产品出不来，质低成本高……

6. 经营管理太落后，长期不讲经营。

（二）调整改革方向

1. 端正服务方向，广开门路，为生产资料与消费资料的生产服务，为出

口与国际市场服务（"四个服务"）。

解决市场需要，打开国内外市场，限制进口，扩大出口，搞大型预订货，优先保证军品、轻工改造、东北商品粮基地、成套设备的订货，为各行各业技改服务，提高质量，加强更新换代。

2. 着手搞技术装备政策。

3. 搞一个统筹长期规划，全国一个大体系，分专业体系搞发展规划、科研规划。目前首先抓调整，明确市场需求与购买力预测；根据需求订计划。

4. 坚持质量第一，争取 10 年至 15 年改变面貌，具体措施：

重新制定技术标准；新产品的研制、更新换代；提高原材料质量；做好基础元器件生产；加强科研工作；研究工艺；技术改造；建立产品检验机构；建立健全全面的质量管理制度，如成套设备交货制、系统工程设备制度；新产品改进处理及现场服务工作。

5. 坚持科研先行，对现有企业技改，科研方针应放在预研研究、设计研究、工艺研究三方面；今后投资重点放在科研手段、生产能力上；集中科研人员；改进技改措施，提高折旧费，掌握技改费，引进必要新技术；长远的科研规划。

6. 按经济规律合理调整：扩大企业自主权，改革经营管理制度，军工搞订货制，新机型号研制订货制，产品按订货组织生产；组织专业化公司，有三种：以成品为对象的；以基础件的；按现有各种经营方式、销售方式、所有制等松散的。由各部培养经营管理干部。

为了落实以上设想，机械委提出：加强部的领导；省搞一个机械工业协调组织；机械委健全机构，搞一个军工局。

此后几个月，重点抓了军工改造和轻工市场、进出口问题。

12月上旬，机械委先后召开四个部、三个总局党组会议和第四次全体委员会议，传达了邓小平、胡耀邦关于机构调整和速度问题的指示：小平讲要退够，以三年时间调整好，速度6%达不到，4%—5%也好。耀邦讲，干部三位一体——老的退下来，年轻的提上来，"文革"中提起来的，无问题但能力不行的下来，退下来的老同志当参谋，帮助年轻的干。

机械委的同志认为，今后三年调整，机会很好，任务重，困难很多。现在调整处在转变关头。机械委要把各机械工业、非机械部门的机械工业统筹调整工作抓紧抓好，做出成绩。

在调整中组织公司和其他各种形式的协调机构，解决重复生产的问题。全国机械工业企业 10 万个，与美国差不多。全国机械工业职工 1200 万人，总产值去年和今年两年约 1200 亿元（约 700 亿美元）。美国约 800 万人，美国三个大公司的总产值（销售额）即相当于我国机械工业的总产值。要发一个紧急通知，各机械工业企业，一律不得增人。

在调整期必须大干快下，把技术、质量搞上去。

对进出口要紧急刹车，限制进口，统一对外。

1981 年 2 月 25 日，委党组对一年来的工作做了总结和基本估计：一年来，机械委边组建边工作，重点放在调研、分析矛盾，根据中央方针，在调研、征求意见的基础上，提出调改方案，开始取得一些成果：

初步摸清机械工业一些基本情况，并做了大量具体的组织工作，着重抓了汽车、电子、造船、核电、轻工、出口等部门的调整和整顿。

探索机械工业为四化服务的方向，开始扭转为基建、重工服务的"左"的方向，如重基建、忽视对现有基础的改造；重重工轻轻工；重生产资料轻消费资料；重引进轻自力更生；重生产轻科研；忽上忽下盲目建设、盲目引进等，明确了为国民经济技改服务是机械工业的主要课题，其比重约占 65%。

拟在调整期任务不足之机，一面改组结构，一面进行体制改革、技术改造和对科技人员的培训。结构调整及组织、体制改革必须与技改相结合、相适应，机构改革要服从调整改革，促进调整改革，在调整中改革、整顿、提高。

1981 年四五月，召开了军工会议和轻工、日用机电产品会议，明确了机械工业是服务行业，为用户服务，满足用户要求。明确了机械工业的任务，第一是搞日用产品，大体占机械工业总值的将近 20%，军工产品约占 5%，加上科研任务和出口产品，总的约占 35%。第二是生产资料的生产，包括维修，总值约占 65%。

落实对现有轻工产品发展的规划、布点，今明两年至 1985 年预测，有关经济的、技术的政策问题。

解决了学上海问题。

军工会议强调质量标准化，认为技术质量搞不好是政治问题、工农联盟问题。

5月22日向国务院汇报，会后，赵紫阳讲：购买力预测，要注意新情况，即农民的购买力，不要用过去的老框框算。货币投放量增加，货币流通量发生变化，农副业增产，集市贸易增加，企业增多。

要有中国式的精神物质文明，我国社会经济模式，包括消费结构，应走何方向，不能一切学西方生活方式，应是节能的。

船舶公司问题，搞联合是中央反复考虑、不可动摇的方针，不允许再搞封建割据，搞联合没有斗争是不行的。把产品打到世界去，需要联合、组织，搞出口，商战要大家打。不能单纯造船，修理要按合同办事，要有保证。

体制改革是一场革命，农村改革阻力来自于基层，工业改革阻力来自于上面，要挖这个底，要结合实际提高思想。

机械工业坚持"四个服务"方向，为国民经济技改服务是机械工业的主要课题，为农、轻装备服务，为开发节能、交通运输、原材料生产和技改服务，比重约占65%。根据"四个服务"方向调整机械工业内部结构，调整与改革、改造结合，狠抓质量问题，与引进技术结合起来，目前不要只注意到日用消费品方面而忽视重工业。

经过一年多的工作，1981年下半年至1982年，机械委会同有关部委向国务院提出一系列报告，如1981年10月31日，国家计委、建委、机械委、能委和二机部等联名向国务院报送《关于请示批准建设30万千瓦压水堆核电站的报告》；1981年11月14日国务院批准六部委的报告，机械委沈鸿负责，赖坚协助，后来就由赖坚负责；1982年1月28日，机械委、建委、国防科委联名发出《关于落实728工程主要设备研制工作的通知》；3月10日，国务院、机械委、国防科委在上海和平饭店开会具体安排各主要设备的研制任务；等等。

在此期间，党中央把党和国家机关的机构改革，解决领导班子年轻化问题提上了日程，书记处拟先解决中央机构，党中央由习仲勋牵头，政府由万里牵头，军委由杨尚昆牵头，要求在1980年11月底以前拿出方案。

由于机构改革涉及人、财、物等各种关系和利益，整改工作十分艰巨。1981年9月3日，陈云曾说："体制改革的意义不亚于私人工商业改造，打破吃大锅饭不易"，"工业方面搞责任制势在必行，体制改革比农业改造复杂得多，内部关系更复杂。"因此，中央提出，决心要大，步子要稳，工作要做细，不能妥协，不能半途而废，要预见到出乱子。办法是：委部分、合、裁、缩；人员有进有出，进更重要，进的一定要选好。邓小平说：这是一场革命，涉及几百万人，中央要减 1/3，下面多于 1/3。就是 1/4，也是 500 万。

11 月 23 日，薄一波传达中央书记处关于精简机构问题的精神：12 月底定方案，开几万人的动员大会，报上显著刊登。精简的主要精神是提高效率，政企分开，成立公司，自负盈亏，以税代利。重叠的撤，业务相近的并，条件成熟的改，不"一刀切"。撤委并部，由现在的 98 个减为 47 个；部长年龄不超过 65 岁，副部长还要小些。

根据以上精简原则，中央决定将经委、机械委、能源委、农委、建委的一部分合并，组成新的经委。1982 年 4 月 28 日，薄一波召开机械委全体会议，正式宣布机械委与经委合并。他说：机械委两年来等于开了个党训班，现在已毕业，到新的工作单位是新的起点，两年来是一个小结，不是散班，而是继续工作。

至此，机械委完成了它的历史使命，我因年高，在这次调整中不再安排具体职务，而到全国政协任常委，行政上归经委的经济管理研究中心。

经过这段时间的工作，我不仅了解到许多情况，而且学习到不少知识，对我国经济状况有了更深刻的了解。在那些日日夜夜，我拼命学习，极力使自己尽快适应新的工作，我觉得自己似乎年轻了许多。

党的建设与思想建设

按党内分工，我是机关党委书记。经过"文化大革命"的大混乱、大破坏以后，一方面要组织大家认真学习贯彻党的十一届三中全会以来中央文件精神，另一方面要对大家进行革命传统教育，恢复、发扬党的优良传统和优良作风。党的建设与思想建设的任务非常艰巨，首先要求自己学好吃透中央精神，这对我又是一个锻炼。

我按照党委的要求给青年党员干部讲党课，讲中国革命史，作学习中央文件的辅导报告。虽然是教育青年干部，却也是又一次学习的过程。我随时注意中央的宣传动向，对一些司空见惯的言论进行思考与判断，审视我们党所走过的历程，力求清除自己头脑中的一些"左"的思想遗毒，以正确的马列主义唯物史观教育自己，教育青年。

历史的反思

1980 年 10 月，我参加了中央国家机关讨论《关于建国以来党的若干历史问题的决议（草案）》的座谈会，并有两次发言，对新中国成立以来的历史进行了认真的反思。总的认为决议草案对毛主席的评价是比较客观的、实事求是的，主席的功劳是第一位的，错误是第二位的，功大于过。我也赞成对新中国成立以来的历史按四个阶段来划分。但我认为，草案讨论稿对于一些重大问题讲得不够，有的没有讲，并且从路线斗争方面总结经验教训不够。因此，我对一些值得进一步研究的问题谈了自己的意见和观点，重点讲了新中国成立以来党的路线问题和对毛主席的功过是非的看法。

首先，从全面总结历史经验教训来看，对每个阶段发生的重大事件，以及这些重大事件是否正确，都应当加以总结，做出评论。

回顾新中国成立以来 30 年的历史，第一阶段（1949—1956）从新中国成立到八大这一阶段中，重大的历史事件有：抗美援朝运动，镇压反革命运动、"三反""五反"运动，"高饶事件"，肃反运动，反"胡风反革命集团"，农业合作化运动等。第二阶段（1957—1965）的重大事件有：反右派斗争，"大跃进"，"三面红旗"，庐山会议"反右倾"运动，"四清"运动，等等。第三阶段是"文化大革命"。第四阶段，即粉碎"四人帮"以后，虽然时间不长，但发生的问题不少，特别是在经建设上失误比较大，也应当加以总结。

在这四个阶段中，党召开了一系列重要会议，作出了很多重要的决定，这里面哪些是对的，哪些是错的，应当进行评价，除已对党的八大做出了评价外，对党的九大、十大、十一大也应当做出历史的评价。

第二，对新中国成立以来 30 年的历史，应当从路线斗争的角度，以两条路线斗争的发生和发展为中心，从正反两个方面进行总结，讲清楚基本经验教训。我认为，从新中国成立以后发展到"文化大革命"，我们党犯了严重的路线错误。这个错误不是突然发生的，有一个发展的过程，从萌芽，从个别问题上的路线错误，到"文化大革命"总的路线错误，一直到粉碎"四人帮"以后的一段时期里，我们党一直有一个"左"倾路线的思潮在起作用，在影响和决定着党的路线、方针、政策。但在不同的时期，"左"倾思潮的影响和作用有所不同。

在第一阶段，党的路线是正确的，但在执行中，在个别重大问题上，有"左"的倾向，有些失误的地方。例如，1952年"三反"运动打击面过宽，错斗、错判，甚至错杀了一些同志。1954年在"高饶事件"中对于同高岗有牵连的同志的处理有不够实事求是之处，如把彭德怀同志说成"反党联盟"成员，批习仲勋、刘景范等同志为高岗"翻案"，在东北也错批了一些同志。1955年反"胡风反革命集团"也搞错了。在农业合作化运动中，要求过快过急，犯了"左"倾冒进错误，很多同志被批判为"右倾""小脚女人"。在此期间还错搞了一些"反党集团"（如赖若愚）。

对这一阶段贯彻执行中央路线中出现的"左"倾错误，尽管是个别的、带萌芽性的，也应当指出，以利于吸取教训。

第二阶段，是"左"倾错误有所发展、"左"倾路线逐渐形成和发展、八大正确路线受到干扰破坏、党内两条路线斗争激烈复杂的十年。这个阶段，八大的路线是正确的，但未能贯彻到底。

从1957年反右派斗争到1958年"大跃进"，刮"共产风"，"左"倾路线就形成了。毛主席提出"多快好省"建设社会主义的总路线，提出"三面红旗"，要在15年至20年内进入共产主义。但建设什么样的社会主义，怎样建设社会主义？却很空。"三面红旗"没有反映社会主义基本经济规律——生产目的和达到目的的方法。结果是，在革命与建设关系上，阶级斗争第一，把革命的对象搞错了，人为地搞阶级斗争，造成扩大化，混淆敌我。在生产力与生产关系、经济基础和上层建筑的关系上，把工作重点都搞颠倒了。在生产建设中，搞唯心论，强调生产关系、上层建筑的反作用和主观能动作用，瞎指挥，大刮浮夸风、"共产风"，搞什么"人有多大胆，地有多大产"，"不怕做不到，就怕想不到"，许多唯心主义的东西大肆泛滥起来，还有什么"大破资产阶级法权"，如此等等。瞎指挥造成1958年农业生产的大破坏，大倒退。不是促进经济的大发展，而是大促退，推迟了四化进程若干年。因此，对"三面红旗"应做出明确的评价。

1960年下半年，中央提出了国民经济"调整、巩固、充实、提高"的八字方针，对"左"的路线错误有所纠正，1962年召开七千人大会做了总结。但未能从"左"倾思想和政治路线上深入总结，吸取教训。不久，在党的八届十中全会上，毛主席提出阶级斗争问题，并把阶级斗争作为整个社会主义历史时期的基本路线。从此，阶级斗争越搞越激烈，越搞越扩大化，在"四清"运动中继续犯"左"倾错误，一直发展到"文化大革命"。

总之，在第一阶段就有了"左"倾路线形成的思想，到第二阶段，从南宁会议反"右倾保守"，经过反右派、庐山会议、八届十中全会，到"四清"提出"整党内走资本主义道路当权派"，可以说是路线性错误发展到"左"倾错误。为了贯彻推行这条路线，必然要把持不同意见的同志当作"右倾"来批。在党的生活、党与知识分子和民主人士关系、民族团结等方面，都造成很大影响，大家都不敢讲话了。

因此，我认为对下面几个问题应加以认真的总结，作为历史的借鉴。

1. 经济建设中违背客观规律，片面强调主观能动性，强调精神的作用，忽视了物质因素，主观主义、唯心主义盛行。片面追求高指标、高速度，不顾财力、物力的可能，大搞基本建设、三线建设。在农村搞瞎指挥，大刮浮夸风、"共产风"，许多唯心主义的东西大肆泛滥起来，造成1958年农业生产的大破坏、大倒退。

2. 对知识分子的政策，也执行了一条"左"的路线，在统战政策、民族政策、外交政策等方面，都在不同程度上犯了"左"的路线错误，造成很大损失，因此在决议中应当加以总结。

3. 在思想方面，新中国成立以后历次运动中只反右不反"左"，认为"左"是革命的，右是修正主义；"左"是认识问题，右是立场问题，"左"比右好。这是造成历次运动中"左"倾路线错误的认识根源。由于"左"倾思潮在党内占了统治地位，所以在对待党内斗争问题上，不再坚持实事求是的原则，破坏了民主集中制的原则，不再有个人讲话的权利，不允许有不同的意见，到处戴帽子、打棍子、整黑材料、大搞突然袭击，搞一言堂、个人崇拜，把党内生活搞得很不正常。

第三阶段，我认为，与其说"文化大革命"是"一场内乱"，不如说是浩劫更恰当。

这场"文化大革命"的性质和内容，既是正确路线同"左"倾路线的斗争，属于党内路线是非问题；又是广大党员、干部、群众为捍卫无产阶级政权同林彪、"四人帮"反革命集团的斗争，属于革命与反革命的斗争问题。

对林彪、"四人帮"的罪行和"左"倾路线带来的灾难，应当概要地加以总结。如：（1）党受到的创伤，造成思想混乱，极大削弱了党的战斗力，搞"双突"造成严重组织不纯，大批优秀干部受迫害致死，党的优良作风遭到破坏，威信大降。（2）在社会道德风尚和人民思想方面无形的损失之大难以估量。（3）经济上到了崩溃的边沿，停滞倒退多少年。（4）削弱了国防力量，军队战斗力下降，"三支两军"①害了一批干部。（5）其他如知识分子、青年、科学、文化、教育、民族等方面受到的严重灾难等等。

第四阶段，最大成就是粉碎了"四人帮"，挽救了党和国家，保卫了无产阶级政权，使党和国家未变颜色，解决了革命与反革命敌我矛盾的问题，但未解决党内路线是非问题。党的十一届三中全会前，基本上继续执行"左"倾错误路线。表现在经济工作中，由大破坏、大倒退转为大冒进，120个大项目，10年全国实现农业机械化，以及农业学大寨，是"左"倾路线的典型。在思想路线上拨乱反正无力，继续搞个人迷信，提出"两个凡是"。政治上坚持"无产阶级专政下继续革命"，"以阶级斗争为纲"。组织上对坚持正确路线的干部迟迟不予平反和使用。

我认为对这一阶段的路线是非问题，更应该进行总结，这对统一全党的认识，促进安定团结，推动四化建设，避免重犯"左"倾路线的错误，更具有重大的现实意义。

第三，加强民主与法制建设。由于"左"的思想错误不断发展、深化，因此党内斗争也逐渐变得扩大化，无限上纲，无情打击，不准个人有发言的权利。"高饶事件"后，在党内斗争中出现了轻易打成"反党集团"的事件，使党内生活极不正常，同志们之间互存戒心，不讲真情话，削弱了党的团结和战斗力，这是一个值得吸取的沉痛的历史教训。另一方面，在对一个党员做出正式处分之前，就令其停职反省、检查、监护、逮捕、坐牢，这是违反党章和法律的。为防止今后出现上述情况，要加强民主监督与法制建设，强调从制度上发展社会主义民主和健全社会主义法制。邓小平同志的报告中讲建立各项制度，很重要，问题是有了制度不执行或违反了怎么办，也应有个制度。

第四，正确认识毛主席所犯的错误。粉碎"四人帮"以后的一段时间，在党内外对毛主席有着各种各样的议论。我认为，对于毛主席这样一个伟大的历史人物和革命领袖，应该本着实事求是的原则，用历史唯物主义的观点去看

---

① "三支两军"是"文化大革命"中，军队派出宣传队、军管会支援地方工业生产和农业生产，支持左派，对地方一些部门实行军管，对干部群众进行军训等措施的总称。

待，给以正确的评价，既不能像过去那样把他神化、盲目崇拜、盲目服从，也不能因为他的错误而对他全盘否定。

毛主席晚年犯的错误，使党和人民遭受苦难的浩劫，特别是伟大、光荣、正确的党被林彪、"四人帮"破坏得不成样子。尽管这样，他仍不失为一位伟大的革命家和历史巨人。

对于毛主席犯错误的思想根源、历史根源、社会根源，应当进一步加以分析总结，如我国长期封建社会的影响，没有资产阶级民主传统，胜利助长了骄傲、帝王思想。党和国家缺少监督领袖的制度，造成长期家长制，违反民主集中制，不能进行批评，搞个人迷信，党风不正，有一批人投其所好，"上有所好，下必甚焉"，等等。这样才能真正记取历史的教训，使我们党今后不再重犯同样的错误。

第十章 老 骥 伏 枥

（1982 年 5 月—1998 年 6 月）

追寻历史的记忆

当历史的脚步即将跨入 20 世纪 80 年代的时候，随着干部体制的改革，许多老同志离开了工作岗位或退居二线，党中央把编撰中共党史的工作提上了日程，希望老同志积极参加党史资料征集工作，并要求党史部门积极向这些老同志抢救党史资料。1979 年，胡耀邦的一个批示指出："要奉劝老同志晚年写回忆录，不要留恋安排一个职务。这两者相比，前者对革命，对后代子孙的意义比后者大得多。"

在邓小平、陈云、叶剑英、胡耀邦等中央领导同志的关怀下，党中央于 1980 年成立了中央党史委员会、中央党史编审委员会、中央党史资料征集委员会、中央党史研究室等机构，并建立了从中央到地方的党史资料征集机构，迅速展开党史资料的征集工作。但实际工作不仅仅局限于中共党的历史，而是包含了中国革命各个时期我党领导的人民群众反帝反封建斗争史，其范围之广泛，内容之丰富，工作之繁杂、量大，可想而知。为了搞好征集党史资料的工作，党中央不断发出指示给以指导，使这项工作得以顺利进行。这项工作一开始，中央就在《关于坚持"少宣传个人"的几个问题的指示》中指出："关于老一辈革命家和其他革命英雄的斗争史，以及革命战争、革命运动、革命工作的历史，写成不事夸张的回忆录发表或保存，对于教育后代和研究历史，都是必要的。但出版个人传记文章或个人文集，则应比较慎重。"1985 年 12 月 26 日，中央党史资料征集委员会（以下简称中征委）负责人冯文彬专门谈了关于撰写个人回忆录应注意的问题，如少宣传个人，注意保密，正确处理有争议的历史问题，以及公开出版的审批问题，等等。1986 年，中央办公厅发出第 40 号文件，对中央机关的党史资料征集工作提出新的要求和党史资料分类整理的规定，即：第一类为党中央的重要史料；第二类为党领导各条战线的重要史料；第三类为党在各地活动的重要史料。中征委根据 40 号文件精神，列出六项具体内容加以贯彻落实 ①。所有这些指示，都为顺利开展党史资料征集工作明确了方向。

多年来，我一直想写一写那些为革命事业牺牲的先烈们和那些为革命做过极大奉献的根据地人民，好好总结一下过去的历史，这不仅是为了纪念先烈，对先烈和乡亲们有一个历史的交代，更是为了教育后代，使革命先烈的伟大精神流传下去，发扬光大，成为我们建设社会主义新中国的精神动力，同时也为了更好地总结历史的经验教训，使我们的党不犯或少犯错误。现在，党中央如此重视党史工作，使我受到极大的鼓舞，立即投入这项工作。许多老同志的心情和我一样迫切，纷纷行动起来。根据中央指示，1980 年先后成立了晋察冀人民抗日斗争史资料征集编审委员会及其下属的冀热辽、平西等地区的分会，并很快展开工作。但不久就发现，这种跨地区、跨行业、跨部门的机构涉及人员编制、经费来源等一系列问题，实际上很难开展工作。在 1980 年到 1982 年期间，为商讨关于机构、编制及如何开展工作等方面的前期工作占去了相当多的时间。1982 年上半年，中征委决定撤销这类机构，改由各地党史部门负责这项工作，此后党史工作基本走上正轨。

我重点参加冀东、冀热辽和冀热察三个地区，包括抗日战争前的革命斗争史料征集工作。起初，因我还没有退下来，主要是参加一些会议，并开始考虑写一些重要的回忆材料。直到 1982 年 2 月中央决定撤销机械委，我不再担任实职以后，才有了充分的时间，集中精力参加这一工作，竭尽所能把它搞好。

我恢复工作不久，1980 年春季体检时，发现黄哲患了肺癌。秋天做手术时发现已经扩散了。手术后，她回家疗养，定期去医院复查治疗，1982 年 1 月 2 日不幸去世，时年 63 岁。组织上为了照顾我的工作和生活，1983 年 1 月，把晓霁从四川调回北京，安排在我的身边担任秘书。由于她原来是搞理科教学工作的，对党史工作很生疏，但她很投入，不久便适应了新的工作。

我所涉及的党史工作，大体上可以分为以下几个方面：

---

① 六项具体内容是：1. 整理好本部门的党的重要文件；2. 反映党的领导的回忆资料；3. 与党的领导有关的重大事件、重要问题的资料；4. 党的领导体制方面的资料；5. 党在本部门的有影响的人物资料；6. 党的活动大事记。

第一是为地方党史部门提供史料和撰写回忆材料。1986 年以前，主要是以收集、整理资料和撰写回忆材料、回忆文章等为主，也参加一些座谈会或调访活动。

搞好中共党史和革命斗争史，是一项十分艰巨的任务，由于这些历史大都是我们亲身经历过的，不仅涉及我们党的路线方针政策，还涉及我们个人的是非功过与荣辱浮沉；同时，也由于每个人观察问题的角度和认识水平的局限性，对历史事件的记忆和认识可能产生这样那样的片面性甚至错误，因此就要求我们树立正确的唯物主义的历史观，以实事求是的态度去对待历史，把撰写回忆录当作党的重要工作来做，只有这样，才能无私无畏，把握好周总理生前再三强调的"对待历史要坚持'存真''求实'"的原则，力求做到叙史真实准确，评史客观公正。这是很不容易的事情，其中难免会发生意见分歧与争论。每想到这一点，我的心情又感到沉重。后来的事实证明，我的担心不无道理。记得 1984 年秋，在蓟县审稿会上，我着重谈了关于如何搞好党史工作的问题，大意是：

首先资料要准。我们每一个同志所提供的资料都有局限性，在区里工作的只了解区里的情况，县里干部只了解县里情况。县委书记掌握情况虽然全面，但具体工作还是下边部门的同志清楚。每个人的工作岗位不同，要结合起来搞，经过反复核对，区别哪些重要，哪些次之。搞出资料后再送给了解情况的老同志审查，看是否达到准、全、好的要求，反复推敲，直到最后完成任务。绝大多数同志提供的材料是很有价值的，基本是确切的，但也有些材料水分比较大，有的不真实。提供资料的同志要本着党的教导，实事求是，一是一，二是二，真实地反映事情的过程和本质，既不要夸大，也不要掩饰。我们写历史是一项千秋万代的事业，真实性很重要。如果搞错了，就对不起自己，对不起同志和人民，也对不起后代，更对不起党。当然，不真实只是个别的。

其次是全。所谓"全"，就得靠大家，靠集体的力量，要集思广益。

再一点就是提供、审核、鉴别资料和写史，一定要以马列主义、毛泽东思想为指针认识和论述历史的发展变化，对重大事件和历史人物的评价、功过是非，要观点明确，旗帜鲜明，这样才能把史写好。

冀东地区的党史工作开展较早，在"文化大革命"之前就有一些同志着手收集党史资料的工作，比如唐山的王昆、陈平等同志都曾做过大量的工作，并且编写了《冀东革命史》初稿，后来因为"文化大革命"而中断了。1980 年，他们邀请曾在冀东工作过的一些老同志在北戴河开了一次审稿会，对这个稿子进行审查，大家提出不少意见，认为应当首先把资料搞准确、搞全，写史就比较容易了。唐山地区迁西县的几位年轻同志在"文化大革命"期间很注意收集革命斗争史的资料，做过不少工作，粉碎"四人帮"以后不久，就编辑出版了《气壮山河》《动地凯歌》等歌颂革命先烈的图书。1980 年以后，各地的党史工作全面展开，唐山和天津的党史部门会同冀热辽分会主持召集过几次较大规模的座谈会、研讨会和审稿会等，如 1980 年夏季在北戴河召开的冀热辽抗日斗争史座谈会、1983 年四五月间在唐山召开的冀东革命斗争史座谈会、1984 年秋在蓟县召开的审稿会等。通过这些座谈会，征集了大量资料，并对许多问题交流了意见，推动了党史工作的开展。我在这些会议上都作了长篇发言。

我的发言主要是对各时期革命史提出一些具体的意见和看法，其中较系统的有北戴河会议上关于第一次国内革命战争时期冀东建党及党的活动情况；对解放战争中冀东土改问题的看法；唐山会议上关于冀东抗日斗争中一些问题的看法；蓟县会议上关于解放战争史的看法等。在此期间，在天津党史资料征集委员会主持召开的关于天津第三监狱斗争的座谈会、平西分会在北京召开的有关平西抗日斗争史座谈会上也都作过比较系统的发言。我还到保定、石家庄等地专门讲了关于第二次国内革命战争时期保定地区及顺直省委的情况。这些发言回顾了我们党的创建和发展过程，并对党在当时的方针政策等提出一些自己的看法，其中谈得较多的是关于如何评价李大钊同志的功绩；怎样看待 1927 年党领导的玉田农民暴动及 1928 年的顺直省委等问题；还有冀东土改问题，即冀东地区的土地关系、阶级关系等特点及其变化情况，对土改中的错误的估计和分析，等等。再就是抗战时期毛主席提出的"三大法宝"在冀东的贯彻落实情况，冀东革命政权的建立和发展、统战工作的特点等问题。由于这些方面的问题过去和现在都有争议，特别是在"文化大革命"期间，"四人帮"把冀东早期的党组织歪曲为"国共合作的党""叛徒党"，现在很有必要把当时的情况搞清楚。我是这段历史的亲历者，有责任尽可能把自己知道的情况提供给党史部门供他们参考。这几次发言都经过反复思考、斟酌，后来又对记录稿作了认真修改补充，可以说，比较确切地表达了我的思想观点。

从 1980 年开始，我陆续写了一些重大历史事件和重要历史人物的专题文章或材料，如关于广州农民运动讲习所、玉田早期农民运动和武装暴动、天津第三监狱斗争、在榆林女师的活动、冀东人民支援东北战场和平津战役的回忆、关于抗美援朝后勤工作的回忆等，以及关于江浩、于方舟、王荷波、杨春霖、侯薪、武竞天等同志的回忆，也对别人的文章中一些不实之处进行必要的订正。其中大部分都已公开发表，有的已引用在这个回忆录中。还有一些文稿只完成了初稿，比如关于顺直省委的回忆、对1953年全国财经会议和1954年党的七届四中全会的回忆及对"高饶事件"的回忆等，尚需进一步修改补充。

1980年，我参加了国家机关讨论《关于建国以来党的若干历史问题的决议（草案）》的座谈会，并作了两次长篇发言。

第二是审核、修改各地送来的史料选编、革命斗争史、大事记、人物传记等稿件，这个时间大致是1986年至1993年前后。这部分的工作量很大，不仅数量多，而且有的文稿不止审改一次。涉及的地域也较宽，包括华北和东北数省市。时间跨度从五四运动前后到"文化大革命"前40多年。

第三是处理大量的来信来访，其中除一般党史资料方面的问题外，还有一些有关烈士遗属生活安排，或是一些冤案、错案等问题，因此，为他们排忧解难，或为平反昭雪冤案错案而呼吁，给有关部门提供证明材料等，成为我的一项义不容辞的义务。有时，一个问题要反复多次做工作才能解决，一旦得到解决，我便感到无比的欣慰。

这些冤案、错案涉及的人，有些是我党的早期党员干部，有些是我们的朋友，有些早已去世，有的虽然活着，但已年迈，处境艰难。这些人对革命事业都曾做出过贡献，我认为不应该忘记他们，对他们的不公正处理应当给予纠正，错杀的应当予以平反昭雪。

第四是撰写个人传记和回忆录。1994年，中央制订了撰写《中共党史人物传》丛书的计划，我也被列入计划之内，任务交给了唐山市委党史研究室。我从此时开始回顾个人的经历，与唐山的同志一道，于1997年年底完成了这一任务。在这个过程中，一次和薄一波谈起写传记的问题，他说中央定的这个任务只有三四万字，太简单了，只能算是个小传或传略，应该搞一个更详细的，而且要搞好，这不是你个人的事情，而是我们党的历史，要写好。

但是，写一部"大传"谈何容易！不列入计划，单靠我自己的力量是无法完成的。反复思考之后，我决定以个人回忆录的形式写出我的一生经历，以起到对党史资料的补漏拾遗作用。到1998年上半年，我的回忆录初具规模。

在收集资料的过程中，我走访了许多老同志，在北京，或在县里召集三五人、十来人的小型座谈会，并查阅了大量的档案资料。那段时间，我的工作特别繁忙，常常是几个地区的工作同时进行，但跑得最多的地方是冀东，有几年，几乎每年去三四次。各地党史部门的同志都给予我很大的支持。20世纪80年代初期，唐山大地震后尚未完全恢复，我们住的地区招待所条件比较简陋。但招待处的纪硕臣科长总是那样热情接待，极尽所能为我们提供方便。后来招待所的平房变成了大楼，负责人也换了几届，但对我们的热情支持始终未变。到了80年代中期，唐山市与地区合并，我们较多地住在唐山宾馆，这里的条件就更好了。那段时间无论是在河北省还是在东北、北京、天津，也无论是地方还是部队，都十分重视党史工作，对我们这些老同志，都是满怀深情地提供各种方便和大力支持，至今回想起来，对他们依然非常怀念，由衷地感谢。

跟随改革开放的脚步

1983年6月，党中央安排我担任第六届全国政协常委，后来又作为特邀代表出席党的第十三、十四和十五次全国代表大会。

党的十四大特邀代表（1992年10月，人民大会堂）

党的十五大特邀代表（1997年9月，人民大会堂）

在政协，我参加经济建设组，对北京市的轻纺工业和第三产业进行了一些调研。还参加了在武汉召开的关于长江中上游经济战略研讨会，参观了葛洲坝和三峡工程的地址，听取了各方面对三峡工程的意见。与此同时，我还对冀东一些县的经济状况进行了调研。不过我更关心精神文明建设方面的问题。

改革开放打破了"两个凡是"长期以来对我党在思想、政治和经济上的禁锢，也带来许多新的问题，引起我苦苦思索，有时甚至非常苦恼。其实，不仅是我，许多老同志和年轻人都在以各种方式表达着内心的不安与困惑。多年来我们已经习惯了一种思维方式，那就是面对新的形势和千姿百态的社会现象，总会情不自禁地想到走什么路、打什么旗的问题。如今我也常常被这个问题所困扰。特别是在20世纪80年代后期，西方的所谓民主自由思潮在我国泛滥，各种腐败现象滋生，加以国际上反共反华势力十分猖獗，我对国家和党的前途更感到非常忧虑。

翻开笔记本，我惊讶地发现自己竟收集了那么多的政治民谣、顺口溜，以及报刊上披露的各种腐败现象的典型事例，其中不仅有针对干部作风、社会风气的，也有针对改革开放和干部体制的。这不仅反映了一些人对理想与现实矛盾的困惑，也反映出他们对当今许多社会风气的不满。但也有不同的声音，他们对社会风气的阴暗面提出治理的办法。

一、到基层调研

我带着现实中的各种问题，重点是改革开放后党组织的状况及如何加强党的领导问题，多次到冀东的玉田、遵化、迁西、迁安等县和一些村庄进行调研。这些地方大部分是老解放区，有的过去非常穷困，在战争年代曾为革命做出过重大贡献，群众基础非常好。改革开放以后，这里的经济状况发生了巨大变化，群众富起来了，精神面貌怎么样？面对社会上各种各样不正之风的诱惑与干扰，这里的党员干部如何应对？在新的形势下，如何继续发挥党组织的领导核心作用？

与晓霁在党的十五大住地（1997 年 9 月）

通过对几个县委的调查，我看到他们解决问题的侧重点和方法虽然有所不同，但其共同点是非常重视党的建设和党的领导作用。在抓领导班子自身建设问题上，迁西县委给我留下很深的印象。

1985 年 9 月，我来到迁西县，这里是老根据地，大部是山区，人均耕地不足 1 亩，过去是个很穷困的县。迁西全县 415 个村，总人口 32 万多，863 个党支部，有党员 1.9 万人。

1984 年县委换届后，提出的口号是：抓大事、揽全局、管自身。抓大事是对全县各系统各行业实行政治领导，凡事关全县、全局的都要过问；揽全局是抓改革开放；管自身是加强县委自身建设、党的建设，管好党。县委的自身建设是关键，重点抓二个环节：

1. **廉洁自律**。强调自觉性、党性，高标准严要求，管住自己和家人。要求县委成员自觉改造自己，不见利忘义；自觉管理自己，不以权谋私；自觉约束自己，不违法乱纪；自觉提醒自己，严防潜移默化。建立"两公开一监督"的制度，各种公务活动"四带头"：带头过苦日子，因陋就简。县委至今仍在地震后的简易房办公，把盖办公楼的钱用来改善办学条件，已改造危房 1000

多间。带头不建私房。鉴于脱产干部盖房之风日盛，弊端很多的情况，县委五套班子（县委、县政府、人大、政协、纪委）的常委都不建私房，工作很主动。带头不搞特殊。群众很关注县委常委的言行，特别是其亲属问题。1985年县委制订了县委干部管理条例，要求常委带头从我做起，教育亲属，只有吃亏的义务，没有特殊的权利。书记的爱人年高多病，每日上班往返20多华里。有人提议将其调城里工作，他不同意，至今未调。带头退礼拒贿，廉洁奉公，不搞"下不为例"。这样一来，带动全县廉政建设，敢于查处党员干部的违法乱纪现象，不护短。

2. **精诚团结，顾全大局是搞好团结的核心**。要求常委自觉做到"六互相"和"六不"。"六互相"——互相信任、互相尊重、互相理解、互相谅解、互相关心、互相帮助。"六不"——对事业尽心尽力，不争功诿过；对同志宽宏大度，不嫉贤妒能；对中央能挺身负责，不互相抱怨；对分歧意见互相理解，不彼此中伤、泄愤；对流言蜚语不信不传，给以批评；对下级一视同仁，不拉"山头"。

3. **勤政建设，强调为基层服务**。对县的或乡的决策，县委宁在成功之前帮助，不在失败后责备。现场办公，现场服务，面对面领导，对32个乡实行分片包干，搞好宏观服务，给基层创造良好的工作环境。

玉田县委的情况有所不同。全县党员近2.7万名，每村有党支部，好的支部占70%。他们的重点是抓村支部建设，一方面加强对党员进行理想教育、爱国教育、法制教育，处理好国家、集体、个人三者的关系，一方面整顿作风，树立为民谋福的观念，同时加强制度建设和对党员监督，开展群众评议活动。

在对村支部的调查中印象最深的是玉田县的驻防营和遵化县的沙石峪这两个村。

玉田县驻防营是个满族村，全村137户，547人，满族占88%。我是1989年10月21日到这个村的，当时有7名党员，12名团员。全村只有2名干部，形成领导核心。他们说，村干部多了不行，将来村子大了，也不能多，但要选好的，能为大伙办事的。改革开放以来，党员干部没有犯错误的，几个厂统一领导，实行计件工资，经理工资最多200多元，不搞特殊。

这个村早年是清政府派来驻防的100名官兵的兵营，官兵及其家属都吃皇粮，不受县政府管辖。从清亡到解放前，村民只有270人，没有地，又没有谋生手段，靠当兵、当警察、做小买卖、逃荒要饭为生，房屋基本拆光了。

解放后，政府给他们调进500亩地（人均2.5亩），但缺少牲畜，又不会管理，全年亩产量不过 300 多斤，群众仍很贫困。1972 年，村里建了一个制笔厂（毛笔），情况略有好转。1980 年办了个纸箱厂，两个厂安排 200 人左右，年收入十来万，生活水平大为提高。1984 年实行土地集中管理和农业工人工资制。1987 年搞喷灌，所有费用全由企业负担。这样以副业支援农业，每年补助农业 5 万—7 万元，做到家家无闲人，人人有饭吃。现在企业产值近 300 万元，人均 1400 元，有集体积累资金近百万元，3 部汽车。村民居住面积比解放前扩大一倍。在集体致富的同时，鼓励和支持个人致富，凡个体经商、搞运输、服务、建筑等，村里每年给予适当补助。

党支部在抓生产的同时，也抓精神文明建设。鼓励学文化，村民无文盲，全部达到初中毕业，否则不安排就业。中小学学生成绩好的有奖励，考上中专的每年给补助。倡导尊老爱老，老人生活有保障，如果子女不负担赡养，村里就扣其子女的工资。1987 年，村里花十多万元建了一个 2000 多平方米的民族乐园，使村民有休闲娱乐的场所。这个村至今没有犯罪坐牢的，老人没有上访的，省市县给他们很高的荣誉。

遵化县沙石峪位于山顶上，遍地砂石，当年为了在沙石山上创高产，曾以"万里千担一亩田"的造田创举而闻名全国。现在它怎么样了？当年的创业精神又有什么创新？1985 年 9 月，我来到这里参观。

到遵化县沙石峪调研

改革开放以来，沙石峪党支部紧跟党中央的部署，不再"以粮为纲"搞"青石板上创高产"，而是带领群众因地制宜，搞林木果品多种经营，收到很好的效果。如今，当年引水上山的水渠已经改成深水井和提灌设备，蓄水池修在山顶，灌溉和饮水都有了保障。我们看到满山郁郁葱葱，高处是松柏，低处是果树，再下边较平坦的地方，家家户户栽种着葡萄，当年预产 10 万斤，按每斤 0.7 元至 1.1 元计算，仅此一项就可收入 7 万元至 11 万元，远远超出以前种粮食的效益。

通过大量的社会调查，我深受鼓舞，我们的群众和基层干部多么好啊！有他们，党就会永远保持生命力、战斗力和凝聚力。相信在党中央正确路线的指引下，经过对党风的治理整顿，我们党的威望一定会更高，战斗力会更强。

在调研中也发现一些问题，如农民负担过重、矿业开采中的短期效益与长期效益的关系等，回来以后，我都以不同方式向主管部门反映。有些问题作为提案在政协会议上提出，以求得到解决。

1986 年以后，我经过多次手术，身体显得十分虚弱，但我跟随改革开放的脚步仍未放松，有条件时，还是想到各地走走看看，感受一下改革开放的新气象。

二、绥芬河之行

1992 年，正是中俄边贸活动非常活跃的时候，有人建议我去东北边境走走，正好那年 6 月在哈尔滨举办国际贸易交易会，我们便借此机会来到哈尔滨。这是我离开东北近 40 年后第一次来哈尔滨，从街市建筑来看，变化不大。后来我才知道，由于多年来中苏关系紧张，战备连年，在建设方面的投入相对就要少些。对于这一点，我后来在去绥芬河的路上体会更深。

我这次去东北，还带着另一个任务，想乘疗养时把关于顺直省委的那段经历写出来。但我们在镜泊湖住了一周就离开了。省计委负责接待的同志非常热情，原以为我们会到处参观游览，没想到我们整日闭门写文章，他们却无事可做。我也感到没有必要派专人来陪我们，多次说明情由，请他们回去，但他们仍坚持陪同，这使我深感不安。另一方面，当时形势发展太快，许多基本设施都跟不上。比如从山上往北京打电话，还没有直拨的长途，必须从哈尔滨转；再如山上经常停电；等等，感到很不方便。但最令我意想不到的是这里的路况竟是如此糟糕。

去绥芬河那天，本来买了火车票，不料却遇到火车改点，事前又没有通知，结果错过了。为了赶时间，我们决定乘汽车去。事后才知道这是个十分错误的决定。原来，由于长期战备，这里的公路已多年失修，加以冬春之交的"翻浆"，道路毁坏严重，几乎每天都发生翻车事故。我们乘一辆吉普车在蜿蜒的山路上行驶，司机的技术很好，左躲右闪绕过许多大坑，才免遭颠覆之灾，但却难以避免一路颠簸。当时我的身体很不好，一天下来，已是疲惫不堪。晓霁十分后悔，也很不安，我反倒安慰她说没关系。但她还是坚持要给我测血压和脉搏，结果使她大惊，血压低到50多毫米汞柱，脉搏一分钟只有60多次。在这种情况下，只有在住地休息，她也哪儿都别想去了。好在第二天情况有所好转，我的精神也好多了。于是我们就近看了一下市容。其实根本没什么可看的，整个城市就像一个大工地，到处都在盖房子。当地的同志告诉我们，这里原来只是一个公社（乡），由于打仗，人口外流很多，最少时只剩600多人。这几年虽然又回升一些，但对于改革开放以来的发展还是很不适应，市委、市政府想尽一切办法接待八方来客，甚至把办公楼都腾出来做旅馆，市里的五大班子集中在半个楼里办公，就连我们住的交际处大楼也已卖了，要是晚来几天，就只能住旅馆了。各机关除必须留守的人员外，大多数都去搞接待工作。

绥芬河是一座小山城，街道起伏不平，工地上随处可见俄罗斯小伙子驾驶的巨型载重车。离住地不远有个中心广场，据说这里每天都要举行升、降旗仪式，以加强市民的祖国意识。店铺一般显得比较简陋，但很热闹，大都用俄汉两种文字写着招牌，生意兴隆，常见有俄罗斯人大包小裹地或背或扛，汗流浃背地走在街上，这使我想起我国前几年物资短缺的情景，也想到我们曾经无比向往、视之为"美好明天"的苏联解体后，俄罗斯人民生活艰难，竟然到中国来打工谋生，采购物资。真是国家的兴亡，牵连着人民的命运，这才几年工夫，世界已发生了如此巨大的变化！

第二天一早，我们去边贸早市，这可是一个"新鲜事物"。据接待的同志讲，起初大家接受不了，很少有人来此交易。后来市长亲自前来摆地摊，并让记者照相登报，才打开局面。市里还把早5点到7点，晚7点到9点定为边贸市场开放时间，以方便上班族前去交易。我们看到早市热闹非凡，要不是精力不济，我一定会像赶集一样好好转转。

我们还参观了中俄边境海关，国界线既无山也无河，而是一条30多米宽的绿色隔离带，没有树木，只有草坪，显得很宽阔。一条铁路从国界线穿过，不断有列车过往。我们的海关大楼雄伟壮观，很是气派，一种自豪感油然而生。

由于身体不好，我们在这里只待了3天，回来时在沈阳停留了3天，省里和市里的同志热情地请我参观他们的开发区、旅游区，但我实在是精力不支，匆匆回到北京，第二天就住进了医院——前列腺出血的旧病复发，又做了一次手术，这已经是第四次了。

不管怎么说，这次出行的收获还是很大的。

三、丹东之行

1993年夏，听说在丹东修建了抗美援朝纪念馆，辽宁的同志要我去看看。我便和晓霁一起借休养之机去了丹东。

丹东是鸭绿江边的一个美丽的山城，自从抗美援朝结束后，我还是第一次来这里。几十年来，这里发生了巨大的变化，一幢幢式样别致的新楼把这座山城装点得更加美丽壮观，充分显示了改革开放以来的成就。

记得当年在平西百花山上，我和萧克即兴作诗，有"今日枕戈卢沟畔，他年饮马鸭绿涛"之句，想不到我第一次到鸭绿江畔，竟不是为了迎接抗战胜利，而是为了援助朝鲜人民抗击美帝国主义的侵朝战争。如今又过去了40多年，我回到这里，印象最深的，一是参观抗美援朝纪念馆，缅怀当年风雪战勤的情景，二是游览江桥和乘游船观览江对面的邻国风光。抚今追昔，感叹不已，心情真是很复杂、很复杂。

张明远父女与萧克（1995年11月10日）

不巧的是，我们到丹东的当晚，晓霁就开始发烧，起初没在意，不料竟持续高烧不退，负责接待的同志只得每天带她去医院输液。这样一来，我们哪里都不能去，但她还是坚持两次陪我去参观抗美援朝纪念馆，其实只是我参观，她根本没有精神，只坐在窗台上等我。

纪念馆建在一座小山上，气势宏伟。由于开幕式已经过去十多天，参观的人不很多，我可以比较从容仔细地观览，并给他们提出意见。我看到在志愿军后勤司令部和铁道运输司令部都有张明远的名字，但却没有注明这是两个不同的人。于是向身边的解说员说明，并说自己就是后边的这个张明远。当时还有一些参观的年轻人在场，他们好奇地看着我，说：你就是张明远啊？于是围上来不少人，指指点点，小声议论着：就是这老头啊？他就是张明远啊？……我开始后悔，不该当场对他们说这件事，没想到会引来这么多人注意。

后来负责接待的同志对我讲，你来得正好，没多少人。开幕那几天人太多，乱极了，中央首长和各省市的负责人来了不少，还请了当年志愿军的许多领导人和著名战斗英雄。但是因为大家只顾忙着接待当今的领导人，也因为大家都不认识当年的英雄们谁是谁，以致使一些当年赫赫有名的战斗英雄受到冷落，甚是尴尬……由此，我想到近年来，每到一些过去工作过的地方，人家都要我们先自报家门：原来是干什么的，现在是干什么的，什么级别，等等，否则，就有遭冷遇的可能。这也难怪，历史在前进，人在一代代更新，能够永留青史的有几人？其实，人活一世，只要是尽自己的力量为大众做一些好事，不枉此一生足矣，又何必留名呢？

我们在丹东待了十天，晓霁的病才略见好转。在最后一天，她说真倒霉，来一次哪儿也没去，净发烧了。无论如何应该看看鸭绿江大桥，否则真是太冤了。

于是我们乘车到江边公园，这公园不大，加以晓霁烧了十天，仍未康复，匆匆转一下，就上了游船。船开到江对面后沿岸行驶，朝鲜岸上的景物清晰可见，建筑物大致与我国 20 世纪 60 年代的建筑差不多，灰砖结构，式样呆板、单调，也比较陈旧。岸上人很少，显得冷冷清清。转身回望丹东，红砖绿顶白墙，不同风格式样的高楼、别墅、平房，或掩映在绿荫下，或耸立在山坡上，层层叠叠，煞是好看。此情此景令我从内心深处为我国建设成就感到高兴。

回到丹东下了船，走上江桥，来到国境线上。原来，这里有两座桥，一座被美国飞机炸毁了，至今没有修复，想必是留作纪念吧。我们所走的这座大桥，是一座公路铁路两用桥，中间安放两截横着的铁轨作为国界标志。令我惊奇的是，两边的桥也截然不同。我国这边的一半，如同国内其他的铁路桥一样，有钢架护栏，而对面的一半大桥，竟是光秃秃的水泥板上安放着路轨，毫无遮拦，给人一种不安全感。这再次使我感慨万分。

此后，随着我年龄增长和疾病缠身，健康每况愈下，到 1998 年上半年，我已 92 岁，深感体力和精力不支，决定暂时停止写回忆录的工作，好在初稿和材料已经有了，修改补充等后期工作，只好留给晓霁去完成。

附录 怀念父亲

晓霁

整理完父亲的回忆录，已十分疲惫，但仍感意犹未尽，便写了这篇怀念文章，才算是真正完成了任务。

父亲离开我们已经 5 年了，但他的音容笑貌依然常常出现在我的眼前，往事的记忆梦绕魂牵，难以释怀。

我是父亲 8 个子女中的第三个，在 1983 年我到他身边工作之前的 49 年中，除去幼儿时的 4 年以外，有 33 年远离他，另外的 12 年住在学校，只有寒暑假才回家，实际和他一起相处的日子加起来总共不超过两年，同他的感情谈不上亲密，更多的是敬重。1982 年继母去世以后，他在我们几姊妹中选择我做他的秘书、他的护士、他的"拐棍儿"，陪伴他度过人生的最后 16 年。只有这一时期，我才对他逐步有所了解，对他的感情也更深了。

回想与父亲相聚的日子，宛如昨日……

疏远的亲情

1938 年秋天，父亲离开延安的时候，我只有 4 岁，不久，我进了延安保育院，当年冬天，母亲在日本飞机大轰炸中受重伤。此后三年再没有父母的消息，以致连他们的姓名都忘记了，只留下模糊的记忆：他戴眼镜，骑毛驴上前方了（后来他说不是骑毛驴走的）。这个记忆一直保留到 10 年后我再见到他的时候。

那是 1948 年春天，一位到哈尔滨开会的叔叔（冀东区党委城工部的崔部长）把我带到河北省遵化县的一个小村子，当时的冀东行署机关就设在这里。一路上我都在琢磨怎样和不相识的父亲见面，怎么好意思见了那个陌生人就扑

延安保育院的孩子们（第二排左三为晓霁）（1939 年）

上去叫"爸爸"呢？更别说和他抱头大哭了，再说我根本就不想哭。幸亏那天他开会去了，我故意早早睡下，心想躲过这一关，明天就好了。夜里听到他回来，举着油灯来到炕头照着我的脸，喃喃地说："都长这么大了……"我感到一只温暖的大手抚摸我的头，心里突然涌起一股暖流，我使劲忍住眼泪故意装睡，第一次见面的尴尬就这样躲过去了。

第二天，机关里的一帮叔叔阿姨们好奇地围着我问这问那：

"还记得你爸爸啥样吗？"

"我只记得他戴眼镜……"

"我就戴眼镜，那我就是你爸爸喽？"一个戴着金丝眼镜，长得挺秀气的中年男子突然笑着挤到我面前。

我的脸一下子热起来，扭头逃离了人群，身后留下一片欢快的笑声。后来，我认识了那个冒充我爸爸的人，他就是当时冀东区党委书记吴德。

以后很长时间，我始终同父亲保持着距离，心里容不下继母的存在，对他们满怀怨恨之情，不仅一直不肯叫他"爸爸"，而且时常故意和继母闹别扭。在他将要去东北工作时，我无理地提出，要么带我走，要么带她走，她去我就不去。而且说到做到，在火车站等车时，我突然逃跑了。

父亲对我非常宽容，从未因为我的无理而呵斥过我。1948 年是冀东解放战争最紧张的一年，但只要我回机关（我为了避开他们，和保姆住在一起），他总要抽时间和我聊天，问我小时候的情况，问妈妈打不打我，问我的学习、爱好，等等。暑假期间，正值国民党军队大举进攻，我也随机关一起转移，在大灶吃饭。当时生活很艰苦，一次，小灶的炊事员把我和另一个孩子叫去，说："今天首长请你们吃饭，你们想吃啥？我给你们做。"我想起有一次在集市上看到卖油炸荷包蛋的，想必一定很好吃吧？就说："想吃荷包蛋。"那天他们吃烙饼、小米粥、葱拌豆腐、炒豆角，果然给我们俩单独炸了两个荷包蛋。这是在冀东唯一一次同父亲一起吃饭。后来，在我心中，渐渐消除了对他的敌意，但仍然不好意思叫他一声"爸爸"。这样直至1949年到沈阳以后。

那年暑假，我同他每天见面，一起吃住，由于我从小在保育院和学校里长大，这也是我第一次感受到家庭的温暖。一天晚上，我正在看一本小说，他来到我身边坐下，拉着我的手，问了一些关于书中的内容，突然笑着说："霁，叫爸爸！"我仍不好意思张口。"叫呀，叫呀！……"我只是笑。最后他说："我把灯关了，你叫，好不好？"说着，他起身关灯，室内立刻一片昏暗，外面路灯的光透过纱窗射进来，影影绰绰，似梦似幻。我终于轻轻喊出那一声"爸爸！"。

随着年龄的增长，我同继母的关系渐渐好转，虽谈不上亲密，至少对"大人们的事"能够理解了，而且觉得，她面对两位前妻的几个孩子，要处理好各方面的关系，真是很不容易的，这需要宽大的胸怀，需要付出牺牲。她比父亲年轻十几岁，性情温和，对父亲体贴入微，陪伴父亲度过多少风风雨雨，任劳任怨。父亲常说，他们结婚40年，从未红过脸，可见感情之深。因此我对她又有了几分敬重。

别样的关爱

到东北后的生活，远非冀东所能比，不仅有和平时期人城市的一切优越，而且还有专为高级干部配备的汽车和宽敞舒适的住房，生活待遇相当优厚。

初到沈阳的那两年，我们同组织部长张秀山、副部长陈伯村住在一个院子，三家人共有一个炊事员，食堂设在张秀山家，父亲对伙食从来不提要求，任凭管理员安排。张秀山家孩子多，而且经常有老战友或其子女来暂住，十分热闹。相比之下，我家特别清静。父亲的性格很内向，不苟言笑，也不善交际。平时，我和弟妹都住学校或托儿所，母亲住在她的单位东北总工会，周末才回来，家里除了秘书和警卫人员外，几乎没有外人。我周末回家，大部分时间都是躲在自己屋子里看书。但父亲并非对我不闻不问，当他得知我的数学基础差，学习有困难时，特意请张秀山的秘书王兴华给我补习（张秀山的侄女海云也一同补习）。

父亲虽然疼爱我，但从不娇惯我。在沈阳，我们学校离家很远，没有公交车，步行需要一个多小时。他从不用自己的汽车接送我。除了公家发给我的津贴费以外，他不给我零花钱。记得那时我特别想有一架手风琴，几次向他要，他都不置可否。后来我说，如果我考了全5分（全优），你给我买一个吧？他笑而不答。再后来，我真的得了全5分，自己买了个镜框把奖状装进去，得意地拿回来给他看，他根本不理睬，连一句鼓励的话都没有！这件事深深地震撼了我的心，虽然他没有说一句话，却使我感到羞愧。从那以后，我再没有向他要过分外的东西。

与家人在一起（1951 年在沈阳）

在东北局，父亲担任着很多职务，却极少公开露面。他终日忙工作，既不会跳舞，也无烟酒嗜好，仅有的爱好是打猎和看京戏。那时他常参加机关举办的京剧晚会，节目通常由他安排。如果正好是假期，他也带我去看戏，但从不让我参加舞会。那年毛主席访苏路过沈阳，东北局曾专门举办舞会，我好几次请他带我去，想借机见到毛主席，他都不答应。星期天，他常同张秀山等一起出去打野鸭子，但从不带我去。听人说，他的枪法非常好，每次打猎总是弹无虚发；他走路特别快，边走边打，警卫员们在后面跑步捡野鸭子……

1955 年，我因父亲受"高饶事件"的牵连而未能去苏联学习，他很难过，破例叫我给中组部的一位副部长写信，说明不应这样对待我，请求准许我去苏联学习。这是他唯一一次用这种方式关注我的前途。后来，我去北大学习，本来我有自己的待遇，但他说他已由供给制改为薪金制，要自己负担我的生活和学习费用。我说，那就按学校甲级助学金的标准，每月给我十六块五（元）吧（到三年级以后，增加为 20 元）。那时北大的校长、党委书记陆平和副书记史梦兰都是他的老战友，但他从未向我提起（我是在 1983 年搞党史工作时才知道他们的关系），在我毕业分配时，也没有叫我去找他们，或是关照他们给我以照顾，任凭我自己报名去了遥远的四川，一待就是23 年。

"高饶事件"不仅影响我出国学习，许多年以后我才知道，在我的档案里写着"家庭有重大政治历史问题"，几乎影响到我大半生的各个方面，而且受株连的不只是我，还有我的弟妹们。"文化大革命"初期，我的大妹妹作为第一批红卫兵在天安门城楼受到毛主席接见，大幅照片登上《人民日报》，但很快就有人举报，说她是"黑帮子女"，被赶出了红卫兵，其他的弟妹们也都没资格当红卫兵了。上山下乡回城以后，两个弟妹都因为"政审不合格"而上不了大学。还有我的继母黄妈妈，因为父亲而不能提升，在"文革"中备受摧残……对于这一切，父亲常感到内疚。后来他曾不止一次对我说，论政策水平和工作能力，你妈妈都很强，是我耽误了她。

当时，我在成都很为他担心，小心地向外出串联的学生打听关于父亲的大字报内容。当听说东北局和科学院都极少有他的大字报时，才稍觉放心。后来我们学校出去外调的同志告诉我，科学院的人对他评价不错，说他埋头工作，群众关系很好……我更放心了，估计他不会受太大的冲击，这才是我最关心的。后来听说，科学院的不少同志同情、照顾他，当外单位有人要"借"他去批斗时，他们说他是"死老虎"，没什么"油水"，算了吧！后来，全国到处"揪叛徒"，很多"内查外调"的人来找他，就干脆让他离开"牛棚"，每天到办公室接待外调者，或是写检查材料。那时他所在的北郊办公室位于祁家豁子，已过花甲之年的他，每天要骑自行车跑几十里路，风吹日晒雨淋，虽然辛苦，却是自由的。

1967 年 2 月，我曾回北京"避难"，问他"高饶事件"究竟是怎么回事，我都这么大了，你也该对我说说了。

他只说了一句：高岗当时是"拥林反刘"。

那时林彪正如日中天，而刘少奇已被揪了出来。难怪"高饶事件"这么大的问题，竟很少被红卫兵们提起，连五花八门的小报都很少披露这一事件的内幕材料。后来我才知道，"文革"初期曾有红卫兵成立了一个全国性组织"揪高饶集团漏网分子联络站"，却受到周总理的严厉批评，说："你们这样做，是把矛头指向毛主席！"此后这个组织就解散了。现在听父亲这样讲，虽然放心了，但对这个事件依然是一头雾水。

1969年以后，两个妹妹去北大荒军垦，一个弟弟到山西插队，黄妈妈也下放到河南"五七干校"，年近70岁的父亲本不属下放劳动的范围，但林彪的紧急战备动员令下达以后，以"疏散"为名，父亲被赶到湖北潜江，而且户口也转走了，家中只剩一个12岁的小弟弟，只得也跟母亲去河南干校，后又去了父亲所在的湖北潜江干校。父亲虽已年迈，但劳动一点也不比年轻人逊色，劳动之余，他还是个义务理发员、修理工和业余医生，谁有什么小病小灾的，他的自备药箱都可以解决问题（这使我想起他曾说过的当年在广州农讲所实习时当卫生员和在榆林组织训练战地救护队的情景）。在乡下，不幸的事屡屡发生，他高度近视，视力极差，夜间黑灯瞎火，更是不便，经常摔跤。更为不幸的是，一次去干校附近的石油勘探队体检，因验血时针头消毒不严，感染了肝炎！

那段时间，我经常给他写信，询问他的情况，但他什么都不说，只叫我不要担心他。但在那种年月，我能不担心吗？关于他的这段经历，我是以后才知道的。每当提起这段生活，他常说：比起那些牺牲的同志和在历次"左"倾路线中遭监禁、迫害致残、致死的同志，我算是幸运的了。

1972年春节前，我决定回京探亲，万没想到父亲竟打电报不让我回来！我不知家里发生了什么事，更加不安，不顾他的阻拦，带着两个孩子回来了。

那天小妹来接站（她从北大荒回来探亲），五年不见，她长成又高又壮的大姑娘，我几乎不认识她了。

短短的五年，家里发生了很大变化：我们原来住的一排五间北房，如今从堂屋以西的三间被另一家占据；东边套间也隔出去一间（另有出口）住了一个疯子；只给我家保留了一间没有出口里屋，无奈之下，只得把厕所拆开一道门出入；上厕所只能绕到后院的公厕（经常锁着）或在室内的痰桶里方便了。许多家具，包括脸盆架都交了公，脸盆用一个方凳支着。不满 16 岁的小弟去当了工人，此时正在兰州实习。幸好黄妈妈和小妹分别从河南和北大荒回来探亲，加上我们母子三人，也算过个团圆节了。当时正值尼克松访华，北京的物资供应虽然要票证，但还算丰富。五年不见，爸爸竟是那么苍老虚弱，居然拄起了拐杖，我的心好痛！想到他那封电报，心中又好气！我问他为什么不让我回来，他说家里住不下。我明白，他是不愿让我看到他目前的凄惨处境！但爸爸、爸爸，什么东西能隔断女儿对你的一片思念之情啊！我们母子三人晚上在门道里搭一扇小门板，旁边再拼个菜板和两个方凳，再无下脚之处。小妹只好在父母屋里支一张折叠床。家虽小，却充满亲情，充满温馨。闲谈间，我得知此时父母已恢复了工资待遇（一度不发工资，每人只给 18 元生活费），但父亲把工资的一半交了党费。我不以为然地说："你干吗那么积极？你表现再好，就是把全部工资都交了，人家也不会早一天'解放'你。以后你就按规定的比例交吧。"他听了很不高兴地说："怎么能这样说？"

我们一直住到 4 月中旬才回成都，这是我长这么大与父亲一起住得最久的一次。

1979 年年末，父亲恢复了部级职务，每次去外地疗养时，总不愿携家带口。只要有可能，我总会安排弟妹们轮流去陪父亲，这样并不多占房间（首长和秘书各一间），他也无话可说。但是，他对游山玩水没有兴趣，又不许孩子们乘他的车出去乱跑。不仅如此，平时他对子女用车也控制很严，无特殊情况，从不让我们随便用公车办私事，规定弟妹们用车必须先和我打招呼。我当然不能擅自做主，还得向他禀报。他虽没有明确拒绝，但弟妹们明白他的用意，也都很自觉地不随便用他的车。

在成都有我的大姐、哥哥两家人和我家的另一半，还有不少冀东的老同志，所以我们不止一次动员父亲去成都看看。但他总说"没有任务，只为了去游山玩水，这样不好"。结果一次也没去。那时我常常觉得他似乎有点不近人情，然而，"道是无情却有情"，正是在他这样教育和影响下，我和弟妹们从不因自己是"高干子女"而搞特殊化。1984 年，在讨论我入党问题时，介绍人说我"不像高干子弟"，我听了很难过，在人们眼里，"高干子弟"是什么样呢？

严 于 律 己

40 多年断断续续的相处，我对父亲只有一些很肤浅的了解，特别是对他在工作方面的情况更是知之甚少，只有我到他身边工作以后，才逐渐对他有了较深入全面的了解，那就是人们常说的"为官清廉"和"无私奉献"。

我从小习惯了母亲那风风火火的性格，对于父亲的沉默寡言总感到别扭。在我的心目中，他是一位慈祥、拘谨、不苟言笑的人。他很少谈自己的过去，我只听母亲说，他曾长期在白区工作，并且多次被捕坐牢。

1959 年，我偶然在《新港》杂志上看到一篇杜远写的文章，内容是讲 1930 年他们在天津国民党监狱斗争的情况，其中说到我父亲如何多才多艺，会拉会唱会画画，我大为惊讶，无论如何也不能把眼下这位沉默寡言的父亲与那个"多才多艺"的人联系起来。后来我又听大哥说，父母年轻时，经常是父亲拉琴母亲唱，他还会吹箫……我更难以相信，特意去找父亲证实此事。许多年以后，他的战友告诉我："你爸爸当年可是个多才多艺的人呀！他会唱戏、会拉胡琴，还会画画，他画的大公鸡可好啦，看守和警官都争着要呢！"遗憾的是，我从没见他画过，也没听他弹奏过任何乐器。据我妹妹说，他们小时候，父亲常给他们画大公鸡、画小老鼠偷鸡蛋，还教他们写字练书法，那份亲情至今难忘。

在东北局，父亲工作非常忙，特别是抗美援朝期间，很少睡觉，我常在深夜里被一阵阵送电报的摩托车声惊醒，每次都看到有很厚一本电报要他签收、处理。1950 年冬天，他几次去朝鲜都是来去匆匆。有一次出发前，早餐的元宵没煮熟，炊事员要回锅再煮一下，他说来不及了，空着肚子就上了路。还有一次著名京剧演员荀慧生来沈阳演出，那天演的是《勘玉钏》，可是正巧父亲当晚要去朝鲜，只看了一半就中途退场了，至今我还因为没看到案情的结局而遗憾。每次从朝鲜回来，随行的警卫员总会对我讲一些前线的趣闻逸事和路上遇敌机扫射等惊险情节，以致他每次去前方时，我便为他担心。但他却并不在意，出发时从不和我们告别，回来后也不和我们谈朝鲜的事情，一切都是那么自然。

1955 年 1 月以后，他从东北局第三副书记、东北行政委员会副主席的高位上跌落下来，在中科院默默无闻地待了 25 年，由办公厅副主任到秘书处主任，到生产办、基建办、民兵训练的负责人，再到下放劳动和"四清"工作组的带队人、房产处的负责人等等，大都没有正式任命，随着阶级斗争的口号越喊越响，他的处境也越来越糟。到了1962年以后，连科级以上干部的党内会议都不让他参加，传达党的文件也不叫他听了。

对于这一切，他处之泰然。作为一个农民的儿子，他是生产劳动的能手；作为受过军事训练的老兵，他训练民兵十分称职；作为一个"落难"的高级干部，他充分利用过去的老关系，千方百计地为改善科学工作者的生活而奔波；他平易近人，以身作则，尽职尽责，诚心诚意地为科学家们服务。不仅如此，他还"不吸取教训"，在自身难保的情况下，仍然坚持真理，仗义执言，以致招来新的罪名。1957年反右时，他反对把学报组一位知识分子出身的同志划为右派分子，结果落了个"包庇右派分子"的罪名，受到批判和处分。1959年下放到安徽劳动，他反对浮夸，实事求是地认为亩产不会超过200斤。为此，农民们赞成，回北京后还有公社干部来找他，希望他能向党中央反映农村的真实情况。但他们哪里知道，他此时正在挨批判，说他反对"三面红旗"，并定为"犯了严重右倾错误"（1962年后已甄别纠正）。

1979年，中央给他重新安排工作以后，虽然身份地位变了，但他仍然保持战争年代那种艰苦朴素的作风，十分注意自己的言行在群众中的影响，无论到哪里，从不提特殊的要求，工作之外，绝不许"扰民"。

1980年，发现黄妈妈患了肺癌，并且已经转移了。1982年1月2日，她不幸逝世。按照原来的安排，当天下午在李运昌家召开一个党史座谈会，现在家里出了这么大的事，我说，下午的会，你就不去了吧。可是他却说："这是早定好的，不去不好。"那天我们迟到了一会儿，他很抱歉地说："今天上午黄哲去世，我来晚了。"大家都很震惊，问这问那，表示安慰。有人说："明远同志，你回去休息吧，今天的会你就不用参加了。"但他还是坚持要参加，并很快投入议题。

1982年夏，单位安排他去大连休养，正好我放暑假回来陪他一同前往，这是我生来第一次和他一起度假。同去的有好几位同志，住在市内一个离海边较远的疗养院。当晚，市里请大家参加晚会，市委副书记发现了他：

"哎呀，明远同志，你来怎么不打招呼呀，我们一点也不知道！"

"嗐，机关已经安排好了，还打什么招呼！你们就不用管我了。"

"沈越同志（时任辽宁省委书记）知道你来吗？"

"我没告诉他。我这次主要想借机会写点东西，所以谁也没告诉，你们也别告诉他们啦。"

第二天，市里便把我们转到棒槌岛去住，这里环境优美，却与世隔绝，没有公交车，每天一次班车进城，很不方便。我们在此住了一个月，只参观过一次旅顺军港，我也只进过两次城，一次是给父亲买水果，顺便看看停车处附近的市容，第二次是去大连工学院看老同学，吃罢午饭便匆匆告别。

父亲的生活很有规律，每天早上四点多起来到海边散步，捡一些贝壳、小石子儿之类，早餐后开始写东西，没有书桌，我只得趴在茶几上写。下午三点去海边洗海水澡（他不会游泳）、散步，晚餐后到院子里转转，然后看一会儿电视新闻。这种日子的确很清静，但未免单调，一个月下来，我为他整理出两篇回忆稿（关于玉田农民暴动和广州农讲所），总有六七万字。

市委书记很尊重他的意见，一个月来，的确没有人来打扰我们。但到最后，还是打乱了平静的生活——赵紫阳到辽宁视察工作，陪同前来的不仅有马洪、安志文、吕东等这些在东北工作过的同志，还有现任省市委的负责人，他们都住到棒槌岛来了，我们在这里再无法"保密"，大家纷纷前来看望父亲。沈书记说："你来这儿，我怎么一点也不知道呀，市里也没说呀！"

"这不怪市里的同志，是我不叫他们说的，你们都很忙，我没什么事，就不麻烦你们了。"

"哎呀，你走以后再没回来过吧？28年了！这回可得多住些日子，好好看看！辽宁和你在的时候不一样了，一定得看看！"

他们不由分说地决定了此后的日程，对我来说，是一次最劳累的旅行。

沈书记陪我们先到鞍山参观高炉、轧钢厂、化纤厂，然后到抚顺大伙房水库、千山、汤岗子温泉游览，接着参观辽阳纺织城，回到沈阳住了三天，每天参观两个工厂：机床厂、自行车厂、飞机制造厂等等，他兴致勃勃地看了六个工厂、一个市场，晚上又有多年不见的老同志来看望、叙旧。那段时间我的身体很不好，感到好累好累，但却不敢说，人家70多岁的人都没说累，你40多的能说累吗？

十年后的1992年夏天，我们去镜泊湖住了一个星期，也是几乎每天写东西。陪同的工作人员硬拉他去观赏了那著名的镜泊湖、火山口和朱德故居。在牡丹江参观了毛毯厂，这次毕竟年纪大了，他没有看更多的地方。

1983 年 1 月，我来到他身边给他当秘书，因工作关系，接触了很多老同志和历史资料，我对父亲也有了更深入的了解。

这年春天，我第一次陪他去唐山，他不让我给当地打招呼，说一打招呼，兴师动众的，影响人家工作。当时唐山地震后尚未完全恢复，招待所的条件比较简陋。我们突然造访，正值满员，人家十分被动。招待所的纪科长批评我说：

"你呀，你不是好秘书！往后你不能只当女儿，你是秘书，这些事就不能听他的。你看，来了没处住，我们多被动！知道的呢，是你没打招呼。不知道的呢，还以为我们工作没做好呢！你不能只当女儿，得会当秘书！"

还有一次在唐山开完会后，秦皇岛的领导同志邀请父亲去北戴河休养，安排我们和另一位老同志住一个楼。因为父亲的眼睛不好，怕他夜间摔倒，每次出差，我们父女总是住在一起，这次也不例外。我们的房间阴凉潮湿，下雨时到处漏水。对此，他一句话都不说，也不让我去联系换房，说住不了几天，换房太麻烦。吃饭时，管理人员说：小餐厅全满了，您到大餐厅就餐吧？他说："没关系，大餐厅很好。"大餐厅的伙食标准比小餐厅低，他并不在意。

20 世纪 80 年代，他常去以前工作过的地方，讲历史、摆观点，有时一讲就是一整天，条理清晰，内容丰富，他甚至记得小学同学的名字和所在村庄。我既惊奇又敬佩，已近 80 岁高龄的人，何以有如此好的记忆力！

记得 1984 年秋在蓟县开审稿会，当时我对党史很生疏，为了给他准备一篇发言稿，他口述，我记录、整理，熬了一整夜。结果，他并不满意，第二天大加发挥，反映很好。可我却大病一场——不但思想跟不上他，精力也跟不上他！ 1986 年在保定也是如此，讲了一天，事先没让我帮他准备讲稿，一切都在他的脑子里，讲起来滔滔不绝，简直是给我们上了一堂生动的当代史课！

关于他的经历，我最先接触到的是玉田农民运动和天津三监斗争这两段。

1927 年，他曾担任玉田中心县委（包括邻近的遵化、蓟县、丰润和迁安县）书记、京东特委委员，是玉田农民运动的组织者和领导者，武装暴动的总指挥。在天津三监的斗争中，他曾任狱中党支部书记，参与领导两次大规模的绝食斗争。但在写回忆录时，他始终坚持要多写王荷波、杨春霖、于方舟和乔国桢、郭宗鉴等烈士，写彭真、刘少奇等同志，写党的领导和人民群众，绝不突出自己，实在无法回避时，便以"县委负责人""支部负责人"代替。

我接触到的原东北的老同志都说，他是埋头干事的人，在东北局，许多主意由他拿，许多重要文件出自他的手笔。那时，东北局的许多工作压在他的身上，他总是默默地去完成任务——组织部的、宣传部的（党报）、监察部的、"三反""五反"运动、农村工作、城市工作、抗美援朝的后勤、铁路运输，乃至财经部的，等等，几乎包罗了东北局各方面的工作。他出力而不出名，常常是只接受任务而没有任命，刚干得有些头绪，就交给别人，他又去开拓新的工作。

他十分关心过去受冤屈的同志，尽其所能为他们平反而奔走呼号。在我给他当秘书的头几年，这项工作占很大的分量。如曾任遵化县委书记的骆凤庭、遵化平安城子的徐盛枝（抗战时期曾任两面政权的伪保长）、玉田县的早期党员王秀江等，这类事例仅经我手办理的就不下八九件，这不仅反映了他对老战友、老朋友的个人感情，更体现了我们党在取得革命胜利以后，不忘所有对革命做出过贡献的人。相比之下，他对自己的子女和亲朋则显得有些"无情"。

父亲对根据地的乡亲怀有很深的感情，经常到当年住过的村庄和房东家里去看望他们。有一次在遵化，我们走在乡间小路上，迎面走来一位50多岁的农民，见了我们，端详片刻后问我：

"这不是张明远主任吗？"

我惊讶地反问："你认识他？"

"1948年打锦州，我出担架队，听过他作动员报告。"

"那时你多大？"

"18岁。"

事隔40多年，他竟然还能一眼认出只见过一面的行署主任，真的令我感动！

还有一次是想看望当年的房东而专门去迁西县的一个小山村，虽已物是人非，但他还是和乡亲们聊了许多，说那时群众对我们真好，敌人就在十几里外，我们可以放心睡觉，群众是我们的眼睛，我们的耳朵，保密工作做得非常好。冀东的老百姓好啊！他曾多次提起，那年他和李楚离去热河开会路过迁青平（当时迁西、青龙、平泉交界设立的联合县）一带，看到群众吃的是玉米骨头，生活非常困难，饿死不少人，但每家的柜子、缸里都存满粮食。问他们为什么不吃，他们说这是公粮，咱子弟兵在前方打老蒋，不能让他们饿着……他被深深感动了，马上命行署调拨救济粮，并派医疗队来灾区给乡亲们治病。

他忘不了同群众鱼水情深的战争年代，更关心他们现在的生活状况。每次去县里，他都要询问群众的生产和生活情况，特别关心党的建设。在改革开放以后，农村党组织怎样开展工作，党支部的战斗堡垒作用如何发挥，党员如何管理，怎样处理个人致富与共同致富的关系，等等，带着这些问题，他曾到不同类型的乡镇和村庄进行调研，两次去遵化县的先进村沙石峪，三次到玉田的枣林庄（村民大部分外出务工），以及玉田城郊的西王庄、驻守营（地少人多，土地和工副业集中经营）等，还参观了一些乡镇企业。他为乡亲们生产生活水平提高而振奋，也为存在的问题，特别是党风问题而担忧。对于发现的问题，有些随即向当地有关同志提出意见，请他们注意改进。有些涉及面较大的问题，回来向有关部门反映，或是在政协会议、党代会上提出意见和建议。

父女情深

1980 年，我得到黄妈妈患病的消息，心里十分不安，为她惋惜，也为父亲担忧。

1981 年 12 月，我到北京出差。此时癌变已侵占了她的食道和肝脏。1982 年元旦傍晚，黄妈妈的情况十分危急，肿瘤医院的路大夫赶来，见状立即给她打了强心针，然后送到协和医院急诊室抢救。待处理完毕，已是夜间 10 点多了。第二天上午，我们急匆匆赶到医院，见黄妈妈躺在走廊的长椅上，已处于昏迷状态，全靠氧气维系着一线生命。当她被送进病房进行抢救时，实际上已经停止了呼吸。一位护士告诉我抢救无效，让我去看一下。我立即到黄妈妈床前默哀片刻，清理了她的遗物，便匆匆回到父亲身边，陪他一起来到黄妈妈的遗体旁，他默默地抚摸着她的头发，许久、许久。此时此刻，他在想什么？我怎样去安慰他？我什么都说不出。就这样，黄妈妈经历了两年多的痛苦挣扎后，于 1982 年 1 月 2 日上午离开了我们！

此后的几年，每到这一天，他都要带我们去八宝山革命公墓悼念黄妈妈，并且写一首诗表示怀念之情。遗憾的是，在清理父亲的遗物时，我仅发现一首，其他的大都没有保存下来。现将诗文录于此：

黄哲同志逝世一周年，书此聊寄哀思！
战斗终生德高尚，甘为蚕烛献丝光。

征途坎坷承劳怨，十年劫难罹残伤。

余丝未尽身先逝，残烛犹存余力偿。

祖国增辉堪告慰，崇高夙志谱新章。

你的亲密战友和伴侣张明远敬题

一九八三年一月二日

在处理善后期间，我想得最多的是今后怎么办？谁来照顾年迈的父亲？我认真分析在北京的四个弟妹的情况，他们都还年轻（最大的 34 岁，还在上大学，小的不到 27 岁，远在百里外的房山工作），即使将来大家都住在家里，实际上也很难照顾老人。我萌生了回来照顾父亲的念头，就让我来陪伴他走完他人生的最后路程吧！但是他不同意，说自己能行。我说："你都快 80 岁的人了，身边没人怎么行？"回到成都以后，我立即写了请调报告。一年后我调回北京，组织上接受了我父亲的意见，安排我做他的秘书。

当了 20 多年的教师，进入国家机关，我很不适应。多年来，我极力摆脱"高干子女"的阴影，在学校我是独立自主的，学生也罢、员工也罢，都称我为"张老师"，极少有人关注我的家庭。要不是"文化大革命"揭了我的"老底"，恐怕至今也无人知道我的身世。想不到世事轮回，我最终还是未能逃出这个阴影。在机关，人们介绍我的身份时，常常特意申明是"某同志的女儿"，对此，我既不平又无奈。我曾对一位好友说，现在人们见了我总是笑脸相迎，很客气。但那不是对我笑，而是对我身后的部长笑。我很快调整了心态，适应新的岗位。既然是给父亲当秘书，我的岗位就在他身边，一切都要服从他的需要，而且我还必须保持清醒头脑，夹着尾巴做人，尽量保持低调。就这样，我在这个岗位上一干就是 16 年。

我的任务既简单又复杂，除照顾父亲的生活外，主要是帮助他整理党史资料、撰写回忆文章、起草发言稿、开会做记录，以及陪他出差等等。父亲是个自理能力很强的老人，自己的事不喜欢别人多插手。所以开头的两三年，我反而比较轻松。

父亲晚年疾病缠身，健康状况日下。先是右眼视网膜大面积脱落导致失明，继而接连做了几次手术。

1986 年，他突然因前列腺肥大引起尿闭塞而做了第一次手术。手术很不顺利，从进手术室到结束，整整 7 个多小时，我们姐弟和年迈的姑姑一直焦急不安地守候在手术室门口。当他终于被推出来时，那脸色竟像他的罩单一样苍白！以后的几年里，他又做了 3 次这样的手术，几乎每两年就做一次。在此期间，还做过一次青光眼和疝气手术，以致元气大伤。所以，1993 年以后，他就很少外出了，但他的心依然牵挂着许多事情，很注意报刊上关于党风和精神文明建设的消息，经常要我帮他写文章，我实在不愿让他再操心了，没帮他写。他也让我给他解释一些新的科技词语，常常感叹自己"落伍"了。后来，一次维修工来家里施工，打射钉枪时没让他回避，结果把他的耳朵震聋了（当时我不在家）。从此以后，我便成了他的眼睛和耳朵，越往后就越离不开我。

这些年，我们朝夕相处，无论多么忙，我每天总要抽出个把小时和他聊天，海阔天空，天南地北，过去现在，想起什么就聊什么，他耳聋以后，我们就笔谈，他把药品说明书、旧日历等一切可以利用的废纸都作笔谈用，只要觉得谈话内容有价值，就保留下来。后来我清理他的遗物时，这样的字条数不胜数。正是这样无拘无束的闲聊，使我们父女的感情日益加深，也是他晚年生活最大的快慰。在他 85 岁那年，兴致勃勃地赠给我一首诗，抒发他对女儿的一片深情：

张明远书赠女儿晓霁

　　襁褓亲抚育
　　成长情益深
　　征途怀远别
　　暮年叙天伦

　　　　父年八十五岁书赠
　　　　　晓霁留念
　　　　　一九九一·五·一

最后的日子

1998 年的初冬特别寒冷，父亲的健康状况也降到了冰点。他多年的便秘发展为肠梗阻，腹部清晰可见因梗阻而造成的肠形。他日见消瘦，已到了皮包骨的程度，医生和我都怀疑他是否患了癌症，但多次检查都没有发现癌细胞，我的心里又存着几分侥幸。10 月 29 日以后，情况越来越严重，但他一直不肯住院治疗。

到了 11 月 4 日夜里，他的病情突变，上腹部疼痛、恶心、呕吐物呈酱黑色。第二天一早我得知此情后，立即送他去医院。检查结果，大便及呕吐物中的血都是 4 个"+"号，并伴有低烧，医生让他立即住院。

从入院的第二天起，他的情绪就特别烦躁，闹着要出院，拒绝输液、灌肠和服药，自己拔去输液针头，不停地掀被子，找手表、鞋、毛衣……他以前住院从来不这样，我不明白，这究竟是他的自觉行为，还是无意识的精神症状？

这年冬天，北京发生严重的流感，几乎没有一家逃过这场灾难。我在父亲住院后的第三天（7 日）就病倒了，为防传染，我只好回家，让服务员小谭照顾他。他越来越狂躁不安，几天来几乎没睡觉，竟至有些神志不清了。这种状况，年轻人都受不了，何况是 90 多岁的老人！我真担心他出大问题。

9 日早晨，意外终于发生了——他由于小便困难，站立时间太长，又不肯上床或坐便，突然摔倒了，口吐白沫，双手强直，头也磕破了。幸好 CT 检查无大伤，但医生说他是发癫痫！我既担忧又难以置信，他从来没有这种病呀！下午和夜间又发作两次。以后神志不清，不停地自言自语，此时他已 6 天未睡觉，10 日下午服大剂量安眠药后才渐渐入睡。

从此，我和弟妹们开始轮流守护爸爸。

我向计委老干部局的领导通报了情况后，局领导很快来医院探望，谈及善后处理问题时，把写《生平简介》的任务交给了我。

父亲住院，我没有告诉其他老同志，可是消息还是传出去了。这期间，马洪正好也在此住院，不知怎么知道了父亲住院的消息，11 月 23 日下午，他特意送来一个大花篮和蛋糕，为父亲祝贺 92 岁生日，我深为感动。遗憾的是，那天父亲神志不清，没能同老朋友叙谈。

以后他的病情又有几次反复，时而昏迷，时而清醒，但常常神志不清、说胡话。

一天，正好父亲的神志比较清楚，老朋友张振宇来看他，张振宇已经年近90岁了，而且刚做过髋关节置换手术不久，至今还挂着双拐。刚一进门，父亲就听出他的声音：

"是振宇吧？你怎么来了？"

"你住院也不和我说一声，怎么样了？"

"没什么，天这么冷，你们不用来看我，过几天就可以回家了。"

11月28日下午，突然出现危急征候：肠麻痹和吸入性肺炎，引发心衰、肾衰、呼吸衰竭等主要脏器衰竭，情况非常危险。经过抢救，直到夜里9点多，才有所缓解。

29日上午，在武汉进修的弟弟小明回来了，爸爸很清醒地对他说："我没别的毛病，就是胃溃疡，你不用担心，好好学习，不要请假了。"

一直到12月19日凌晨，爸爸除了说胡话外，一般情况比较稳定。

在幻觉中，他不断变换着话题，大体上可分为三类，第一类是关于工作和他的申诉。第二类话题是要回家、想吃东西，要穿衣服、穿鞋、要眼镜、找手表，自己把腿伸到床边要下地，要出去散步，要坐车回家。第三类纯粹是无中生有的幻觉，有时又不停地唱《捉放曹》、要看报纸……

自从住院以来，他就没理过发，看着很不舒服。我乘他睡觉时，用小剪刀给他剪头发和指甲，他浑然不觉。等他醒来以后，给他洗了头，干干净净，立刻精神多了。

12月23日早上，我接班时听小东说，爸爸从昨晚9点以后一直安睡未醒，而且睡得很沉。是药物的作用，还是病情突变？我心里惴惴不安。我和小罗帮他翻身、拍背、擦身，他仍昏昏不醒，这更增添了我心中的不安。

下午，姑姑和哥哥姐姐、司机小王都来了，哥哥姐姐明天就要回成都去，他们是来告别的。爸爸仍在昏睡，我在他耳边不停地喊："爸！你醒醒，别睡了。你看谁来了？你不是找小王吗？你看，他来了，姑姑也来了。你睁开眼睛看看，说说话，别睡了！……"我一边喊，一边摇他、拍他的脸，他只轻轻"唔"一声，有时也睁一下眼睛，但那分明是无意识的，并非真的醒来。

24 日一早，听小谭回来说，爷爷一夜没醒，6 点睁了一下眼，又睡了。我心想，这样长时间的昏睡不醒，绝不是好兆头！

我赶到医院时不到 9 点，见爸爸的脸色很不好，血压只有 50 多。大约十几分钟后，何主任向我们介绍了病情，说现在张老的情况很危重，左肺已完全丧失功能，肺中不但缺氧，而且积存的大量二氧化碳排不出来。在这种情况下，一般的呼吸机加氧已不解决问题，是不是要插管抢救？钱院长接着说：插管一般只能维持四五天，并有危险……

这时病房里已经在进行抢救了，医生护士紧张而有序地忙碌着，11 点 20 分，血压降为 0，但医生护士们仍在做着最后的努力，打强心针、按压心脏……

终于，一切都结束了，只听何主任说：记一下时间，记一下时间！有人报告：11 点 26 分！

于是，他们开始撤去所有的抢救设备，放我们进去。我走到他的头前，见他仍张着嘴，似在艰难地呼吸，但却没有一丝气息！我再也控制不住自己，扑上去，贴着他的脸和额头，痛哭失声！不知是谁把我拉开，我仿佛听到护士叫大家出去，她们要消毒、处理遗体，"一会儿再看吧……"

我随着大家一起出来，感到一阵眩晕，差点摔倒，急忙站住定定神，才发现是哥哥和姐姐扶着我。我伫立在走廊的窗前，任泪水流淌。不一会儿护士让我们进去告别，大家再一次来到他的身旁。原来为他准备的衣服都没用上，他就那么光着身子包裹着一条白被单（护士称之为"袍子"），头顶部还弄成尖状，像婴儿包裹那样，只露着脸，看上去像是一座雕像。"质本洁来还洁去"，《红楼梦》里的这句话突然闪现在我的脑海。这时姑姑一家赶到了，她走到爸爸床前，不停地抚摸他的脸……我分明知道她在强忍悲痛，这更使我伤心，不禁又哭出声来，姑姑反而转过身来劝慰我。终于，护士进来，说屋里太热，不能再待了，大家都出去吧！说着，运送遗体的车也推来了。我们随车一起把他送到太平间。这里是冰冷的世界，看着那一排排储存柜，我的心一下变得像外面的世界一样冰冷！我掀开包在他头上的白单，最后一次亲吻他的额头，还是温热的，我想，他还活着……

我们再次上楼去向医生护士们道谢、告别、办理各种手续。何主任最后一次和我们谈话，她说："对张老这样的高级干部，去世后绝大多数要进行解剖。特别是张老，从住院到去世，病情发展很快，这是很少见的。虽然没有发现什么恶性的东西，但仍有疑问。做解剖可以使大家更明白，对组织、对家属都有个明白的交代，这也算是张老对医学做最后的贡献，为以后吸取经验教训……对他本人来说，也没有什么痛苦了……"

我想起爸爸生前曾多次对我说过，将来要捐献遗体，何主任的意见符合他的心愿。所以，我毫不犹豫地签了字。

后来得知，当天下午马洪和另一位老同志曾来看他，却已是人去屋空！

从他11月5日自己走进医院，到12月24日这般默默地睡过去，只有50天的时间。后来的解剖结果表明，他是死于肠癌，黄豆大小的癌瘤布满整个肠道。

永远的送别

以后的20天里，我全力投入紧张的善后工作，连伤心的时间都没有。

在父亲住院期间，计委的领导同志很关心父亲的病情，曾培炎、王春正、李融荣等主任、副主任，以及老干部局的负责同志不止一次来看望他。在他去世后的当天下午，一些老同志闻讯到家里来表示哀悼。

第三天，12月27日，中组部部长张全景亲自到家里来吊唁。

我们除了对张部长的关怀表示感谢外，没有提任何要求。

28日上午，中组部老干部局来电话，说张部长已经打了招呼，可以在《人民日报》和电视新闻发张老去世的讣告、登照片。

30日下午，胡锦涛同志的秘书来电话说，锦涛同志对明远同志的不幸逝世表示震惊和哀悼，对家属表示慰问。我代表全体弟妹对锦涛同志的关怀表示由衷的感谢！

我们兄弟姊妹对善后工作做了分工，小东夫妇很快找来几盆松柏和一些鲜花篮、花圈，放大的照片也很快取回来，家里当天就布置起简单的灵堂，供老同志前来吊唁。元旦放假3天，我们搜集整理出需要发讣告的名单和地址。4日一上班，计委成立了治丧小组，遗体送别订在1月13日上午举行。

连日来，不断有父亲的老战友和亲友来家里或来电话吊唁，不少人送了挽联，现择录几副，以志对父亲的哀思和对我们的勉励：

其一：明远同志永垂不朽

秉性忠贞忘身许党为国靖尘人民相亲晚辈鞠躬

立派增耗束枝犹折外魔尚存鹰舒真理虎啸精诚

梅行、赵家梁　敬挽

其二：悼明远叔叔

（一）

一生正气来

两袖清风去

（二）

是非心自明

澹泊而致远

世侄小江、小晋全家　敬挽

其三：

巨星依稀未落，光辉犹照人间；

音容笑貌宛在，高风亮节长存。

张书明　敬挽

其四：

一生坎坷廉洁正直忍辱负重顾大局

四十四载含冤受辱无怨无悔见忠诚

玉峰、玉阁、玉兰　敬挽

在父亲住院期间，我虽是夜班，但白天并不能休息，除了许多临时事情要我处理外，最重要的是必须抓紧时间把父亲的《生平简介》写好，以免到时候措手不及。我想，组织上之所以把这个任务交给我，是由于父亲没有在计委工作过，计委的人不了解他，而我多年来一直在他的身边工作，这个任务责无旁贷地落在我的肩上，我深知自己责任之重大，丝毫不敢怠懈。

为父亲写《生平简介》可不是一件容易的事，像他这样有着70多年党龄的共产党员，不仅几乎经历过我们党的全部战斗历程，而且几乎经历过我国将近一个世纪的兴衰历程，怎样如实而又简练地反映出他的一生，恰当地给他以应有的评价？我从繁杂的历史资料中选其精华，几易其稿。成稿后，又多方寻找他当年的战友和同事征求意见，进行修改。记得写到他在冀东和东北的功绩时，我用"做出贡献"来评价。在征求意见时，一些老同志认为这个评价不够，认为他在 1926 年至 1927 年冀东农民运动、武装斗争和党的建设方面做出了"杰出贡献"；在解放战争中做出"重大贡献"，在东北做出"突出贡献"，我把这些意见都写进去了。我想，这就是父亲在人们心中的口碑吧。对于他在"高饶事件"中受牵连一事，他一直有不同意见，并且不止一次向中央反映过。所以，在写到这个问题时，我"模糊处理"，既承认中央决定，又留有余地。最后写成 3000 字左右的稿子，送中组部审查。

直到 1 月 8 日，中组部的批文才下来，我心里的一块石头落地。关于《生平》，他们修改的不多，最重要的是把有关"高饶事件"的几句话都删掉了。

关于讣告和骨灰安放问题，中组部老干字〔1999〕4 号文给国家计委党组的批示是："同意新华社发张明远同志逝世消息及生平摘要，配遗像；中央电视台在《新闻联播》中播新闻，配遗像；骨灰存放八宝山革命公墓骨灰堂一室正面。"

对于这样的安排，我们全家感到满意。

1999 年 1 月 13 日上午举行了很隆重的遗体送别仪式。大厅里摆放着朱镕基、薄一波、宋平、马文瑞、洪学智、贾庆林等领导同志、各部委负责人和有关单位送的花圈，那天许多老同志都来为父亲送行。计委老干部局没料到会来这么多人，大休息室没开，几个小休息室挤得满满的。我看到李葆华、焦若愚等许多革命老前辈，有冀东的，东北局的，冒着数九严寒，不顾自身年老体弱行动不便，亲自前来为老战友送别，还有专程从沈阳赶来的黎明同志，是代表辽宁的老同志来为父亲送别的，这一切令我深受感动！由于在我们几姊妹中，许多老同志只认识我，休息室内外只听一片"小霁""小霁"的呼唤声，我忙不迭地向前去和他们打招呼、问候，向他们表示感谢。送别仪式结束后，计委主任曾培炎、副主任王春正等领导同志又专门接见我们全家，表示慰问。

办完父亲的善后事宜，我们几姊妹和姑妈一起进行了座谈，共同回忆父亲的一生，他究竟给我们留下了什么？那就是他几十年如一日，不图名利地位，兢兢业业为革命事业奋斗的精神。这不是几句空洞的话，而是他毕生走过的实实在在的路。作为他的子女，我们曾经看到、感受到，但要做到却并不容易，我们会努力去做。我们没有向组织提出任何过高的要求，在父亲去世三个月后，我和小东一家都从父亲的那套住宅搬了出来。

此后，我便全力投入为父亲整理、编辑回忆录的艰巨工作，完成他未完的最后一项任务。

后 记

我终于整理完了这本回忆录。从1985年开始收集资料，到现在完稿，断断续续，经过了十几年的时间。在这些年里，我的思绪追随着父亲的人生足迹漫步，力图记录下一位真实而鲜活的革命者的形象，但却是如此困难。这一方面是因为我们所生活的环境、工作性质、身份地位乃至性格及思想境界的差异；另一方面也由于我自身的能力和知识水平所限。可以说，我是从零起步，边学边干，从一无所知到比较熟悉，从掌握材料到整理出文稿，经历了相当漫长而艰难的过程。这里面寄托着我对父亲的一片深情，更寄托着我对一位老革命者的崇敬。

1994年，有一次我陪父亲去看望薄一波同志，谈到写传记的问题。薄老叫我一定要把父亲的传写好。我告诉他，正在写《中共党史人物传》要的稿子。他说那个不行，三四万字，太少了，只能算个传略。要写个更全面的，而且要写好。这不是明远同志个人的事，而是我们党的历史，一定要写好。

薄老的话给我莫大的鼓舞，但仔细想来，写"大传"谈何容易！我与父亲商量几次，最后决定写这个回忆录。

1994年，我对材料还不熟悉，写东西也很困难，因为我既不是学历史的，又不是搞文学创作的，面对一大堆资料，真不知从何处着手。另一方面，我从小没有和父亲一起生活，从事不同的工作，对他的过去，他的性格，他的思想，特别是对他的内心世界，都很不了解。再就是父亲对这个回忆录要求很高，我怕不能正确理解他的意图，达不到他的要求。事实上，他对我整理的稿子多次修改，这本身就表明了我和他之间的差距，我们是经过无数次的磨合以后才达到心心相通的，我也从中学到不少东西，得到提高，受到锻炼。

在这个过程中，父亲特别强调历史背景，曾多次谈到，要把个人的活动放在当时的历史大背景下面去写，放在党的历史中去写，要反映时代风云、社会变革，从中反映出个人和家庭同这些变革的关系，而不能孤立地写个人。他不止一次说到要写一写关于家庭、子女、亲情等方面的内容，其中有许多事情同他当时的艰难处境与革命活动密不可分，从另一个侧面反映了他的人生轨迹。

这个回忆录里，有些重要篇章是父亲亲自撰写，并单独发表过的，如关于广州农民运动讲习所、关于玉田农民运动和武装暴动、关于天津三监的斗争等；有些是他写的个人履历，如关于童年和青少年时代，以及家庭的情况、几次被捕的情况等——这些稍作修改即可纳入回忆录。另外一些篇章是根据他在不同时期的讲话、报告，或当时发表的文章及他的笔记、档案材料、谈话记录等，由我代笔起草，经他亲自审阅修改成文的，有的还不止修改过一次，如关于顺直省委的回忆、冀东土改问题、辽沈战役和平津战役的支前工作、抗美援朝的战勤工作以及东北局的情况等，他都审改过不下四五遍，甚至五六遍，其中除关于解放战争支前工作的两篇已在他生前发表外，其他都是"半成品"。2000年，为了纪念抗美援朝志愿军出国50周年，我再次修改了关于抗美援朝战勤工作的那一段，以《风雪战勤》为题公开发表了。这是父亲去世后发表的第一篇文章。

在整理和编撰回忆录的过程中，我仔细研读了父亲留下的大量原始资料，包括三类：第一类是他本人的工作笔记、会议记录、中央领导人谈话记录，他在一些会议上的报告、发言，"文化大革命"期间写的各种材料，给中央的申诉材料，以及组织鉴定、审查结论等；第二类是我平时同他聊天，或他与亲友交谈时记录的大量口述材料；第三类是访问同他一起工作过的老同志的记录，包括他的上下级、战友、他的秘书及亲友等，有些还进行了专题座谈。他们都热心地提供了许多关于我父亲工作和生活的情况，特别是王植范和林源同志（在东北局时曾任父亲的秘书）为我们提供了许多珍贵的原始材料。此外，我还查阅了大量的档案和文献资料，并参考了有关方面编写的党史资料，与父亲提供的史料进行印证，力求做到真实、客观。

然而，父亲毕竟年纪很大了，并且健康状况日下，我必须用更多的时间和精力照顾他的生活，写回忆录的工作进行了一段就基本上停止了。乘他精神好的时候，我把已整理出的初稿和未成稿的纲要交给他审查，同时有意借聊天的机会获取更多的细节。他审阅稿件越来越吃力。1998年夏天，我不得不提出："回忆录的内容，你已经多次审查过，现在你的身体这样差，是不是就不必再亲自审稿了？"他思考再三，接受了我的建议。于是，我请他为回忆录题写了书名，问他是否需要请什么人为回忆录题词或写序，他不假思索地说："不用。"我们说这些时，表面上都很平静，但都分明知道这是在做最后的事情，那心情真是难以言表。

没想到，在我们作出这个决定的半年以后，1998 年 12 月 24 日上午，父亲走完了他 92 年人生的最后一步，把一大堆的未了之事留给了我。

2000 年 9 月，我特意去了一趟榆林，希望感受一下当年父母亲在那里的情景。我们受到了榆林地区和榆林师范学校领导同志的热情接待，他们还提供了当年的照片和资料，使我增加了不少感性认识。

唐山市委党史研究室副编审李成民同志，在退休后志愿参加这本回忆录的编辑工作。我们一起查询背景资料、研究重大事件的表述方式等，他还对全稿进行了多次修改。

对于一些重要事件的回忆，成稿后，我请一些老同志审查把关，提出意见，并进行了修改。

在此期间，天津、唐山、河北等省市委和许多县委的党史部门为我们提供了各种方便条件，协助我们做了大量工作。

在这里，我向所有帮助过我的长辈和朋友们表示真诚的感谢，向所有给我们以大力支持的地区和单位表示真诚的感谢。

但愿这本书能如父亲在"自序"中所期望的那样，给后人以启迪。

张晓霁
2003 年 12 月于北京